软土城市
轨道交通勘察管理与实践

潘永坚　姚燕明　编著

Ruantu Chengshi

Guidao Jiaotong Kancha Guanli Yu Shijian

西南交通大学出版社
·成都·

内容简介

本书系统总结了软土城市轨道交通工程勘察全过程的管理技术，内容主要包括勘察前期策划、各勘察阶段和不同结构不同工法勘察基本要求、勘察方法和手段、勘察施工现场管理、勘察报告的编写和审查、勘察监理、后续服务和资料归档等，重点介绍了宁波轨道交通 3 号线 301 标勘察实践。

本书可供从事轨道交通工程勘察的专业技术人员和管理人员使用，也可供从事轨道交通工程设计、施工的科技工作者和大专院校师生学习参考。

图书在版编目（C I P）数据

软土城市轨道交通勘察管理与实践 / 潘永坚，姚燕明编著. —成都：西南交通大学出版社，2015.8
ISBN 978-7-5643-4009-4

Ⅰ. ①软… Ⅱ. ①潘… ②姚… Ⅲ. ①软土地区 – 城市铁路 – 铁路工程 – 工程地质勘察 Ⅳ. ①U239.5

中国版本图书馆 CIP 数据核字（2015）第 151781 号

软土城市轨道交通勘察管理与实践

潘永坚 姚燕明 编著

责 任 编 辑	胡晗欣
封 面 设 计	墨创文化
出 版 发 行	西南交通大学出版社 （四川省成都市金牛区交大路 146 号）
发 行 部 电 话	028-87600564　028-87600533
邮 政 编 码	610031
网　　　址	http://www.xnjdcbs.com
印　　　刷	成都勤德印务有限公司
成 品 尺 寸	185 mm × 260 mm
印　　　张	22.5
字　　　数	556 千
版　　　次	2015 年 8 月第 1 版
印　　　次	2015 年 8 月第 1 次
书　　　号	ISBN 978-7-5643-4009-4
定　　　价	98.00 元

本书编委会

编著单位　浙江省工程勘察院
　　　　　宁波市轨道交通集团有限公司

编著者　潘永坚　姚燕明

主　审　陈　斌　张立勇

编　委　蔡国成　张春进　李　飚
　　　　李高山　林乃山　欧阳涛坚
　　　　叶荣华　朱智勇　程顺利

前　言

　　软土是第四纪后期地表流水所形成的沉积物质，是指天然孔隙比大于或等于 1.0 且天然含水率大于液限的细粒土，多数分布于海滨、湖滨、河流沿岸等地势比较低洼地带，其具有低强度、高压缩性、低渗透性、显著的结构性、明显的流变性等特征。在我国上海、天津、大连、连云港、杭州、福州、宁波、广州、昆明等地区广泛分布着软土。随着我国经济的不断发展和城市化进程的加速，城市轨道交通建设在我国各大城市如火如荼地进行，仅浙江省，继杭州、宁波轨道交通工程的修建之后，温州、嘉兴、绍兴、台州、金华和义乌等地正在筹建城市轨道交通工程，现已进入规划研究阶段。据有关专家的预测，未来 10 年，将进入轨道交通时代，大量的轨道交通工程将在软土城市进行，软土轨道交通的岩土工程勘察任务很艰巨。

　　轨道交通岩土工程勘察一般包括不同类型工点勘察、不同地质（地貌）单元勘察、不同阶段勘察、不同手段勘察，其自身特点为：轨道交通勘察是没有征地的勘察，特别是对地下盾构区间，无论是在建设阶段，还是在运营阶段都不会涉及征地问题，政策协调涉及各个部门，各种矛盾前置；轨道交通勘察大多在城市繁华区域进行，涉及对电力、电信、煤气、自来水、污水、雨水、交通信号等地下管线的保护，开孔困难，安全生产压力大，文明施工要求高；轨道交通勘察线路是线状工程，涉及多个地貌单元和不同的水文地质、工程地质条件，技术难度较大；轨道交通勘察是地下系统工程的勘察，涉及高架车站、高架区间、地下车站、地下区间、U 形槽、车辆段、控制中心等各种结构形式，不同结构形式的勘察重点不同；轨道交通勘察要求多种勘察手段，综合采用钻探取样、静力触探试验、水文地质试验、工程物探、原位测试（动力触探、十字板剪切试验、波速试验、扁铲侧胀试验、电测井）等多种勘探方法；轨道交通勘察技术协调单位众多，包括总体设计院、总体咨询院、工点设计院（多个）、勘察监理、施工单位（多个）、监理单位（多个）；轨道交通勘察服务周期较长，需按工勘、初勘、详勘及补勘不同阶段实施，不同阶段有不同的勘察要求；轨道交通勘察集中作业时间太短，因设计边界条件难以稳定，勘察周期被大大压缩。

　　软土的工程特性决定了建筑在软土地区的城市轨道交通工程面临的挑战更为严峻，技术要求更高、环境保护难度更大；轨道交通岩土工程勘察特点决定了其勘察管理的复杂性和高难度。为此，如何结合地区的勘察经验，在轨道交通线路勘察的基础上，开展专题研究，进行总结分析，具有十分重要的意义。

本书以宁波轨道交通岩土工程勘察实践为基础，对勘察管理进行总结，有助于指导软土城市轨道交通岩土工程勘察的管理，确保勘察技术质量，避免勘察安全风险，提升文明施工形象。全书共十章，系统总结了软土城市轨道交通工程勘察全过程的管理技术，内容包括勘察前期策划、各勘察阶段和不同结构不同工法勘察基本要求、勘察方法和手段、勘察施工现场管理、勘察报告的编写和审查、勘察监理、后续服务和资料归档等，重点介绍了宁波轨道交通3号线301标岩土工程勘察实践。

本书在撰写过程中参考引用了大量的科技论文、著作、技术标准等资料，在此向文献的作者表示衷心地感谢。

限于水平，本书不足之处在所难免，敬请读者批评指正。

作 者

2015 年 5 月

目　录

第1章 绪 论

随着我国经济的不断发展和城市化进程的加速，城市轨道交通建设在我国各大城市如火如荼地进行。仅浙江省，继杭州、宁波轨道交通工程的修建之后，温州、嘉兴、绍兴、台州、金华和义乌等地正在筹建城市轨道交通工程，现已进入规划研究阶段。据有关专家的预测，未来10年，将进入轨道交通时代，轨道交通的岩土工程勘察任务很艰巨。但是轨道交通岩土工程勘察又有其自身特点，如何结合地区的勘察经验，在轨道交通线路勘察的基础上，开展专题研究，进行分析总结，具有十分重要的意义。本书以宁波轨道交通岩土工程勘察实践为基础，对勘察管理进行总结，有助于指导轨道交通岩土工程管理和实践。

1.1 轨道交通工程特点

城市轨道交通工程均建设于城市化已达到相当高水平的大城市，且多位于城市的繁华区，地质条件以及勘察成果质量对工程设计和施工的影响比一般土建工程要大得多。因其结构类型多、施工方法多、所处的环境与地质背景复杂等使其同时具有线路工程、地下工程、环境工程的复杂性、多样性、针对性的特点。

1. 系统工程

城市轨道交通工程为复杂的系统工程，具有线路工程、建筑工程、地下工程、桥梁工程、环境工程、供电工程、通风工程等多重特点。

2. 形式和功能多样

城市轨道交通工程按形式和功能划分，可分为车站、区间、车辆段、停车场、变电站、控制中心等。

3. 周边环境复杂

城市轨道交通工程沿线建（构）筑物众多，地下管线纵横交错，地上道路交通繁忙，局部穿越建筑物，作业难度大。

4. 结构类型多样

轨道交通工程按照线路敷设形式可分为地下线路、地面线路和高架线路；按照结构类型可分为车站主体、出入口通道、风道、风井、人防工程、区间隧道、联络通道、出入线、泵房、高架线路、桥梁、涵洞、路基、车辆段、停车场、变电站、控制中心等。

5. 施工工法复杂

城市轨道交通工程的土建施工方法一般有明挖或盖挖法、矿山法、盾构法三大工法；另外还有一些辅助工法，包括降水、止水、注浆施工、冻结法施工、小导管施作、大管棚施作、盾构始发井和接收井加固施工等。

1.2 轨道交通勘察特点

工程勘察的目的是为工程建设单位及工程设计单位提供地质、测量、水文、地震等勘察文件，以满足建设工程规划、选址、设计、岩土治理和施工的需要。准确可靠的勘察，是设计与施工的基础，是制约整个工程的关键环节之一。

轨道交通线路敷设方式和施工方法的多样性，导致工程基础类型和结构形式的多样性。轨道交通勘察兼有铁路隧道、城市高层建筑、深基坑、水文地质勘察的特点。

1. 线路长、协调难度大

轨道交通线路长，每条线路一般都有几十千米，基本沿既有道路敷设，跨越不同的行政区域，勘探施工前需要向不同的相关管理部门（道路、交警、城管、绿化、管线单位、周边用地业主等）办理施工许可手续。同时，轨道交通勘察是没有征地的勘察，特别是地下盾构区间，政策协调涉及部门多，协调难度大。

2. 任务重、工期紧

轨道交通线路长，布置的勘探测试，工点（车站、区间、车辆段、停车场等）数量较多，详勘提交的勘察成果报告数量也较多。为满足工程进度的需要，初勘从设计提资到提交成果报告一般只有一个多月，详勘约为 4 个月，且协调工作量大，勘察工期较为紧张。同时，因设计边界条件难以稳定，勘察周期还要压缩。

3. 工程地质条件复杂

轨道交通勘察线路是线状工程，涉及多个地貌单元和不同的水文地质、工程地质条件，工程地质条件复杂，技术难度较大。

同时，轨道交通勘察是地下系统工程的勘察，涉及高架车站、高架区间、地下车站、地下区间、U 形槽、停车场、车辆段、控制中心等不同的结构形式，不同结构形式的勘察重点各不相同。

4. 勘察手段多样

由于周边环境复杂、岩土工程问题较多、结构形式较多、施工方法复杂。为查明沿线工程地质与水文地质条件，解决岩土工程问题，提供设计施工所需的岩土参数，需要采用钻探取样、静力触探、水文试验、工程物探、原位测试（动力触探、十字板剪切试验、波速试验、扁铲侧胀试验、电测井）等多种勘探方法。

5. 安全生产、文明施工要求高

轨道交通勘察大多在城市繁华区域进行，交通压力大，涉及对电力、电信、煤气、自来水、污水、雨水、交通信号等地下管线的保护，安全生产的压力较大。

同时，媒体发达，事故报道敏感性强，对安全文明施工要求高。因此，对距地下管线较近勘探孔的施工、开孔方式、泥浆循环系统以及施工区安全警示、撤场回填、地面清洗、路面恢复等细节问题都要预先考虑周全，并加强现场管理。

6. 施工过程中变更较多

由于勘察周期较长，受工程进度的影响，设计方案在未完全确定时即向勘察专业开放，往往实施的勘察方案不能完全满足最终设计方案，需要进行补充勘察。

根据勘察规范规定布置的勘探孔在具体实施过程中受到城市道路、既有建筑物、架空线、地下管线、地下障碍物及地面交通等的约束，常常需要移位才能施工。

此外，地铁车站的出入口、风亭等附属结构位于既有建（构）筑物上，一般需要等征迁完成后再进行补充勘察。

7. 服务周期长

轨道交通勘察服务周期较长，需按工勘、初勘、详勘及补勘不同阶段实施，不同阶段有不同的勘察要求。

由于轨道交通施工周期长（达 3～5 年）、内容多，如管线迁改、地连墙施工、基坑开挖验槽、盾构施工、子单位和单位工程验收等，服务周期达 5 年。

1.3 轨道交通软土工程特性

软土是第四纪后期地表流水所形成的沉积物质，是指天然孔隙比大于或等于 1.0 且天然含水率大于液限的细粒土，多数分布于海滨、湖滨、河流沿岸等地势比较低洼地带，地表终年潮湿或积水。在我国上海、天津、大连、连云港、杭州、福州、宁波、广州、昆明等地区广泛分布着软土。随着社会经济的迅速发展，软土地区城市基础设施建设中面临着越来越多的工程问题，尤其是在东南沿海地区不同程度地存在软土问题及其导致的其他灾害地质问题。软土对工程建设产生诸多危害，主要体现在影响地基的稳定性能，造成建筑物的不均匀沉降，引起塌陷、塌方、水土流失等，从而降低了建筑物的抗风、抗震、抗冲击等能力。

下面就以宁波地区为例，说明软土特性及其对轨道交通工程建设的影响：

宁波市地处滨海平原，地势低平，市区地面高程一般为 2.0～2.5 m（黄海高程），宁波轨道建设场地属典型的软土地区，广泛分布海相沉积的厚层软土，由①$_3$层灰色淤泥质黏土、②$_{2-1}$层灰色淤泥、②$_{2-2}$层灰色淤泥质黏土组成。物理力学指标见表 1.1～1.3。其具有如下特点：

① 低强度：$C_u = 7～15$ kPa，$f_k = 40～55$ kPa。

② 弱透水性：$k = i×10^{-6}～i×10^{-8}$ cm/s。

③ 高压缩性：$a_{1-2} = 0.5～1.0$ MPa^{-1}，在荷载作用下，压缩变形大，固结历时长。

④ 显著的结构性：软土受到扰动后，黏土矿物絮状结构受到破坏，土的强度显著降低，甚至呈流动状态，随着静置时间的增长，其强度逐渐有所恢复，但不能恢复到原来的结构强度。因此软土受扰动→破坏→恢复的性能，称其为触变性。

⑤ 明显流变性，主要表现在以下两方面：

a. 在恒定应力或长期荷载作用下，软土将产生缓慢而长期的剪切应变，土的强度则随时间而衰减。

b. 土在主固结沉降完成之后，即土中孔隙水压力完全消散后，将继续产生较大的次固结沉降。

大面积厚层软土分布会对轨道交通工程建设带来一系列岩土工程问题，主要表现为：

① 由于软土广泛分布，其引发的区域性地面沉降现已成为宁波市的区域地质灾害，将可能导致地铁结构长期处于沉降状态，最终可能使管片之间裂隙加大从而发生漏水、渗水，甚至造成灾害性事故。

② 盾构端头井基坑开挖时，为保证坑壁稳定、周围建（构）筑物及地下管线安全采取的支护结构费用较大，施工风险也随之增大。

③ 在软土中盾构穿越，由于施工扰动再固结引发的沉降会影响到周边地下管线等安全，同样也会影响到地铁自身的安全。

④ 软土所能提供的桩侧摩阻力较小，势必会增加桩数或加大桩长，从而增大工程造价。

表 1.1　宁波平原软土层物理指标统计表

岩土编号	岩土名称	数据统计		天然含水率 $w/\%$	质量密度 $\rho/(g/cm^3)$	天然孔隙比 e	液限 $w_L/\%$	塑限 $w_p/\%$	液性指数 I_L	塑性指数 I_P
①$_2$	黏土	幅值		28.0～41.3	1.79～1.95	0.71～0.99	36.6～49.8	20.3～27.1	0.3～0.8	16.0～22.9
		变异系数		0.101	0.021	0.070	0.080	0.073	0.248	0.090
①$_3$	淤泥质黏土	幅值		39.9～57.2	1.65～1.81	1.12～1.65	36.6～47.5	20.8～25.9	1.0～1.6	15.6～21.5
		变异系数		0.092	0.024	0.097	0.065	0.056	0.139	0.080
②$_1$	黏土	幅值		33.8～43.3	1.76～1.88	0.74～0.95	36.4～46.8	20.3～25.9	0.7～1.0	16.2～21.1
		变异系数		0.059	0.019	0.068	0.064	0.068	0.095	0.065
②$_{2-1}$	淤泥	幅值		50.4～60.4	1.63～1.71	1.42～1.74	40.9～48.5	22.6～26.6	1.3～1.7	17.8～22.2
		变异系数		0.046	0.013	0.047	0.044	0.043	0.08	0.060

岩土编号	岩土名称	数据统计	天然含水率 $w/\%$	质量密度 $\rho/(g/cm^3)$	天然孔隙比 e	液限 $w_L/\%$	塑限 $w_P/\%$	液性指数 I_L	塑性指数 I_P
②₂₋₂	淤泥质黏土	幅 值	41.3~53.8	1.67~1.79	1.23~1.55	35.8~45.1	20.3~24.8	1.1~1.7	15.2~20.5
		变异系数	0.067	0.018	0.060	0.057	0.052	0.112	0.074
②₃	淤泥质粉质黏土	幅 值	35.8~48.8	1.71~1.83	1.08~1.46	31.4~40.0	18.7~21.9	1.1~1.7	12.8~17.7
		变异系数	0.085	0.02	0.091	0.060	0.040	0.115	0.082
②₄	淤泥质黏土	幅 值	42.8~52.7	1.69~1.77	1.20~1.52	36.6~43.4	20.4~22.6	1.2~1.7	16.2~20.8
		变异系数	0.054	0.013	0.057	0.043	0.025	0.092	0.064
③₁	含黏性土粉砂	幅 值	24.1~30.2	1.88~2	0.70~0.94				
		变异系数	0.058	0.017	0.066				
③₂	粉质黏土	幅 值	27.1~35.1	1.83~1.93	0.83~1.08	26.8~32.3	16.0~19.5	0.9~1.3	10.4~13.4
		变异系数	0.07	0.015	0.061	0.048	0.051	0.113	0.068
④₁	淤泥质粉质黏土	幅 值	38.1~51.9	1.68~1.81	1.11~1.54	34.8~47.0	20.0~26.0	1.0~1.4	14.4~21.2
		变异系数	0.083	0.02	0.107	0.078	0.068	0.11	0.102
④₂	黏土	幅 值	35.0~48.6	1.69~1.85	1.14~1.36	35.9~50.0	20.0~27.2	0.8~1.0	15.7~23.0
		变异系数	0.085	0.025	0.048	0.085	0.079	0.057	0.097
④₃	粉质黏土	幅 值	30.1~40.0	1.75~1.88	0.82~1.07	29.3~43.6	17.4~24.1	0.8~1.0	12.1~18.6
		变异系数	0.068	0.017	0.056	0.094	0.075	0.079	0.103

表 1.2 宁波平原软土层力学指标

岩土编号	岩土名称	数据统计	压缩系数 $\alpha_{0.1-0.2}/MPa$	压缩模量 $E_{s0.1-0.2}/MPa$	黏聚力 c_q/kPa（快剪）	内摩擦角 $\varphi_q/(°)$（快剪）	黏聚力 c_c/kPa（固快）	内摩擦角 $\varphi_c/(°)$（固快）
①₂	黏土	幅 值	0.4~0.7	3.2~4.7	16.3~30.8	5.9~10.3	24.2~38.8	12.1~16
		变异系数	0.184	0.148	0.239	0.208	0.180	0.107
①₃	淤泥质黏土	幅 值	0.8~1.4	2.0~2.6	5.9~11.6	1.6~3.4	12.6~18.8	7.7~10.8
		变异系数	0.219	0.107	0.253	0.285	0.153	0.130
②₁	黏土	幅 值	0.6~0.9	2.6~3.5	8.6~17.7	3.2~6.1	17.1~25.4	9.4~12.3
		变异系数	0.142	0.113	0.268	0.239	0.153	0.102
②₂₋₁	淤泥	幅 值	1.1~1.6	1.6~2.3	4.2~9.3	1.6~2.9	11.9~16.7	7.4~9.1
		变异系数	0.157	0.128	0.289	0.230	0.131	0.083
②₂₋₂	淤泥质黏土	幅 值	0.8~1.3	1.9~2.8	2.5~10.0	1.4~3.8	12.0~19.8	7.4~10.9
		变异系数	0.129	0.099	0.281	0.236	0.125	0.110

岩土编号	岩土名称	数据统计	压缩系数 $\alpha_{0.1-0.2}$/MPa	压缩模量 $E_{s0.1-0.2}$/MPa	黏聚力 c_q/kPa （快剪）	内摩擦角 φ_q/(°) （快剪）	黏聚力 c_c/kPa （固快）	内摩擦角 φ_c/(°) （固快）
②₃	淤泥质粉质黏土	幅值	0.7~1.2	2.0~2.7	4.8~12.0	1.6~4.7	13.5~21.1	7.6~12.3
		变异系数	0.128	0.071	0.204	0.256	0.109	0.139
③₁	含黏性土粉砂	幅值	0.2~0.3	5.6~8.6	9.5~29.1	16.3~25.0	7.9~17.6	23.8~33.4
		变异系数	0.073	0.114	0.299	0.120	0.177	0.051
③₂	粉质黏土	幅值	0.3~0.6	3.0~5.1	5.5~22.7	3.1~12.0	15.0~23.9	9.4~14.2
		变异系数	0.154	0.136	0.283	0.199	0.101	0.099
④₁	淤泥质粉质黏土	幅值	0.8~1.2	2.0~2.8	5.4~16.6	1.6~5.3	13.3~21.9	7.8~11.9
		变异系数	0.122	0.091	0.264	0.269	0.127	0.130
④₂	黏土	幅值	0.6~1.0	2.3~3.4	6.6~22.5	2.7~7.8	15.4~27.2	8.7~13.5
		变异系数	0.143	0.102	0.286	0.246	0.149	0.115
④₃	粉质黏土	幅值	0.3~0.7	2.7~5.4	12~27.6	4.9~10.1	15.7~34.2	9.8~15.9
		变异系数	0.214	0.169	0.201	0.164	0.189	0.128

表 1.3　宁波平原软土层特殊力学指标统计表

层号	岩土名称	数据统计	波速 横波 v_s/(m/s)	静探 端阻力 q_c/MPa	静探 侧阻力 f_s/kPa	静探 摩阻比 n	十字板 剪切强度 c_u/kPa	十字板 灵敏度 S_t
①₂	黏土	幅值	95.4~141.1	0.3~0.7	12.2~37.2	2.9~8	29.7~70.9	2.9~3.1
		变异系数	0.107	0.244	0.252	0.247	0.218	0.024
①₃	淤泥质黏土	幅值	69.8~133.1	0.1~0.3	3.9~9.4	1.9~4.1	16.2~28	3.3~7.1
		变异系数	0.159	0.192	0.216	0.192	0.206	0.283
②₁	黏土	幅值	91.3~149.5	0.3~0.5	9.3~19.8	2.5~4.6	24.6~51.4	2.7~4.5
		变异系数	0.142	0.177	0.188	0.146	0.274	0.189
②₂₋₁	淤泥	幅值	67.4~124.3	0.2~0.4	4~7.8	1.5~2.3	16.4~27.4	3.9~6.4
		变异系数	0.152	0.149	0.168	0.113	0.184	0.192
②₂₋₂	淤泥质黏土	幅值	73.8~140.0	0.2~0.5	4~8.3	1.4~2.2	15.5~28.2	4.4~6.6
		变异系数	0.162	0.186	0.178	0.174	0.213	0.151
②₃	淤泥质粉质黏土	幅值	88.9~155.9	0.4~0.7	6.2~11.2	1.3~2.1	19.4~31.6	2.8~5.3
		变异系数	0.125	0.120	0.122	0.170	0.171	0.235
②₄	淤泥质黏土	幅值	97.9~140.2	0.4~0.7	6.1~11.5	1.3~2	16.2~33.9	3.2~5.7
		变异系数	0.091	0.202	0.120	0.168	0.235	0.219

层号	岩土名称	数据统计	波速	静探			十字板	
			横波 v_s/(m/s)	端阻力 q_c/MPa	侧阻力 f_s/kPa	摩阻比 n	剪切强度 c_u/kPa	灵敏度 S_t
③₁	含黏性土粉砂	幅 值	108.6～219.4	0.9～2.1	9.7～32.3	0.9～1.9	53.3～96.7	2.9～3.1
		变异系数	0.172	0.262	0.295	0.256	0.214	0.017
③₂	粉质黏土	幅 值	91.3～198.8	0.4～0.8	6.5～12.2	1.2～1.9	27.3～45.0	2.7～5.9
		变异系数	0.170	0.173	0.184	0.171	0.170	0.290
④₁	淤泥质粉质黏土	幅 值	111.2～167.6	0.4～0.8	7.4～13.8	1.3～2.3	20.5～34.3	2.6～3.4
		变异系数	0.103	0.177	0.187	0.215	0.179	0.106
④₂	黏 土	幅 值	119.6～226.4	0.7～1.2	12.4～21.8	1.4～2.2	30.1～48.4	2.9～3.0
		变异系数	0.146	0.193	0.183	0.165	0.176	0.018

第2章　勘察前期策划

2.1　招投标文件的编制

随着国民经济的快速发展和城市轨道交通工程量的急剧增加，越来越多的特大城市和大城市加入城市轨道交通建设的行列。由于轨道交通建设项目是大型的综合性系统工程，它具有投资大、建设周期长、专业繁多、设计面广等特点，为保证工程建设顺利进行，国家通过立法的形式，把轨道交通工程项目列入强制招标的范围，必须实行严格的招投标。

招投标是一项复杂的系统化的工作，有完整的程序，且环节多、专业性强、组织工作繁杂。它是指招标人事先提出招标的条件和要求，邀请众多投标人参加投标并按照规定程序从中选择交易对象的一种市场交易行为。它包括招标和投标两个最基本环节，业主提出招标的条件和要求，而投标方按照招标要求提交相应的标书。招投标工作中也存在着一些不容忽视的问题，如无序竞争、为中标采用无原则的违法手段等，从而损害他人的合法权益，违反了招投标的公正性原则，影响了招投标的质量，扰乱了招投标行业市场秩序。随着招标采购的项目规模发展占到我国社会经济总量的四分之一强，招标投标市场已越来越成为公众关注的焦点。

1. 招标文件的编制

城市轨道交通建设工程的投入资金大、社会效应广、密切关系民生，对从根本上改变城市日趋饱和的交通格局、进一步促进社会经济发展具有重要作用和深远意义，采取规范化的招标管理模式，全面体现招标过程的公开、公平、公正，是确保轨道交通建设工程顺利实施的前提和关键。

（1）主要内容

轨道交通工程勘察工作招标文件通常包括以下内容：

第一章　招标公告

第二章　投标人须知

　1　总则

　　1.1　工程概况

　　1.2　招标人

（2）资格审查

在资格审查中一般要求：

① 投标人资质条件、能力和信誉：

a. 具备独立法人资格；

b. 具备国家建设部核发的工程勘察综合类甲级资质；

c. ××年×月×日至今至少承担一个合同金额×万元及以上的软土地区工程勘察工作（提供业绩合同，业绩时间界定以合同签订日期为准，若合同未能体现软土地质情况，则须提供地质报告证明）；

d. 企业需通过 ISO9001 质量体系认证（提供有效的认证证书）；

e. 投标人须通过市建设行政主管部门登记备案（提供有效的登记备案相关证明）。

② 项目负责人资格要求：

a. 具有岩土工程相关专业的注册岩土工程师及高级工程师（提供职称证书）；

b. ××年×月×日至今作为项目负责人至少承担一个合同金额×万元及以上的软土地区工程勘察工作（提供业绩合同，业绩时间界定以合同签订日期为准，若合同未能体现软土地质情况，则须提供地质报告证明。若业绩合同中未能体现项目负责人的职务，则须提供业主证明）。

③ 投标人及项目负责人行为记录：

投标人及项目负责人无不良行为记录（"不良行为"界定的范围：为国家、省、市各行政主管部门通报停止投标活动的企业、项目负责人和近三年地市级及以上检察院通报涉嫌行贿的企业和项目负责人）。

④ 其他要求：

本招标项目不接受联合体投标；本项目禁止转包，不得分包。

2. 勘察投标文件的编制

投标是一个综合、全面而复杂的过程，标书编制人员业务水平、责任心等决定了勘察标书编制质量。而能否中标取决于单位总体技术能力、报价、标书内容等多方因素。

轨道交通工程勘察投标文件应能体现轨道交通工程的特点，能提供轨道交通工程所需的地质资料，解决轨道交通工程建设中的地质问题。勘察投标文件通常可分为商务标和技术标。

（1）编制原则

充分收集和利用已有勘察资料、区域性基础资料；充分收集已建、在建轨道交通工程类同工程经验，特别是大量原始地质资料，以指导标书编制；勘察方案在符合规范要求并满足设计要求基础上，力求经济合理，在旁通道等易发事故的关键位置在勘察工作量布置时予以重视；选择成熟、恰当的多种勘察手段，获得较为合理可靠的参数，同时考虑轨道交通工程环境的复杂性，勘察手段应具有可实施性；依据工作量，确定必要的资源配置及各种质量保证措施。

（2）编制要求

勘察标书编制要求标书编制人员具备高度的责任感和敬业精神，在标书编写过程中避免或减少失误，做到真实、全面、准确、详细，提高标书的编写质量。

标书编写的一般程序：

① 招标文件的传阅：

收到招标文件后应立即进行招标文件的传阅工作。必须要弄清招标文件的标的、截标、开标、澄清标书的方式，特别应注意招标书的评标原则。同时准备需澄清的问题。在阅读的同时应对重要的内容做出标记。

② 成立投标小组：

投标小组由1名组长及若干名组员组成，组长由具有丰富投标经验的人员承担，组员由组长选定并分配工作。

③ 标书的编写：

a. 编制标书编制计划。

着手进行标书编写前，首先制定标书的编制计划；按准备工作时间、编写时间、领导审核时间、修改时间、第二次领导审定时间、修改时间、签署时间、装订时间、密封时间共 9 个时间节点制定详细的标书编制计划。

b. 标书编写。

标书的文字与图纸是投标者借以表达其意图的语言，必须要准确表达投标人的投标方案，因此，简洁、明确、文法通畅、条理清晰是投标书必须满足的基本要求。标书中图纸、表格较之文字表达更为直接、简单明了。因此一本好的标书要求做到图文并茂、前后一致、风格统一。

内容排序：排序应具有便于评审专家查找、比较、打分迅速、评标结果快的特点。标书的编制内容宜针对评分标准内容罗列。

评分内容的大点即为标书的章，评分内容的小点即为标书的节。

目录结构不仅仅是自动生成就可以了，更重要的是要反映出整体的逻辑结构，评分专家也往往通过目录来得到标书的第一印象。

以下是××市轨道交通工程勘察技术标要求：

i. 综合说明。

主要叙述勘察方案编制依据、执行的规范、规程、规定和标准，及利用已有的资料（地质资料、工程建筑经验、科研成果等）。重点说明本工程勘察目的和所要解决的工程技术问题，以及采用的勘探测试手段、方法（野外的和室内的）。根据存在的工程技术问题，提出与建设、设计、施工单位应配合和服务的事项等。

ii. 勘察方案。

勘察方案应包括以下内容：

● 拟定的勘探孔平面布置图及相关图纸，并列出勘探孔布置数量一览表。

● 勘察设备安排计划，包括本单位所有的室内外勘察设备、初勘用于本标段的勘察设备、详勘用于本标段的勘察设备。

● 勘察实施方案、施工组织措施、进度计划安排。对非规范化的特殊的室内外测试方法，应明确施工（测试）技术措施或测试方案设计。

● 安全文明施工保证措施。

● 提出需要招标人提供的配合条件。

● 天然气专项勘探方案。

● 其他应说明的内容和需要附录的图纸资料等。

● 对本项目勘察的建议。

④ 编制实例：

以下是××轨道交通工程勘察招标文件技术部分分值设置表：

表 2.1 技术部分分值设置

序号	评分项目	评分内容	最高分	最低分
1	对勘察方案总体的把握	① 勘察方案编制依据 ② 执行的规范、规程、规定和标准 ③ 勘察方案应包括的要点及预分析	20	18
2	勘察方案要点	① 勘察工作量布置 ② 勘察设备安排计划 ③ 勘察实施方案 ④ 专项勘探方案 ⑤ 对本项目勘察方案的建议	22	18
3	项目负责人与人员组织	① 机构配置与人员责任划分 ② 技术人员的数量 ③ 项目负责人的业绩与资历	9	8
4	质量、进度保证措施、安全文明措施、对后续服务的承诺	① 质量保证措施 ② 进度保证措施 ③ 执行相关安全文明施工规章制度等措施 ④ 与招标人、设计、施工等单位的配合	18	16
5	投标文件的质量	投标文件的细微偏差	1	0
合计			70	60

××轨道交通工程勘察技术标目录结构组成：

综合说明

一、勘察方案

1 前言

1.1 项目概况

1.2 各工点工程概况

　1.2.1 车站设置及性质特点

　1.2.2 区间设置及性质特点

　1.2.3 车辆段、出入线段设置及性质特点

1.3 勘察等级的划分

1.4 勘察方案编制依据

1.5 执行的规范、规程、规定和标准

1.6 本工程勘察目的要求、目标、方案要点和所要解决的主要工程技术问题

　1.6.1 勘察目的要求

　1.6.2 勘察目标

　1.6.3 勘察方案要点及要解决的主要工程技术问题

1.7 已有资料的分析利用

　1.7.1 研究成果

　1.7.2 收集利用已有勘察资料

　1.7.3 查阅沿线河流历史图集

（四）无不良行为记录承诺书

九、投标人认为其他有必要的内容

（一）完成的其他类似项目

（二）工业与民用建筑部分获奖情况一览表

（三）港口码头及公路桥梁部分获奖情况一览表

（四）自然科学研究部分获奖情况一览表

（五）完成的部分高层项目一览表

（六）其他荣誉奖状

十、其他

c. 修改。

初稿编写完成后，送主管领导、技术部门等审查，再统一时间召开评审会。对各位专家提出的问题、建议等进行修改。修改完成后再送领导审查。轨道交通项目一般宜做到两次评审。

d. 签署。

在经过两次评审及修改完成后，最终进行标书的签署。签署工作要求仔细认真，无漏项。在签署完成后必须经专人核对。

e. 包装。

外表的包装、修饰给人的第一印象很重要。投标书就是一个艺术品，赏心悦目的包装能立刻吸引评标专家的兴趣。其中对封面颜色的选择不要大红大绿，可以采用一种温色调。

f. 密封。

按招标文件要求进行标书的密封。

g. 标书中的禁忌。

● 标书中出现其他项目名称。现在很多标书采用其他案例资料，出现了忘记修改的工程名称。这在评标过程中非常容易被排斥和认为不认真。

● 错别字及用语不当。错别字是小事，但容易引起专家的反感，尤其是总说明、大标题、目录等重要地方出现的时候。

● 套话、废话太多，这种现象容易出现在摘抄网络上的信息时。

2.2 勘察与设计的关系

勘察设计是工程建设的重要环节，勘察设计的好坏不仅影响建设工程的投资效益和质量安全，其技术水平和指导思想对城市轨道交通建设的发展也会产生重大影响。工程勘察与工程设计既相互独立又相互关联。勘察单位需要根据设计单位提出的具体勘察要求进行勘察，同时勘察成果文件也是设计的重要依据资料。

勘察前应由业主组织，由设计人员向勘察单位进行技术交底，交底内容包括工程的结构类型、特点、规模，设计拟采用的工法、工艺、基础类型、荷载要求、变形要求，对勘察单位提供的参数和指标要求等等；勘察单位应积极主动与设计单位沟通，沟通应贯穿于整个勘察过程，使勘察工作有针对性、省时、省力，重点突出。

2.3 勘察纲要

城市轨道交通岩土工程勘察应根据工程重要性等级、场地复杂程度等级、工程周边环境风险等级、勘察阶段、拟建建（构）筑物的特点和设计的技术要求，结合现场踏勘情况及当地地质条件制订勘察纲要，勘察纲要应内容完整、勘察方案合理可行，并满足工程要求。

勘察纲要应由工程项目负责人编制，经审核并批准后方可实施。

（1）纲要编制前收集资料

编制纲要前宜尽可能搜集相关资料，如建（构）筑物资料、地质资料、环境资料等，主要应包括以下资料：

① 项目批文、合同文件等；

② 执行的相关技术标准；

③ 建设单位提供的地下管线、地下构筑物及地下障碍物等基础资料；

④ 设计提供的拟建建（构）筑物的技术要求等；

⑤ 场地附近参考地质资料，并明确其来源；

⑥ 建筑场地的条件，包括场地地理位置、地貌单元、场地现状，以及交通、用电、用水等施工条件；

⑦ 建筑场地的地形图、钻孔的放样及高程测量依据；

⑧ 其他相关材料。

（2）勘察纲要内容

勘察纲要是整个勘察期间主要指导文件，其内容应包括勘察方案、勘察组织结构、勘察进度计划、质量计划以及安全文明施工方案等，主要应包括下列内容：

① 工程项目勘察阶段及等级。

② 纲要的编制依据。

③ 纲要的技术方案：

● 勘察目的及重点，勘察方法；

● 勘探点线布置原则及工作量；

● 室内外试验要求；

● 勘探技术要求；

● 原位测试技术要求；

● 预期提交成果；

● 勘探点线布置图。

④ 施工组织及工程进度计划。

⑤ 质量保证措施。

⑥ 安全文明施工保证措施。

⑦ 安全应急预案。

（3）纲要目录

1 概况
    1.1 工程概况
    1.2 勘察目的与任务
    1.3 勘察大纲编制依据和所执行的主要技术标准
    1.4 勘察质量、进度和安全文明施工目标

2 场地工程地质条件分析
    2.1 区域地质条件
    2.2 地形地貌
    2.3 气象与水文
    2.4 地基土的构成及特征
    2.5 场地和地基的地震效应
    2.6 水文地质条件
    2.7 特殊性岩土与不良地质
    2.8 场地稳定性及适宜性分析
    2.9 地下障碍物

3 拟建工程地基基础预分析

4 勘察方案设计
    4.1 勘察等级
    4.2 勘察方法
    4.3 勘察工作量的布置
        4.3.1 勘探孔的类型及编号
        4.3.2 勘探孔平面布置
        4.3.3 勘探孔深的确定
        4.3.4 水土试样的采取
        4.3.5 原位测试
        4.3.6 天然气勘察
        4.3.7 水文地质试验
        4.3.8 室内试验
        4.3.9 其他
    4.4 勘察工作量
    4.5 拟提交详勘成果

5 质量目标实施计划
    5.1 项目的组织机构
    5.2 勘察工作进度计划
    5.3 勘察设备及仪器配置

6 勘察技术方法及质量要求

第3章 勘察基本要求

3.1 勘察技术标准和法规文件

3.1.1 相关法规文件

城市轨道交通工程勘察质量安全管理应按照相关的法律法规文件执行，主要有《中华人民共和国建筑法》、《建设工程质量管理条例》、《建设工程勘察设计管理条例》、《建设工程安全生产管理条例》、《建设工程勘察质量管理办法》以及其他部门规章和规范性文件。

3.1.2 执行的规范、规程、规定和标准

1. 国家标准

城市轨道交通勘察应满足国家标准的技术要求，主要执行的技术规范如下：

- 《城市轨道交通岩土工程勘察规范》（GB 50307）
- 《岩土工程勘察规范》（GB 50021）
- 《铁路工程抗震设计规范》（GB 50111）
- 《地铁设计规范》（GB 50157）
- 《建筑地基基础设计规范》（GB 50007）
- 《建筑抗震设计规范》（GB 50011）
- 《构筑物抗震设计规程》（GB 50191）
- 《混凝土结构耐久性设计规范》（GB/T 50476）
- 《土的工程分类标准》（GB/T 50145）
- 《土工试验方法标准》（GB/T 50123）
- 《中国地震动参数区划图》（GB18306）
- 《工程测量规范》（GB 50026）
- 《岩土工程勘察安全规范》（GB 50585）

2．行业标准

城市轨道交通工程岩土工程勘察由于发展历史较短，技术体系尚不完善，因而其目前执行的主要行业标准为铁道行业和建筑行业的相关规范、标准，主要行业规范如下：

- 《铁路工程地质勘察规范》（TB 10012/J124）
- 《铁路工程地质钻探规程》（TB 10014）
- 《铁路隧道设计规范》（TB 10003）
- 《铁路桥涵地基基础设计规范》（TB 10002.5）
- 《铁路工程地质原位测试规程》（TB 10018）
- 《静力触探技术标准》（CECS04）
- 《建筑桩基技术规范》（JGJ 94）
- 《建筑基坑支护技术规程》（JGJ 120）
- 《铁路工程水质分析规程》（TB10104）
- 《市政工程勘察规范》（CJJ 56）
- 《软土地区岩土工程勘察规程》（JGJ 83）
- 《建筑工程地质勘探与取样技术规程》（JGJ/T87）
- 《建筑地基处理技术规范》（JGJ 79）

3．地方标准

我国很多省、市均发布了当地的勘察规范、地基基础设计规范和基坑支护规范，部分地区甚至有相关的轨道交通勘察规范。地方标准往往总结了当地大量的工程经验，对当地的工程勘察问题具有很强的针对性，如宁波地区的《宁波市轨道交通岩土工程勘察技术细则》，就是在宁波众多工程经验以及宁波轨道交通工程经验的基础上总结得出的，对宁波地区轨道交通工程勘察具有很强的指导意义。因此在工作量布置、勘察成果分析和岩土参数提供时，在不违反国家标准和行业标准的前提下，可执行地方标准。

3.2　勘察阶段的划分及其勘察要求

3.2.1　概　述

1．工作流程

岩土工程勘察一般包括收集资料、现场踏勘、编写大纲、施工准备、外业实施、室内土工试验、内业整理并提交报告、报告的评审及验收、后续服务等九个主要工序，具体见图3.1。

接收任务，了解设计意图与要求 → 搜集资料 → 现场踏勘 → 编写勘察大纲 → 施工准备 → 外业实施 → 室内土工试验 → 内业资料整理 → 报告评审与验收 → 后续服务

图 3.1　勘察流程

2. 勘察阶段划分

轨道交通工程是一项复杂的系统工程，通常要经历规划、可行性研究、初步设计、施工图设计、施工等多个环节，因而相对应的，轨道交通工程的勘察也需相对应的分阶段进行，即岩土工程勘察可分为可行性研究勘察、初步勘察、详细勘察三个阶段。遇异常情况或为解决设计、施工中特殊岩土工程问题及专题服务可进行施工勘察或专项勘察。

3. 勘察等级划分

城市轨道交通岩土工程勘察应根据工程重要性等级、场地复杂程度等级和工程周边环境风险等级制订勘察方案。

① 工程重要性等级可根据工程规模、建筑类型和特点以及岩土工程问题造成工程破坏的后果，按表 3.1 进行划分。

表 3.1　工程重要性等级

工程重要性等级	工程破坏的后果	工程规模及建筑类型
一级	很严重	车站主体、各类通道、地下区间、高架区间、大中桥梁、地下停车场、控制中心、主变电站
二级	严重	路基、涵洞、小桥、车辆基地内的各类房屋建筑、出入口、风井、施工竖井、盾构始发（接收）井
三级	不严重	次要建筑物、地面停车场

② 场地复杂程度等级可根据地形地貌、工程地质条件、水文地质条件按照下列规定进行划分，从一级开始，向二级、三级推定，以最先满足的为准。

a. 符合下列条件之一者为一级场地（或复杂场地）：

● 地形地貌复杂；

● 建筑抗震危险和不利地段；

● 不良地质作用强烈发育；

● 特殊性岩土需要专门处理；

● 地基、围岩或边坡的岩土性质较差；

● 地下水对工程的影响较大需进行专门研究和治理。

b. 符合下列条件之一者为二级场地（或中等复杂场地）：

● 地形地貌较复杂；

● 建筑抗震一般地段；

- 不良地质作用一般发育；
- 特殊性岩土不需要专门处理；
- 地基、围岩或边坡的岩土性质一般；
- 地下水对工程的影响较小。

c. 符合下列条件者为三级场地（或简单场地）：

- 地形地貌简单；
- 抗震设防烈度小于或等于6度或对建筑抗震有利地段；
- 不良地质作用不发育；
- 地基、围岩或边坡的岩土性质较好；
- 地下水对工程无影响。

③ 工程周边环境风险等级可根据工程周边环境与工程的相互影响及破坏后果的严重程度进行划分。

一级环境风险：工程周边环境与工程相互影响很大，破坏后果很严重。

二级环境风险：工程周边环境与工程相互影响大，破坏后果严重。

三级环境风险：工程周边环境与工程相互影响较大，破坏后果较严重。

四季环境风险：工程周边环境与工程相互影响小，破坏后果轻微。

④ 岩土工程勘察等级可按下列条件划分：

甲级：在工程重要性等级、场地复杂程度等级和工程周边环境风险等级中，有一项或多项为一级的勘察项目。

乙级：除勘察等级为甲级和丙级以外的勘察项目。

丙级：工程重要性等级、场地复杂程度等级均为三级且周边环境风险等级为四级的勘察项目。

3.2.2 可行性研究勘察

1. 概　述

城市轨道交通工程在规划可研阶段，就需考虑众多影响与制约轨道交通建设的因素，如城市发展规划、交通方式、预测客流、地质条件、环境条件、施工难度等，并通过这些因素来考虑线路走向、埋深和工法等的内容。而制约线路敷设方式、工期、投资的地质因素主要为不良地质作用、特殊性岩土和线路控制节点的工程地质和水文地质问题，因而这些地质问题就是可行性研究阶段勘察的工作重点。可行性研究阶段勘察就是通过对这些地质问题的勘察，从而对拟选线路场地的稳定性和适宜性作出评价，并为选线及建设方案的比选提供依据。

2. 勘察技术要求及工作内容

可行性研究阶段勘察应调查城市轨道交通工程线路场地的岩土工程条件、周边环境条件，研究控制线路方案的主要工程地质问题和重要工程周边环境，为线位、站位、线路敷设方式、施工方法等方案的设计与比选、技术经济论证、工程周边环境保护及编制可行性研究报告提供地质资料。

（1）勘察手段

可行性研究阶段勘察以搜集、分析既有资料及工程地质测绘和调查等勘察手段为主；当不能满足本阶段勘察要求时，可进行必要的勘探、物探和测试工作。

（2）勘察技术要求

软土城市轨道交通工程可行性研究阶段勘察应满足以下勘察技术要求：

① 应在充分搜集和分析已有资料的基础上，通过现场踏勘、调查了解沿线的地层、岩性、构造及不良地质和地下水等工程地质条件。划分工程地质单元，进行工程地质分区，评价场地稳定性和适宜性。

② 应根据场地工程地质条件并结合拟建建构筑物的特征，提供可行性研究所需的地基土物理力学指标及其他的技术参数，对影响方案比选的因素进行分析评价，提出适宜的技术措施及合理的建议，为可行性研究提供依据。

可行性研究勘察阶段搜集资料应包括以下内容：工程沿线区域相关地质资料、气象、地形地貌、水文及防洪标准、地震、沿线岩土工程和建筑经验等有关资料；邻近相关的既有和规划隧道、桥梁等交通工程资料；沿线文物保护、风景名胜区、水源地等资料；沿线区域主要障碍物及管线分布状况，重点搜集线路拟定走向可能遇及的桥涵工程基础、地下工程及其他建构筑物桩基工程等资料，并对可能影响工程实施的其他环境条件进行调查。必要时对线路沿线的特殊地质条件提出专题研究要求。

3. 勘察工作方案

软土城市轨道交通工程可行性研究阶段勘察方案应满足以下工作要求：

① 勘探孔间距不宜大于 1 km，每个站点不少于 1 个勘探点。

② 每个地质单元或地貌单元均应有 1 个勘探孔控制，不良地质分布区段和特殊性岩土段应有勘察资料。

③ 当存在比选方案时，各比选线路均应布置相应勘察工作量。

④ 应尽可能利用工程沿线已有的勘察资料，但勘探孔距离拟建方案线路轴线不宜大于 50 m。在利用过程中，应加强已有资料可靠性的分析评价工作，并应注明利用资料来源。

⑤ 可行性研究勘察的取样、原位测试及室内试验应结合地质或地貌单元，根据线路方案、沿线工程地质和水文地质条件进行布置。

4. 勘察成果

可行性研究阶段勘察成果应包括以下内容：

① 搜集区域地质、地形、地貌、水文、气象、地震、矿产等资料，以及沿线的工程地质条件、水文地质条件、工程周边环境条件和相关工程建设经验。

② 调查线路沿线的地层岩性、地层构造、地下水埋藏条件等，划分工程地质单元，进行工程地质分区，评价场地稳定性和适宜性。

③ 对控制线路方案的工程周边环境，分析其余线路的相互影响，提出规避、保护的初步建议。

④ 对控制线路方案的不良地质作用、特殊性岩土，了解其类型、成因、范围及其发展趋势，分析其对线路的危害，提出规避、防治的初步建议。

⑤ 研究场地的地形、地貌、工程地质、水文地质、工程周边环境等条件，分析路基、高架、地下等工程方案及施工方法的可行性，提出线路比选方案的建议。

3.2.3 初步勘察

1. 概 述

初步勘察阶段岩土勘察主要是为初步设计服务，而初步设计是城市轨道交通工程建设非常重要的设计阶段，初步设计工作往往是在线路总体设计的基础上开展工点设计工作，而不同的敷设形式初步设计的内容往往不同，如：初步设计阶段的地下工程一般根据环境及地质条件来完成车站主体及区间的初步设计方案。

因此，初步设计阶段的岩土工程勘察需要满足初步设计工作的要求，即初步勘察阶段应在可行性研究阶段勘察的基础上，针对不同的线路设计方案、结构形式、施工方法，初步查明沿线的工程地质、水文地质条件，为初步设计提供依据。同时应识别设计施工中与地质条件相关的风险因素，并进行评价。

2. 勘察技术要求及勘察方案

（1）勘察手段

初勘阶段应根据沿线地质条件、设计方案及环境条件等，采用工程地质调查与测绘、勘探与取样、原位测试、室内试验等多种手段相结合的综合勘察方法，并辅以适当的工程物探方法进行勘察。

（2）一般勘察技术要求

在进行初勘阶段勘察任务时，应先搜集带地形图的拟建线路平面图、线路纵断面图、施工方法等有关设计文件及可行性研究勘察报告、沿线地下设施分布图，搜集地下障碍物、管线、暗浜等相关资料，在对场地线路条件以及建（构）筑物初步设计方案有一定掌握的基础上再进行勘察。初勘阶段应满足以下勘察技术要求：

① 初步查明勘察范围内的地形地貌、地质构造及地层分布、地质年代等岩土层特征，进行工程地质分区。

② 调查工程沿线的环境条件，并对可能影响工程建设的环境因素进行分析评价。

③ 查明勘察范围内不良地质作用的特征和分布，预测地质灾害的发生、发展趋势以及对线路影响和危害程度。

④ 初步查明软土等特殊性岩土的分布范围、厚度、固结状态、震陷特征；初步查明砂土、粉土层的分布、厚度、透水性、液化特征。

⑤ 勘察深度范围内遇基岩时，应初步查明基岩岩性、力学强度、风化程度、完整性。

⑥ 初步查明勘察范围内地下水的类型、埋藏分布、水位变化幅度、补给排泄径流条件，初步评价水和土对建筑材料的腐蚀性。

⑦ 查明工程沿线地表水体的分布、水质、水位及淤积物特征，并评价对拟建工程的影响；必要时查明地表水与地下水之间的水力联系。

⑧ 初步查明地基稳定性、评价工程适宜性。

⑨ 提供拟建场区的场地类别、场地土类型、抗震设防烈度、设计地震加速度、设计地震分组等，并对场地和地基的地震效应作出初步评价。

同时，初步勘察阶段地下工程、高架工程和路基与涵洞工程、地面车站和车辆基地等不同工程在满足上述勘察要求基础上，还应分别依据各类工程的不同特点、施工方式，满足相应的勘察要求。

（3）勘察工作量布置

初勘阶段工作量布置应满足以下要求：应根据设计方案、建筑形式的不同，采取不同的工作量布置方式，对于地下区间，勘探点应在隧道外侧交叉布置，勘探点间距可根据场地地基土复杂程度及设计需要确定，地下车站勘探点宜布置在基坑边线外，且每个车站勘探点数量不宜少于 4 个；对于高架区间勘探孔应沿区间轴线布置于拟设墩台位置；地面区间宜沿地面线路中心线布置，地面车站及附属设施可沿建筑物周边线布置，车辆设施及综合基地工程可结合建筑物特点采用网格状布置。

初步勘察阶段应根据场地工程地质条件并结合拟建建（构）筑物的特征，提供设计所需的地基土物理力学指标及其他的技术参数，进行地基基础方案初步分析。对不良地质和特殊性岩土的防治提出初步建议。同时初步勘察除提供地基土常规指标外，尚须结合工点性质提供的特殊参数，见表 3.2。

表 3.2　初步勘察需提供的特殊参数

工点性质	特殊参数	常规参数
盾构法区间、顶管法区间及出入口通道	渗透系数、无侧限抗压强度、三轴 UU 和 CU 指标	含水率、密度、比重、液限、塑限、塑性指数、液性指数、颗粒级配、直剪快剪、直剪固结快剪、有机质等
矿山法区间	渗透系数、无侧限抗压强度、岩石单轴抗压强度、软化系数	
车站、明挖法区间	渗透系数、静止侧压力系数、无侧限抗压强度、三轴 CU 指标、桩基设计参数	
地面线路、车辆设施及综合基地	渗透系数、无侧限抗压强度、桩基设计参数	
高架线路	桩基设计参数	

3.2.4 详细勘察

1. 概 述

详勘阶段勘察主要为轨道交通工程施工图设计提供依据，应详细查明建设场地的工程地质、水文地质条件，预测可能出现的岩土工程问题，提供详细的岩土设计参数及物理力学性质指标，并结合拟建建构筑物的特征及施工工法作出分析和评价，提出适宜的技术措施及建议。

城市轨道交通工程结构、建筑类型多，一般包括：地下车站和地下区间、高架车站和高架区间、地面车站和地面区间，以及各类地上地下通道、出入口、风井、施工竖井、车辆段、停车场、变电站及附属设施等。不同的工程和结构类型的岩土工程问题往往不同，设计所需的岩土参数也不同，工程遭遇的风险也有所不同。因此详勘阶段应在初步勘察的基础上，针对不同工程的特点、工程的建筑类型和结构形式、结构埋置深度、施工方法等选择勘察手段及布置工作量。

2. 勘察技术要求及勘察方案

（1）勘察手段

软土城市轨道交通工程详细勘察阶段应以勘探与取样、原位测试、室内试验为主，辅以工程地质调查和测绘、物探等手段。同时不宜采用鉴别孔，原位测试孔的数量不宜少于勘探孔总数的1/3。取样、原位测试及室内试验应结合建构筑物结构类型、施工方法以及场地工程地质和水文地质条件进行布置。

（2）一般勘察技术要求

城市轨道交通工程所遇到的岩土工程问题主要为各类建筑的地基基础问题、隧道围岩稳定问题、天然边坡及人工边坡稳定性问题、周边环境保护问题等，因此详勘阶段应搜集附有坐标和地形的拟建工程的平面图、纵断面图、荷载、结构类型与特点、施工方法、基础形式及埋深、地下工程埋置深度及上覆土层的厚度、变形控制要求等资料，应详细查明建设场地的工程地质、水文地质条件，预测可能出现的岩土工程问题。具体应满足以下技术要求：

① 查明工程沿线地形、地貌、地层分布、成因类型及其物理力学性质。

② 查明拟建工程沿线不良地质，分析评价其危害程度和对工程的影响，并提出防治措施的建议。

③ 基岩区应查明基岩岩性、力学强度、产状、风化程度、完整性、构造破碎带特征等。

④ 提供拟建场区的场地类别、场地土类型、抗震设防烈度、设计地震加速度、设计地震分组等，并对场地和地基的地震效应作出评价。

⑤ 查明沿线水文和工程地质条件，提供水文地质参数，评价水和土对建筑材料的腐蚀性。

⑥ 分析评价工程建设环境与拟建工程的相互影响，提出保护措施建议。

详细勘察除提供常规指标外尚须提供的特殊地基土参数见表 3.3。

表 3.3　详细勘察需提供的特殊参数

工点性质	特殊参数	常规参数
盾构法区间、顶管法区间及出入口通道	渗透系数、静止侧压力系数、无侧限抗压强度、灵敏度、三轴 UU 和 CU 指标、次固结系数、基床系数、不均匀系数及 d_{70}、土层热物理指标、土层波速	含水率、密度、比重、液限、塑限、塑性指数、液性指数、颗粒级配、直剪快剪、直剪固结快剪、有机质等
矿山法区间	渗透系数、无侧限抗压强度、岩石单轴抗压(拉)强度、软化系数、弹性模量、泊松比、基床系数、吸水膨胀率、岩体波速	
车站、明挖法区间	渗透系数、静止侧压力系数、三轴 CU 指标、基床系数、无侧限抗压强度、灵敏度、十字板抗剪强度、回弹模量、回弹指数、桩基设计参数、车站土层电阻率及热物理指标、土层波速	
地面线路及附属设施	基床系数、无侧限抗压强度、十字板抗剪强度、固结系数、车站及主变电站土层电阻率、土层波速、桩基设计参数	
高架线路	三轴 UU 指标、桩基设计参数、车站土层电阻率、土层波速	

同时详细勘察阶段还应根据建构筑物结构类型和施工方法不同,如地下工程、高架工程和路基与涵洞工程、地面车站和车辆基地等,在满足上述勘察要求基础上,还应分别依据各类工程的不同特点、施工方式,满足相应的勘察要求。

3.2.5　施工勘察

1.　概　述

软土城市轨道交通工程尤其是地下工程常因地质条件变化而产生施工安全事故,因而施工勘察往往有着其必要性。

施工勘察应在详细勘察的基础上,研究已有勘察资料,掌握沿线各类工程不良地质作用、特殊性岩土等的分布情况,针对施工方法、施工工艺的特殊要求和施工中出现的工程地质问题开展勘察工作,提供地质资料,满足施工方案调整和风险控制的要求。

施工勘察应针对具体的工程地质问题进行分析评价,施工单位应根据下列情况组织施工勘察:

① 查明工程施工中遇到新的岩土工程问题。

② 验证工程施工中发现和详细勘察报告不一致的勘察内容。

③ 施工方法、施工工艺的特殊要求需要补充相关岩土工程参数。

④ 工程施工险情或事故处理需要的勘察资料。

2. 技术要求

施工勘察应先收集施工方案、勘察报告等相关资料，应满足下列技术要求：

① 施工勘察应根据施工需要、地质条件和遇到的岩土工程问题，有针对性地选择勘察方法和手段，优先采用原位测试手段，尽可能降低对现场环境的影响。

② 对于工程施工险情或事故处理需要进行的施工勘察，应采取多手段验证，并进行不同状态及边界条件下的分析评价。

③ 根据施工勘察目的、现场条件进行相应的分析评价工作，并提出治理或处理措施的建议。

3.3 不同结构与不同工法勘察基本要求

城市轨道交通工程结构类型多，施工方法各异，因而对岩土工程勘察的要求也有很大的差别。根据结构的不同、荷载的不同以及需要解决的岩土工程问题的不同，一般可分为地下结构工程、高架结构工程、路基涵洞工程、地面建筑等；按施工方法、施工工艺的不同，主要有明（盖）挖法、暗挖法、盾构法、沉管法等。

3.3.1 不同结构的勘察基本要求

3.3.1.1 地下结构的勘察要求

地下结构一般包括地下车站、地下车区间及其附属结构，在软土城市其一般埋置较深，属于超补偿基础，一般对地基承载力要求不高，而围护变形和稳定性、地下水抗浮稳定性对地下结构的设计施工影响巨大。地下结构岩土工程勘察在满足一般详勘要求的基础上，尚应满足以下要求。

1. 初步勘察阶段

（1）勘察技术要求

软土城市轨道交通工程初步设计阶段的地下工程主要涉及地下车站、区间隧道（含过渡段），其初步勘察应满足以下技术要求：

① 调查沿线重要建构筑物的地基、基础及使用情况，分析评价拟建工程可能对其造成的不利影响。

② 调查沿线主要地下障碍物的分布，分析评价其对拟建工程可能造成的不利影响和潜在风险。

③ 初步查明围岩风化程度、破碎带分布及性质等，并确定沿线岩土施工工程分级、隧道围岩分级。

④ 选择对工程有影响的含水层进行水文地质试验，必要时设置地下水位（分层）长期观测孔。

⑤ 初步查明勘察范围内浅层气分布特征，评价对拟建工程的影响。

⑥ 提供设计要求深度范围内的地温资料。

（2）勘察工作量布置

勘察工作量布置应能满足初步设计阶段的工作要求，同时也应根据不同施工方法采用不同的工作量布置方式，应满足以下要求：

① 对于盾构法及顶管法施工的区间：勘探孔应在隧道边线外侧 3 ~ 5 m（水域 6 ~ 10 m）范围内交叉布置；勘探孔间距宜为 100 ~ 200 m，并可根据场地地基土复杂程度及设计需要确定；勘探孔深度应大于隧道底以下 3 倍隧道直径。

② 对于明挖法区间及过渡段勘察要求按基坑工程进行，勘探孔间距宜为 100 ~ 200 m，勘探孔深度应大于 3 倍开挖深度，并满足桩基设计要求。

③ 对于矿山法区间：隧道全断面位于土层及全、强风化岩层时，勘探点平面布置及深度可参照盾构法施工的工作量布置执行；隧道断面位于岩层时，应结合工程地质测绘并采用物探、钻探等综合手段进行勘察。洞口应布置勘探孔，洞身应根据物探解译的断层位置布置勘探验证孔，浅埋段和不良地质作用发育地段应有勘探孔。勘探孔深度进入结构底板下中等或微风化岩层不小于 5 m。

④ 地下车站与其他地下设施：

a. 地下车站的勘探点宜布置在基坑边线外 2 ~ 3 m，勘探孔间距不宜大于 100 m，且每站不宜少于 4 个勘探点；

b. 地下主变电站及单独布置的风井应布置适当勘察工作量，且不宜少于 1 个勘探点；

c. 勘探孔深度应大于 2.5 倍开挖深度，并满足桩基设计要求。

⑤ 每个水文地质单元选择代表性地段进行水文地质试验。

2. 详勘阶段

（1）勘察技术要求

建（构）筑物结构形式、施工方法的不同对勘察也有不同的技术要求。

① 查明各岩土层的分布，提供各岩土层的物理力学性质指标，根据设计施工的需要提供各岩土层的岩土参数及基床系数、静止侧压力系数、热物理指标和电阻率等参数。

② 查明不良地质作用、特殊性岩土及对工程施工不利的饱和砂层、卵石层、漂石层等地质条件的分布特征，分析其对工程设计、施工可能产生的不利影响和潜在风险，提出工程防治措施的建议。

③ 详细查明围岩风化程度、基岩破碎程度及破碎带分布等，确定沿线岩土施工工程分级、隧道围岩分级。

④ 对基坑边坡的稳定性进行评价，分析基坑支护可能出现的岩土工程问题，提出防治措施建议，提供基坑支护设计所需要的岩土参数，对支护设计方案提出建议。

⑤ 分析地下水对工程施工的影响，预测基坑和隧道突水、涌砂、流土、管涌的可能性及危害程度；分析地下水对工程结构的作用，提出抗浮设防水位的建议，提供相关参数，必要时对抗浮设防水位进行专项研究；分析评价工程降水、岩土开挖对周边环境的影响，提出周边环境保护措施。

⑥ 盾构区间应重点查明影响盾构施工的不良地质、特殊性岩土，分析评价其对工程设计、施工可能产生的不利影响和潜在风险，并提出防治措施的建议。

⑦ 区间联络通道应重点查明通道部位土层及承压水分布，对联络通道土体加固措施提出建议。

⑧ 隧道通风设计及采用冻结法施工时应测定相关土层的热物理指标。采用冻结法施工必要时宜进行专项勘察，提供各工况下冻土的有关参数。

⑨ 有浅层气分布时，应查明浅层气的分布、成分、压力。

（2）勘察工作量布置

① 勘探点间距根据场地复杂程度、地下工程类别及地下工程的埋深、尺寸等特点可按表 3.4 综合确定。

表 3.4　勘探点间距　　　　　　　　　　　　　单位：m

场地复杂程度	复杂场地	中等复杂场地	简单场地
地下车站勘探点间距	10~20	20~40	40~50
地下区间勘探点间距	10~30	30~50	50~60

② 勘探点的平面布置。

车站主体勘探点宜沿结构轮廓线布置，结构角点以及通道、风道、风井、出入口等附属工程部位应有控制点控制；每个车站不应少于 2 条纵剖面和 3 条有代表性的横剖面；采用承重桩时，勘探点的平面布置宜结合承重桩的位置布置。

区间勘探点宜在隧道外侧 3~5 m 的位置交叉布置；在区间隧道洞口、陡坡段、大断面、异型断面、工法变换等部位以及联络通道、渡线、施工竖井等应有勘探点控制，并布设剖面。

③ 勘探点深度。

控制性勘探孔应满足地基、隧道围岩、基坑边坡稳定性分析、变形计算以及地下水控制的要求。

对于软土城市车站工程，勘探孔深度应大于 2.5 倍开挖深度，并应同时满足不同基础类型及施工工艺对孔深的要求；区间工程，控制性勘探孔深度应大于隧道底以下 3 倍隧道直径，且数量不少于勘探孔总数的 1/3，一般性勘探孔深度不宜小于隧道底以下 2 倍隧道直径；联络通道位置孔深不宜小于隧道底以下 3 倍隧道直径，并可根据具体施工工艺需要确定。

④ 取样测试。

采取岩土试样及原位测试勘探孔的数量应根据地层结构、车站结构类型、土的均匀性和设计要求确定，对于车站工程不应少于勘探点总数的 1/2，区间工程不应少于勘探点总数的 1/3。

岩土试样数以及原位测试数据应满足岩土工程评价以及规范的要求，每一主要土层的原状土试样或原位测试数据不应少于 10 件（组），且每一地质单元的每一主要土层不少于 6 件（组）；原位测试应根据需要和地区经验选取合适的测试手段，且每个车站或区间工程的波速测试孔不宜少于 3 个，电阻率测试孔不宜少于 2 个。

⑤ 室内试验。

室内试验应能满足设计施工需求，同时与施工环境条件相符合，满足常规要求，同时应符合下列规定：

a. 抗剪强度室内试验方法应根据施工方法、施工条件、设计要求等确定；岩土的抗剪强度指标宜通过室内试验、原位测试结合当地经验综合确定。

b. 每一主要土层的静止侧压力系数和热物理指标试验数据不宜少于 3 组；基床系数在有经验地区可通过原位测试、室内试验结合经验值综合确定，必要时通过专题研究或现场 $K30$ 载荷试验确定。

c. 基底以下压缩层范围内采取岩土试验，每层回弹再压缩数据不宜少于 3 组。

d. 隧道范围内的碎石和砂土应测定颗粒级配，粉土应测定黏粒含量。

e. 应采取地表水、地下水试样或地下结构范围内的岩土试样进行腐蚀性试验，地表水岩土试样每层不应小于 1 组，地下水岩土试样每层不少于 2 组。

⑥ 水文试验。

当地下水对车站和区间工程有影响时，应布置长期水文观测孔，对需进行地下水控制的车站和区间工程宜进行水文地质试验。

3.3.1.2 高架结构的勘察要求

软土城市轨道交通工程初步设计阶段的高架结构包括高架车站、高架区间及其附属工程。高架结构一般荷载较大，对沉降控制较为严格，一般多采用桩基础，因而高架结构岩土工程勘察的主要目的是解决桩基承载力、变形控制以及稳定性问题。

1. 初步勘察阶段

（1）勘察技术要求

高架结构工程在满足一般初勘要求的基础上，尚应结合高架工程特点，满足以下要求：

① 重点查明对高架结构工程有控制性影响的不良地质体的分布范围，指出工程设计应注意的事项。

② 采用天然地基时，初步评价墩台基础地基稳定性和承载力，提供地基变形、基础抗倾覆和抗滑移稳定性验算所需的岩土参数。

③ 采用桩基时，初步查明沿线桩基持力层的分布、厚度变化规律，提出桩型及成桩工艺的初步建议，提供各岩土层的桩基设计参数初步建议值，推荐适宜的桩基持力层。

④ 根据设计要求、沿线地层条件及施工环境，进行桩型对比分析，并提出初步建议。

⑤ 了解沿线施工环境，分析沉（成）桩的可能性，分析评价桩基施工与环境的相互影响。

⑥ 对跨河桥，还应初步查明河流水文条件，提供冲刷计算所需的颗粒级配等参数。

（2）勘察工作量布置

勘探点间距应根据场地复杂程度和设计方案确定，取样、原位测试的勘探点数量不应少于勘探点总数的 2/3。同时各类构（建）筑物工作量布置应满足以下要求：

① 高架区间勘探孔应沿区间轴线布置于拟设墩台位置，间距宜为 100～150 m。同时考虑到钻探勘探存在钻具残留的风险，钻探孔位尽可能布置在墩位承台的施工范围外侧。

② 高架车站勘探孔间距不宜大于 100 m，且每站不宜少于 3 个勘探点。

③ 过街天桥应布置适当勘察工作量，且不宜少于 1 个勘探点。

④ 勘探孔深度应满足桩基变形计算要求，达到桩基压缩层计算深度下 1～2 m，并穿越软弱下卧层，预定深度内见基岩时，则钻入中等或微风化基岩 3～5 m。

2. 详细勘察阶段

（1）勘察技术要求

高架结构工程在满足一般详勘要求的基础上，尚应结合高架工程特点，满足以下要求：

① 查明场地各岩土层类型、分布、工程特性和变化规律；确定墩台基础与桩基的持力层，提供各岩土层的物理力学性质指标；分析桩基承载性状，结合当地经验提供桩基承载力计算和变形计算参数。

② 查明溶洞、土洞、人工洞穴、采空区、可液化土层和特殊性岩土的分布与特征，分析其对墩台基础和桩基的危害程度，评价墩台地基和桩基的稳定性，提出防治措施的建议。

③ 在采用基岩作为墩台基础或桩基的持力层时，应查明基岩的岩性、构造、岩面变化、风化程度，确定岩石的坚硬程度、完整程度和岩石基本质量等级，判定有无洞穴、临空面、破碎岩体或软弱岩层。

④ 查明水文地质条件，评价地下水对墩台基础及桩基设计和施工的影响，判定地下水和土对建筑材料的腐蚀性。

⑤ 查明场地是否存在产生桩侧负摩阻力的地层，评价负摩阻力对桩基承载力的影响，并提出处理措施的建议。

⑥ 分析桩基施工存在的岩土工程问题，评价成桩的可能性，论证桩基施工对工程周边环境的影响，并提出处理措施的建议。

⑦ 对桩基的完整性和承载力提出检测的建议。

（2）勘察工作量布置

① 勘探点的平面布置。

a. 高架车站勘探点应沿结构轮廓线和柱网布置，间距宜为 15～35 m。当桩端持力层起伏较大、地层分布复杂时，应加密勘探点。

b. 高架区间勘探点应布置于拟设墩台位置，且宜逐跨布置勘探孔，当上行、下行线墩台轴线距离大于 15 m 时应每墩布置勘探孔； 当场地地基条件复杂或超过标准跨径时，宜增加勘探孔数量。

c. 过街天桥应布置勘探剖面，且不宜少于 2 个勘探点。

d. 高架工程控制性勘探孔的数量不应少于勘探点总数的 1/3。

② 勘探孔孔深。

a. 墩台基础的控制性勘探孔应满足沉降计算和下卧层验算要求，一般性勘探孔应达到基底以下 10 ~ 15 m 或墩台基础底面宽度的 2 ~ 3 倍，在基岩地段，当风化层不厚或为硬质岩时，应进入基底以下中等风化岩石土层 2 ~ 3 m。

b. 桩基的控制性勘探孔深度应满足沉降计算和下卧层验算要求，应达到桩基压缩层计算厚度下 1 ~ 2 m；一般性勘探孔应达到预计桩端平面以下 3 ~ 5 倍桩身设计直径，且不应小于 3 m，对大直径桩，不应小于 5 m。对嵌岩桩，控制性勘探孔应达到预计桩端平面以下 3 ~ 5 倍桩身设计直径，并穿过溶洞、破碎带，进入稳定地层；嵌岩桩一般性勘探孔应达到预计桩端平面以下 1 ~ 3 倍桩身设计直径。

c. 当预定深度范围内存在软弱土层时，勘探孔应适当加深。

③ 取样测试。

岩土试样数以及原位测试数据应满足岩土工程评价的要求，每一主要土层的原状土试样或原位测试数据不应少于 10 件（组），且每一地质单元的每一主要土层不少于 6 件（组）；原位测试应根据需要和地区经验选取合适的测试手段，且每个车站或区间工程的波速测试孔不宜少于 3 个。车站应进行土层电阻率测试，测试深度应不小于地面下 5 m，接地有特殊要求时，可根据设计要求进行。

④ 室内试验。

室内试验应符合一般详勘的要求，同时对于软土城市轨道交通勘察应符合下列规定：

a. 估算基桩的侧阻力、端阻力和验算下卧层强度时，宜进行三轴剪切试验或无侧限抗压强度试验，三轴剪切试验受力条件应模拟工程实际情况。

b. 进行沉降计算的桩基工程，应进行压缩试验，试验最大强度应大于自重压力与附加压力之和。

c. 桩基持力层为基岩时，应采取岩样进行饱和单轴抗压强度试验，必要时尚应进行软化试验；对软岩和极软岩，可进行天然湿度的单轴抗压强度试验；对无法取样的破碎和极破碎岩石，应进行原位测试。

3.3.1.3 路基、涵洞工程的勘察要求

路基、涵洞工程主要包括一般路基、路堤、路堑、涵洞、支挡结构及其附属结构。软土城市轨道交通工程路基结构岩土工程勘察重点在解决路基稳定性、路基承载力和变形问题，应重点关注不良地质作用和特殊性岩土。

1. 初步勘察阶段

（1）勘察技术要求

路基工程在满足一般初勘要求的基础上，尚应满足以下要求：

① 初步查明各岩土层的岩性、分布情况及物理力学性质，重点查明对路基工程有控制性影响的不稳定岩土体、软弱土层等不良地质体的分布范围。

② 初步评价路基基底的稳定性，划分岩土施工工程等级，指出路基设计应注意的事项并提出相关建议。

③ 初步查明水文地质条件，评价地下水对路基的影响，提出地下水控制措施的建议。

④ 对高路堤应初步查明软弱土层的分布范围和物理力学性质，提出天然地基的填土允许高度或地基处理建议，对路堤的稳定性进行初步评价，必要时进行取土勘察。

⑤ 对深路堑，应初步查明岩土体的不利结构面，调查沿线天然边坡、人工边坡的工程地质条件，评价边坡的稳定性，提出边坡治理措施的建议。

⑥ 对支挡结构，应初步评价地基稳定性和承载力，提出地基基础形式及地基处理措施的建议。对路堑挡土墙，还应提供墙后岩土体物理力学性质指标。

涵洞工程尚应符合以下技术要求：

① 初步查明涵洞场地地貌、地层分布和岩性、地质构造、天然沟床稳定状态、隐伏的基岩倾斜面、不良地质作用和特殊性岩土。

② 初步查明涵洞地基的水文地质条件，必要时进行水文地质试验，提供水文地质参数。

③ 初步评价涵洞地基稳定性和承载力，提供涵洞设计、施工所需的岩土参数。

（2）勘察工作量布置

路基、涵洞工程勘探工作量布置应符合以下要求：

① 每个地貌、地质单元均应布置勘探点，在地貌、地质单元交接部位和地层变化较大地段应加密勘探点。

② 路基的勘探点的间距宜为 100~150 m，支挡结构、涵洞应有勘探点控制。

③ 高路堤、深路堑应布置横断面。

④ 取样、原位测试的勘探点数量不应少于路基、涵洞工程勘探点总数的 2/3。

⑤ 控制性勘探孔深度应满足稳定性评价、变形计算、软弱下卧层验算的要求；一般性勘探孔宜进入基底以下 5~10 m。

2. 详勘阶段

（1）勘察技术要求

① 一般路基。

a. 查明地层结构、岩土性质、岩层产状、风化程度及水文地质特征；分段划分岩土施工工程等级；评价路基基地的稳定性。

b. 应分段取土试样进行物理力学试验，采取水试样进行水质分析。

② 高路堤。

a. 查明基底地层结构、岩土性质、覆盖层与基岩接触面的形态。查明不利倾向的软弱夹层，并评价其稳定性。

b. 调查地下水活动对基底稳定性的影响。

c. 地质条件复杂的地段应布置横剖面。

d. 应采取岩土试样进行物理力学试验，提供验算地基强度及变形的岩土参数。

e. 分析基底和斜坡稳定性，提出路基与斜坡加固方案的建议。

③ 深路堑。

a. 查明场地的地形、地貌、不良地质作用和特殊地质问题，调查沿线天然边坡、人工边坡的工程地质条件，分析边坡工程对周边环境的不利影响。

b. 土质边坡应查明土层厚度、地层结构、成因类型、密实程度及下伏基岩面形态和坡度。岩质边坡应查明岩层性质、厚度、成因、节理、裂隙、断层、软弱夹层的分布、风化破碎程度以及主要结构面的类型、产状及充填物。

c. 查明影响深度范围的含水层、地下水埋藏条件、地下水动态，评价地下水对路堑边坡及结构稳定性的影响，需要时应提供路堑结构抗浮设计的建议。

d. 建议路堑边坡坡度，分析评价路堑边坡的稳定性，提供边坡稳定性计算参数，提出路堑边坡治理措施的建议。

e. 调查雨期、暴雨量、汇水范围和雨水对坡面、坡脚的冲刷及对坡体稳定性的影响。

④ 支挡结构。

a. 查明支挡地段地形地貌、不良地质作用和特殊性岩土、地层结构及岩土性质，评价支挡结构地基稳定性和承载力，提供支挡结构设计所需的岩土参数，提出支挡形式和地基基础方案的建议。

b. 查明支挡地段水文地质条件，评价地下水对支挡结构的影响，提出处理措施的建议。

⑤ 涵洞。

a. 查明地形、地貌、地层、岩性、天然沟床稳定状态、隐伏的基岩斜坡、不良地质作用和特殊性岩土。

b. 查明涵洞场地的水文地质条件，必要时进行水文地质试验，提供水文地质参数。

c. 应采取勘探、测试和试验等方法综合确定地基承载力，提供涵洞设计所需的岩土参数。

d. 调查雨期、雨量等气象条件及涵洞附近的汇水面积。

（2）勘察工作量布置

① 勘探点平面布置。

a. 一般路基勘探点间距为 50～100 m，高路堤、深路堑、支挡结构勘探点间距可按表 3.5 确定。

b. 高路堤、深路堑应根据基底和边坡的特征，结合工程处理措施，确定代表性工程地质断面的位置和数量。每个断面的勘探点不宜少于 3 个，地质条件简单时不宜少于 2 个。

表 3.5　勘探点间距　　　　　　　　　　　　　　　　单位：m

复杂场地	中等复杂场地	简单场地
15～30	30～50	50～60

c. 深路堑遇有软弱夹层或不利结构面时，勘探点应适当加密。

d. 支挡结构的勘探点不宜少于 3 个。

e. 涵洞的勘探点不宜少于 2 个。

f. 控制性勘探孔不宜少于勘探点总数的 1/3，取样及原位测试孔数量应根据地层结构、土的均匀性和设计要求确定，且不应少于勘探点总数的 1/2。

② 勘探孔深度。

a. 控制性勘探孔应满足地基、边坡稳定性分析及地基变形计算的要求。

b. 一般路基的一般性勘探孔深度不应小于 5 m，高路堤不应小于 8 m。

c. 路堑的一般性勘探孔深度应能探明软弱层厚度及软弱结构面产状，且穿过潜在滑动面并深入稳定地层内 2～3 m，满足支护设计要求，在地下水发育地段，根据排水工程需要适当加深。

d. 支挡结构的一般性勘探孔深度应达到基底以下不应小于 5 m。

e. 基础置于土中的涵洞一般性勘探孔深度应按表 3.6 确定。

f. 遇软弱土层时，勘探孔应适当加深。

表 3.6　涵洞勘探孔深度　　　　　　　　　　　　　　单位：m

碎石土	砂土、粉土和黏性土	软土、饱和砂土等
3～8	8～15	15～20

3.3.1.4　地面建筑工程的勘察要求

地面建筑一般包括地面线路、车辆设施、综合基地工程及配套设施工程等。软土城市地面建筑岩土工程勘察主要解决场地稳定性、地基承载力、地基均匀性及变形等问题，车辆基地应同时考虑场地挖填对勘察的要求。

1. 初步勘察阶段

（1）勘察技术要求

地面线路、车辆设施及综合基地工程初步勘察时应满足以下技术要求：

① 初步划分岩土施工工程等级，评价路基的稳定性。

② 初步查明暗浜分布范围及回填情况，评价其对路基稳定性的影响。

③ 调查线路平交的河流、浜塘的断面及淤泥厚度，并评价其影响。

④ 地面配套设施可根据建构筑物性质，按相关标准进行勘察。

（2）勘察工作量布置

勘察工作量布置应满足以下要求：

① 对于地面区间：勘探孔宜沿地面线路中心线布置，间距 100～150 m；勘探孔深度应穿透浅部软土层；采用桩基础时，孔深应满足桩基设计要求。

② 对于地面车站与附属设施：勘探孔可沿建构筑物周边线布置，间距不宜大于 100 m，且每站不宜少于 3 个勘探点；勘探点深度应穿透软土层；在采用桩基础时，孔深应能满足桩基设计要求。

③ 对于车辆设施及综合基地工程：勘探孔可结合建构筑物特点采用网格状布置，孔间距宜为 100～150 m，且主要设施均应有勘探点控制；勘探点深度根据建（构）筑物性质确定，采用桩基础时，孔深应能满足桩基设计要求。

2. 详勘阶段

（1）勘察技术要求

详勘阶段应在初步勘察基础上进一步结合地面建筑工程特点及施工方法进行，应满足以下技术要求：

① 划分岩土工程施工等级，评价路基的稳定性。

② 调查地下水的活动对基底稳定性的影响。

③ 提供高路堤沉降估算参数。

④ 查明明浜和暗浜分布范围及回填情况，评价其对路基稳定性的影响。

⑤ 地面配套设施、车辆设施及综合基地工程可根据建构筑物性质，按国家标准《岩土工程勘察规范》（GB 50021）及相应的地方标准和行业标准进行勘察。

（2）勘察工作量布置

勘察工作量布置应满足下列要求：

对于地面区间：

① 勘探孔可沿地面线路中心线布置，间距不宜大于 45 m。

② 勘探孔深度宜穿透浅部软土层，并应满足路基变形验算要求。

③ 采用桩基础时，勘探孔间距及孔深应满足桩基设计要求。

对于地面车站与附属设施：

① 勘探孔应根据基础特点结合车站轮廓线布置，采用天然地基时，孔间距不宜大于 45 m；采用桩基础时，孔间距不宜大于 35 m。

② 勘探孔深度根据建（构）筑物基础特点确定；控制性孔深度应满足变形计算要求，且数量不少于勘探孔总数的 1/3。

③ 车站应进行土层电阻率测试，测试深度应不小于地面下 5 m，接地有特殊要求时，可根据设计要求进行。

对于车辆设施及综合基地工程：

① 勘探孔可结合建（构）筑物特点采用网格状布置，拟采用天然地基的部位勘探孔间距不宜大于 45 m；拟采用桩基础的部位勘探孔间距不宜大于 35 m。

② 勘探孔深度根据建（构）筑物基础特点确定；控制性孔深度应满足变形计算要求，且数量不少于勘探孔总数的 1/3。

3.3.2 不同工法的勘察基本要求

软土城市轨道交通工程的施工方法、施工工艺主要根据施工范围内的工程地质和水文地质资料、结构形态和规模、使用功能、工期要求、周围环境及交通等因素进行技术、经济比较后综合确定。在软土城市常见的工法主要有：明（盖）挖法、暗挖法、盾构法、高架线等施工方法。

1. 明挖法的勘察要求

（1）概述

明挖法是由地面开挖基坑修筑城市轨道交通的方法，明挖法的勘察应提供放坡开挖、支护开挖及盖挖等设计施工所需的岩土工程资料，应为下列工作提供勘察资料：

① 基坑支护设计与施工。

② 土方开挖设计与施工。

③ 地下水控制设计与施工。

④ 基坑突涌和基底隆起的防治。

⑤ 施工设备选型和工艺参数的确定。

⑥ 工程风险评估、工程周边环境保护以及工程监测方案设计。

（2）明挖法可能存在的主要岩土工程问题

明挖法主要的问题是对周围环境影响较大，根据已有工程经验，明挖法可能导致以下不利影响：

① 基坑边坡失稳。

② 坑壁位移超过控制标准。

③ 坑壁（防渗墙）发生严重渗水。

④ 基坑底部发生承压水突涌。

（3）勘察技术要求

针对以上问题以及总结轨道交通工程设计施工经验，同时考虑软土的流变、触变特性，勘察重点应放在基坑围护及变形稳定性、渗透变形稳定性、承压水突涌、基坑抗浮以及周边环境相互影响等问题。明挖法勘察应提供方案比选所需要的场地环境条件、工程地质、水文地质、不良地质及特殊地质等资料以及岩土工程设计参数，应符合以下要求：

① 在查明场地岩土类型、成因、分布与工程特性的基础上，应重点查明填土、暗浜、软弱土夹层及饱和砂层的分布，基岩埋深较浅地区的覆盖层厚度、基岩起伏、坡度及岩层产状。

② 土的抗剪强度指标应根据土的性质、基坑安全等级、支护形式和工况条件选择室内试验方法；当地区经验成熟时，也可通过原位测试结合地区经验确定。

③ 查明场地水文地质条件，判定人工降低地下水位的可能性，为地下水控制设计提供参数；分析地下水位降低对工程及工程周边环境的影响，当采用坑内降水时还应预测降低地下水位对基底、坑壁稳定性的影响，并提出处理措施的建议。

④ 根据粉土、粉细砂分布及地下水特征，分析基坑发生突水、涌砂流土、管涌的可能性。

⑤ 搜集场地附近既有建（构）筑物基础类型、埋深和地下设施资料，并对既有建（构）筑物、地下设施与基坑边坡的相互影响进行分析，提出工程周边环境保护措施的建议。

（4）工作量布置要求

软土城市明挖法勘察应符合以下要求：

① 勘察范围宜达到开挖边界外开挖深度的 2 ~ 3 倍范围内布置勘探孔，当开挖边界外无法布置勘探点时，可通过搜集、调查取得相应资料。

② 勘探点间距根据场地的复杂程度、地下工程类别以及地下工程的埋深、断面尺寸特点可按表 3.4 综合确定。当基坑周边遇暗浜、暗塘，填土厚度变化或基岩面起伏很大时，宜加密勘探点。勘探孔的平面布置应符合相关构筑物的勘察要求，可参照地下工程勘探点平面布置。

③ 宽度小于 15 m 的线型基坑，勘探点可采取投影法沿基坑边线两侧交错布置。

④ 勘探孔深度应满足基坑稳定分析、地下水控制、支护结构设计要求。

（5）勘察成果报告

勘察报告除满足一般勘察成果报告要求外，还应满足以下要求：

① 放坡开挖法勘察应提供边坡稳定性计算所需岩土参数，提出人工边坡最佳开挖坡形和坡角、平台位置及边坡坡度允许值的建议。

② 盖挖法勘察应查明支护桩墙和立柱桩端的持力层深度、厚度，提供桩墙和立柱桩承载力及变形计算参数。

③ 勘察报告尚应包括基坑支护设计、施工需重点关注的岩土工程问题以及不良地质作用、特殊性岩土可能引发的明挖法施工风险提出控制措施的建议。

④ 岩土参数除提供常规参数外，对软土城市轨道交通工程尚需提供特殊地基土参数：渗透系数、静止侧压力系数、三轴 CU 指标、基床系数、无侧限抗压强度、十字板抗剪强度、回弹模量、回弹指数、桩基设计参数、车站土层电阻率及热物理指标、土层波速等，具体可根据开挖方法和支护结构设计的需要参考表 3.7 提供岩土参数。

表 3.7 明挖法勘察岩土参数选择表

开挖施工方法		密度	黏聚力	内摩擦角	静止侧压力系数	无侧限抗压强度	十字板剪切强度	水平基床系数	水平抗力系数的比例系数	回弹及回弹再压缩模量	弹性模量	渗透系数	土体与锚固体黏结强度	桩基设计参数
放坡开挖		√	√	√	—	√	○	—	—	—	—	√	—	—
支护开挖	土钉墙	√	√	√	—	√	○	—	—	—	—	√	√	—
	排桩	√	√	√	√	√	○	√	○	○	○	√	○	○
	钢板桩	√	√	√	—	√	○	√	○	○	—	√	○	○
	地下连续墙	√	√	√	—	√	○	√	○	√	○	√	○	○
	水泥土挡墙	√	√	√	—	√	○	—	—	—	—	√	—	—
盖挖		√	√	√	√	√	○	√	√	○	√	√	—	√

注：表中○表示可提供，√表示应提供，—表示可不提供。

2. 矿山法的勘察要求

（1）概述

矿山法是暗挖法的一种，是在岩土体中采用新奥法或浅埋暗挖法修筑城市轨道交通工程隧道的施工方法的统称。矿山法勘察应提供全断面法、台阶法、洞桩（柱）法等施工方法及辅助工法设计、施工所需的岩土工程资料，应为以下工作提供勘察资料：

① 隧道轴线位置的选定。

② 隧道断面形式和尺寸的选定。

③ 洞口、施工竖井位置和明、暗挖施工分界点的选定。

④ 开挖方案及辅助施工方法的比选。

⑤ 围岩加固、初期支护及衬砌设计与施工。

⑥ 开挖设备选型及工艺参数的确定。

⑦ 地下水控制设计与施工。

⑧ 工程风险评估、工程周边环境保护和工程监测方案设计。

（2）矿山法可能存在的主要岩土工程问题

根据已有工程的经验，软土城市矿山法可能存在的主要岩土工程问题有：

① 施工过程中遭遇自稳时间短、易坍塌的卵砾石、砂土、黏性土及强风化基岩等。

② 性质较差、自稳性差的软土，导致变形过大或对周边结构物产生不利影响。

③ 隧道围岩中有地下水时尤其是在砂层中，导致掌子面自稳困难。

④ 突发性涌水问题。

⑤ 膨胀性围岩的不利影响。

（3）勘察技术要求

针对以上问题以及总结轨道交通工程设计施工经验，同时考虑软土的流变、触变特性，矿山法勘察应重点查明土层性质及自稳性、围护稳定性及变形控制、隧道施工与周边结构物的相互影响、地下水的影响以及特殊性岩土不利影响等问题。因此矿山法勘察应符合以下要求：

① 查明场地岩土类型、成因、分布与工程特性；重点查明隧道通过土层的性状、密实度及自稳性，古河道、古湖泊、地下水、饱和粉细砂层、有害气体的分布，填土的组成、性质及厚度。

② 在基岩地区应查明基岩起伏、岩石坚硬程度、岩体结构形态和完整状态、岩层风化程度、结构面发育情况、构造破碎带特征、岩溶发育及富水情况、围岩的膨胀性等。

③ 了解隧道影响范围内的地下人防、地下管线、古墓穴及废弃工程的分布，以及地下管线渗漏、人防充水等情况。

④ 预测施工可能产生的突水、涌砂、开挖面坍塌、冒顶、边墙失稳、洞底隆起、岩爆、滑坡、围岩松动等风险的地段，并提出防治措施的建议。

⑤ 查明场地水文地质条件，分析地下水对工程施工的危害，建议合理的地下水控制措施，提供地下水控制设计、施工所需的水文地质参数；当采用降水措施时应分析地下水位降低对工程周边环境的影响。

⑥ 根据围岩岩土条件、隧道断面形式和尺寸、开挖特点分析隧道开挖引起的围岩变形特征；根据围岩变形特征和工程周边环境变形控制要求，对隧道开挖步序、围岩加固、初期支护、隧道衬砌以及环境保护提出建议。

（4）勘察工作量布置

① 矿山法勘察的勘探点间距及平面布置可参照地下工程布置，勘探点间距根据场地复杂程度、地下工程类别及地下工程的埋深、尺寸等特点可按表3.4综合确定。

② 车站主体勘探点宜沿结构轮廓线布置，结构角点以及通道、风道、风井、出入口等附属工程部位应有控制点控制；每个车站不应少于2条纵剖面和3条有代表性的横剖面；采用承重桩时，勘探点的平面布置宜结合承重桩的位置布置。

③ 区间勘探点宜在隧道外侧3~5 m的位置交叉布置；在区间隧道洞口、陡坡段、大断面、异型断面、工法变换等部位以及联络通道、渡线、施工竖井等应有勘探点控制，并布设剖面。

④ 控制性勘探孔应满足地基、隧道围岩、基坑边坡稳定性分析、变形计算以及地下水控制的要求。

⑤ 除常规测试外，在采用掘进机开挖隧道时，应查明沿线的地质构造、断层破碎带及溶洞等，必要时进行岩石抗磨性试验，在含有大量石英或其他坚硬矿物的地层，应做含量分析；采用钻爆法施工时，应测试振动波传播速度和振幅衰减参数；在施工过程中进行

爆破振动监测。

（5）勘察成果报告

勘察报告除满足一般勘察成果报告要求外，还应满足以下要求：

① 采用洞桩（柱）法施工时，应提供地基承载力、单桩承载力计算和变形计算参数，当洞内桩身承受侧向岩土压力时应提供岩土压力计算参数。

② 采用气压法时，应进行透气试验。

③ 采用导管注浆加固围岩时，应提供地层的孔隙率和渗透系数。

④ 采用管棚超前支护围岩施工时，应评价管棚施工的难易程度，建议合适的施工工艺，指出施工应注意的问题。

⑤ 勘察报告尚应包括：开挖方法、大型开挖设备选型及辅助施工措施的建议；分析地层条件，提出隧道初期支护形式的建议；对存在的不良地质作用及特殊性岩土可能引发的矿山法施工风险提出控制措施的建议。

⑥ 岩土参数除常规参数外，对软土城市轨道交通工程尚需提供特殊地基土参数：渗透系数、无侧限抗压强度、岩石单轴抗压（拉）强度、软化系数、弹性模量、泊松比、基床系数、吸水膨胀率、岩体波速等，可根据隧道开挖方法及围岩岩土类型与特征参照表3.8提供所需岩土参数。

表 3.8 矿山法勘查岩土参数选择表

类别	参数	类别	参数
地下水	1. 地下水位、水量 2. 渗透系数	物理性质	1. 含水率、密度、孔隙比 2. 液限、塑限 3. 黏粒含量 4. 颗粒级配 5. 围岩的纵、横波速度
力学性质	1. 无侧限抗压强度 2. 抗拉强度 3. 黏聚力、内摩擦角 4. 岩体的弹性模量 5. 土体的变形模量及压缩模量 6. 泊松比 7. 标准贯入锤击数 8. 静止侧压力系数 9. 基床系数 10. 岩石质量指标（RQD）	矿物组成及工程特性	1. 矿物组成 2. 浸水崩解度 3. 吸水率、膨胀率 4. 热物理指标
		有害气体	1. 土的化学成分 2. 有害气体成分、压力、含量

3. 盾构法的勘察要求

（1）概述

盾构法是在岩土体内采用盾构机修筑城市轨道交通工程隧道的施工方法。盾构法勘察应提供盾构选型、盾构施工、隧道管片设计等所需要的岩土工程资料，应为下列工作提供勘察资料：

① 隧道轴线和盾构始发（接收）井位置的选定。

② 盾构设备选型、设计制造和刀盘、刀具的选择。

③ 盾构管片及管片背后注浆设计。

④ 盾构推进压力、推进速度、盾构姿态等施工工艺参数的确定。

⑤ 土体改良设计。

⑥ 盾构始发（接收）井端头加固设计与施工。

⑦ 盾构开仓检修与换刀位置的选定。

⑧ 工程风险评估、工程周边环境保护及工程监测方案设计。

（2）盾构法可能存在的岩土工程问题

盾构法对于断面尺寸多变的地段适应能力差，上覆层要求有一定厚度，同时要求相对均质的地质条件以及线位上允许建造用于盾构进出洞和出渣进料的工作井，根据已有工程的经验，软土城市盾构法可能存在的主要岩土工程问题有：

① 掘进面失稳，引起地面坍塌。

② 顶进阻力大难以顶进，或遇障碍物无法顶进。

③ 掘进时土层损失大，导致地面沉降过大。

④ 类似工程经验表明：盾构施工使得具流变、触变特性的软土强度急剧降低；浅层松散粉土砂土产生的流土、流砂对盾构施工产生不利影响，尤其是突发性涌水、流砂；中密、密实粉土粉砂导致盾构施工难以顶进；软硬组合的复合地层导致盾构线路偏离；卵石层对盾构施工的阻碍。

⑤ 有害气体对施工的不利影响。

⑥ 盾构下穿地表水体时，需注意地表水与地下水的水力联系导致施工漏水、突水的可能。

（3）勘察技术要求

针对以上问题以及总结轨道交通工程设计施工经验，同时考虑软土的流变、触变特性，盾构法勘察应重点查明土层的分布、分界面及均匀性、地下障碍物、粉土砂土的分布及性质、卵石层的颗粒级配、有害气体以及地下水的影响等。因此盾构法勘察应符合以下要求：

① 查明场地岩土类型、成因、分布与工程特性；重点查明高灵敏度软土层、松散砂土层、高塑性黏性土层、含承压水砂层、软硬不均地层、含漂石或卵石地层等的分布和特征，分析评价其对盾构施工的影响。

② 在基岩地区应查明岩土分界面位置、岩石坚硬程度、岩石风化程度、结构面发育程度、构造破碎带、岩脉的分布与特征等，分析其对盾构施工可能造成的危害。

③ 通过专项勘察查明岩溶、土洞、孤石、球状风化体、地下障碍物、有害气体的分布。

④ 提供砂土、卵石和全风化、强风化岩石的颗粒组成，最大粒径及曲率系数、不均匀系数、耐磨矿物成分及含量，岩石质量指标（RQD），土层的黏粒含量等。

⑤ 对盾构始发（接收）井及区间联络通道的地质条件进行分析和评价，预测可能发生的岩土工程问题，提出岩土加固范围和方法的建议。

⑥ 根据隧道围岩条件、断面尺寸和形式，对盾构设备选型及刀盘、刀具的选择以及辅助工法的确定提出建议。

⑦ 根据围岩岩土条件及工程周边环境变形控制要求，对不良地质体的处理和环境保护提出建议。

（4）勘察工作量布置

盾构法勘察的勘探点间距及平面布置可参照地下工程的勘察方案进行布设，并应满足相应建（构）筑物的勘察要求。勘探过程中应结合盾构施工要求对勘探孔进行封填，并详细记录钻孔内遗留物。

（5）勘察成果报告要求

盾构法勘察成果在满足常规勘察成果要求的基础上，尚应满足以下要求：

① 盾构下穿地表水体时应调查地表水与地下水之间的水力联系，分析地表水体对盾构施工可能造成的危害。

② 分析评价隧道下伏的淤泥层及易产生液化的饱和粉土层、砂层对盾构施工和隧道运营的影响，提出处理措施的建议。

③ 勘察报告尚应包括盾构始发（接收）井端头及区间联络通道岩土加固方法的建议、对不良地质作用及特殊性岩土可能引发的盾构法施工风险提出控制措施的建议。

④ 岩土参数除常规参数外，对软土城市轨道交通工程尚需提供特殊地基土参数：渗透系数、静止侧压力系数、无侧限抗压强度、灵敏度、三轴 UU 及 CU 指标、次固结系数、基床系数、不均匀系数及 d_{70}、土层热物理指标、土层波速等。可根据隧道围岩条件、断面尺寸和形式，对盾构设备选型及刀盘、刀具的选择以及辅助工法的确定提出建议，并参照表 3.9 提供所需岩土参数。

表 3.9　盾构法勘察岩土参数选择表

类　别	参　数	类　别	参　数
地下水	1. 地下水位 2. 孔隙水压力 3. 渗透系数	物理性质	1. 比重、含水率、密度、孔隙比 2. 含砾石量、含砂量、含粉砂量、含黏土量 3. d_{10}、d_{50}、d_{60} 及不均匀系数 4. 砾石中的石英、长石等硬质矿物含量 5. 最大粒径、砾石形状、尺寸及硬度 6. 颗粒级配 7. 液限、塑限 8. 灵敏度 9. 围岩的纵、横波速度 10. 围岩岩石组成及硬质矿物含量
力学性质	1. 无侧限抗压强度 2. 黏聚力、内摩擦角 3. 压缩模量、压缩系数 4. 泊松比 5. 静止侧压力系数 6. 标准贯入锤击数 7. 基床系数 8. 岩石质量指标（RQD） 9. 岩石天然湿度抗压强度	有害气体	1. 土的化学成分 2. 有害气体成分、压力、含量

4. 沉管法的勘察要求

（1）概述

沉管法是采用预制管段沉放修筑水底隧道的方法，适用条件为水道河床稳定和水流不会过急。沉管法勘察应为以下工作提供勘察资料：

① 沉管法施工的适宜性评价。

② 沉管隧道选址及沉管设置高程的确定。

③ 沉管的浮运及沉放方案。

④ 沉管的结构设计。

⑤ 沉管的地基处理方案。

⑥ 工程风险评估、工程周边环境及工程监测方案设计。

（2）勘察技术要求

沉管法要求便于顺利开槽，并利于管道浮运、定位和沉放。因而勘察重点在于河道水位、流量、流速以及河道稳定性等。沉管法勘察应符合以下要求：

① 搜集河流的宽度、流量、流速、含（砂）量、最高洪水位、最大冲刷线、汛期等水文资料。

② 调查河道的变迁、冲淤的规律以及隧道位置处的障碍物。

③ 查明水底以下软弱土层的分布及工程特性。

（3）勘察工作量布置

① 勘探点应布置在基槽及周围影响范围内，一般包括水下开挖基槽、管节停放、临时停放的范围。沿路线方向勘探点间距宜为 20～30 m，在垂直线路方向上勘探点间距宜为 30～40 m。

② 勘探孔深度应达到基槽底以下不小于 10 m，并满足变形计算的要求。

③ 河岸的管节临时停放位置宜布置勘探点。

（4）勘察成果报告

沉管法勘察除常规要求外，还应满足以下要求：

① 提供水下休止角、水下开挖边坡坡脚。

② 勘察报告尚应包括水体深度、水体标高及其变化幅度，管节停放位置的建议，对存在的不良地质作用及特殊性岩土可能引发沉管法施工风险提出控制措施的建议。

5. 其他工法及辅助措施的勘察要求

（1）顶管法

顶管法是采用液压千斤顶或具有顶进、牵引功能的设备，以顶管工作井作为承压壁，将管节按设计高程、方位、坡度逐根顶入土层直至达目的地的一种修建隧道和地下管道的施工方法。顶管法施工工艺与盾构法相类似，其勘察技术要求与勘察工作要求可参考盾构法进行。

（2）沉井法

沉井法可用于矿山法竖井或盾构法竖井的施工。沉井法勘察应符合以下要求：

① 在沉井的位置应有勘探点控制，并宜根据沉井的大小和工程地质条件的复杂程度布置 1~4 个勘探孔。

② 勘探孔应进入沉井底以下的深度，进入土层不宜小于 10 m，或进入中等风化或微风化岩层不宜小于 5 m。

③ 查明含水层的分布、地下水位、渗透系数等水文地质条件，必要时进行抽水试验。

④ 勘察成果应提供岩土层与沉井侧壁的摩擦系数、侧壁摩阻力。

（3）导管注浆法

导管注浆法是将水泥浆、硅酸钠（水玻璃）等液体注入地层使之固化，用以加固围岩，提高其止水性能的一种施工方法。注浆材料和施工方法与围岩的渗透系数、孔隙率、地下水埋深、流向和流速等密切相关，因而导管注浆法勘察应符合以下要求：

① 注浆加固范围内均应布置勘探点。

② 查明土的颗粒级配、孔隙率、有机质含量，岩石的裂隙宽度和分布规律，岩土渗透性，地下水埋深、流向和流速。

③ 宜通过现场试验测定岩土的渗透性。

④ 预测注浆施工中可能遇到的工程地质问题，并提出处理措施的建议。

3.4 专项勘察与专题研究

城市轨道交通工程线路或场地附近存在对工程设计方案或施工有重大影响的岩土工程问题时应进行专项勘察，针对软土城市轨道交通工程的专项勘察主要有：工程建设环境专项调查；地下障碍物及管线调查；不良地质及特殊性岩土专项勘察；水文地质专项勘察；冻结法施工专项勘察。

专项勘察可根据工程需要安排在合适的勘察阶段进行，工程建设环境专项调查、地下障碍物及管线调查、沿线不良地质及特殊性岩土专项勘察可安排在可行性研究勘察阶段进行；水文地质专项勘察、冻结法施工专项勘察可在详细勘察阶段实施。

3.4.1 工程建设环境专项调查

3.4.1.1 调查目的

通过现场实地调查、访问、搜集资料、实地测量、开挖验证等手段和方法，查明软土城市轨道交通工程沿线建（构）筑物的性质、基础形式、尺寸、埋深及地下构筑物的围护结构形式、河道的断面、水流航运等相关要点情况，提供满足轨道交通设计、施工所需的沿线建（构）筑物的详细资料，为轨道交通线路的顺利建设提供基础资料。

3.4.1.2 调查范围

工程建设环境专项调查的调查范围、对象及内容应根据工程设计方案、环境风险等级、工程地质、水文地质以及施工工法等条件综合确定。

① 调查的范围应包括可能影响拟建线路走向、平面与空间布置的环境因素与轨道交通建设可能影响的区域。

② 城市轨道交通地下工程主要施工工法的调查范围可参考表 3.10 确定。对于软土城市轨道交通工程，可结合本地区地质条件和工程经验，适当调整调查范围。

③ 城市轨道交通地面线、高架线工程的调查范围原则上不小于线路结构外边线两侧各 30 m。

表 3.10 调查范围参考表

工法类别	调查范围	备注
明（盖）挖法工程	不小于基坑结构外边线两侧各 30 m（或 3H，取大值）	H—基坑设计开挖深度
矿山法工程	不小于隧道结构外边线两侧各 30 m（或 3H_i、3B，取最大值）	H_i—隧道设计底板埋深 B—隧道设计开挖宽度
盾构法工程	不小于隧道结构外边线两侧各 30 m（或 3H_i、3D，取最大值）	H_i—隧道设计底板埋深 D—盾构隧道设计外径

3.4.1.3 调查内容及技术要求

1. 调查内容

调查的主要内容通常应包括：

① 建（构）筑物性质、建设年代、设计使用年限、基础形式、基坑支护形式、隶属关系等。

② 水体及水工结构、文物资料、架空线缆性质及分布等。

③ 城市道路及高速公路的路基调查、桥涵调查等。

④ 工程沿线对震动、噪声、空气环境有特殊要求的设施分布。

主要调查内容可参照下列要求：

① 房屋建筑：建筑物性质、结构形式、层数、基础形式。其中，桩基础包括：桩位平面布置图、桩长、桩径、荷载传递特征（摩擦桩、端承桩）、承台及拉梁尺寸；箱基础包括：外廊尺寸、承载力；独立基础及条基础包括：材料、尺寸、承载力、埋深、竣工时间。

② 地下构筑物：地下围护及主体结构形式、围护结构深度、外廊尺寸、主体结构尺寸、底板顶面标高等。

③ 桥涵：桥梁形式、桥跨布置、墩台基础形式、桩位布置、桩长、桩径、外廊尺寸、底板顶面标高等。

④ 河道：河宽、河深、河岸结构形式及标高、水位标高、冲刷线、河底地形和通航要求等。

⑤ 道路需重点调查道路等级、路面材料、路面宽度、路基填料及填筑厚度、支挡结构及沉降观测资料等内容；隧道需重点调查隧道顶（底）板埋深、断面尺寸、衬砌厚度、施工方法、原施工开挖范围、附属结构等。

⑥ 既有轨道交通设施需重点调查敷设方式、线路形式、道床形式、行车间隔、运行速度、车辆荷载、轨道变形要求等内容：

a. 轨道交通设施地下线参照隧道调查内容；

b. 轨道交通设施地面线还包括路基形式、填筑厚度等内容；

c. 轨道交通设施高架线参照桥梁调查内容。

⑦ 边坡、高切坡需重点调查边坡的支挡结构形式、地基基础形式、设计参数、施工工艺、排水设施、边坡允许变形量及变形观测资料、破损及渗漏情况等内容。

⑧ 地表水体需重点调查水体范围、水底淤泥厚度、防洪水位、河床冲刷标高、通航要求、防渗方式、渗漏情况、水工建筑的地基变形允许值和沉降观测资料等内容。

⑨ 水井需重点调查井深、井径、井壁材质、出水量、服务范围等内容。

⑩ 文物调查除参照地上建（构）筑物或地下构筑物的调查内容外，还需调查文物等级、保护控制范围及要求等内容。

3.4.1.4　技术要求

① 彻底查清工程范围内受影响的建（构）筑物的工程情况，对轨道交通的影响问题进行评价，为确定轨道交通线路的设计方案和施工方法提供依据。

② 房屋建筑：浅基础均按调查内容编号列表（设计要求重点调查的应收集相关图纸），深基础需收集基础竣工图（包括桩位、承台平面布置图、桩结构施工图、设计总说明等）。

③ 地下构筑物（包括被拆除构筑物基础）：收集竣工图纸、结构平面图、剖面图、设计说明等。

④ 桥涵：收集桥梁竣工图纸（和轨道交通相关部分）。

⑤ 河道：收集相关图纸结合现场调查。

3.4.1.5　调查的方法

调查的方法通常采用实地调查、资料调阅、现场勘查与探测等多种手段相结合的综合方法。

首先，对沿线所有建（构）筑物的名称、权属进行调查，到档案馆等相关部门进行资料收集。其次对于无档案的建（构）筑物，如：自建的民房、早期建筑物等采用现场询问、实地丈量，必要时采用开挖的手段，彻底查明其建筑及基础情况。

对轨道交通沿线周围建（构）物调查应开展以下几方面的工作：① 收集编制线路总图；② 现场实地调查；③ 资料搜集；④ 资料编目；⑤ 资料核实；⑥ 提交调查报告。其总的工作流程图见图 3.2。

3.4.1.6 调查成果报告的提交

成果资料应编制调查报告，报告内容包括文字报告、调查对象成果表、调查对象平面位置图、调查对象的影像资料等。

① 文字报告主要应包括：工程概述、调查目的和依据、调查范围、调查对象及内容、调查方法、工作量完成情况及调查结果汇总，初步分析工程与建（构）筑物的相互影响、划分风险等级，提出相关措施和建议，并说明工作遗留问题以及后续工作的建议。

② 调查对象成果表应主要包括：名称、产权单位、使用单位、使用性质、修建年代、地上和地下层数、地基基础形式与埋深等。

③ 调查对象应在平面位置图上进行标识。

④ 调查报告中应详细说明资料获取方式及来源。

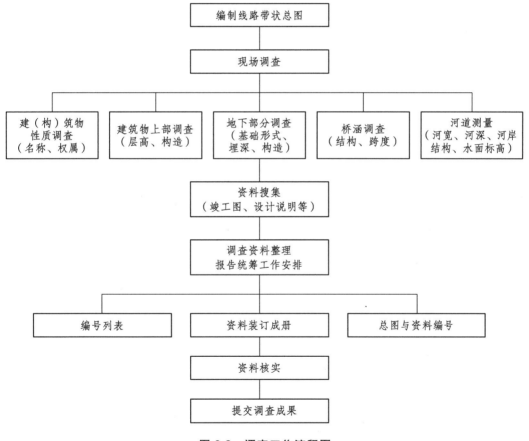

图 3.2 调查工作流程图

3.4.1.7 调查工作计划

调查工作计划一般可分阶段进行。第一阶段为调查前的准备工作，也是初查阶段，即组织调查人员收集并编制线路总图、确定调查范围，根据调查范围对沿线的房屋、桥涵、河道、文物等建（构）筑物进行一次初步的普查，了解调查对象的基本情况，收集已有的资料。第二阶段为详查阶段，即在初查的基础上，对每处待查的建（构）筑物进行仔细地调查、询问、实地考察验证，收集一切可能搜集到的已有资料，同时编制中间成果报告。第三阶段为解决疑难问题完善调查成果，重点解决前期未解决的难点。第四阶段为组织技术力量整理调查资料、绘制图件、编写文字报告，同时组织技术专家核查原始资料，确保资料完整、准确、可靠，交付业主、设计、施工单位使用。

3.4.2　地下障碍物及管线调查

3.4.2.1　调查范围

城市轨道交通工程一般多穿越城市中心地段，其穿越段一般基础设施多、交通便利、拥有众多名胜古迹，地下管线种类繁多，且错综复杂，资料相对较老，老城区中存在相当数量的非金属管线，如水泥给水管，具有一定的探测难度。

地下障碍物及管线对城市轨道交通建设有着重要的影响，是对施工方法选择的重要制约因素。因此必须对地下障碍物及管线进行详细的调查。

调查范围包括工程沿线可能影响拟建线路走向、平面与空间布置及施工工法选择的区域。

目前常用的调查方法主要是采用物探方法（通常采用电磁感应法和地质雷达法）、实地调查、资料收集、现场勘查等，通常宜采用2种方法相互验证进行。

3.4.2.2　调查内容

调查内容主要包括以下几个方面：

① 查明工程沿线可能影响拟建线路走向、平面与空间布置及施工工法选择的地下结构体、不明残留物等。

② 地下障碍物的调查应重点调查地下障碍物的类型、功能、地理位置、年代、隶属关系、使用状况、结构形式、基础形式、埋深（或标高）、与轨道交通的空间关系、平面尺寸等。

③ 应查明工程沿线可能影响拟建线路走向、平面、空间布置及拟建工程影响范围内的管线的分布、性质和保护要求。

④ 管线调查的范围、埋深、精度、资料要求深度可根据设计要求及对工程的影响程度综合确定。

⑤ 地下管线应重点调查管线的类型、平面位置、埋深（或标高）、铺设方式、材质、管节长度、接口形式、介质类型、工作压力、节门位置等。建立地下管线数据库并编绘地下管线图及编制成果表。

3.4.2.3 调查要求

（1）执行规范

城市轨道交通工程地下管线探测应符合《城市地下管线探测技术规程》（CJJ61）、《地下铁道轻轨交通工程测量规范》（GB 50308）等相关国家及行业规范，同时还要符合甲方、管线规划部门、设计和施工等单位对管线资料使用的具体要求和规定。部分地区还有相应的行业规定规范，也应按照地方行业规范进行。

（2）地下管线精度要求

① 地下管线探测精度要求。

明显管线点探查精度：埋深限差为 ± 5 cm。

地下隐蔽管线点的探查精度：水平位置限差 $\delta_{ts} = 0.10h$；埋深限差 $\delta_{th} = 0.15h$。其中 h 为管线的中心埋深，单位为 cm，当 $h < 100$ cm 时，则以 100 cm 代入计算。

② 地下管线测量精度要求。

平面位置中误差（相对于邻近平面控制点）不得大于 ± 5 cm；高程测量中误差（相对于邻近高程控制点）不得大于 ± 3 cm。

③ 地下管线图测绘精度要求。

地下管线的实际位置与邻近地上建（构）筑物、道路中心线及相邻管线的间距中误差不应大于图上 ± 0.5 mm。

3.4.2.4 地下管线探测

1. 地下管线探测技术与措施

（1）探测工作流程

地下管线的探测总体过程是调查→探查→测量→成图，工作程序按图 3.3 所示的工作流程图进行：

（2）方法有效性试验及仪器一致性检验

探测方法有效性试验及仪器一致性检验拟选在地下管线埋设具有带代表性的区域。

① 方法有效性试验。

地下管线物探探查的前提条件是管线与周围介质存在地球物理性质差异。首先应根据设计线路，收集现有资料，了解场地土层情况以及管线情况。地下管线材质有多样，主要有砼、钢、铸铁、铜和塑料等，均与周围土质存在较大的电磁性差异，如金属管线具有良好的导电性，很容易感应和传导电流，并在其周围形成电磁场，利用高精度的仪器对这种管线周围的电磁场接收处理，可以确定被探测管线的位置和埋深；对于砼管和塑料管等非金属管道，无论自身材质还是管道内介质，都与周围土质存在较大的物性差异，对高频电磁波（即雷达波）产生强烈的反射，可采用电磁波法探测。因此探测方法将以电磁法为主，其他方法为辅。

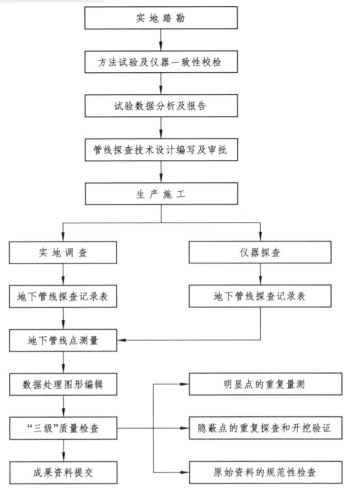

图 3.3　地下管线探测工作流程图

　　管道探测通常使用雷迪或富士系列管线探测仪（见图 3.4，图 3.5），此系列仪器在对不同种类管线的探测中可以使用不同的探测方法，不同的探测方法有不同的抗干扰能力和不一样的探测精度。因此物探方法试验的目的就是：利用测区探测范围内有代表性的已知地下管线区域，找出投入本测区施工的探测仪在对上述管线探测中应使用的最佳收发距、最佳激发方式、最佳定深方式和方法。

　　　　图 3.4　富士 PL960 管线仪　　　　　　　　**图 3.5　RD4000 管线仪**

② 仪器一致性检验。

由于不同类型的地下管线探测仪在相同地球物理条件的地区、发射频率、发射功率下产生的场强不同，其施加在相同位置时，同一类地下管线也会引起不同的场强效应。为了观察不同仪器在相同或不同发射频率、发射功率下的探查结果是否一致，在方法试验的基础上，还需要对投入的管线探测仪进行一致性检验。通常投入生产使用的地下管线探测仪，其定位、定深均方差（单台时偏差）不应超过相应限差的三分之一。

（3）地下管线探查

① 地下管线探查一般规定。

地下管线探测的管线点包括管线线路特征点和附属设施（附属物）中心点，可分为明显管线点和隐蔽管线点两类。明显管线点应进行实地调查和量测有关数据，实地调查是指在地下管线现况调绘图所标示的各类地下管线位置的基础上，通过对所出露的地下管线及附属设施按表 3.11 的调查项目要求详细核查地下管线及其附属物的各属性，做好记录和量测。隐蔽管线点应利用仪器探测、开挖或通过钎探方法探查其位置及埋深。

表 3.11　地下管线实地调查项目表

管线类型		埋深		断面尺寸		孔数/根数	材质	载体特征			附属设施	埋设年代	权属单位
		内底	外顶	管径	宽高			电压（压力）	流向	流体性质			
电力	直埋		△			△	△	△			△	△	△
	管沟	△			△	△	△	△			△	△	△
	管块（埋）		△		△		△	△			△	△	△
电信	直埋		△			△	△				△	△	△
	管沟	△			△	△	△				△	△	△
	管块（埋）		△		△		△				△	△	△
给水			△	△			△				△	△	△
排水	管道	△		△			△		△		△	△	△
	方沟	△			△		△		△		△	△	△
燃气			△	△			△	△			△	△	△
热力			△	△			△	△		△	△	△	△
工业			△	△			△				△	△	△
人防					△		△				△	△	△
综合管沟			△		△	△	△				△	△	△
不明管道		根据实际确定											

注：表中"△"为需要实地调查的项目。

管线点应设置在管线的特征点或附属设施中心点在地面的投影位置上。在无特征点的管线段上，可按一定距离设置管线点，但间距不应大于 70 m；特征点设置及应查明的建（构）筑物见表 3.12。

当管线的走向弯曲时，管线点的设置以能反映管线弯曲特征为原则。当圆弧较大时，宜增加管线点，保证地下管线的弯曲特征，其间距不应大于 40 m。对进墙、入室或自由边处均应设置管线点。

探查地下管线应遵循如下原则：从已知到未知；从简单到复杂；探查方法轻便、有效、快速、成本低；复杂条件下宜采用综合方法探查。

表 3.12　地下管线探测必须查明与测注的项目

管线种类	地面建（构）筑物	管线点		量注项目	测注高程位置
		特征点	附属物		
给　水	水源井、净化池、泵站、水塔、水池	直通、弯头、三通、四通、多通变径	阀门、放水口、消防栓、窨井、水表、流量计		管顶及地面高程
排水（雨水、污水、雨污合流）	净化池、泵站、暗沟地面出口	直通、弯头、三通、四通、多通进出水口	窨井、雨水篦、污水篦、排污装置	流　向	管底、方沟底及地面高程
电　力	变电站、配电室、高压线杆、铁塔	直通、弯头、三通、四通、多通、出入口	变压器、窨井、检修井	孔数/根数、电压	缆顶及地面高程
电信（有线电视等）	变换站、控制室、差转台、发射塔、检修井、塔杆	直通、弯头、三通、四通、多通、出入口	接线箱、窨井、变线箱、分线箱、人孔、手孔	孔数/根数	缆顶及地面高程
燃　气	气化站、调压房、储配站	直通、弯头、三通、四通、多通、变径、补偿器	阀门、窨井、凝水器	压　力	管顶及地面高程
热　力	锅炉房、热交换站	直通、弯头、三通、四通、多通	排污、排气阀门、窨井、阀门	压　力	管顶及地面高程
工业管道	动力站、加压站、冷却塔、支架	直通、弯头、三通、四通、多通	排液、排污阀门、窨井、阀门	压力、流体性质	管顶及地面高程
人防工程	出入口、竖井	转折点、变坡点			
综合管沟	根据实际确定				
不明管道	根据实际确定				

注：a. 各类管线的测量定位点均以管（沟）道中心线和附属设施的几何中心为准；
　　b. 各种管线的预留口或阀门在检修井里的，按检修井表示，若在井外的则分别按预留口或阀门表示；
　　c. 多通是指五通以上（含五通）。

② 明显管线点调查。

明显地下管线的调查是地下管线探测的一个重要部分，其工作的质量，对整个探测结果及效率都有很大的影响。实地调查应查明每一条管线的性质和类型。

明显管线点实地调查内容应严格按表 3.11 规定的需调查测注的项目调查记录。

明显管线点应查明地下各种管线的建（构）筑物和附属设施，详见表 3.12。

明显管线点埋深应直接开井量测，量测用带 MC 标识的钢尺或经检验合格的量杆量测两次以上，读数至厘米，两次量测误差不得大于 3 cm。

明显管线点应设置在附属物井盖中心，当井盖中心偏离地下管线中心线的距离大于 20 cm 时，按管线实际位置实测管线点作为偏心（井）点，同时实测偏离地下管线的附属物的点位和高程。

地下管道及管（缆）沟应量测其断面尺寸，圆形断面应量测其内径，矩形断面应量测其内壁的宽和高，单位用 mm；管组埋设的电缆量测其外包络尺寸的宽和高；直埋电缆的管线规格用条数表示。

地下管道和以管块、管组形式埋设的电力、电信电缆应查明管道或管块、套管的材质，材质的记录采用中文全称。直埋和管沟埋设的电缆记录线材质。埋设于地下管块、管组中的电力或电信电缆，应查明管块、管组的总孔数，直埋和管沟埋设的查明根数。

对排水等自流管线需查明流向；电力电缆需调查电压，管组中含有多等级电压时以最高电压记录；电信调查其权属单位，多家权属的，用甲方规定的代码记录并以 ";" 隔开。

当井室等附属设施的几何尺寸大于 1.5 m × 1.5 m 时，要实测出检修井地下空间的外轮廓实际范围，其管线点设置在管线进、出井的实际位置，窨井范围的几何中心设置地物井。一井多阀检修井井内的特征点和附属物按实际位置探测，点性和属性据实填写。

地下管线管廊（沟）在其几何中心设置管线点；以沟道形式埋设的管线，宽度大于或等于 1 m 时，要实测沟道的边界线。

测区内缺乏明显管线点或已有管线点尚不能查明实地调查中必须查明的项目时，应邀请甲方及权属单位有关人员协助查阅管线设计、竣工资料，必要时可采取开挖手段。

③ 隐蔽地下管线的探查。

隐蔽地下管线的探查是在地下管线实地调查的基础上，采用物探方法对埋设于地下的管线进行追踪、探查，以确定管线特征点位置。

a. 物探方法的选择。

根据方法试验结果，对隐蔽地下管线的探查，根据不同的材质，不同的地球物理条件，采用不同的物探方法进行探查。对导电性能较好的金属管线采用电磁法探测，对非金属管道宜采用地质雷达探查，并辅助以钎探、开挖。

电磁法：可使用英国生产的 RD 系列及日本产的 PL960 等地下管线探测仪。根据管线的敷设状况，主要采用直连法、夹钳法（耦合法）和感应法，见图 3.6。

电磁波法：主要用于对非金属管线的探测，另外还用于解决复杂地段的管线探测和对疑难点进行确认。

示踪法：该法可用于有出入口的非金属管道和人防工程的探查。该方法信号强，效果好，但必须有出入口。用做探测非金属排水管、沟。

此外，个别地方还可采用机械探测方法以验证其他方法的精确和准确性。

探测金属管线可根据管线类型、材质、管径、埋深、出露情况、地电环境等因素按下列原则选择探测方法：

- 对于金属管道，可采用直连法、夹钳法或感应法。
- 对于接头为高阻体的金属管道，可采用频率较高的直连法、夹钳法、感应法，亦可采用电磁波法。

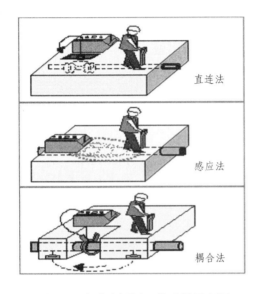

图 3.6　电磁法探测三种手段示意图

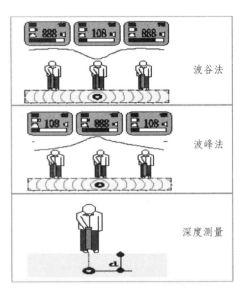

图 3.7　电磁法探测平面定位及埋深探测示意图

图 3.8　SIR-20 型探地雷达主机

- 对于管径（相对埋深）较大的金属管道，可采用直连法或感应法，亦可采用电磁波法。
- 对于埋深（相对管径）较大的金属管道，可采用功率大，频率低的直连法或感应法，亦可采用电磁波法。

● 对于电力和通讯电缆，可先采用被动源法进行搜索，初步定位，然后采用主动源法精确定位定深。当电缆有出露时，可采用夹钳法。

探测非金属管线，可采用电磁波法，亦可按下列原则选择探测方法：

● 对于有出入口的非金属管道，可采用示踪电磁法。

● 对于钢筋混凝土管道，可采用磁偶极感应法，但需加大发射功率，缩短收发距离。另外，在城区外，电磁及铁磁异常干扰较小的郊区，对埋设相对较浅的钢筋混凝土管道，利用常规磁法探测，能得到良好的效果。具体方法是使用金属探测器定位，钎探定深，见图 3.9。

图 3.9　TC91 金属探测器

● 对于管径较大的非金属管道，可采用电磁波法。

● 采用地质雷达作雷达剖面，确定管线的平面位置和埋深。

● 当目标管线邻近有较多平行管线或管线分布情况较复杂时，宜采用直连法、夹钳法等直接激发信号的方式进行探查。在缺少明显点或没有良好的接地条件，无法使用直接法或夹钳法时，可采用压线法、旁侧感应法和差异激发法。

b. 物探方案布置。

对管线的转折点、三通、分支等特征点，应在管线的各个方向上至少测三个点，且三个点位于一条直线上，通过交会的方法定出特征点的具体位置。

对非金属管道及疑难管线地段采用地质雷达进行探测或验证，在一个探测点上作两次以上的往返测量，以确认异常的可靠性；对不规整的管线异常采取打样洞或开挖的方法进行验证。

测区内缺乏明显管线点的盲测区，要分别采用磁偶极感应法和工频法进行扫描搜索金属管道和带电的电力电缆。其具体方法为：根据方法实验确定的最佳收发距，对于浅埋金属管线，通过管线探测仪采用被动源法进行扫描搜索，以提高探测工作效率；扫描搜索采用网格状布置测线，测线间距为 20 m。确定异常后在异常点采用感应法施加信号，圆形搜索法确定走向。

对于深埋金属管线主要采用水平磁偶极感应法进行平行扫描搜索，发现异常点，再在异常点上用圆形搜索法确定管线走向，然后沿管线走向进行追踪探测、定位和定深。平行扫描亦采用网格状布置测线，测线间距为 20 m。

  c. 废弃及不明管线的探测与甄别。

地下管线探测设备及方法本身很难甚至无法甄别废弃管线。因此只有在地下管线探测过程中实时对测区或作业面实施纵横向扫描探测，对发现的每一处信号进行追踪探测，对发现的不明管线作单独编号并标记，最终由各权属单位确认或甄别其是否废弃管线。

  d. 管线埋深的测定。

管线埋深的测定必须在对管线进行精确定位之后进行。

  ● 压力管道、直埋电缆、管组的埋深为地面至管（缆、组）顶的深度；自流管道的埋深为地面至管（沟）内底的深度。

  ● 所有管线使用仪器测深时，必须首选特征点法测深，同时应考虑其信号的对称性；每点埋深应测两次以上，较差在规定限差之内取均值作为该点埋深，否则应查明原因。

  ● 当采用管线仪无法确定管线埋深时，可采用钎探法、电磁波法或机械开挖的方法确定；现场条件不允许开挖或钎探时，应将问题记录在《地下管线探查遗留问题记录表》中。

  ● 对管线的弯头、三通、四通、分支等特征点，测深应在特征点以外的直线段上进行，且相邻平行管线之间的间距应大于被查管线埋深的 1.5 倍，使其干扰能被有效抑制。

  e. 隐蔽管线点特殊情况的处理。

  ● 电信、电力隐蔽管线点修正系数的确定。

电信和电力管块隐蔽点探查时尽量采用夹钳法，测定埋深前可在其两侧的明显点（人孔、手孔）附近取得实测深度修正值，也可在明显点（人孔、手孔）直接量取。实测深度修正值是实测深度与明显点埋深的差值；深度修正值是量取所施加信号线缆到管块顶的距离。平面修正值是取所施加信号线缆到管块顶中心的水平距离。实际工作中线缆类隐蔽点均要做平面修正和深度修正，尽可能选在管块最上层中间的线缆上夹钳。修正系数确定后，还须进行一定量的开挖验证，保证其精度符合相关规范规定的限差要求。

  ● 平行管线的探测，在实际工作中，以直连法和夹钳法为主，尽量减少相邻管线的干扰。在不能用直接法和夹钳法的地方，可采用旁侧法和压线法。

  ● 交叉管线的探测，尽量采用直连法和夹钳法，辅以感应法，在交叉点的四个方向分别确定位置和埋深，根据位置和埋深来确定其连接关系；同时认真分析已有资料，向权属单位和埋设管线人员了解情况；有条件的地方进行开挖验证，最大程度地保证探测质量。

  ● 上下重叠管线探测。对于金属管线重叠，可用电磁法定位，在两重叠管线交叉的区段分别定深，来推知重叠处管线的深度，还可配合地质雷达法。对于金属与非金属管线重叠，可用电磁法对金属管线定位定深，对非金属管线则要采用地质雷达进行探测。对于非金属重叠，可用地质雷达法，具备条件时也可采用示踪法。

  ● 大口径深埋管线的探查，目前各类管线仪及相应技术还比较困难。条件具备时可采用地质雷达法、面波法、磁法等。

  ④ 人防工程探测的方法。

地下人防工程是一种特殊的城市市政设施，对人防工程的探测方法有别于普通意义的地下管线探测。人防工程探测首先应依据已有的调绘资料，经过现场踏勘和初步调查后，根据现场条件选择不同的探测方法。

a. 对于出入口位置明显，人防工程横截面较大，便于测量设备设置且适于进入作业的人防工程段，采用全站仪以地面测量控制点为起点，直接进入人防工程内以串点法实测人防工程特征点的坐标和高程，并量取其断面和其他参数，最终附合到地面的其他测量控制点。

b. 对于出入口位置明显，人防工程横截面较小，不便于测量设置但适于进入作业的人防工程地段，采用地下管线探测仪以单端或双端连接的导线法探测，即将发射机的导线引入人防工程，并固定在人防工程的下底中点，再在地表通过接收机探测其平面位置和埋深，并同时量取其断面和其他参数，在地面设置人防工程特征点。

c. 对于出入口位置不明显或不能进入作业的地段采用地探雷达进行探测定位，以获得其地表平面位置及其他参数。

⑤ 架空管线探测的方法。

架空管线一般有架空输电线、通讯管线和其他管线，一般直接使用全站仪在做好的一级控制点或图根点测上精确设站测量管线特征点的平面坐标和高程。

a. 架空输电线，一般管线距离地面较高，且铁塔与铁塔间间距较大，需实测铁塔位置及电线悬高，并测量输电线距离地面最低点位置和悬高。

b. 架空通讯线，需实测其通讯杆位置、通讯线悬高及管线入地、出地点位置。

c. 架空其他管线，主要包括架空蒸汽、其他工业、个别出地的给水、燃气等管线。特征点设置要求与地下管线一样，可直接用全站仪施测。

d. 对于个别人力无法靠近的或有危险的架空管线特征点，可使用免棱镜全站仪施测平面位置及高程。

2. 管线点外业编号及实地标注方法

（1）管线点外业编号

管线特征点及管线附属设施的外业编号为台组号 + 管线代号 + 管线点自然顺序号表示。台组号用阿拉伯数字表示；管线代号按表 3.13 执行，管线点自然顺序号也用阿拉伯数字表示，但必须保证物探点号在全测区唯一。

表 3.13　管线代号表

管线要素名称		代　码	标注简称
电　力	供　电	GD	供　电
	路　灯	LD	路　灯
	电　车	DC	电　车
	交通信号	JD	交　通
电　信	电　信	DX	电　信
给　水	饮用水	JS	饮　水
	非饮用水	FS	非　饮

管线要素名称		代　码	标注简称
排　水	污　水	WS	污　水
	雨　水	YS	雨　水
	雨污合流	YW	雨　污
燃　气	人工天然气	RG	人　工
	液化气	YH	液　化
	天然气	TR	天　然
热　力	蒸　汽	ZQ	蒸　汽
	热　水	RS	热　水
工　业	氢	Q	氢
	氧	Y	氧
	乙　炔	YQ	乙　炔
	石　油	SY	石　油
	废　水	FQ	废　水
综合管沟		ZH	综　合
人　防		RF	人　防
不明管道		BM	不　明

（2）实地标注方法

管线点的地面标志，应保证管线探测成果尽量不毁失、不移位和易于识别，用统一规格的钢钉（沥青路面）、木桩（沙、土路面及草地）打入地面至平，水泥等硬质路面还要用凿子刻上"十"字，用红色油漆以钢钉、木桩或"十"字为中心（附属设施井盖中心位置）注上记号"⊕"及管线点号，并在管线点附近明显且能长期保留的建（构）筑物、明显地物上，用红色油漆标注管线点号和拴距，以便于实地测量和检查时寻找。

3. 外业探查资料整理

（1）对探查草图的编绘要求

① 绘制内容包括：管线连接关系、管线点编号、必要的管线注记、放大示意图等。

② 同一测区管线点号必须是唯一的，做到实地、草图、探测记录、测量记录四统一。

③ 管线的连接关系及相对位置，必须正确、清楚。

④ 管线密集地段或连接关系复杂的地段，要在图边或图面允许的地方画放大示意图。

⑤ 管线及其附属设施，必须严格按规定的图例符号及颜色编绘。

⑥ 管线规格、管线点靶距及其他各项调查内容，必须标注清楚、正确、完全。

⑦ 严格做好跨图幅连接工作，对相邻图幅同一种属性管线，其规格、材质、颜色等内容必须一致，对存在的问题及时调查修正。

（2）对探测记录的要求

① 使用专用的探测记录表进行记录。

② 要严格按照规定填写，测点性质必须与草图保持一致。

③ 各项记录内容要齐全、正确，格式规范，不得伪造数据。

④ 涉及管线规格、深度、材质变化的管线点以及在管线直线段与曲线段节点的管线点，在不同线段中应按不同的属性处理。

⑤ 记录字迹应清楚、整齐，不得涂改、擦改和转抄。

⑥ 更正错误时应将错误数字、文字整齐划去，在上方另记正确数字和文字；更正埋深错误时，应在另行重新记录。

⑦ 对隐蔽管线的规格、材质不能确认时，可根据地下管线现状调绘图填写，但应在"备注栏"中注明数据来源。

⑧ 探查原始记录资料应按作业分区、管线类别分别进行编目、组卷。

（3）地质雷达数据整理

若采用地质雷达进行探测，应单独编写地质雷达工作报告，并附每条地质雷达剖面图记录和成果表，成果表内容包括波速、双程走时、地下管线平面位置和埋深以及同等地电条件已知地下管线的实验数据。

4. 地下管线测量

（1）工作流程（图 3.10）

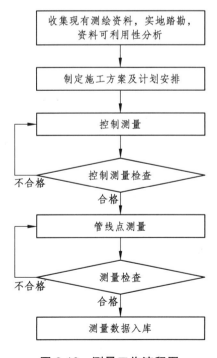

图 3.10 测量工作流程图

（2）控制测量

轨道交通工程沿线的等级控制点基本上能够满足地下管线详查需要。在不能直接利用等级控制点或等级控制点破坏严重的地区，根据管线测量的具体情况进行图根加密。图根点点位采用临时性标志，具体为水泥钉标志，编号为 $st + n$（st 代表图根，n 为从 1 开始的顺序号）。图根控制测量采用光电测距图根导线或 GPS-RTK 方法进行施测。

已有的控制点在使用前必须进行检核，有两个以上通视方向的控制点应进行固定角检核和边长检核。

（3）光电测距图根导线测量

光电测距图根导线需布设成附合导线，具体要求见表 3.14。

表 3.14　光电测距图根导线测量技术要求

附合导线长度/m	平均边长/m	测角中误差/(")	测回数	方位角闭合差/(")	相对闭合差
900	80	±20	1	$±40\sqrt{n}$	$1/\sqrt{4\,000}$

注：a. 表中 n 为测站数，导线网中结点与高级点或结点与结点间的长度不应大于附合导线长度的 0.7 倍；

　　b. 图根导线长度较短时，全长闭合差应不大于 13 cm；

　　c. 图根导线总长和平均边长可放宽至 1.5 倍，但其绝对闭合差不大于 26 cm；

　　d. 当附合导线的边长超过 12 条时，其测角精度应提高一个等级；

　　e. 光电测距一测回读数两次，其差值不得大于 10 mm。

因地形限制图根导线无法附合时，可布设支导线，支导线连续支点不得超过 4 个，支导线总长度不应超过 450 m。支导线边长采用光电测距仪测距，单程观测一测回，水平角观测首站联测两个已知方向，其他站水平角观测一测回。

图根点的高程，采用图根光电测距三角高程，与图根导线测量同时进行。其主要技术要求见表 3.15。

表 3.15　图根光电测距三角高程的主要技术要求

仪器类型	中丝法测回数	垂直角较差、指标差较差/(")	对向观测高差、单向两次高差较差/m	各方向推算的高程较差/m	附合路线或环线闭合差/mm
DJ2	对向 1	≤25	≤0.4×S	≤0.2H_c	≤$±40\sqrt{[D]}$

注：a. S 为边长（km），H_c 为基本等高距（m），D 为测距边边长（km）；

　　b. 仪器高和占标高准确量取至 mm，高差较差或高程较差在限差内时，取其中数。

（4）图根控制点测量应符合的规定

① 基准站的位置宜选在高处。

② 施测前应量取天线高，读数至 mm 位，并做好记录。

③ 流动站采用三脚架模式测量，设站时应对中置平。

④ 流动站距基站距离应小于 5 km。

⑤ 应选择卫星较好时段和卫星数不少于 4 颗时进行作业。

⑥ 流动站观测时，其观测精度应控制在 ±2 cm 以内，且每点应独立观测两次，其较

差小于 5 cm 时，取均值作为观测成果，否则重测。

⑦ 施测前应检测一个已知控制点，并比较其平面坐标，以确定观测成果的可靠性。

⑧ 图根控制点测量应严格满足各种行业规范以及地方规范。

（5）地下管线点测量

管线点测量采用极坐标法测解析坐标，光电测距三角高程测得地面高程。解析法测量管线点的点位中误差不得大于 ± 5 cm，高程中误差不得大于 ± 3 cm。管线点测量采用全站仪观测，水平角、垂直角各半测回，用跟踪法一次读取测量距离，进行数据采集。仪器高、觇标高读至 mm，仪器对中偏差不应大于 2 mm。管线点测量的测距边长不大于 150 m。每站均应进行测站检查（方向、距离、高程）。建站后，先找一辅助目标方向读记水平角值，便于随时归零检查，归零差不应大于 30″。

若测区空旷，且无干扰信号，可采用动态 GPS-RTK 直接测定地下管线点三维坐标，但必须符合以下规定：

① 施测前应量取天线高，读数至 mm 位，并做好记录。

② 流动站采用流动杆模式测量，距基站距离应小于 5 km。

③ 流动站观测时，杆要扶直，其历元数应大于 5 个，观测精度应控制在 ± 3 cm 以内。

④ 施测前应检测一个已知控制点，并比较其坐标，当平面坐标差或高程差大于 5 cm 时，该基准站施测成果不能使用。

5. 数据入库处理及图件编绘

（1）数据建库

① 基础资料的检查。

基础资料的种类、检查方法及纠正措施见表 3.16。

表 3.16　基础资料种类、检查方法及纠正措施

外业资料种类		检查内容	纠正措施
物探	管线探测及明显管线点调查表	记录中是否存在缺项、多项、代码错误	外业台组长逐一核实错误记录
测量	控制点成果数据	重点	测量人员核实
	管线点观测数据	数据记录数与外业记录数是否一致	测量人员和外业台组长逐一核实

② 库结构的制作。

制作内业相关数据的目的是规范内业数据的内容和格式、便于进行质量控制，制作内业相关数据的依据是国标、行业规范、地方规程。

③ 数据录入。

a. 将外业探查获取的管线属性数据手工录入到数据库中，并进行 100% 校对检查。

b. 将外业测量采集的管线点坐标数据转换到数据库中，手工录入外业点号，并进行 100% 校对检查。

④ 管线数据检查和修改。

对管线探查属性数据库和管线空间属性数据库进行以下检查：

a. 重点检查：外业点号重复和连接点号重复。

b. 重线检查：外业线记录重复。

c. 探查属性库代码规范性检查。

d. 探查属性库方向错误检查：管线点特征代码与管线探查属性库中实际连接的方向数是否对应（例如，特征代码为三通的管线点在探查属性库中是否有三个连接方向等）。

e. 探查属性库中孤立点检查。

⑤ 管线点间距超长检查。

把管线探查属性数据库和管线空间属性数据库处理成管线图形文件，由外业台组长对照外业手图进行如下检查：管线属性数据库连接关系、管线点特征代码是否有误；管线空间属性是否有误。

管线数据修改：由外业人员到实地逐一核实管线检查出的问题，校对后进行修改。

项目最终检查：由台组长和项目技术负责人对完成管线数据检查和修改的数据进行项目最终检查，无误后形成最终管线探查属性数据库和管线空间属性数据库。

对生成的综合管线图进行编辑，使得注记尽量不压盖地物，做到图面整洁美观。

编制综合管线成果表。

对完成的管线图和成果表进行三级质量检查，对提交的成果进行审核，以保证提交成果的正确性。

⑥ 综合管线断面图编绘。

综合地下管线横断面图是表示同一横断面中各种管线之间、管线与地面建（构）筑物之间的关系图，是通过地下管线管理系统自动生成。

6. 提交成果

（1）地下综合管线探测成果报告

地下综合管线探测成果报告包含以下内容：

① 工程概况：工程的依据、目的和要求；工程地理位置、地球物理和地形条件、气候条件，开竣工日期，实际完成的工作量等。

② 技术措施：各工序作业依据，坐标和高程的起算依据，采用的仪器设备和技术方法（采用新技术方法时应详细阐述其工作原理和方法，总结生产阶段方法试验的优点及其必要性，采用新技术新方法所产生的有效性）。

③ 分析测区内各类专业管线分布情况和埋深的特点，说明测区内管线探测和成果数据入库时出现的问题，以及处理这些问题的具体措施。

④ 工程质量评定：各工序质量检查、审验与评定结果，进行工程质量的总体论述。

⑤ 结论与建议：对测区设计方案、作业方法和成果质量等方面进行综合性评价，总结在工程中应吸取的经验和教训，对遗留的重大疑难问题提出解决建议。

⑥ 提交归档资料清单和测区图幅结合表。

（2）**彩色地下综合管线成果图**

比例尺为 1∶500，并提供电子文档，同时提供大型管线剖面图（1∶200）、多根平行管线的断面图（1∶200）、地质雷达工作方法平面布置图（1∶500）及其成果解释图。其中地下综合管线成果图包含下述内容：

① 图中管线要素符号及其颜色说明。

② 管线图上注记管线点的编号。

③ 圆形管道注记管径，方沟注记断面尺寸，电力、电信管块注记总孔数/已用孔数，直埋或管块电缆注记电缆根数。

④ 各种管线点和管线注记不压盖管线及其附属设施的符号，且尽量避让地形图上的符号或注记，管线点的说明注记字向朝北且平行南北图廓，管线的说明注记平行于管线，字头朝向图的上方（南北走向管线字头朝向图的左方）。

（3）**管线探测点成果表**

管线探测点成果表包含以下内容：

① 管线点编号（同地下综合管线成果图中的编号一致），及其连接点号和连接方向。

② 管线点的埋设方式、材料、管径或断面尺寸大小，对于电力、电信管块则描述其总孔数/已用孔数和管孔排列情况。

③ 管线点类别（包括其附属物和点特征），以及其埋设日期。

④ 管线点的平面坐标、高程（包括地面高程、管（沟块）外顶和内底高程）和埋深。

（4）**管线断面图**

每个车站横断面以及中心纵剖面的管位图。

（5）**质量检查报告**

提供电子文档，质量检查报告包含以下内容：

① 任务概况：包括任务来源、测区概况、工程内容、技术依据、作业时间及工作量。

② 检查工作概况：检查工作的组织结构、实施情况以及检查工作量统计。

③ 存在问题及处理措施：阐述检查中发现的质量问题，对这些质量问题所采取的整改措施、问题处理的结果以及由于受当前仪器和技术条件的限制而未能解决的问题，提出处理建议。

④ 精度统计：精度统计是质量检查工作的重要内容，包括最大误差、超差点比例、各项中误差及中误差限差的统计。

⑤ 成果质量评价：根据精度统计的结果，评定工程质量情况。

3.4.2.5　地下障碍物探测

1．概　述

（1）目的

查明轨道交通工程区间内现有建筑物基础、地下构筑物等影响工程设计区段内的地下障碍物，包括厂房、建筑物、桥梁、人行天桥、铁路、驳岸、码头、合流污水干管、高压塔等基础及大型地下停车场、隧道、泵站、地下人防等构筑物。

① 确定上述市政设施的空间位置及属性，为先行节点工程设计方案的最终确定提供依据。

② 为施工期间相关保护措施的制定提供依据。

③ 为地下及高架结构施工、障碍物的清理提供依据和详细的资料。

④ 为设施搬迁费用预算提供准确的依据，同时为搬迁方案提供决策支持。

（2）探查工作依据

①《城市工程地球物理探测规范》（CJJ 7）。

②《多道瞬态面波勘察技术规程》（JGJ/T 143）。

③《城市轨道交通工程测量规范》（GB 50308）。

④《工程测量规范》（GB 50026）。

⑤ 总体设计单位对物探成果的要求和规定。

⑥ 国家及地方、行业的其他有关技术标准、规范、规定和规程等及相关线路地形图。

（3）探查内容

① 沿线经过的建筑物基础和桩基，包括基础形式、埋深、桩长、桩底标高、桩型、桩的分布形态以及关键桩位的平面坐标。

② 重要的市政工程的基础和桩基（包括高架、天桥、铁路、桥梁、河道驳岸等）。

③ 周边建筑物围护结构和桩基，包括围护结构形式、范围、桩底标高、桩型以及桩的分布形态。

④ 大型地下停车场、隧道、人防通道等地下构筑物的埋深、平面坐标及尺寸。

（4）探查技术要求

① 测网密度应根据探查对象大小、埋深、延伸范围、物性变化规律以及任务要求布设。

② 各物探方法的检查工作量，不得少于总工作量的 5%。精度检查要求及评价按《城市工程地球物理探测规范》（CJJ）的规定执行。

③ 精度要求：

a. 地下障碍物平面误差为地面投影线范围的 ±50 cm；地下障碍物深度误差应小于实际埋深的 10%。

b. 地下障碍物的测量精度：平面位置测量误差不得大于 ±5 cm（相对于邻近控制点）；高程测量误差不得大于 ±2 cm（相对于邻近控制点）。

2. 地下障碍物探测方法

地下障碍物探查方法的选择，应在前期踏勘、充分调查和收集相关建筑物、桥梁、河道驳岸、高架、铁路、高压铁塔等工程基础资料的基础上，因地制宜，应采用地质雷达法、瑞雷面波法、地震映像法等综合物探方法以及钻探验证、现场测量等多种手段，互相对比、验证。

（1）地质雷达

地质雷达（Ground Penetrating Radar，简称 GPR），是利用介质间的电导率、介电常数等电性差异分界面对高频电磁波（主频为数十兆赫至数百兆赫）的反射来探查地下目标体。在地下一定深度内如果存在有异常物体，并且其与周围介质间存在明显的电性差异时，用地质雷达天线在地表向地下发射高频电磁波，当在地下传播的电磁波遇到异常物体与周围介质电性分界面时就会被反射回地表被接收天线接收，根据介质中电磁波传播速度和接收的反射信号及其双程走时，便可确定地下异常物体的位置和深度。

地质雷达探查时，先在所需探查的地面上布置测线，等间距平行移动收发探头，探查到的雷达图形，以脉冲反射波的波形形式记录。波形的正负峰分别以黑、白色表示，或者以灰阶或彩色表示。这样，同相轴或等灰线、等色线即可形象地表征出地下反射面。在波形记录图上各测点均以测线的铅垂方向记录波形，构成雷达剖面。对雷达剖面进行解释，可判定地下构筑物的形态、埋深、大小等参数，其探查原理如图 3.11 所示。

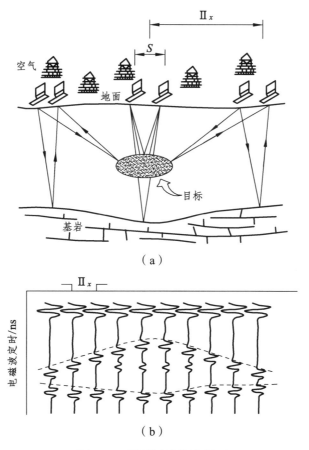

（a）

（b）

图 3.11　地质雷达探查原理

脉冲波行程需时：

$$t = \sqrt{4H^2 + x^2}\,/V \tag{3.1}$$

式中　　V ——介质中的电磁波速，m/ns；

　　　　H ——目标体的埋深，m；

　　　　x ——发射、接收天线之间的距离，m；

　　　　t ——电磁波的双程走时，ns。

当介质中的波速 V 为已知时，可根据测到的精确 t 值，由式（3.1）求出反射体的深度 H。式中 x 值在剖面探测中是固定的，V 值可以用宽角法直接测量，也可以根据

$$V = C / \sqrt{\varepsilon_r} \tag{3.2}$$

近似算出（当介质的导电率很低时）。其中，C 为光速（$C = 0.3$ m/ns），ε_r 为介质的相对介电常数值。

采用地质雷达法探测，当地下介质介电常数有明显的差异时，根据接收到的反射波形的特征及能量的强弱，便可确定地下介质分界面的埋藏深度及平面位置。该方法能够有效地用于探测地下室、地下人防、车库、箱涵、桩基承台等基础的平面分布及埋设深度。

（2）瑞雷面波

瑞雷面波是一种沿介质自由表面传播的弹性波，其传播规律，反映了传播途径中所涉及介质的弹性参数。岩土的瑞雷波传播速度与剪切波速基本相等，对于岩石，二者误差不超过8%，对于土体，二者只有 5% 左右的误差，相关性很好。瑞雷波勘探技术作为一种新兴的岩土原位测试方法，在近年来得到长足发展。特别是多道瞬态瑞雷波勘探技术出现后，逐渐被应用于越来越多的工程地质问题，如剪切波速测试、岩土层的厚度划分、不良地质体探查、地基加固效果评价等，显示出该技术有着广泛的应用前景。其探查原理如图 3.12 所示。

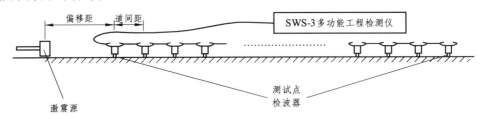

图 3.12　瑞雷面波法野外探测示意图

瑞雷波勘察基于瑞雷波的如下特性：

① 分层介质中，瑞雷波具有频散特性。

② 瑞雷波的波长不同，穿透深度也不同，不同波长的瑞雷波反映不同深度的介质情况。

③ 瑞雷波传播速度与剪切波速具有密切相关性。

（3）地震映像法

地震映像法勘探工作原理是在地表用铁锤敲击铁板，以共偏移距用单道或多道检波器接收来自地下地层的反射、绕射、散射等多波信号，来研究地下地层情况。当震源激发一弹性波场时，在一定的频带范围内子波会向下传播，当遇到波阻抗界面（两弹性力学性质不同介质的分界面），就会产生波的反射、绕射、散射等现象。一般地下地层的分界面会产生反射波，障碍物等复杂介质产生绕射波、散射波、转换波；地层突变点产生绕射波。

现场探测时，在最佳窗口内选择一个公共偏移距，采用单道小步长，保持炮点和接收点距离不变，同步移动震源和接收传感器。每激发一次接收一道波形，最后得到一张多道记录，各道具有相同的偏移距。将野外测试所获得的地震波记录进行回放、编辑整理；通过滤波、增益等处理以提高信噪比；然后对有效波进行研究分析，判断其性质及深度等；最后，配合测线，确定障碍物等异常位置。其探查原理如图 3.13 所示。

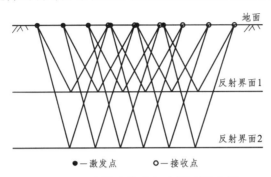

图 3.13　地震映像法探查原理示意图

（4）磁梯度法

一般在均匀无铁磁性物质的土层或桩身混凝土中，电磁场的磁场强度理论上为均匀场，而如果在桩身混凝土中有钢筋笼这类铁磁性物质存在时，将会在其周围产生较强的感应磁场，从而产生磁异常。而在钢筋笼上、下部，磁场强度又归复到均匀场。因此，对于有限长钢筋笼的预制方桩（或灌注桩），钢筋笼轴向的磁梯度将会在钢筋笼的端部产生明显变化。通过量测预制方桩（或灌注桩）侧面磁梯度的变化，可以确定钢筋笼的端部位置，进而计算预制方桩（或灌注桩）的实际埋设深度及长度。

图 3.14 和图 3.15 为磁梯度法探测预制方桩（或灌注桩）埋深及长度的原理示意图。

3. 提交成果

地下障碍物探测成果报告包含以下内容：

① 工程概况：工程的依据、目的和要求；工程地理位置、地球物理和地形条件、气候条件、开竣工日期、实际完成的工作量等。

② 探测的目的、范围、内容以及技术要求。

③ 技术措施：采用的仪器设备和技术方法（采用新技术方法时应详细阐述其工作原理和方法，总结生产阶段方法试验的优点及其必要性，采用新技术新方法所产生的有效性）。

④ 分析测区内各类地下障碍物分布情况和埋深的特点，以及处理这些问题的具体措施。

⑤ 工程质量控制与检查：各工序质量控制措施及质量检查结果，进行工程质量的总体论述。

⑥ 探测成果汇总：地下障碍物探测情况介绍，探测结果分析统计以及汇总。

⑦ 结论与建议：对测区设计方案、作业方法和成果质量等方面进行综合性评价及建议。

⑧ 附图表：地下障碍物探测线路布置图以及探测成果。

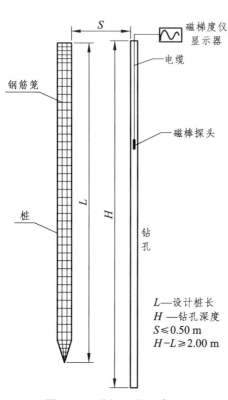

图 3.14   现场工作示意图

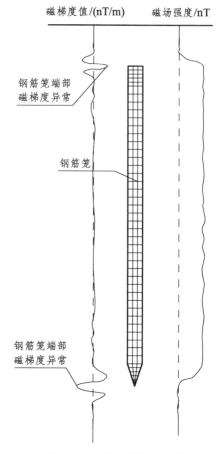

图 3.15   磁梯度理论曲线

3.4.3   不良地质及特殊性岩土专项勘察

当遇下列情况时，可进行不良地质及特殊性岩土专项勘察：

① 当工程沿线存在可能影响拟建线路走向、平面与空间布置及施工工法选择的不良地质及特殊性岩土需要特别查明时。

② 对应的勘察阶段对不良地质及特殊性岩土的勘察精度不能满足设计要求需要进一步加强时。

③ 常规勘察手段难以查明工程沿线的不良地质及特殊性岩土分布及其特性时。

3.4.3.1   暗塘、暗浜回填物专项勘察

1. 暗塘、暗浜回填物特征及对工程的影响

暗浜、暗塘回填物一般由以碎块石为主的素填土组成，松散～稍密状，碎块石大小混杂，含少量黏性土，土质极不均匀，分布亦不稳定，厚度变化较大；而在老城区，回填物

则以杂填土为主，常由碎砖、瓦砾、碎块石、混凝土碎块等建筑垃圾以及黏性土、少量生活垃圾等混杂组成，土质极不均匀，性质差异很大，厚度变化也大；而由黏性素填土回填的暗浜、暗塘比较少见。

软土城市暗浜、暗塘回填物（人工填土）总的特征一般是：岩性较杂、性质不均、颗粒较粗、密实度差、孔隙比大、透水性好、强度较低、压缩性大，基本缺乏规律性，带有极大的人为随意性。另外，由于填土通常具有较大的渗透系数，常会成为富水的含水层。

在工程建设当中，暗浜、暗塘的分布对基础设计和施工影响较大。对于房屋建筑，当采用天然地基浅基础时，极易引起地基的不均匀沉降，造成建筑物倾斜或墙体开裂等不良现象。对于道路工程，因地基的不均匀沉降，容易造成路面波浪起伏，产生跳车现象，影响行车安全。而就城市地下轨道交通工程而言，对于软土地区地下盾构区间，在盾构推进及管片安装过程中，为了防止软土地基出现较大的沉降及不均匀沉降变形，通常采用压力注浆法进行地基处理；而在暗浜、暗塘分布的区域，隧道顶板黏性土层厚度相对较薄，在压力注浆过程中，在较大的注浆压力作用下，很容易击穿软土和注坏盾尾的密封装置，引起地下水突水等工程安全事故；对于地下车站，暗浜、暗塘的分布不仅影响基坑围护结构的设计和施工，严重的还会引起地表水或地下水的倒灌，威胁基坑安全和施工人员的生命。因此，在岩土工程勘察当中，有必要查明暗浜、暗塘的分布及其回填物性质、分布范围、发展趋势和危害程度，提出治理方案的建议。

2. 调查方法和手段

对以粉土、黏性土为主回填的暗浜、暗塘，通常可采用轻型钻具与原位测试相结合的方法进行勘察。轻型钻具如小螺纹钻、洛阳铲等；原位测试如轻便动力触探、静力触探等。这些方法均具有价格低、施工方便等优点。

但多数暗浜、暗塘回填物往往由粗颗粒土构成，厚度大，地下水位高，且表部往往是混凝土地坪，这就导致上述这些勘察方法均无法实施，给暗浜、暗塘的详细调查带来了很大的困难。如果全部采用钻探的方法调查，不仅费时，而且代价也较高。因此，必须采用多种手段进行综合调查分析，得出令人满意的效果。通常以资料搜集方法为主，物探方法为辅。

（1）搜集资料法

通过搜集历史地形图，进行地形、地物对比分析，初步了解古河道或水塘的大致位置。由于历史地形图比例尺相对较小，一般为1∶1万或1∶5万，与目前轨道交通工程勘察设计通常使用的1∶1000地形图相比，精度相对较差。

（2）调查访问法

通过实地调查访问，了解地形、地物的历史变迁，分析暗浜、暗塘的大致分布情况。这种方法主要适用于郊区以外的村庄，向长期居住在当地的老年人了解比较有效，但对于城区，一般很难了解到。

（3）地球物理勘探法

地球物理勘探法又可分为电法和电磁法，它具有现场调查面积广、速度快等特点。但该方法也有其局限性，主要是由于受环境条件干扰的影响而具有多解性，调查精度相对较差。

近年来，随着物探方法的快速发展，仪器设备也越来越先进。目前调查暗浜、暗塘一般可采用地质雷达探测法、高密度电法、面波测试、剪切波测试等方法，其中地质雷达法和高密度电法使用较为普遍。

（4）钻探法

采用钻探手段调查暗浜、暗塘是一种非常直接有效，而且是不可缺少的方法，它不仅可以查清暗浜、暗塘的分布范围和深度，还可以真实的了解回填物的物质组成、颗粒级配、均匀性、密实性、压缩性等，这是其他方法无可取代的。

勘探点的布置一般应按复杂场地考虑，河塘中部勘探点间距宜大些，边界附近应逐步加密勘探点。勘探孔深度应穿透填土层。填土的均匀性和密实度宜采用动力触探试验测定，必要时采取代表性扰动样进行颗粒级配分析，细颗粒土（如粉土、黏性土）应辅以取原状样进行室内物理力学性质指标测试。

但由于该方法施工进度较慢，价格较高，大量使用钻探手段不够现实，应在采用上述搜集资料法、地球物理勘探法等初步了解暗浜、暗塘的分布情况后，再使用钻探方法进行进一步了解和验证，以便达到经济而有效的结果。

3. 物探探查方法

（1）物探方法工作原则

暗河、暗浜物探查工作主要遵循"从已知到未知"、"从简单到复杂"的原则开展工作，通过方法技术试验，首选效果好、经济、合理的物探方法。对于复杂环境条件下，用单一的方法技术往往难以达到准确探测的目的，则应采用多种物探方法进行综合研究、对比及相互佐证，以提高探测的分辨率和探测结果的可靠性。

（2）地质雷达探查方法

地质雷达探查方法在暗河、暗浜勘察中采用较多，具体原理、方法可参见前文。

（3）瞬态面波法

瞬态面波法是一种新兴岩土原位测试勘探方法，是通过锤击、落重及炸药震源，在地面进行竖向激振，产生一定频率范围的瑞雷面波，再通过振幅谱分析和相位谱分析，把记录中不同频率的瑞雷面波分离开来，从而得到一条 V_R-f 曲线或 V_R-λ_R 曲线。此法对地层具有薄层分辨能力、定量分析评价能力和通过图像再现地下地层与构造的能力。由于面波在多层介质中具有的频散特性，所以当改变激发频率时，面波传播速度和勘探深度都将发生变化，根据不同深度的面波速度，即可推算出不同深度介质的性质，达到勘探的目的。

而一般暗浜、暗塘、古河道中均存在淤泥层，相当于在现有地层中存在一个软弱夹层，其相对波速速度较低，可通过面波深度速度曲线中的低拐点来判断暗浜、暗塘、古河道的存在。

（4）高密度电法

高密度电阻率法是集电剖面法和电测深法一体的一种地学层析成像技术，实行密集采样来提高采样率和"多次覆盖"方法提高信噪比。多次覆盖是指由不同的电流电极、不同的电位电极以及地电断面上相同的"点"进行多次测量，而实现数据的快速采集和微机处理。

由于暗浜、暗塘、古河道等与周边的土层存在明显的电性差异，因而可以使用该方法进行探查。

4. 工作流程

由于轨道交通工程项目多数时间紧、任务重，为了保质保量按时完成约定的工作任务，应及时组织有关物探、测量人员第一时间进入工作现场进行实地踏勘，开展大量的前期工作，并有针对性地开展方法技术试验。与此同时积极走访有关部门，熟悉了解建筑物基础情况，收集相关资料，为轨道交通工程项目的顺利实施创造有利条件。而后根据现场作业条件以及探测环境，选择合适的地球物理探测方法，合理地布设测线，对采集的数据进行分析、解释。最终对探查物体进行平面和高程的三维定位，确保物探工作顺利完成。具体流程见图 3.16。

5. 工作方法选择及测线布置

根据暗浜、暗塘、古河道等的地质特征以及现场场地实地情况，合理选择不同的物探方法，通常市区混凝土等硬化路面采取探地雷达、瞬态面波等互相结合的方式进行；郊外田地等以高密度电法为主，辅以瞬态面波法来进行，并应进行实地实验，选择最优方法以及最优参数，确保野外探查的准确性、适用性以及经济性。

采用物探方式进行探测时，其测线的总体布置原则：宜采取先疏后密，方格网形式进行；尽量布置在平坦区域，以减少地形差异带来的影响。

3.4.3.2 不良地质作用专项勘察

软土城市常见不良地质作用主要包括滑坡、崩塌、区域地面沉降、浅层气等。不良地质作用专项调查的主要内容有以下几个方面：

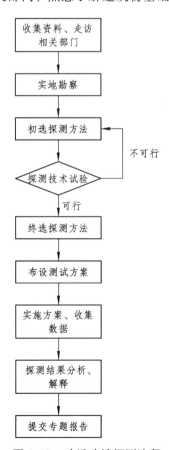

图 3.16 暗浜暗塘探测流程

1. 滑坡勘察

（1）概述

对拟建场地或其附近存在对工程有影响的滑坡时，应查明形成条件、类型、范围和规模；分析评价其稳定性及对工程建设的影响，并提出防治措施的建议。

（2）勘察手段与方法

滑坡勘察应在搜集气象、水文、地质、人类活动等资料的基础上，采用工程地质调查和测绘、物探、槽探、井探和钻探等多种手段相结合的办法进行。滑坡区的工程地质测绘和调查的范围应包括滑坡体及其邻近地段，比例尺宜采用1：500～1：2 000，用于治理设计时比例尺不小于1：500。

（3）勘察技术要求

① 滑坡勘察的工程地质测绘和调查除一般调查内容外，还应查明以下内容：滑坡所处地貌部位、斜坡形态、坡度、高程；岩土接触界线、软硬岩的组合与分布、软弱夹层、风化层及松散层的分布及其特征；地表水、地下水、泉和湿地的分布情况；结构面产状、形态、规模及与临空面和结构面间相互组合和切割关系；滑坡要素与边界特征，包括滑坡周界、滑坡后缘与两侧裂缝、前缘临空面、滑带（面）、滑坡体微地貌和鼓丘等要素；坡体建（构）筑物、树木、水渠、道路、坟墓等变形和异常特征；当地滑坡治理经验。

② 滑坡稳定性计算尚应满足以下要求：根据滑面条件，按平面、圆弧或折线，选用合理的计算模型；正确选用抗剪强度指标，并采用反演方法检验滑动面的抗剪强度指标；有地下水时，应计入浮托力和水压力；当有局部滑动时，除验算整体稳定外，尚应验算局部滑动；当有冲刷、人类活动影响时，应计及这些因素的影响。

③ 滑坡稳定性综合评价应根据滑坡的规模、主导因素、滑坡前兆、滑坡区的工程地质、水文地质条件，以及稳定性验算结果进行，并应分析发展趋势和危害程度，提出治理方案的建议。

④ 土的抗剪强度试验宜符合下列要求：采用与滑动受力条件相似的方法；采用室内和野外滑面重合剪，滑带宜作重塑土或原状土多次剪试验，并求出多次剪和残余剪的抗剪强度。

（4）勘察方案布置

① 勘探点布置：控制性勘探线应沿主滑方向布置，长度应超过滑坡影响范围，勘探点数量不少于3个；在滑坡的主滑方向两侧或滑坡体外应根据滑坡的规模和特征布置辅助勘探线；勘探点间距不宜大于40 m，勘探孔的深度应穿透滑面进入稳定地层一定深度，并满足治理设计的需要。

② 取样测试：应在滑坡体、滑坡面和稳定地层中采取土试样，查明岩土类型及分布，确定滑坡面的位置及特征。

③ 应分层测定地下水位，必要时测定地下水流量和流向。

④ 钻孔施工应采用干钻法或双重岩芯管，并应全断面采取芯样，回次进尺不宜超过 1 m，接近预计滑动带时，回次进尺不得大于 0.5 m。

2. 崩塌勘察

（1）概述

轨道交通工程穿越山体或经过危岩、崩塌区建设时，除应对山体的整体稳定性进行调查评价外，还应查明危岩、崩塌产生的可能性，防止崩塌地质灾害对轨道交通工程建设造成影响。崩塌的勘察工作一般应在可行性研究阶段（选择线路时）或初步勘察阶段进行。

（2）勘察方法与手段

崩塌的勘察应在搜集气象、水文、地质、人类活动等资料的基础上，采用工程地质测绘和调查为主，物探、槽探、井探和钻探等手段为辅的方法进行调查。崩塌区的工程地质测绘和调查的比例尺宜采用 1：500～1：2 000，崩塌方向主剖面比例尺不宜小于 1：200。测绘和调查范围宜超出崩积体外一定距离。

（3）勘察技术要求

① 崩塌勘察的工程地质测绘和调查除一般调查内容外，尚应补充下列调查内容：

地形地貌、崩塌类型、规模、范围、崩塌体的大小和崩落方向；岩体的基本质量等级、岩性特征、风化程度及地质构造；岩体的结构类型、结构面性质、产状、发育与充填特征，优势结构面特征及其与坡面组合关系；气象（重点是大气降水）、地表水、地下水、人类活动情况；当地防治崩塌的经验。

② 对崩塌的岩土工程评价，应阐明崩塌形成的条件、分布范围、规模、发生崩塌时的滚落方向、危害范围等，并提出防治方案的建议。

（4）勘察方案布置

勘探线和勘探点的布置应根据地质条件及崩塌形态确定，并符合下列规定：

① 控制性勘探线应沿主崩方向布置，长度应超过崩塌影响范围，勘探点数量不少于 3 个，勘探点间距不宜大于 40 m。

② 勘探深度应达到崩积体以下；采用钻探方法时，钻探孔深应达到崩积体以下 2 m。

3. 地面沉降勘察

（1）概述

区域地面沉降是指一般由过量抽吸地下水产生降落漏斗引起的区域性地面在垂直方向上高程降低的现象；也指抽吸地下水而产生水压下降引起的地面下沉。

软土城市常因为常年抽吸地下水而引起地面沉降，通常具有沉降速率大、持续时间长等特征，会给轨道交通建设以及运营造成较大影响，因而有必要开展轨道交通工程地面沉降勘察。

（2）勘察方法与手段

地面沉降的勘察应在搜集气象、水文、地质、人类活动等资料的基础上，主要采用资料收集、调查访问等方法进行。

（3）勘察技术要求

地面沉降勘察通常可分为两种情况，一是已发生了地面沉降；一是有可能发生地面沉降。后者主要是预测地面沉降的可能性和估算沉降量。

对已发生地面沉降的区域，地面沉降勘察主要是调查地面沉降的原因及现状，预测地面沉降的发展趋势，评价对城市轨道交通工程的影响，并提出控制和治理方案；对可能发生地面沉降的地区，主要调查影响地面沉降的地质环境条件和地下水开采现状、历史和规划等，分析预测地面沉降的可能性和危险性，分析对城市轨道交通线路可能造成的影响，提出预防和控制地面沉降的建议。

地面沉降勘察宜按以下要求进行：

① 勘察前应搜集相关资料。

地面沉降勘察应先搜集以下资料：当地地面沉降防治规划、地面沉降和地下水动态监测、地面高程测量资料；区域地面沉降累计沉降量等值线图及沉降速率等值线图。

② 地面沉降原因调查。

对地面沉降原因的调查通常包括以下三个方面内容，即场地工程地质条件、场地地下水埋藏条件和地下水变化动态，具体宜调查以下内容：

场地的地貌和微地貌；第四系堆积物的年代、成因、厚度、埋藏条件和土性特征，硬土层和软弱压缩层的分布；地下水位以下可压缩层的固结应力历史、最大历史压力和固结变形参数；含水层和隔水层的埋藏条件和承压性质，含水层的渗透系数、单位涌水量等水文地质参数；地下水的补给、径流、排泄条件、含水层间或地下水与地表水的水力联系；历年地下水位、水头的变化幅度和速率；历年地下水的开采量和回灌量，开采或回灌的层段；地下水位下降漏斗及回灌时地下水反漏斗的形成和发展过程。

③ 地面沉降现状调查。

对地面沉降现状的调查主要有三个方面，即地面沉降量的观测、地下水的观测以及对地面沉降范围内已有建筑物的调查，因此对轨道交通工程地面沉降现状调查宜包括以下几个内容：

搜集城市轨道交通通过地段地面沉降及地下水位的监测资料；按精密水准测量要求进行长期观测，并按不同的结构单元设置高程基准标、地面沉降标和分层沉降标；对地下水的水位升降、开采量和回灌量、化学成分、污染情况和孔隙水压力消散、增长情况进行观测；调查地面沉降对建筑物、既有城市轨道交通线路的影响，包括建筑物和既有城市轨道交通线路的沉降、倾斜、裂缝及其发生时间和发展过程；绘制不同时间的地面沉降等值线图，并分析地面沉降中心与地下水位下降漏斗形成、发展的关系及沉降缓解、地面回弹与地下水位回升的关系；绘制以地面沉降为特征的工程地质分区图。

④ 预估沉降调查。

对将来可能发生沉降的地区的调查内容主要有：轨道交通通过地段地面沉降的情况；地面沉降对既有轨道交通及建（构）筑物的影响；地面沉降对高程基准点的影响；地面沉降迹象。具体可包括以下内容：

城市轨道交通线路通过已发生地面沉降或可能发生地面沉降的地区时，应综合分析地面沉降区域地貌特征、第四纪地层结构、水文地质、工程地质条件及地下水开采变化等因素，利用数值模拟、相关分析和类比等方法，分析地面沉降的可能性及发展趋势，预测一定时段内地面沉降量及可能造成的危害，并提出建设和运营期间防治措施建议。

4. 浅层气勘察

（1）概述

软土城市工业垃圾和生活垃圾地段、富含有机质的地区往往容易含有浅层气，由于浅层气的成分多为易燃的甲烷，地下工程施工时极易酿成火灾事故，从而引发隧道、基坑、沉井、水工构筑物沉陷、断裂等导致工程事故，因此轨道交通工程在通过软土城市工业垃圾和生活垃圾地段、富含有机质的地区以及曾发现过浅层气的地段，应通过现场勘探测试，查明轨道交通工程明挖与盾构范围内的浅层天然气存在的可能性，分析天然气对轨道交通施工所产生的危害，为轨道交通工程的施工提供有关浅层天然气的地质资料，并提出防治措施的建议。

（2）勘察手段与方法

浅层气的勘察可采用钻探、物探、静探等手段，并结合检测报警仪器的综合勘探手段进行。

（3）勘察技术要求及主要内容

浅层气的勘察技术要求主要是查明地铁线路范围天然气平面和空间的分布情况、化学成分、压力大小、埋藏深度、分布形态、贮存规律、储量、涌出量（释放强度）等，分析评价浅层天然气对地铁施工所产生的危害程度和提出施工措施意见。

① 浅层气勘察具体要求包括以下方面：

a. 气源层的埋深、厚度、分布范围和物理化学特征。

b. 浅层气生成、储藏和保存条件，确定储气层的物理化学特征、埋深、厚度、分布范围。

c. 浅层气的成分、气体压力、流量。

d. 地下水水位与变化幅度、补给、径流、排泄条件，含水层分布位置、空隙率与渗透性，地下水与浅层气的共存关系。

e. 当地有关浅层气的利用及危害情况和工程处理经验。

② 浅层气的测试应包括：

浅层气的类型含量、浓度、压力、温度及物理化学性质；生气层和储气层的密度、含水率、液塑限、有机质含量、孔隙率、饱和度、渗透系数等；封闭浅层气的顶、底板的物理力学性质；水的腐蚀性。

③ 浅层气的分析与评价应包括以下内容：

a. 轨道交通工程地下工程通过段的工程地质与水文地质条件，浅层气的生气层、储气层的埋深、长度、厚度、与线路交角、分布趋势、物理化学性质及封闭圈特征。

b. 轨道交通工程地下工程通过段的浅层气类型、含量、浓度、压力，预测施工时浅层气突出危险性、突出位置、突出量，评价浅层气施工及运营的影响，提出工程措施的建议。

c. 必要时编制工程地质图（比例尺 1：500～1：5 000）、工程地质纵、横断面图（比例尺 1：200～1：2 000），应填绘浅层气的类型、分布范围及生气层、储气层的具体位置、有关测试参数等。

（4）勘察方案

勘察方案的布置应在收集场地地层资料的基础上，针对主要的可能含气层进行，具体勘察方案可按下列要求进行：

① 勘探线宜按线路纵、横断面方向布置；勘探点应结合地层复杂程度、含气构造和工程类型确定，并应有部分勘探点通过气源层、储气层部位。勘探点的数量、间距应根据实际情况确定。

② 勘探深度应穿透气源层、储气层下一定深度。

③ 各气源层、储气层取土样不应少于 3 组，隔气顶、底板取土样不少于 1 组。重点查明岩土的容重、有机质含量、空隙率、饱和度、渗透系数等。

④ 采集浅层气体的数量不宜少于 2 组。

由于浅层气生成机理、条件及储存环境比较复杂，勘探点布置可根据当地工程的实际经验进行调整，但对沿线可能产生浅层气的地段及轨道交通工程建设有影响的地段应布设勘探孔，确保轨道交通工程的施工与运营的安全。

3.4.3.3　特殊性土专项勘察

软土城市特殊性土主要包括厚层填土、污染土、泥炭土。对场地内存在的厚层填土、污染土、泥炭土等特殊性岩土，主要应查明分布范围、工程特性，分析评价对工程建设的影响，提供设计、施工所需的相关参数。

1. 填　土

（1）概述

填土是指由人类活动而堆积的土。根据其物质组成和堆填方式可把填土分为素填土、杂填土和冲填土、压实填土。素填土是由碎石土、砂土、粉土和黏性土等一种或几种材料组成，不含杂物或含杂物很少；杂填土含有大量建筑垃圾、工业废料或生活垃圾等杂物；冲填土由水力充填形成；压实填土是按一定标准控制材料成分、密度、含水率，分层压实或夯实而成。

（2）工程特性及影响

填土的工程特性主要受填土的堆载年限和固结程度、填土的种类和物质成分影响。由于其组成成分往往较为复杂，且固结程度以及堆载年限各异，因而多数填土具有以下特性：

① 不均匀性。在填土的各种特性中，不均匀尤为突出。由于堆填物的来源、堆填时间、原始地貌等的不同，常造成物质组成、分布范围、密实度、厚度、渗透性等在空间分布上的极不均匀。填土具有欠固结、高压缩和低强度的特点。填土层因堆填时间远小于天然沉积土层，故填土中空隙较多且大，孔隙比大，自身没有完全固结，处于欠密实状态，其强度远低于天然沉积土层，具有较高的压缩性成为必然。通常填土层堆填时间越短，密实度越差、强度越低、压缩性越高。

② 湿陷性。填土因其欠压密，在自重压力下，很难达到完全固结。一般填土具有较高压缩性的同时常伴有明显的遇水湿陷性。与黄土类似，填土的湿陷也有自重湿陷和非自重湿陷。以建筑垃圾为主的杂填土其湿陷性一般小于其他填土。

③ 自腐蚀变质性。当填土中有大量的有机质生活垃圾时，一些有机质生活垃圾会随时间的增加而腐蚀变质，最终会消失，这就是含有有机质填土层中存在一些空洞的原因。

此外，填土层常会因填土的种类不同，渗透性差别极大。以建筑垃圾为主的杂填土、粗颗粒的素填土常具有较大的渗透系数，若其下有一定厚度的隔水层，常会成为富水的含水层。以黏土、粉质黏土等为主的素填土，若堆填时间较长，加之其渗透性较差，常可成为一相对隔水层。

由于填土的不均匀性、低强度性、高压缩性等特点，往往对轨道交通出入口、U 形槽等基础埋深较浅的结构部位或路基部位，易产生不均匀沉降，同时对基坑支护产生不利影响。

（3）勘察手段与方法

填土勘察的勘探方法应根据填土性质确定，一般宜采用工程地质调查、钻探、井探、原位测试相结合的办法，当填土层较厚时，也可结合物探的办法。通常对于由粉土、黏性土组成的素填土，可采用钻探取样、轻型钻具与原位测试相结合的方法；对含较多粗颗粒成分的素填土和杂填土，宜采用动力触探、钻探方法，在具备施工条件的情况下，可适当布置一定数量的探井。

（4）勘察技术要求

填土勘察应满足以下要求：搜集历年地形图，调查场地地形、地物的变迁史；查明填土组成的物质成分、堆填年限、分布范围、厚度、均匀性、压缩性、密实度等工程性质及其变化规律；对冲填土尚应了解其冲填进土口位置、排水条件和固结程度；不同物质成分填土的堆载时间与加载、卸荷经历；查明暗塘、暗浜、旧基础的分布范围和深度。

（5）勘察方案布置

勘探点布置应在详勘要求的基础上适当加密，孔深应穿透填土层，并满足工程设计及地基加固的需要；当填土为黏性土时，尚应采取土试样进行常规物理力学试验。

（6）勘察成果要求

填土的工程特性指标宜按下列方法确定：填土的均匀性和密实度宜采用触探法，并辅以室内试验；填土的压缩性和湿陷性宜采用室内固结试验或现场载荷试验；杂填土的密度试验宜采用大容积法；对压实填土应测定其干密度，并应测定填土的最优含水率和最大干密度，计算压实系数；填土的承载力可采用原位测试方法结合当地经验确定，必要时做载荷试验。

填土的岩土工程分析与评价应包括：阐述填土的成分、分布和堆积年代，判定地基的均匀性、压缩性、密实度，必要时应按厚度、强度和变形特性等进行评价，提出填土的处理措施；对填土的承载力、抗剪强度和天然密度等提出建议值；评价填土及其含水状况对基坑和隧道施工的影响，暗挖工程应评价填土及其含水状况对隧道围岩稳定性的影响，提出处理措施和监测工作的建议；明挖、暗挖工程应评价填土对边坡坡度、支护形式及施工的影响，提出处理措施和监测工作的建议。

2. 污染土

（1）概述

污染土是指由致污物质侵入使土的成分、结构和性质发生了显著变异的土。污染土的定名可在原分类名称前冠以"污染"二字。

（2）勘察手段、方法

污染土勘察以现场调查为主，并宜采用钻探、井探、坑探和原位测试相结合的方法进行勘探。

对采取的土试样应进行现场观察其颜色、状态、气味和外观结构等，并与正常土进行比较，查明污染的深度；取样设备应严格保持清洁，每次取样后均应用清洁水冲洗干净，再进行下一个样品的采取；对具有挥发性污染物的试样，应存放在密封的容器中，试验时应采集污染物气体样品，并进行成分的测定。

污染土的物理力学性质应采用原位测试结合室内试验等综合方法确定，当需要确定污染土地基承载力时，宜进行载荷试验。

对污染土的勘探测试，当污染土对人体健康有害或对机具仪器有腐蚀性时，应采取必要的防护措施。

（3）勘察技术要求

污染土的勘察，通常应查明污染前后土的物理力学性质、矿物成分和化学成分等；查明污染土对金属和混凝土的腐蚀性；查明污染土的污染程度；查明地下水的分布、运动规律及其与污染作用的关系；提出污染土的力学参数，评价污染土地基工程特性；提出污染土处理意见；查明污染土的类型、分布及污染土对已有建筑物的影响程度；必要时查明污染源、污染史及污染途径、化学成分和性质。

对工业污染应着重调查污染源、污染史、污染途径、污染物成分、污染地已有建筑物受影响程度、周边环境等。对尾矿污染应重点调查不同的矿物种类和化学成分，了解选矿所用的工艺、添加剂及其化学性质和成分等。对垃圾填埋场应着重调查垃圾成分、日处理量、容量、使用年限、防渗结构、变形要求及周边环境等。

同时污染土场地和地基可分为四种不同类型：已受污染的已建场地和地基；已受污染的拟建场地和地基；可能受污染的已建场地和地基；可能受污染的拟建场地和地基。不同类型场地和地基勘察重点有所不同。已受污染的已建场地和地基主要针对污染土、水造成、建筑物损坏的调查，是对污染土处理前的必要勘察，重点调查污染土强度和变形参数的变化、污染土和地下水对基础腐蚀程度等；对已受污染的拟建场地和地基的勘察，则在初步查明污染土和地下水分布特点的基础上，重点结合拟建建筑物基础形式及可能采用的处理措施，进行针对性勘察和评价；对可能受污染的场地和地基的勘察，则重点调查污染源和污染物质的分布、污染途径，判定土、水可能受污染的程度，为已建工程的污染预防和拟建工程的设计措施提供依据。

（4）勘察方案布置

勘察工作量的布置应结合污染源和污染途径的分布进行，近污染源处勘探点间距宜密，远污染源处勘探点间距宜疏。

① 污染土的勘探点间距应结合工程特点、可能采用的处理措施，有针对性的布置，在满足一般场地要求的基础上，按污染程度适当加密。

② 取土间距不宜大于 2 m，确定污染土与未污染土界限时，取土间距不宜大于 1 m。

③ 有地下水的钻孔，应采取不同深度的地下水试样，查明污染物在地下水中的空间分布。

④ 污染土和水的室内试验应包括下列内容：污染土和水的化学成分；污染土的物理力学性质；污染土和水对建筑材料腐蚀性的评价指标。

（5）勘察成果要求

污染土和水的评价应包括：污染土分布的平面范围、深度及地下水受污染的空间范围，必要时绘制污染等级分区图；污染土的物理力学性质；污染土和水对建筑材料的腐蚀性；对拟建工程适宜性和地基承载力的影响，并提出防治措施的建议。

3. 泥炭土

（1）概述

泥炭土是指有机质含量大于 10% 的土，包括泥炭质土、泥炭。当土中有机质含量大于 10%、小于等于 60% 时为泥炭质土，有机质含量大于 60% 时为泥炭。有机质含量大小对土质有着重要影响，有机质的含量越高，对土质的影响越大，主要表现为强度低、压缩性大、极高敏感度等，并且对不同工程材料的掺入有不同影响，对工程建设或地基处理构成不利的影响。

（2）勘察手段与方法

泥炭土勘察宜采用钻探、小螺纹钻、十字板和其他原位测试相结合的手段进行。

（3）勘察技术要求及方案

泥炭土勘察应查明泥炭土的性质及厚度、成因类型、埋藏条件、分布范围、均匀性、渗透性和物理力学性质。

泥炭土勘探点布置应在详勘要求上适当加密；取土间距不宜大于 1 m；除常规试验外，应进行有机质含量、无侧限抗压强度、灵敏度等试验。

（4）勘察成果

泥炭土的岩土工程分析与评价应包括：判定地基产生失稳和过量沉降或不均匀变形的可能性；分析泥炭土的固结历史，评价泥炭土对桩基工程的影响；分析评价泥炭土对基坑开挖及水泥土加固设计施工的影响。

3.4.4　水文地质专项勘察

轨道交通工程水文地质专项勘察应根据工程的水文地质条件进行，勘察要点如下：

1.　概　述

轨道交通工程勘察遇下列情况时，可进行水文地质专项勘察：

① 工程全线或分区段统一进行相关水文地质参数调查时。

② 当水文地质条件复杂且对工程及地下水控制有重要影响时。

③ 需要查明各含水层补给关系及需测定地下水流向和流速等特殊要求时。

④ 常规水文地质勘察难以满足工程要求时。

2.　勘察技术要求

（1）勘察手段

轨道交通工程水文地质专项勘察宜以水文地质调查与测绘、水文地质钻探为主要手段，并采用不同的水文地质试验手段来评价含水层组的富水性，确定含水层组单井出水量；了解含水层组的水位状况，测定各层承压水水头；获取水文地质资料，确定各含水层的水文地质参数；了解含水层组之间的水力联系；为设计施工所遇到的水文地质问题提供评价和处理依据。

水文地质试验主要包括分层观测地下水位、单孔抽水试验、注水试验、引渗试验。

（2）技术要求

应查明沿线与工程有关的水文地质条件，并根据工程需要和水文地质的特点，评价地下水对岩土体及建筑物的作用和影响，预测地下水对工程施工可能产生的后果并提出防治措施，同时满足工程降水要求。

① 调查搜集周边水文气象资料，尤其是轨道交通线路附近的枯水期水位、洪水期水位、历年最高水位、流速、流量等资料，并提供设防水位。

② 查明地下水类型及赋存状态，重点查明对主要含水层与隔水层的空间分布范围，查明地下水的流向、补给、径流、排泄条件以及地表水和地下水的水力联系、提供抗浮设计水位。

③ 设置抽水试验孔并结合室内渗透试验综合提供渗透系数，设置承压水观测孔，量测承压水水头，分层量测地下水位。

④ 基坑下有承压水含水层时，评价承压水头对基坑稳定性的影响；线路通过含水粉细砂、粉土层时，评价开挖引起潜蚀、流砂、涌土的可能性；评价地下水对岩土的软化、崩解、湿陷、潜蚀等有害作用，必要时建议进行抗浮验算。

⑤ 查明降水工程对地表建筑、地上建筑物及地下管线、水土资源的影响，以及对降水工程的制约因素，并提出防治措施。

⑥ 调查沿线人防工程、人工洞室的充水情况。

⑦ 对有关含水层要取水样进行水质分析，评价地下水水质对建筑材料的腐蚀性，评价标准要满足国家现行标准、规范的规定。

⑧ 必要时评价地下工程修建对地下水环境的影响。

3. 参数的测定

① 地下水参数测定项目宜根据工程需要与岩土特性确定：地下水的流向宜利用等水位线图采用几何法确定，地下水流速的测定可采用指示剂法。

② 水文地质参数除按规定进行试验法确定外，还将进行现场抽水试验计算确定。

③ 水样的采取和试验项目宜根据天然条件下的客观水质情况采取代表性的水试样，水质分析项目符合现行国家规范的要求并满足工程的实际需要，水样采取与分析将严格按现行规范的相关规定进行。

4. 工程降水

① 应结合当地的降水经验及有关水文地质资料进行工程降水勘察，并与勘察阶段同步进行；降水方法符合现行规范、标准的要求。

② 工程降水勘察时要求查明地层、岩性、构造、含水层与隔水层的分布、地下室类型、水质、水量、渗透系数、补给、径流、排泄条件和沿线重要建筑物地基基础情况，各种构筑物的分布，自然景观、人文景观与市政设施的分布等情况。

③ 水文试验包括：

a. 根据全线情况,按水文地质单元进行相应的水文地质试验(包括但不限于抽水试验、注水试验、引渗试验等)，相同地质单元抽水试验不少于两组，为降水设计方案提供合理依据。

b. 水文试验井洗井应满足现行规范的相关规定、要求。

c. 抽水试验宜进行 3 次降深，其中最大一次降深值接近设计降水深度。

d. 注水试验：选择抽水影响较大的含水层（为防止沉降需回灌水至该层）和主要抽水含水层以下的下伏含水层（为保护水资源需进行回灌）进行。

e. 引渗试验：在降水影响半径范围内布设引渗井，在试验井周围设观测孔，其深度至下伏含水层中 3~5 m。

5. 分层观测地下水位

（1）概述

利用工程地质勘察钻孔测定各类型地下水的初见水位和静止水位。

（2）观测方法

由于场地有多层地下水，需采取止水措施（套管护壁等）分层测定，承压水含水层需测定承压水头。初见水位通过岩芯湿度判断，土样由湿到很湿时的标高，即为初见水位。在测得初见水位后，黏性土每隔 20~30 min，砂土每隔 5~10 min，测量水位一次，连续两次水位相差小于 2 cm，即为静止水位。

观测承压水含水层承压水头，应监测不同时期水头变化，获取地下水动态资料。观测孔要设置在利于长期保存的位置，孔口设立保护装置，多层地下水要分层止水，并进行止水效果检查，以准确量测所需含水层的地下水位。

（3）观测要点

水位观测要求：观测孔要测量坐标、观测孔孔口固定标高，水观测应从固定点量起，并将读数换算成从地面算起的水位埋深和水位标高。每次水位量测应进行两次，间隔不小于 1 分钟，取两次水位的平均值，水位观测精度为 mm。

观测工具及时间：水位用电测绳水位计量测，量测工具须定期检查，观测由专人负责。承压水观测必须达到稳定后方可停止，观测天数至少 10 天。

6. 抽水试验

（1）概述

抽水试验常用来查明拟建场地地基土层的渗透系数、导水系数、压力传导系数、给水度、越流系数、影响半径等有关水文地质参数，测定钻孔涌水量、单位涌水量、计算钻孔最大可能涌水量，了解涌水量与水位下降的关系；确定含水层的水文地质参数如渗透系数、影响半径等；了解含水层的边界条件、边界性质（如补给边界、隔水边界）、范围。

根据测试要求不同以及拟建场地地基土层的水文地质条件的差异，可选用不同类型的抽水试验。

（2）方法

① 根据试验的目的与任务、勘察的精度要求以及水文地质的复杂程度，可将抽水试验分为下列类型。抽水试验方法及应用范围见表 3.17.

② 测试方法。

一般采用单孔（或有一个观测孔）的稳定流抽水试验，选择有代表性的含水层，按勘察任务技术要求布置水文地质钻孔，进行现场抽水试验。试验前对自然水位要进行观测，一般每小时测一次，三次测的水位值相同，或 4 h 内水位差不超过 2 cm，即认为是静止水

表 3.17　　抽水试验方法及应用范围

方　　法	应用范围
钻孔或探井简易抽水	粗略估算弱透水层渗透系数
不带观测孔抽水	初步测定含水层的渗透系数
带观测井抽水	较准确地测定含水层的各种参数

位，每 2～4 h 测一次水温和气温。恢复水位观测时，通常以 1，3，5，10，15，30 min…的顺序观测，直至完全恢复为止。动水位和涌水量的观测时，应主孔和观测孔同时观测，开泵后每 5～10 min 观测一次，然后视稳定趋势改为 15 min 或 30 min 观测一次。利用抽水孔的现场观测资料，结合区域水文地质条件，选择合理的井流公式，定量测定含水层的水文地质参数（渗透系数 k、影响半径 r 等）。

孔径与管径：抽水主孔为 $\phi250$ mm，或按照 $r \geqslant 0.01M$（M 为含水层厚度）采取，井管采用 $\phi150$ mm 的无缝钢管。

过滤器：采用包网过滤器，包网为 50 目双层滤网。

洗井：成井后抽水孔和观测孔均采用水泵、压风机联合进行洗井，保证出水量和水位变化灵敏，孔内沉砂捞至井底，达到水清砂净。

抽水：采用风压机抽水。

水位观测：采用水表、电水位计、测绳。

③ 测试要点。

a. 应以进行小流量、小降深的抽水试验为宜。

b. 观测孔一般布置在与地下水流向垂直的方向上，与抽水孔的距离以 1～2 倍含水层厚度为宜。

c. 正式抽水试验一般进行三个降深，每次降深的差值大于 1 m，最大降深宜接近工程设计所需的地下水位降深的标高。

d. 抽水稳定时间一般为 8～24 h，在稳定时间段内，涌水量波动值不超过正常流量的 5%，主孔水位波动值不超过水位降低值的 1%，观测孔水位波动值不超过 2～3 cm，若抽水孔与观测孔的动水位与区域水位变化幅度趋于一致，则认为稳定。

e. 应采取措施，避免其他含水层的干扰，试验地点和层位均应有代表性，地质条件与计算分析方法一致。

f. 单孔抽水试验时，宜在主孔过滤器外设置水位观测管，不设置观测管，应估计过滤器阻力的影响。

g. 承压完整井抽水试验时，主孔降深不宜超过含水层顶板，超过时，应采用相应的计算公式。

h. 潜水完整井抽水试验时，主孔降深不宜过大，不得超过含水层厚度的 1/3。

i. 降水漏斗水平投影应近似圆形，对椭圆形漏斗宜在长轴方向和短轴方向布置观测孔，对傍河抽水试验和有不透水边界的抽水试验应选择相应的公式计算。

j. 抽水试验应同时观测水位与水量，抽水结束后应量测恢复水位。

（3）成果整理

抽水试验资料整理应包括下列内容：水位、流量与时间过程曲线图；$Q\text{-}f(s)$ 曲线图、$q\text{-}f(s)$ 曲线图；水位恢复曲线图；钻孔岩性柱状图和井孔结构图以及参数计算表；编制单孔抽水试验综合成果图。

7. 钻孔注水试验

（1）概述

轨道交通工程勘察注水试验通常采用钻孔注水试验，即通过钻孔向试段注水，保持固定水头高度量测注入岩土层的水量或量测水头高度与试验时间的变化率，以确定岩土层的渗透系数的原位试验方法。

钻孔注水试验通常用于查明场地地层的渗透性和富水性，测定有关水文地质参数，为设计提供水文地质资料。

（2）测试方法

一般采用单孔（或有一个观测孔）的稳定流抽水试验，选择有代表性的含水层，按技术要求布置水文地质钻孔，一般主要为常水头注水试验，在试验过程中水头保持不变。根据试验的边界条件，分为孔底进水和孔壁与孔底同时进水两种。

试验步骤为：

① 造孔与试段隔离：用钻机造孔，预定深度下套管，如遇地下水位时，应采用清水钻进，孔底沉淀物不得大于 5 cm，同时要防止试验土层被扰动。钻至预定深度后，采用栓塞和套管进行试段隔离，确保套管下部与孔壁之间不漏水，以保证试验的准确性。

② 流量观测及结束标准：试段隔离以后，用带流量计的注水管或量筒向试管内注入清水，试管中水位高出地下水位一定高度（或至孔口）并保持固定，测定试验水头值。保持试验水头不变，观测注入流量。开始先按每隔 1 min 连续观测 5 次，每隔 5 min 连续观测 5 次，以后每隔 30 min 观测一次，并绘制曲线，直到最终的流量与最后两小时的平均流量之差不大于 10% 时，即可结束试验。

（3）测试要点

① 钻孔注水试验适用于水位埋深较深，不便于抽水的粉土、砂土含水层，或位于干的透水岩土层。

② 钻孔注水试验应根据地层特点选择常水头法和变水头法注水。

③ 试验孔应根据试验要求做好止水措施和过滤设备，对孔底进水的试段，用套管塞进行隔离；对孔壁和孔底同时进水的试段，除采用栓塞隔离试段外，还要根据试验土层种类，决定是否下入护壁花管，以防孔壁坍塌。

④ 在进行注水试验前，应进行地下水位观测，作为压力计算零线的依据。

（4）成果整理

钻孔注水试验成果资料整理应包括下列内容：绘制 $Q\text{-}t$ 曲线；绘制试验钻孔岩性柱状和井孔结构图；计算试验段渗透系数。

8. 压水试验

（1）概述

钻孔压水试验是测定裂隙岩体的单位吸水量，并以其换算求出渗透系数，用以说明裂隙岩体的透水性和裂隙性及其随深度的变化情况，为制定防渗措施和基础处理方案等提供重要依据，主要用于测定岩层的裂隙性和渗透性。

（2）测试方法

压水试验是借助于专门的止水栓塞与孔壁密贴，把一定长度的试验段隔离开来，然后通过水泵用一定水头压力的水压入试验段内，使之从孔壁的裂隙向周围的岩体内渗透，经过一段时间后，其渗透水量最终趋向于一个稳定值，即可按式（3.3）计算单位吸水量（ω）：

$$\omega = \frac{Q}{L \cdot S} \tag{3.3}$$

式中　Q——稳定的压入流量，L/min；

　　　S——压力水头高度，m；

　　　L——试验段的长度，m。

单位吸水量（ω）是表征岩体透水性大小的指标，它是指单位压力（m）下，单位长度（m）试段在单位时间内的岩体吸水量。

（3）测试要点

① 必须采用清水钻进，压水前要用高压水将钻孔冲洗干净。

② 钻孔要垂直，孔壁应呈规整的圆柱状，平直光滑。

③ 钻孔宜采用合金或金刚石钻进，不应使用泥浆等护壁材料。

④ 覆盖层与基岩之间要使用套管止水。

⑤ 下栓塞前测量一次孔内水位，栓塞止水后观测孔内水位，水位下降速度满足"连续 2 次水位下降速度均小于 5 cm/min"。

⑥ 试压阶段可以检测供水管路密封情况，初步确定三级压力，并控制测量范围不超过级值的 3/4，缓慢加压以防水表或压力表损坏。

⑦ 正式压水阶段应勤观测孔内水位、压力表、水表的变化情况，对流量忽大忽小的情况进行分析，在确定管路与止水没有问题的情况下应延长观测时间。

⑧ 连续 5 次流量相对差≤10%，绝对差不大于 1 L/min 时，方可进行下一压力试验。

⑨ 采用自上而下分段压水，每钻一段，停钻作一段压水试验，试验段长度一般为 5 m，但对于构造破碎带、节理密集带、岩溶洞穴等透水性较强的地段，可按具体情况适当减小试验段的长度，单独进行压水试验。同一试验段不宜跨越透水性相差悬殊的两种岩体。在钻进过程中，如发现冲洗液突然消失或消耗量急剧增大，应停钻进行压水试验。

（4）成果整理

① 压水试验应根据工程要求，结合工程地质测绘和钻探资料，确定试验孔位，按岩

层的渗透性划分试验段，按需要确定试验的起始压力、最大压力和压力级数，及时绘制压力与压入水量的关系曲线，计算试验段的透水率、渗透系数，确定 p-Q 曲线类型。

② 压水试验资料应按下列规定整理：

a. 绘制 p-Q 曲线图，按曲线形态确定类型。

b. 透水率宜采用第三阶段的压力值（p_3）和流量值（Q_3）按式（3.4）计算：

$$q = \frac{Q_3}{Lp_3} \tag{3.4}$$

式中　q——试验段透水率，Lu；

　　　L——试验段长度，m；

　　　Q_3——第三阶段的计算流量，L/min；

　　　p_3——第三阶段的试验段压力，MPa。

c. 当试验段位于地下水位以下，透水性较小（$q < 10$ Lu）、p-Q 曲线为层流型时，可按式（3.5）计算岩体渗透系数：

$$k = \frac{Q}{2\pi HL} \ln \frac{L}{r_0} \tag{3.5}$$

式中　k——岩体渗透系数，m/d；

　　　Q——压入流量，m³/d；

　　　H——试验水头，m；

　　　r_0——钻孔半径，m。

9. 地下水流速流向测定

（1）目的

查明场地地下水的流速流向，为设计提供水文地质参数。

（2）方法

一般采用三角法测定，沿等边三角形的顶点布置钻孔，以其水位高程编绘等水位线图，垂直等水位线向水位下降的方向为地下水流向。在等水位线图的地下水水流向上，利用相邻两水位间的水力坡度，按规范固定的公式即可计算地下水的流速。

（3）措施与要求

三点间距一般为 50 ~ 150 m，应尽量为等边三角形。

3.4.5　冻结法施工专项勘察

1. 概　述

冻结法是临时用人工方法将软弱围岩或含水层冻结成具有较高强度和抗渗性能的冻

土，以安全地进行隧道作业的一种施工方法。通常在轨道交通工程全线或分区段统一进行相关土层热物理参数调查时以及需要提供冻结土层不同温度下的物理力学参数及提供冻融后土层的相关参数时，应进行轨道交通工程冻结法专项勘察。

冻结法施工专项勘察的目的是通过试验分析软土地区典型土在冻融条件下各种物理力学性能，为人工冻结法施工在轨道交通建设中应用提供必要的设计参数，为冻土墙解冻后计算结构稳定性及对周围环境影响提供依据，进而保证工程施工的安全性、经济性和环保性。

2. 技术要求

冻结法使得土体力学性质发生突变，对周边环境影响较大，同时冻结法与土层周围含水层分布和含水率、地温和导热系数等热物理指标密切相关，因此冻结法专项勘察应符合下列要求：

① 查明需冻结土层的分布及物理力学性质，其中包括含水率、饱和度、固结系数、抗剪强度。

② 查明需冻结土层周围含水层的分布，提供地下水流速、地下水的含盐量。

③ 提供地层温度、热物理指标、冻胀率、融沉系数等参数。

④ 查明（收集）冻结施工场地周围的建（构）筑物、地下管线等分布情况，分析冻结法施工对周边环境的影响。

3. 勘察手段及方案设置

冻结法勘察可与主体工程一并勘察，或在确定构筑物具体位置后或确定施工方法后再勘察。通常采用钻探取样与室内土工试验相结合的方式进行勘察。

① 搜集相关周围地面环境及地下管线资料。主要应包括周边地面及地下的建筑物结构、设备、管线特征及其与拟建旁通道的位置关系，建筑物、设备和管线等特殊保护要求等。

② 联络通道-泵站的冻结法专项勘察一般布置 3 孔，布置在两隧道外侧及通道泵站外侧。一般中间布置静力触探孔，两侧布取土技术孔及注水孔等。孔深通常应为通道埋深的2.3 ~ 2.5 倍，若有承压水层，宜进入承压水层。

③ 盾构进出洞工程的勘察，重点在查明冻土深度范围内土层的分布及土的工程特性、地下水埋藏形式，特别是夹砂透镜体分布情况。洞口处的勘察需同时查明管涵空间分布，并根据工程设计需要进行冻结土的单轴抗压强度试验等。

④ 室内试验资料应包括土层的热物理特性指标：原始地温、结冰温度、导热系数、比热和冻胀率等，以及冻土的物理力学特性指标：抗压强度、剪切强度、抗折强度、蠕变参数和融沉率等。

4. 勘察成果报告

（1）勘察执行的主要技术标准

冻结法勘察除执行一般轨道交通工程勘察的相关规范，还应执行行业的相关规范：

《人工冻土物理力学性能试验：人工冻土试验取样及试样制备方法》（MT/T 593.1）；

《人工冻土物理力学性能试验：土壤冻胀试验方法》（MT/T 593.2）；

《人工冻土物理力学性能试验：人工冻土静水压力下固结试验方法》（MT/T 593.3）；

《人工冻土物理力学性能试验：人工冻土单轴抗压强度试验方法》（MT/T 593.4）；

《人工冻土物理力学性能试验：人工冻土三轴剪切强度试验方法》（MT/T 593.5）；

《人工冻土物理力学性能试验：人工冻土单轴压缩蠕变试验方法》（MT/T 593.6）；

《人工冻土物理力学性能试验：人工冻土三轴剪切蠕变试验方法》（MT/T 593.7）。

以及参照地方规范如上海市《旁通道冻结法技术规程》（DG/T J08-902）等。

（2）勘察报告包含内容

勘察报告中除应包含一般勘察报告中的内容外，还应着重以下几个方面：

① 勘探孔地质柱状图及相关描述。应包括勘察孔位置、深度，勘察孔主要施工工艺及主要施工工程，勘探孔全深范围内的土层分布图、土层名称、层顶标高、层厚、取样点位置、土体性质、包含物及物理特征等。

② 含水层及地下水活动特征。应包括含水层埋深、厚度、渗透系数、地下水水位及变化幅度，以及含水层与地表水体的水力联系等。

③ 土层的常规物理力学特性指标。主要应包括土层的密度、含水率、塑性指标、颗粒组成、内摩擦角和黏结力、膨胀量和承载力等。

④ 应进行冻结法施工方案分析，并分析评价冻结法施工可能遇到的各种工程问题以及注意事项，提出解决问题的建议。应分析评价冻结法与环境的相互影响，以及可能导致的问题。

（3）指标参数

① 原状土基本物理性能指标。成果报告中应提供土的容重、直剪强度、干容重、含水率、塑限、抽水试验的渗透系数、承压水层埋藏和承压水位、承载力、冻结土单轴抗压强度以及数值计算分析所需的其他参数。

② 冻结法施工直接影响范围内原状土和冻土的热物理指标。主要应包括原始地温、土层结冰温度、导热系数和比热等。

③ 冻结法施工直接影响范围内人工冻土的力学指标。主要应包括不同温度（$-5\,°C$、$-10\,°C$、$-15\,°C$）的冻土抗压强度、冻土弹模、冻土泊松比，$-10\,°C$冻土的剪切强度、$-10\,°C$冻土的抗折强度、$-10\,°C$冻土的蠕变参数、融沉系数、冻土导热系数、冻胀率等。

5. 冻土试验要求

（1）土样采集制备要求

① 土样的采集和接收。

取原状土样时，必须保证土样的原状结构及天然含水率，并使土样不受扰动。

根据试验规范要求，若采用铁皮筒取样，则在确定的取样层位取芯后，立即用双层保鲜塑料薄膜紧密封好、包扎，用蜡封好，装入土样筒，再蜡封，并填写试样标签，装箱并在取样筒下放稻草和碎纸铺垫，以防止土样颠坏，将土样运至实验室；若采用薄壁筒取样，在钻机上安装专用取样薄壁筒，待土样取上时，立即盖上下盖，用纱布缠绕上下盖，并且封蜡密封，填写试样标签，试样筒下垫碎纸或者泡沫防止试样颠坏。

当试样运至试验地点后，试验人员根据土样记录验收土样，验收合格后在验收单上签字登记，将土样按层位存放在常温试验室内。试验期间定期进行洒水养护。

② 土样试样的制备。

在实验室中进行原状土样制作及试验严格按照国标 GB/T 50123 及煤炭行业标准 MT/T593 的有关要求进行。

冻结原状土试样的制备：小心开启原状土包装，辨别土样上下层次，用钢锯平行锯平两端。无特殊要求时，使试样轴向与自然沉积方向一致。用修土刀、切土盘和切土器将土块修整成型。制备过程中，描述土样的情况，并记录它的层位、颜色、有无杂质、土质是否均匀和有无裂缝等。

冻结重塑土试样的制备：小心开启土样密封层，去掉土样表皮，记录土样的颜色、土类、气味及夹杂物等，并选取有代表性土样进行天然含水率和密度的测定。将土样切碎，在 105~110 ℃ 温度下恒温烘干，放入干燥器中冷却至室温。将烘干、冷却的土样进行破碎（切勿破碎颗粒）。根据土样天然含水率，对干土进行配水（或加冰晶），并搅拌均匀，密封后放入保湿器内养护 24 h 以上。彻底清洗模具，并在模具内表面涂上一层凡士林，分次均匀将土样放入模具击实。将试样在所需试验温度下脱模，并用修土刀修整。将制备好的低温重塑土试样贴上标签（标明来源、层位、重量、日期等），装入塑料袋内密封，置于所需试验温度下恒温养护，在 24~48 h 内可用于试验。

（2）试验要求和内容

试验内容主要分为原状土基本物理性能指标、土层热物理参数特性指标、冻土物理力学性能指标三大部分。

① 原状土基本物理性能指标。包括含水率、密度、比重、液塑限试验。

② 原状土和冻土热物理特性指标。主要应包括原始地温、土层冻结温度、导热系数和比热、冻胀率、融沉系数等。

③ 冻土力学特性指标。主要包括不同温度（－5 ℃、－10 ℃、－15 ℃）的冻土抗压强度、冻土弹性模量、冻土泊松比、－10 ℃ 冻土的剪切强度、－10 ℃ 冻土的抗折强度、－10 ℃ 冻土的蠕变参数、融沉率、冻土导热系数、冻胀率等。

（3）冻结温度试验方法

冻结温度试验包括热电偶制作与标定、试样准备、装样、降温、数据采集与成果分析等。

① 热电偶制作与标定。

自制铜-康铜热电偶测温，经冷端补偿进行标定，测温精度为 0.1 ℃。

② 试样准备。

原状土从土样中直接获取，切成规格为 $\phi30$ mm×50 mm，给低温瓶内盛入高浓度 NaCl 溶液，该冷液温度控制在 －10~－20 ℃ 范围内，此时 NaCl 溶液不发生冻结，仍为液体状；

零温瓶内装入冰水混合物，水面与冰面相平，冰块使用纯净水制成，其直径小于 20 mm。热电偶标定与试验中冷端补偿的一致性对测温端准确度不会产生影响。

③ 装样、降温。

将配置好的土样装入试样杯中，杯口加盖，然后将热电偶零温端插入零温瓶，测温端插入土样中心，杯盖周侧用硝基漆密封；将封好底且内装 50 mm 高干砂的塑料管放入低温瓶内并将试样杯放入塑料管内，然后将塑料管口和低温瓶口分别用橡皮塞和瓶盖密封，待其降温。

④ 数据采集。

将零温端、测温端引出线与智能可编程数据采集仪连接，将信号传输到计算机软件中，设置每 10 s 自动采集数据一次，每组试验持续时间不超过两小时，最后根据温度与时间的关系曲线形状直接判定土体的冻结温度值。

⑤ 冻结温度试验装置。

本试验整套装置由土样降温系统、测温系统、数据采集系统组成，满足《土工试验方法标准》（GB/T 50123）规定。图 3.17 为冻结温度试验装置示意图。

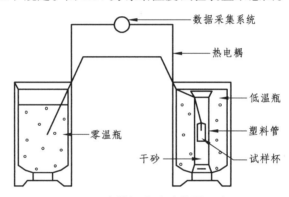

图 3.17　冻结温度试验装置示意图

a. 零温瓶容积为 3.57 L，内盛冰水混合物（其温度为 0 ± 0.1 ℃）；低温瓶容积为 3.57 L，内盛低熔冰晶混合物，其温度宜为 − 7.6 ℃。

b. 数字电压表量程可取 2 mV，分度值为 1 μV；铜和康铜热电偶线径直径宜为 0.2 mm。

c. 塑料管可用内径 5 cm、壁厚 5 mm，长 25 cm 的硬质聚氯乙烯管。管底应密封，管内装 5 cm 高干砂；黄铜试样杯直径 3.5 cm、高 5 cm，带有杯盖。

d. 温度采集系统：土体降温过程中采用热电偶测温、智能可编程数据采集仪采集温度数据，热电偶测温精度为 0.1 ℃，分辨率 0.01 ℃。

（4）导热系数试验方法

原状土用切土器和削土刀将土样修成 φ50 mm×100 mm 的圆柱体试样，然后进行测定；冻土试样在削成后在 − 10 ℃ 环境箱下恒温 24 h 后再进行测定，同时采用余土测定含水率和密度。一般进行 4 个试件的平行试验，每次测定时不少于 4 组数据。

导热系数试验装置：试验采用斯洛伐克产 ISOMET 热特性分析仪进行测定，该仪器用于直接测量热传导物性材料,配备有各种型号的可选测量探头:针探头用于测量软性材料,表面探头用于测量硬性材料。它应用了动态的测量方法,从而降低了导热的测量时间达 10~16 min,根据材料中的温度变化,利用探头给土样加热,然后周期性地测量土样热量的变化值,计算出热传导率。导热系数与比热容参数测定仪器如图 3.18 所示。

图 3.18　导热系数与比热容参数测定仪器

(5)冻胀融沉试验方法

试验按照《土工试验方法标准》(GB/T 50123)执行。

① 冻胀率试验:轴向无约束冻胀实验,即试件在轴向可以自由膨胀。在试验过程中,按规定要求的时间测量试件的轴向位移与时间的关系,并得到试件的最大冻胀量 δ_{max},试件的最大冻胀量 δ_{max} 与试件原长的比值即为试件的冻胀率。

② 融沉试验包括两个阶段,即土样融化下沉和压缩沉降。融化下沉是在土样自重作用下发生的,而压缩沉降则与外部压力有关。本文人工冻土融沉试验是每个土样在冻胀试验后一体完成的,土样在某个负温下完全冻结后在 50 ℃ 循环热水、微小压力下测出冻土融化沉降量(该压力值为 1 kPa,这样可以减少土样与容器内壁摩擦力,施加这一小量荷载可以加快下沉速度,又不导致对融化土骨架产生过大压缩,对融沉系数值影响不大),计算冻土融沉系数。

试验操作步骤主要包括土样制备、土样恒温、土样降温与数据采集、土样融沉。

a. 土样制备。原状土样直接取出后,在调好尺寸的削土器上削制 φ80 mm×50 mm 土样。

b. 土样恒温。土样放入 1 ℃ 低温柜内,试样筒周围包裹 3 cm 厚泡沫塑料保温,将 7 个热电偶插入试样筒侧边小孔内,在土体顶面再加上一张薄型滤纸和透水石,稍稍加力以使土样上下两面与装置各部分接触紧密,然后安装加压砝码对土体加压。安装开放系统中的补水装置(封闭系统中不需该步),在试样筒顶端安装架上对称安置两只数显式位移传感器并记录初始读数,土样在 0 ℃ 环境中恒温 12 h。

c. 土样降温与数据采集。土样在低温环境下恒温 12 h,记录位移传感器开始读数,计算土样恒温过程中冻胀变形量;启动温度与位移数据采集系统,按照《土工试验方法标准》(GB/T 50123)中冻胀试验不同方法进行试验;开放系统中第一次补水选择在试验土样中初始出现冻结锋面时刻,随后保证有充分的补给水源;整个试验过程对土样不同深度处温度和冻胀量进行实时监测。

d. 土样融沉。土样在恒温水循环状态下，进行强制解冻融沉，整个过程中记录土样高度变化量。

e. 冻胀融沉试验装置。试验采用冻土实验室冻胀融沉仪进行冻胀融沉一体化实验，仪器内部结构示意图及装置如图 3.19 和图 3.20 所示。

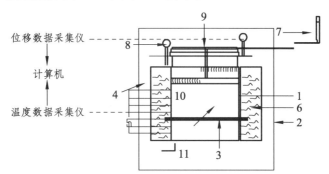

图 3.19 冻胀融沉装置示意

1—试样筒；2—恒温箱；3—制冷块；4—热电偶测温点；5—水流散热管进出口；6—保温材料；
7—供水装置；8—变形监测；9—加压装置；10—透水石；11—土样

图 3.20 冻胀融沉仪

（6）冻土抗压强度试验方法

根据试验目的，本次试验在 -5 ℃、-10 ℃、-15 ℃ 三个温度水平下进行无侧限瞬时抗压试验。试验操作严格地按照中华人民共和国煤炭部行业标准《人工冻土物理力学性能试验》（MT/T 593.4）具体规程进行。

一般进行 4 个试件的抗压试验，取其中的 3 个试件强度进行计算，若试验数据离散较大，则增加试件数并相应去除离散性较大的数据。

试验前，利用切土器和切土刀将样土修成 $\phi50$ mm×100 mm 的圆柱体试样，并将两端面修平，保证试样长度尺寸误差不超过 1 mm，直径误差不超过 1 mm，两端面平行度误差

＜0.5 mm，试件在试验规划的负温条件下，恒温养护 24 h 以上，以确保试样内温度一致。

试验时为了克服加载时间对试验结果的影响，可采用恒应变增量加载方式进行加载，加载应变速率为 1 %/min。试验时在试件的竖向两侧对称布置 2 只位移传感器，量测试样的轴向变形，取其平均值计算试件的轴向变形；在试件的径向两侧对称布置 4 只位移传感器，量测试样的径向变形，取其平方值计算试件的径向变形，以获得应力-应变（σ-ε）曲线，并可由应力-应变关系求出弹性模量。

当荷载达到峰值或稳定时再继续增加 3% ~ 6% 的应变值，即可停止试验；如荷载一直增加，则试验进行到轴向应变为 20% 时停止。

停机卸载后取下试样，描述试样破坏后的情况，并用破坏后试件采用烘干法测定试件的含水率。

人工冻土无侧限瞬时抗压强度试验可使用微机控制多功能冻土压力试验机（WDT-100B）（见图 3.21），该仪器加载和控温精度更高、范围更广。最大试验荷载为 100 kN，荷载精度为 0.05 kN，温度控制范围为 0 ~ – 50 ℃，温度波动度 ＜ ± 0.5 ℃，温度均匀度；≤1 ℃。加载方式多样化，可实现恒试验力、恒位移、恒应变三种加载方式。人工冻土单轴抗压强度试验时，采用加载速率控制方式具备无极调速且能在其中任一加载速率值上恒定。试验过程全部由计算机自动控制以及自动进行数据采集。

图 3.21　单轴抗压强度试验装置及夹具

（7）冻土抗折强度试验方法

试验采用冻结重塑土试样，其制备方法按 MT/T 593.1 的规定进行。试样规格为 200 mm × 50 mm × 50 mm。抗折强度试验在 – 10 ℃ 温度下进行，每层土制备 4 个试样，含水率和密度与同标段同土层原状土的含水率和密度相同，取其中 3 个强度较接近的试样数据进行结果处理。

首先制备试样，并且在 – 10 ℃ 低温环境下恒温 24 h，试验前检查试样外观，测量试样断面尺寸。试样不得有明显缺陷。在试样侧面标出加载点位置。

试验时，将试样在试验机的支座上放稳对中，承压面应选择试样成型时的侧面。按图 3.23 要求，调整支座和加压头位置，其间距的尺寸偏差应不大于 ± 1 mm。

开动试验机，当加载压头与试样快接近时，调整加压头及支座，使接触均衡。对试样进行两次预弯，预弯荷载均相当于破坏荷载的 5% ~ 10%。以 60 N/s 的速度连续而均匀地加载（不得冲击），加载过程中自动记录荷载与跨中挠度值。

根据采集数据自动计算破坏荷载及跨中相对挠度。

人工冻土抗折强度试验可使用微机控制多功能冻土试验机（WDT-100B）。其中加载夹具采用双点加载的钢制加压头，使两个相等的荷载同时作用在小梁的两个三分点处；与试样接触的两个支座头和两个加压头应具有直径约 15 mm 的弧形端面(为防止接触面出现压融，弧形端面宜采用非金属材料制作)，其中的一个支座头及两个加压头宜做成既能滚动又能前后倾斜的构件。试样受力情况、仪器及加载夹具如图 3.22、图 3.23 所示。

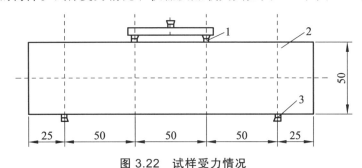

图 3.22　试样受力情况

1—加压头；2—试样；3—支座头

图 3.23　人工冻土抗折强度试验装置及加载夹具

（8）冻土抗剪强度试验方法

本试验采用冻结原状土试样进行试验，采用多试样加载方式进行试验，其制备方法按 MT/T 593.1 的规定进行。试样尺寸为 $\phi 50$ mm×100 mm。每个土层取 4 个试样进行试验。

① 试验之前首先根据要求削样，并且在 – 10 ℃ 低温条件下恒温 24 h 以上。

② 根据试样所处层位的静水压力 0.013H，其中 H 为试验土层深度（单位：m），确定出三级围压值：（0.013H – 1）MPa、（0.013H）MPa 和（0.013H + 1）MPa，或（0.013H）MPa、（0.013H + 1）MPa 和（0.013H + 2）MPa（当深度小于 120 m 时）。考虑到地铁工程中土层

埋深相对较小，本试验中采用 200 kPa、400 kPa、600 kPa、1 000 kPa 四级围压状态进行试验。

③ 试验时首先使试样进行固结，启动三轴试验仪进行剪切，轴向应变速率取 1 %/min，测读体变测量仪的数值，试验过程中围压波动度不大于±10kPa。试验过程中自动采集轴向荷载及变形以及试样体积变化。

④ 当轴向应力不再增加时，继续加载到轴向应变增加 3% ~ 5%，若压力传感器读数无明显变化，试验应继续加载直至轴向应变达到 20% 为止，记录荷载及变形终值。

⑤ 试验结束后卸去轴向荷载和围压，描述试样破坏后形状，测定试验后试样的含水率和密度。

⑥ 画出各土层莫尔应力圆，计算内摩擦角和黏聚力。

⑦ 试验采用人工冻土三轴压缩试验系统进行试验，具体的仪器构造如图 3.24 所示。

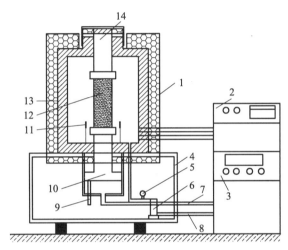

图 3.24　低温三轴压缩试验仪

1—油缸；2—制冷系统；3—液压系统；4—支座；5—围压量测装置；6—体变量测装置；
7—轴压加载油路；8—围压加载油路；9—轴向位移传感器；10—轴向加载活塞；
11—温度传感器；12—试样；13—保温层；14—轴向压力传感器

（9）冻土蠕变试验

① 蠕变试验方法。

试验过程包括试样准备、加载、数据采集与成果分析等 3 个主要过程。

a. 试样准备。

采用冻结原状土试样进行试验，每土层 5 个试样（多试样单轴蠕变试验），其中一个试样用于进行瞬时单轴抗压强度试验。

b. 加载。

试验取单轴极限抗压强度的 0.3、0.4、0.5、0.6 倍进行蠕变试验。

按照确定合适的蠕变加载系数并根据瞬时单轴抗压强度计算出逐级加载所需荷载大小，在试样外套一层塑料膜，以防含水率变化，将试样装在单轴蠕变试验仪的上、下加压头之间，安装并连接好压力量测系统、位移量测系统。

启动加载系统，给试样迅速加载至所需荷载或应力值，将此刻的变形值（弹性变形）进行记录，并随时记录时间、变形值。试验过程中试样所受应力宜保持恒定（其波动度不超过 ±10 kPa）。

当试样变形已达稳定（$d\varepsilon / dt \leqslant 0.0\,005h^{-1}$，Ⅰ类蠕变）24 h 以上或趋于破坏（Ⅱ类蠕变）时，测试结束。卸去荷载，取出试样，描述其破坏情况。

画出各土层蠕变试验曲线，回归各土层蠕变参数。

② 蠕变试验装置。

人工冻土单轴蠕变强度试验可使用微机控制多功能冻土试验机（型号：WDT-100B），冻土单轴压缩蠕变试验时，施加在试件上的恒应力波动度不超过 0.5%。试验过程全部由计算机自动控制以及自动进行数据采集。

蠕变试验强度试验装置如图 3.25 所示。

图 3.25　单轴蠕变强度试验装置

③ 蠕变试验结果。

根据各级荷载状态下土样应变随时间变化曲线，建立相应的蠕变数学模型：

$$\varepsilon_c = f(T, \sigma_i, t) \tag{3.6}$$

可采用下列函数描述蠕变数学模型：

$$\varepsilon_c = \varepsilon_0 + A \cdot \sigma^B \cdot t^C \tag{3.7}$$

式中　T ——试验温度，℃；

　　　σ ——轴向恒应力，MPa；

　　　t ——蠕变时间，h；

　　　A, B, C ——与试验温度、轴向恒应力、蠕变时间相关的参数。

从试验结果分析得出了各土层冻土在 −10 ℃ 下的模型参数。

第4章　勘察方法和手段

城市轨道交通工程为复杂的系统工程，同时具有线路工程、建筑工程、地下工程、环境工程的特点。根据其形式及功用的不同，可分为车站工程、区间工程、车辆基地及附属工程。其结构类型多，施工方法复杂，因此对岩土工程勘察要求高。勘察应采用综合勘察方法，主要包括工程地质调查和测绘、工程地质钻探与取样、原位测试、地球物理勘探、岩土试验等。

4.1　工程地质调查和测绘

1．概　述

工程地质调查和测绘就是采用搜集资料、调查访问、地质测量、遥感解译等方法，查明场地的工程地质要素，并绘制相应的工程地质图件、编制相关说明的工作。

工程地质调查和测绘目的是研究拟建线路的地层、构造、地貌、水文地质条件和不良地质作用，为线路的选址和勘察方案的布置提供依据。一般宜在可行性研究勘察或初步勘察阶段进行，在详细勘察阶段可对某些专门地质问题作补充调查。对工程有重大影响的地质问题，如活动性断裂、滑坡和采空区等，应进行专项工程地质调查与测绘工作。同时由于轨道交通工程的特殊性，勘察设计的各个阶段线、站位置会有调整或变化，因此，工程地质调查与测绘工作应贯穿勘察各阶段的始终。

2．方　法

工程地质调查和测绘应在充分搜集资料的基础上，以现场工程地质调查为主，必要时可进行适量的勘探、物探和测试工作。

①搜集资料。工程地质调查和测绘应充分搜集资料，应收集线路以及车站附近的各种已有资料，包括城建、矿产、市政、水文等工程资料，并进行综合分析。

②实地踏勘。工程地质调查与测绘应尽可能选择在线路范围及其影响范围有关地段，进行实地踏勘，了解工作区内的工程地质条件、交通、经济等，为合理布设调查工作提供依据。

③ 以现场工程地质调查为主，必要时可进行适量的勘探、物探和测试工作。现场工程地质调查宜采用路线地质追索法与横穿法相结合进行调查与测绘；在采用遥感技术的地段，应对室内解译结果进行现场核实。

④ 编图与填图。地质条件简单或搜集资料较充分时，可采用编图方法进行，但编图地段应有剖面总数 1/3 的现场实测地质剖面或经现场实地验证的剖面，且尽可能分布均匀。当地质条件复杂时，宜采用填图方法进行。

3. 范　围

在工程地质调查和测绘前，应搜集勘察范围及附近的水文、气象、区域地质、地震、地质灾害和其他相关资料，并研究其可利用程度。其范围应满足线路方案比选和构（建）筑物选址、地质条件评价的需要，应包括工程建设场地及邻近的一定区域，并符合下列要求：

① 区间直线段为沿轴线及向两侧不少于 100 m。

② 车站和弯道段为沿轴线及向两侧不少于 200 m。

③ 当需追溯地质构造、地质界线时，以及遇工程建设有影响的不良地质、特殊岩土和既有建筑工程等地段时，应扩大范围。

4. 内　容

工程地质调查和测绘应包括下列内容：

① 地形地貌特征，划分地貌单元。

② 地层层序、岩性成因、时代、厚度及风化特征。

③ 区域构造、褶皱、断裂和裂隙发育特征。

④ 地下水的类型及补给、径流、排泄条件，含水层的岩性特征、埋藏深度、水位变化、污染情况及其与地表水体的关系。

⑤ 不良地质作用的形成、规模、分布、发展趋势及对工程的影响范围和影响程度。

⑥ 特殊岩土的类型、分布和性质。

⑦ 被穿越河流河床演变史、最高洪水位、流量和淹没范围等。

⑧ 人类工程活动及其对工程的影响。

5. 工程地质调查和测绘的精度和地质观测点的布置

（1）精度要求

① 工程地质调查与测绘的精度应根据勘察阶段和场地工程地质条件进行选择。可行性研究平面比例尺可选用 1∶2 000～1∶5 000；初步勘察可选用 1∶1 000～1∶2 000；详细勘察选用 1∶500～1∶1 000；当地质条件复杂时，比例尺可适当放大。

② 地质单元体在图上宽度大于或等于 2 mm 时，均应在图上表示。对工程评价有重要意义的地质单元，在图上的宽度不足 2 mm 时，应采用扩大比例尺的方法标示，并加以注明。

（2）地质观测点布置要求

① 应布置在地质构造线、地层接触线、岩性分界线、不同地貌单元及微地貌单元的界线、地下水出露点、特殊岩土及不良地质体的界线等。

② 调查点应充分利用天然露头，当露头少时，可根据需要布置一定量的槽探和坑探。

③ 观测点的间距应保证地质界线在图上的精度，可根据地质条件复杂程度采用相应比例尺图上的 2～5 cm。

同时地质观测点的定位应根据精度选用适当方法；地质构造线、地层接触线、岩性分界线、软弱夹层、地下水露头和不良地质作用等特殊地质观测点，宜采用仪器定位；地质边界线和地质观测点的测绘精度，在图上不应低于 3 mm。

6. 工程地质调查和测绘成果要求

工程地质调查和测绘的成果资料包括实际材料图、综合工程地质图、专门工程地质图、综合地层柱状图、工程地质剖面图以及各种素描图、照片和文字说明等。

对地质条件简单地段，工程地质调查与测绘的成果可纳入相应阶段的岩土工程勘察报告；对地质条件复杂地段，应编制工程地质调查与测绘报告。报告内容包括文字报告、地质柱状图、工程地质图、纵横地质剖面图、遥感地质解译资料、素描图和照片等。

4.2　勘探和取样

4.2.1　勘　探

岩土工程勘探是在工程地质测绘的基础上，利用各种设备工具直接深入地下岩土层，查明地下岩土性质、结构构造、空间分布、地下水条件等内容的勘察工作。

勘探作业应考虑对工程及环境的影响，防止对地下管线、地下构筑物和环境的破坏；并采取有效措施，确保勘探施工安全。应根据地层、勘探深度、取样、原位测试及场地现状，分别采用钻探、井探、槽探等勘探方法。除钻探取样外，对软土厚度较大或夹有粉质土、砂土时，宜采用静力触探试验。饱和流塑黏性土应采用十字板剪切试验。

1. 勘探点测设

① 所有勘探点应采用测量仪器按坐标放样，施工完毕后实测孔口高程。

② 陆域初勘阶段孔位平面位置允许偏差 ±0.5 m，高程允许偏差 ±0.10 m；详勘阶段平面位置允许偏差 ±0.25 m，高程允许偏差 ±0.05 m。

③ 水域初勘阶段孔位平面允许偏差 ±2.0 m，高程允许偏差 ±0.20 m；详勘阶段平面位置允许偏差 ±1.0 m，高程允许偏差 ±0.10 m。

④ 当受障碍物影响需移动孔位时，应经项目负责人或委托方同意，初勘阶段移动距离不宜大于 10 m，详勘阶段不宜大于 5 m；勘探完毕后，实测各勘探点的坐标和高程。

⑤ 勘探点测设与高程测量中应列表标明各勘探点点号、方位坐标、孔口高程、依据点及所设临时水准点、方位点的记号、坐标系统和高程系统。

2. 钻 探

（1）目的

工程钻探是目前最可靠的一种勘察手段，也是应用最广泛的一种勘察技术手段，可通过现场钻探取芯描述，鉴别岩性、划分地层，探测和验证地下管线分布，查明岩土层的性质和分布；也可用于水文地质试验（如观测地下水静止水位、进行抽水试验等），采取岩土试样与水样，或直接在孔内进行各种原位测试，以全面地获取岩土体的分布特征。

（2）陆地钻探方法

钻探方法须根据岩土类别、水样采取、土样采取、原位测试、地下水观测等要求进行选择，软土城市轨道交通一般要求采用回转岩芯钻探，浅部可采用小口径螺纹钻；钻探口径和钻具规格应满足成孔口径、取样、测试和钻进工艺的要求。钻孔口径第四系中可选用 108～146 mm，水文地质试验孔尚需满足管径和填砾等试验要求。针对在不同岩土层中钻探要求与效果，在不同土层采用不同的勘探工具钻进，以便连续采集土样进行描述鉴别。钻探设备通常以 XY-1 型钻机为主、GY2 型钻机为辅以及 WFA5059DZJ 型地质工程钻机车（见图 4.1～图 4.3），钻进采用液压回转钻进，泥浆护壁，对钻孔取芯进行描述。

软土城市轨道交通工程勘察钻探总体应符合以下技术要求：

① 当采用空心螺纹提土器进行回转钻进时，提土器上端应有排水孔，下端应用排水活门，以免提钻时造成真空缩孔；钻进深度、岩土分层深度允许误差为 ±0.05 m，地下水位量测允许误差为 ±0.02 m；对鉴别地层天然湿度的钻孔，在地下水位以上应进行干钻。

② 钻进过程中，宜连续施工，有利于防止缩孔或坍孔。

图 4.1 XY-1 型钻机

图 4.2 GY2 型钻机

图 4.3　WFA5059DZJ 型地质工程钻机车

③ 当成孔困难或需间歇施工时，应采取护壁措施，如套管护壁、清水护壁、泥浆护壁等。

④ 钻进时必须准确测量尺寸，软土回次进尺不宜大于 2 m，粉性土回次进尺 1.5 m，或按地区经验确定，但必须保证分层清楚。对需要具体查明的部位（滑动带、软弱夹层、破碎带等）应采用双层岩芯管连续取芯。岩芯采取率应符合表 4.1 要求，当夹有大量粉质土或砂土，不能满足提土率要求时，应辅以标准贯入器采取土样作土层鉴别。

表 4.1　钻探岩芯采取率

岩土层	岩芯采取率/%
黏性土层	≥90
粉土、砂土层	≥70
碎石土层	≥50
破碎岩层	≥65
滑动面及重要结构面上下 5 m 范围内	≥70
完整岩层	≥80

注：a. 岩芯采取率：圆柱状、圆片状及合成柱状岩芯长度与破散岩芯装入同径岩芯管中高度之总和与该回次进尺的百分比；

　　b. 滑动面及重要结构面在第四系土中时，应符合相同土类岩土层取岩芯率的规定。

⑤ 钻孔终孔后，应校正孔深，孔深偏差不应大于 2‰。

⑥ 钻进过程遇到缩孔、坍孔、断杆、气体溢出等异常情况时，应注明钻孔位置、钻进深度、严重程度及断杆处理情况。

⑦ 钻孔完工后应做好场地清理，并及时进行回填，回填材料可采用黏土球、水泥浆或水泥与膨润土等，回填材料及方法可按表 4.2 的要求选择。

⑧ 钻探记录应由专业技术人员或经培训上岗人员承担，记录应及时、真实；钻探描述按钻进回次逐段描述，不得将若干回次合并记录和事后追记；岩芯应拍照留存，必要时，装箱保存并移交委托方。

⑨ 钻探中应避让高架线路，防止对地下管线和地下设施的破坏，严禁整体移机，确保安全生产。在有地下管线地段施工时，应先搜集已有管线图，勘探布点及现场测设应避开各种地下管线，同时采用物探手段进行地下管线探查、验证，并在现场核对勘探点与管线图纸和现场标志，并经管线权属部门现场确认；最后在钻孔过程中应先采用人工开挖至原状土层且开挖深度不少于 2 m，然后采用浅探手段探至 3 ~ 5 m；浅部 5 ~ 10 m 采用压入法缓慢钻进，遇异常应停钻处理。

⑩ 野外钻探施工场地应进行围挡，并设置警示牌和交通引导牌等。

表 4.2　回填材料及方法

回填材料	回填方法
直径 20 mm 左右黏土球	均匀回填，每 0.5 ~ 1.0 m 分层捣实；有套管护壁的钻孔应边拔套管边回填
水泥浆、水泥与膨润土或粉煤灰浆液	泥浆泵送入孔底，逐步向上灌注

⑪ 在山岭隧道等地段，可根据实际地质条件采用钻探、井探、槽探等勘探手段。

钻进方法应符合下列要求：

① 对要求鉴别地层和取样的钻孔，均应采用回转方式钻进，取得岩土样品，遇到卵石、碎石、漂石、块石等地层不适用于回转钻进时，可改用振动回转方式钻进。

② 地下水位以上的地层应进行干钻，不得使用冲洗液，不得向孔内注水，但可以采用能隔离冲洗液的两重管或三重管钻进。

③ 岩石层宜采用金刚石钻进，对软质岩石或风化破碎岩石应采用双层岩芯管钻头钻进，需要测定岩石质量指标 RQD 时，应采用外径 75 mm 的双层岩芯管钻头。

护壁应符合下列要求：

① 对可能坍塌的地层应采用钻孔护壁措施，在浅部填土或其他松散土层中可采用套管护壁，在地下水以下的饱和软黏土层、粉土层、砂土层中宜采用泥浆护壁，在碎石土层中，可视需要采用优质泥浆、水泥浆或化学泥浆护壁，冲洗液漏失严重时，应采取填充、封闭等堵漏措施。

② 钻进中应保持孔内水头压力等于或稍大于孔周围地下水压，提钻时应通过钻头向孔底通气通水，防止孔底土层由于负压、管涌而受到扰动破坏。

采取鉴别土样及岩芯应符合下列要求：

① 在土层中采用螺旋钻头钻进时，应分回次提取扰动土样，回次进尺不宜超过 1.0 m，在主要持力层或重点研究部位，回次进尺不宜超过 0.5 m。

② 在水下粉土、粉砂层中钻进，当土样不易带上地面时，可用对分式取土器或标准贯入器取样，其间距不得大于 1.0 m，取样段之间则用无岩芯钻进方式通过，也可采用无泵反循环方式用单层岩芯管回转钻进并连续取芯。

③ 在岩石层中钻进时，回次进尺不得超过岩芯管长度，在软质岩石层中不得超过 2.0 m，完整岩石层中岩芯采取率不宜小于 80%，破碎岩石层中岩芯采取率不宜小于 65%。

孔内水位观测应符合下列要求：

① 钻进过程中遇到地下水，应停钻量测地下水初见水位。为测得单个含水层的静止水位，对砂类停钻时间不得少于 30 min，对粉土停钻时间不得少于 1 h，对黏土停钻时间不得少于 24 h，并在全部钻孔结束后，同一天量测各孔的静止水位。

② 钻孔深度范围内有两个以上的含水层，且钻探任务书要求分层测量水位时，在钻穿第一含水层并进行静止水位观测之后，应采用套管隔水，抽干孔内存水，变径钻进，再对下一含水层进行水位观测。

（3）水上钻探方法

① 概述。

轨道交通工程穿越地形复杂多样，往往要穿越河流，而水上钻探是一项比较困难复杂的工作，若水流速度较快，过往船只较多，船只不易稳定，套管往往被潮水冲歪。同时潮起潮落也给施工带来较大的难度。

② 施工船舶的选择。

水上钻探施工钻场可按表 4.3 选择。

表 4.3 水上各类钻场选择参考表

水上钻场类型		适用水域及钻探期间水文情况				载重安全系数及吃水线	
		适用水域	最小水深 /m	流速 /(m/s)	浪高 /m	载重安全系数	全载时吃水线距平台工作面积距离/m
漂浮外场	铁质钻探船	江、河、湖、海	1.5	< 4	< 0.4	> 3	> 0.5
	木质钻探船	江、河、湖、海		< 3	< 0.2		
	油桶筏钻场	河、湖	0.5	< 1	< 0.1		不限
	竹、木筏钻场	河、湖					
架空钻场	钢索桥钻场	狭窄急流河谷	不限	< 5	不限	8～10	钻场与水面相距 > 3
	桁架式钻场	间歇性河、湖	< 0.5			> 3	钻探与水面相距 > 0.5
水陆两用工程作业车		适用沿海潮间带滩涂及湖泊沼泽地带					

轨道交通工程勘察时应结合当地水况条件、海事部门的意见及自身的施工经验，选择勘探平台，并专门配有抛锚、交通船只，能够做到经济实用，在保证施工质量的同时可以为业主方节约大量成本。

③ 抛锚定位。

船泊定位时下"八"字锚，前后各二门，锚绳一般长100 m，对航道影响不大。

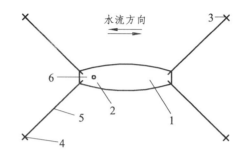

图 4.4　钻探平台锚泊示意图

1—钻探船；2—平台；3—侧锚；4—侧锚；5—锚绳；6—孔位

钻孔定位：采用全站仪进行实地测量定位，在施工过程中不间断量测水深，校调钻孔深度。

④ 安全防护措施。

a. 实施性措施：

● 所使用的船只必须是经船舶检验部门检验合格且航行证件齐全，船员均具备船员资质且体质适宜。

● 与当地海事部门联系共同研究制定水上钻探护航安全措施及应急预案。

● 向海事部门申请，提前发布航运通告，施工期间服从海事部门现场监督管理。

● 按海事部门的具体要求，在钻探船只上设置醒目的工作信号。白天用信号旗，晚上用信号灯示意。

● 钻探船上设置专人值班，加强对来往船只瞭望，做好安全保卫工作。

● 作业前对钻探工人进行水上施工基本安全知识及安全规章制度教育，船上所有人员必须配备好救生衣，穿好救生衣工作，船边作业有护栏。有专人负责听天气预报。

b. 防护性措施：

● 钻探船四周设置防护栏，栏杆高度为1.1~1.2 m，施工平台铺垫木质地板，要求铺垫平整，保持平台清洁。

● 机械传动装置必须带防护罩。

● 存放燃料和其他易燃品区域严禁烟火。

c. 规定性措施：

● 水域施工点，采用钻探船进行施工，抛八字锚，锚绳方向尽可能与岸线平行，锚绳100 m，而且不影响过往船只。

● 船上作业有船长指挥，水上安全服从船长统一指挥。钻探作业必须按照安全措施执行，违者一律严肃处理。

● 加强来往船只瞭望，做好安全保卫工作。

● 做好避雷工作，船上作业严禁喝酒，施工严禁动火，以防事故发生。

在遇到危急时先保护人、船安全，宁可丢弃钻机，抛锚船在施工船外侧泊锚护航。

⑤ 应急预案。

a. 走锚应急预案：

● 配备应急定位锚及绳两套，置于船前、后位置，当出现哪个方向走锚时，及时抛送备用锚，增加走锚方向拉力。

● 开车轻顶，等待急流时段过去，同时由专人观察套管的垂直度。

b. 搁浅应急预案：

● 若遇船只搁浅，现场暂停生产，提出钻具，保护套管。必要时拔出套管，人员撤离。

● 交通船只立即到达钻探船旁。

c. 人员落水应急预案：

● 钻探船只四周放置随手可得的救生圈。

● 发现人员落水，立即抛出救生圈，通知交通船只求援。

3. 井探、槽探

开挖勘探是指将局部地质条件直接开挖，进行详细观察和描述的勘探方法。根据开挖体空间形状的不同开挖勘探可分为槽探、坑探、井探等几种类型。

在建筑物密集、地下管线复杂等工程周边环境条件下，可采用开挖勘探的方法查明地下情况，一般宜在地上水位以上进行。井探、槽探一般宜满足以下要求：

① 井探断面可选用圆形或方形。

② 探井、探槽的深度不宜超过 10 m，必要时向井、槽底部通风。

③ 土层坍塌，有不允许放坡开挖或分级开挖时，对井、槽壁应设支撑保护。

④ 探井、探槽开挖过程中的土石方必须堆放在距离槽口边缘至少 1.0 m 以外的地方，雨季施工，应在井、槽口设立防雨棚、排水沟。

⑤ 对井探、槽探除文字描述记录外，尚应以剖面图、展示图等反映井、槽壁和底部的岩性、地层分界、构造特征等，并辅以代表性部分的彩色照片。

4. 地球物理勘探

地球物理勘探是以地下岩土层（或地质体）的物性差异为基础，通过仪器观测自然或人工物理场的变化，确定地下地质体的空间展布范围（大小、形状、埋深等）并可测定岩土体的物性参数，达到解决地质问题的一种物理勘探方法，简称为物探。物探是根据物理现象对地质体或地质构造做出解释推断的结果，因此，它是一种间接的勘探方法。常见的地球物理勘探方法见表 4.4。

由于物探方法是以地下岩土层（地质体）的物性差异为基础，因此，采用地球物理勘探方法时，应具备一定的条件：

表 4.4　常见地球物理勘探方法应用范围及适用条件表

方法名称			应用范围	适用条件
电法勘探	电阻率法	电阻率剖面法	探测地层岩性在水平方向的电性变化，解决与平面位置有关的问题	被测地质体有一定的宽度和长度，电性差异显著，电性界面倾角大于30°；覆盖层薄，地形平缓
		电阻率测深法	探测地层岩性在垂直方向的电性变化，解决与深度有关的地质问题	被测岩层有足够的厚度，岩层倾角小于20°；相邻层电性差异显著，水平方向电性稳定；地形平缓
		高密度电阻率法	探测浅部不均匀地质体的空间分布	被测地质体与围岩的电性差异显著，其上方没有极高阻或极低阻的屏蔽层；地形平缓，覆盖层薄
	充电法		用于钻孔或水井中测定地下水流向流速；测定滑坡体的滑动方向和速度	含水层埋深小于50 m，地下水流速大于1 m/d；地下水矿化度微弱；覆盖层的电阻率均匀
	自然电场法		判定在熔岩、滑坡及断裂带中地下水的活动情况	地下水埋藏较浅，流速足够大，并有一定的矿化度
	激发极化法		寻找地下水，测定含水层埋深和分布范围，评价含水层的富水程度	在测区内没有游散电流的干扰，存在激电效应差异
电磁法勘探	频率测深法		探测断层、裂隙、地下洞穴及不同岩层界面	被测地质体与围岩电性差异显著；覆盖层的电阻率不能太低
	瞬变电磁法		可在基岩裸露、沙漠、冻土及水面上探测断层、破碎带、地下洞穴及水下第四系厚度等	被测地质体相对规模较大，并相对围岩呈低阻；其上方没有极低阻屏蔽层；没有外来电磁干扰
	可控源音频大地电磁测探法		探测中、浅部地质构造	被测地质体上方没有极低阻的屏蔽层和地下水的干扰；没有较强的电磁场源干扰
	探地雷达		探测地下洞穴、构造破碎带、滑坡体；划分地层结构	被测地质体上方没有极低阻的屏蔽层和地下水的干扰；没有较强的电磁场源干扰
地震勘探	直达波法		测定波速，计算岩土层的动弹性参数	
	反射波法		探测不同深度的底层界面	被探测地层与相邻底层有一定的波阻抗差异
	折射波法		探测覆盖层厚度及基岩埋深	被测地层大地波速应大于上覆地层波速
	瑞雷波法		探测覆盖层厚度和分层；探测不良地质体	被测地层与相邻地层之间、不良地质体与围岩之间，存在明显的波速和波阻抗差异
声波探测			测定岩体的动弹性参数；评价岩体的完整性和强度；测定洞室围岩松动圈和应力集中区的范围	
层析成像			评价岩体质量；划分岩体风化程度、圈定地质异常体、对工程岩体进行稳定性分类；探测溶洞、地下暗河、断裂破碎带等	被探测体与围岩有明显的物性差异；电磁波CT要求外界电磁波噪声干扰小

方法名称		应用范围	适用条件
综合测井	电测井	划分底层，区分岩性，确定软弱夹层、裂隙破碎带的位置和厚度；确定含水层的位置、厚度；划分成、淡水分界面；测定地层电阻率	无管套、有井液的孔段进行
	声波测井	区分岩性，确定裂隙破碎带的位置和厚度；测定地层的孔隙度；研究岩土体的力学性质	无管套、有井液的孔段进行
	放射性测井	划分地层；区分岩性，鉴别软弱夹层、裂隙破碎带；确定岩层密度、孔隙度	无论钻孔有无管套及井液均可进行
	电视测井	确定钻孔中岩层节理、裂隙、断层、破碎带和软弱夹层的位置及结构面的产状；了解岩溶洞穴的情况；检查灌浆质量和混凝土浇注质量	无管套和清水钻孔中进行
	井径测量	划分地层；计算固井时所需的水泥量；判断套管井的套管接箍位置及套管损坏程度	有无套管及井液均可进行
	井斜测井	测量钻孔的倾角和方位角	有无铁套管的井段进行

① 物性差异：被探测对象与其周围介质间存在一定的物性（电性、弹性、磁性、密度、温度、放射性等）差异。

② 一定的规模及埋深：被探测对象的几何尺寸与其埋藏深度或探测距离之比不应小于 1/10。

③ 能区分异常，能抑制各种干扰，区分有用信号和干扰信号。

由于轨道交通工程的路线长、多经建筑物密集地带、管线众多等特性，因此地球物理勘探方法主要可用于管线分布探测、地下障碍物探测、地层界线、场地土类型及类别的划分、地质构造划分等方面，以查明地下障碍物、地层分布概况、含水层情况以及地下水流速流向等特性。因此轨道交通岩土工程勘察中可在下列方面采用地球物理勘探：

① 探测隐伏地质界线、界面、不良地质体、地下管线、含水层等。

② 探测钻孔间及外延段地质情况，为钻探成果的内插、外推提供依据。

③ 作为原位测试手段，测定岩土体的波速、动弹性模量、动剪切模量、卓越周期、电阻率、放射性辐射，计算动弹性模量、动剪切模量、卓越周期、土对金属的腐蚀性等参数。

采用地球物理勘探方法进行勘察时，其工作量布置宜按以下要求：根据探测体的位置、走向及规模等布置勘探线，每个探测体应有 3 条勘探线；勘探线的布置应尽量垂直探测体的走向，当地形坡度大于 15° 应进行地形改正；测线间距应根据探测目的、探测体的规模及空间位置等因素确定；当遇异常未追索完毕时应延长测线长度或需进一步了解异常特征时应加密测点间距。

对地球物理勘探方法的选择应根据设备性能、物性参数、使用条件、场地条件及工程要求综合考虑。同时在应用地球物理勘探方法时,应选择有代表性地段进行方法的有效性试验。由于地球物理勘探方法是一种间接勘探方法,因此在地质条件复杂地段应采用两种以上的综合地球物理勘探方法。地球物理勘探的成果,要根据任务的性质和要求,进行对比验证。

4.2.2 取　样

1. 取　样

（1）目　的

取样是指通过采取土样,进行土类鉴别,测定岩土的物理力学性质指标,为定量评价岩土工程问题提供技术指标。岩土试样的采取方法应结合地层条件、岩土试验技术要求确定。

（2）取样方法

岩土试样分为扰动土样与不扰动土样两类。土试样质量应根据工程要求而定,可按试验目的按表4.5分为四个质量等级。

表 4.5　土试样质量等级

级　别	扰动程度	试验内容
I	不扰动	土类定名、含水率、密度、物理性试验、强度试验、固结试验
II	轻微扰动	土类定名、含水率、密度
III	显著扰动	土类定名、含水率
IV	完全扰动	土类定名

注：a. 不扰动是指原位应力状态虽已改变,但土的结构、含水率、密度变化很小,能满足室内试验各项要求;

  b. 对于可塑、硬塑状的黏性土及非饱和的中密、密实状粉土,在工程技术要求允许的情况下可用II级土试样进行强度和固结试验,但宜先对土试样受扰动程度作抽样鉴定,判定用于试验的适宜性,并结合地区经验使用试验效果。

土样的采取应根据取样要求和地层特点,选用合适取土器。软土取样按规范要求应达到I、II级,对于I级土试样,软黏土宜选用薄壁取样器,硬黏土可选用单动或双动三重管取样器,粉（砂）土可选用内置环刀的取砂器,用于黏粒含量分析的扰动样从标贯器或钻具中获取,用于颗粒分析试验的扰动样直接从钻具中获取;水样用取水器取。

（3）取样要求

取样基本要求如下:

① 采用固定活塞取土器,重锤少击法取样;软土采用薄壁取土器,静压法取样。

② 到达预计取样位置后,要采取清孔措施,仔细清除浮土。浮土厚度≤5 cm,且不大于取土器废土段长度。

③ 下放取土器必须平稳,避免戳坏孔壁和冲击孔底。

④ 提升取土器前可将取土器回转二至三圈，使土样和周围土体脱离，以减少逃土的可能性。

⑤ 所取原状土样应达到Ⅰ、Ⅱ级土样标准，否则重新取土样，Ⅰ级原状样要保证在95% 以上。

⑥ 遇粉土、粉砂时，应采用取砂器，以获取较为完整的原状样。

⑦ 取土间距：按勘察技术要求进行，遇有土层变化，应立即取样；当单层厚度较薄时，取样间距适当缩小，以确保取到原状土样。

⑧ 试样的体积、重量要满足试验的要求，当土层过薄无法满足时，适当减小取样间距或连取，每一主要土层取土的数量应大于 6 件。

在钻孔中采取Ⅰ～Ⅱ级软土土样时，应满足下列技术要求：

① 在软土中宜采用泥浆护壁，且应保持孔内泥浆液面等于或稍高于地下水位；如使用套管，应保持管内水位等于或稍高于地下水位，取样位置应低于套管底 3d（d 为套管直径）孔径的距离。

② 下放取土器前应仔细清孔，清除扰动土，孔底残留土厚度不应大于取土器废土筒段长度（活塞取土器除外）。

③ 薄壁取土器采取土试样时宜用快速静力连续压入法，当遇到硬土夹层且人工压入困难时，可采用重锤少击法。

④ 在探井、探槽中取样时，应与开挖掘进同步进行，且样品应有代表性；探井、探槽中采取的岩土试样宜用盒装。

⑤ 采取断层泥、滑动带或较薄土层的试样，可用试验环刀直接压入取样。

⑥ 采用回转方法钻进时，至取土位置前应减速钻进，且不得影响孔底土层。

（4）土样的保存

土试样应妥善密封，防止湿度变化，严防曝晒或冰冻，保存时间不宜超过 2 周。夏季高温不宜超过 1 周。在运输中应避免振动，对易于振动液化、水分离析的土试样宜在现场或就近进行试验。

（5）土样封装、运输与贮存应符合的要求

① 土样封装。

a. 土样提出地面后，应小心将土试样卸下，并应妥善密封，防止湿度变化。土样应直立安放，严禁倒放或平放，并应避免曝晒或冰冻。

b. 土样均要求及时封装和标签，注明取样地点、土样名称、孔号、取样深度、取样日期。

c. 整个容器加盖后，土样容器的所有接缝均用密封手段进行密封。

d. 为了保证密封效果，盒盖与样筒要配套。

② 土样的运输。

a. 土样运输前必须填写好送样单。

b. 运输中应装入专用土样箱避免振动，在空隙间均应填塞软质材料，以免相互挤压、撞击。

c. 土样在装卸过程中，应轻拿轻放，避免摔碰。

d. 运输土样宜采用平稳而颠簸较小的车辆。

③ 土样的贮存。

a. 贮存土样应注意环境条件和容器材质。

b. 土样应妥善密封，在贮存时，必须采取防晒、防冻、防震、防水等措施，土试样应储存在温度 10 ~ 30 ℃ 条件下，去后至试验前的储存时间不宜超过 7 d。

（6）其他

岩石试样可利用钻探岩芯截取制作或在探井、探槽、竖井和平硐中采取，采取的毛样尺寸应满足试块加工的要求；在特殊情况下，试样形状、尺寸和方向由岩体力学试验设计确定；比热容、导热系数、导温系数、基床系数、动三轴特殊试验项目的取样，应满足试验的要求。

4.3 原位测试

岩土工程勘察过程中，为了取得工程设计所需要的反映地基岩土体物理、力学、水理性质指标，以及含水层参数等定量指标，要求对上述性质进行准确的测试工作。通常主要采取原位测试和室内试验两种形式。原位测试即是在岩土层原来所处的位置，基本保持的天然结构、天然含水率以及天然应力状态下，测定岩土体在原有位置的工程力学性质指标的测试方法，主要有静力触探、标准贯入试验、圆锥动力触探试验、十字板剪切试验等。原位测试方法应根据工程要求、岩土工程性质、地区经验和测试方法的适用性等因素选用。测试方法应符合《岩土工程勘察规范》（GB 50021）的相关规定。原位测试的仪器设备应定期检验或标定，确保在有效期内方可使用。原位测试成果资料整理，应考虑仪器设备、试验条件、试验方法等对试验成果的影响，结合地质条件，剔除异常数据，并结合室内试验和本地区经验分析其可靠性。

原位测试是岩土工程勘察的重要组成部分，测试的目的在于能够获得有代表性的、能够反映土体现场条件下的土性参数，评定勘察范围内土层的工程性能，是对钻探和室内土工试验的补充。原位测试的方法和手段很多，软土地区城市轨道交通勘察常用的原位测试技术主要有静力触探、标准贯入试验、圆锥动力触探试验、十字板剪切试验、扁铲侧胀试验、旁压试验、波速试验、地温测试、载荷试验等。

4.3.1 静力触探

1. 概 述

静力触探是指利用静力以一恒定的贯入速率将圆锥探头通过一系列探杆压入土中，根据测得的探头贯入阻力大小来间接判定土的物理力学性质的原位试验，适用于软土、一般黏性土、粉土、砂土和含少量碎石的土。

根据静力触探试验的比贯入阻力与深度变化曲线可以直观地划分土层，判定土层类别，查明软硬夹层及土层在水平和垂直方向的均匀性；评价地基土的工程特性、容许承载力、压缩性质、不排水抗剪强度、水平向固结系数、饱和砂土液化度、砂土密实度等；探寻和确定桩基持力层，预估打入桩沉桩可能性和单桩承载力；检验人工填土的密实度及地基加固效果。

在软土地区城市轨道交通工程勘察中通常静力触探可根据工程需要采用双桥探头或带孔隙水压力量测的三桥探头，测定锥尖阻力（q_c）、侧壁摩阻力（f_s）及贯入时的孔隙水压力（u）。

2. 方　法

静力触探试验可采用双缸液压静力触探机（图 4.5）、静力触探车（图 4.6），探杆采用高强度静探钻杆，探头采用数字探头（图 4.7），配备双桥静探微机，现场操作和成果分析

图 4.5　WSY 型静力触探机

图 4.6　静力触探车

图 4.7　探头

严格执行《岩土工程勘察规范》（GB 50021）。双缸液压静力触探机采用地锚提供反力，静力触探车采用自重提供反力。试验方法均是将探头垂直地压入土中，每间隔 0.1 m 深度记录其锥尖阻力 q_c 和侧壁摩阻力 f_s，进而绘制锥尖阻力与深度曲线、侧壁摩阻力与深度曲线、侧壁摩阻力与锥尖阻力之比与深度曲线。根据贯入曲线的线型特征，结合相邻钻孔资料和地区经验划分土层，可计算各土层静力触探有关试验数据的平均值。

3. 测试要点

① 试验前应率定探头。

② 触探机就位后，应调平机座，并使用水平尺校准，使贯入压力保持竖直方向，并使机座与反力装置衔接、锁定。

③ 贯入速度应均匀，触探机的贯入速率应控制在 1.2 m/min；使用手摇式触探机时，手把转速应力求均匀。

④ 使用记读式仪器时，每贯入 0.1 m 或 0.2 m 时应记录一次读数；使用自动记录仪时，应随时注意桥压、走纸和画线情况，做好深度和归零检查的标注工作。

⑤ 遇下列情况时应停止贯入：

a. 触探主机负荷达到其额定荷载的 120% 时；

b. 贯入时探杆出现明显弯曲；

c. 反力装置失效；

d. 探头负荷达到额定荷载时；

e. 记录仪器显示异常。

⑥ 当贯入深度超过 30 m 或穿过厚层软土后再贯入硬土层时，宜采取措施防止孔斜或断杆，也可配置具测斜功能的探头，量测触探孔的偏斜角，校正土层界线的深度。

⑦ 水上触探应有保证孔位不致发生偏移以及在试验过程中不发生探头上下移动的稳定措施，水底以上部位应加设防止探杆挠曲的装置。

⑧ 当预定深度内进行孔压消散试验时，应测停止贯入后不同时间的孔压值，其计时间隔由密而疏合理控制。

4.3.2 标准贯入试验

1. 概　述

标准贯入试验是用质量为 63.5 kg 的重锤按照规定的落距（76 cm）自由下落，将标准规格的贯入器打入土层，根据贯入器打入 30 cm 的锤击数来判定土层的性质，适用于砂土、粉土、黏性土、残积土、全风化岩。

标准贯入试验可用于以下几个方面：采用标准贯入器采取扰动土样，确定岩土名称及粉土、砂土的黏粒含量；利用标准贯入锤击数判定砂土和粉土的密实度，估算地基土承载力和变形参数；估算砂土和粉土的内摩擦角和压缩模量；判别沉桩的可能性及单桩承载力；

判别 20 m 范围内的粉砂、粉土的地震液化的可能性，通过计算确定液化指数、液化等级。

2. 方　法

① 标准贯入试验的设备规格应符合表 4.6 所示，标准贯入试验设备见图 4.8。

表 4.6　标准贯入试验设备规格

落锤		锤的质量/kg	63.5
		落距/cm	76
贯入器	对开管	长度/mm	> 500
		外径/mm	51
		内径/mm	35
	管靴	长度/mm	50 ~ 76
		刃口角度 n / (°)	18 ~ 20
		刃口单刃厚度/mm	1.6
钻杆		直径/mm	42
		相对弯曲	< 1/1 000

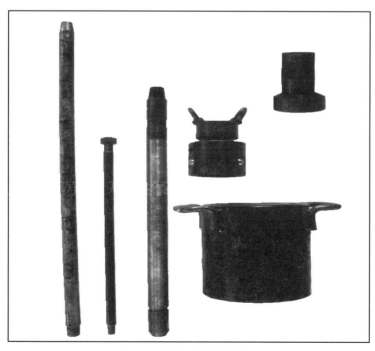

图 4.8　标准贯入试验设备

② 标准贯入试验孔应采用回转钻进，钻至试验土层标高以上 0.15 m 处，清除残土。清孔时，应避免试验土层受到扰动。当在地下水位以下的土层中进行试验时，应使孔内水位保持高于地下水位，以免出现涌砂和塌孔；必要时，应下套管或用泥浆护壁。

③ 贯入前应拧紧钻杆接头,将贯入器放入孔内,避免冲击孔底,注意保持贯入器、钻杆、导向杆连接后的垂直度。孔口宜加导向器,以保证穿心锤中心施力。贯入器放入孔内后,应测定贯入器所在深度,要求残土厚度不大于 0.1 m。

④ 应采用自动脱钩的自动落锤法进行锤击,并减小导向杆与锤间的摩阻力,避免锤击时的偏心和晃动,锤击速度应小于 30 击/min。

⑤ 贯入器至预订试验深度,先预打 15 cm 后,开始计入打入 30 cm 的锤击数为标准贯入试验锤击数 N,记录应包括预打的 15 cm 和每打入 10 cm 的锤击数。当锤击数已达 50 击,而贯入深度未达 30 cm 时,可记录 50 击的实际贯入深度,按式(4.1)换算成相当于 30 cm 的标准贯入试验锤击数 N,并终止试验。

$$N = 30 \times 50 / \Delta S \tag{4.1}$$

式中 N ——实测标准贯入锤击数;

ΔS ——50 击时的贯入度,cm。

⑥ 标准贯入试验成果 N 应直接标在工程地质剖面图上,或绘制单孔标准贯入击数 N 与深度关系曲线或直方图。

3. 测试要点

① 仔细清除孔底残土后进行试验,并防止塌孔,保证当前孔深与贯入器达到的深度一致,保持孔内水头高度,减少土的扰动、管涌和流土情况的发生。

② 使用标准自动脱钩装置自动落锤法,并保持导向杆光滑,减小与锤间阻力,钻杆相对弯曲度小于 1/1 000,避免锤击时的偏心和晃动,保持贯入器、探杆、导向杆连接后的垂直度,接头要牢固。

③ 经过修理的标准贯入试验设备,要检查锤重和落距是否符合规定要求。

④ 标准贯入器达到孔底后需用尺量准需贯入的深度,不允许用目测或用手指度量。

⑤ 标准贯入器到达孔底,预打入土中 15 cm 后,开始记录每打入 10 cm 的锤击数,直至累计 30 cm 并记锤击总数,锤击速率每 15～30 击/min,如果锤击数已达 50 击,而贯入深度未达 30 cm 时,可记录实际贯入深度并终止试验,分析实测击数高的原因,为勘察成果的可靠性提供依据。

⑥ 注意检查刃口的磨损度,对不符合要求的要及时更换。

⑦ 注意检查标贯器中土柱的岩性,并对土样进行描述。

4.3.3 圆锥动力触探试验

1. 概　述

圆锥动力触探试验是利用一定的锤击动能将一定规格的圆锥探头打入土中,然后依据贯入锤击数或动贯入阻力判别土层的变化,确定土的工程性质,对地基土做出岩土工程评价。

圆锥动力触探试验主要用于以下几个方面:利用动力触探试验的锤击数可以划分基岩

全风化和强风化带，评价风化基岩的均匀性和密实度；划分土层及评价含砾土、碎石土及砂砾石土层的均匀性和密实性；估算地基承载力和变形模量；选择桩基础持力层和估算单桩承载力，并判定沉桩的可能性。

2. 方　法

① 圆锥动力触探试验的类型可分为轻型、重型、超重型三种。其规格与适用范围应符合表 4.7 的规定，重型动力触探设备见图 4.9。

表 4.7　圆锥动力触探类型和适用范围

类　型		轻　型	重　型	超重型
落锤	锤的质量/kg	10	63.5	120
	落距/cm	50	76	100
探头	直径/mm	40	74	74
	锥角/ (°)	60	60	60
探杆直径/mm		25	42	50～60
指　标		贯入 30 cm 的击数 N_{10}	贯入 10 cm 的击数 $N_{63.5}$	贯入 10 cm 的读数 N_{120}
主要适用岩土		浅部（埋深小于 5 m）的填土、砂土、粉土、黏性土	砂土、中密以下的碎石土、极软岩	碎石土、软岩、极软岩

图 4.9　重型动力触探设备

② 应采用自动落锤装置，触探杆最大偏斜度不应超过 2%，锤击贯入应连续进行；同时防止锤击偏心、探杆倾斜和侧向晃动，保持探杆垂直度；锤击速率每分钟宜为 15～30 击/min。

③ 每贯入 1 m，宜将探杆转动一圈半；当贯入深度超过 10 m，每贯入 20 cm 宜转动探杆一次。

④ 对轻型动力触探，当 $N_{10} > 100$ 或贯入 15 cm 锤击数超过 50 时，可停止试验；对重型动力触探，当连续三次 $N_{63.5} > 50$ 时，可停止试验或改用超重型动力触探。

⑤ 计算单孔分层的贯入指标平均值时，应剔除临界深度以内的数值、超前和滞后影响范围内的异常值。

⑥ 根据各孔分层的贯入指标平均值，用厚度加权平均法计算场地分层贯入指标平均值和变异系数。

⑦ 应结合地区经验，并与其他方法配合使用。

3. 测试要点

① 触探前应认真检查设备规格，丈量工具、探杆的垂直度，经常维修保养自动脱钩装置，保证自由落锤。不符合规定的部件应及时更新。

② 探头、探杆、锤垫的丝扣必须拧紧，每接一根钻杆，就应推转，减少摩擦。

③ 检查锤重和落距是否符合规定要求。

④ 重型动力触探探头达到孔底后需用尺量准需贯入的深度，不允许用目测或用手指度量。

⑤ 地面上钻杆的高度不宜超过 1.5 m，以免倾斜和摇摆过大。

4.3.4　十字板剪切试验

1. 概　述

十字板剪切试验是一种用十字板测定软黏性土抗剪强度的原位试验，将十字板头由钻孔压入孔底软土中，以均匀的速度转动，通过一定的测量系统，测得其转动时所需力矩，直至土体破坏，从而计算出土的抗剪强度。由十字板剪力试验测得的抗剪强度代表土的天然强度，适用于均质饱和软黏土。软土地区通常采用电测十字板试验，见图 4.10。

十字板剪切试验可用于以下几个方面：测定原位应力条件下软黏性土的不排水抗剪强度；估算软黏性土的灵敏度；计算地基承载力；判定软黏性土的固结历史；验算饱和软黏性土边坡的稳定性。

2. 方　法

① 十字板板头应在试验前进行率定。

② 十字板板头形状宜为矩形，径高比 1 : 2，板厚宜为 1 ~ 3 mm，十字板头插入钻孔底的深度不小于钻孔或套管直径的 3 ~ 5 倍。

图 4.10　电测十字板剪切仪

③ 探杆必须平直，用于前 5 m 的探杆，其弯曲度不宜大于 0.05%，后续探杆的弯曲度不大于 0.1%。

④ 十字板插入试验深度后，至少应静止 2～3 min，方可开始试验，对于试验深度大于 10 m 的十字板试验孔，应设导轮，导轮间距不宜大于 10 m。

⑤ 扭转剪切速率宜采用（1°～2°）/10 s，并应在测得峰值强度后继续测记 1 min。

⑥ 在峰值强度或稳定值测试后，顺扭转方向连续转动 6 圈后，测定重塑土的不排水抗剪强度。

3. 测试要点

① 试验点间距可取 1～2 m；十字板头插入钻孔底的深度不应小于钻孔或套管直径的 3～5 倍。

② 对开口钢环十字板剪切仪，应修正轴杆与土间的摩阻力，试验采用电测式钢环十字板剪切仪，十字板规格为 50 mm×100 mm 十字板头。

③ 探杆两端螺纹曲线的同轴度公差应小于 $\phi 1$ mm，探杆连接应有良好的互换性。以锥形螺纹连接的探杆，连接后不得有晃动现象，以圆柱形螺纹连接的探杆，拧紧后丝扣之根、肩应能密合。

④ 应根据土层条件和地区经验，对实测的十字板不排水抗剪强度进行修正。

⑤ 十字板剪切试验点的布置，对均质土竖向间距为 1 m，对非均质土或夹薄层粉细砂的软黏土，宜先做静力触探，结合土层变化，选择软黏土进行试验。

4. 成果整理

十字板剪切试验成果资料整理应包括：计算各试验点土的不排水抗剪峰值强度、残余强度、重塑土强度和灵敏度；绘制单孔十字板剪试验土的不排水抗剪峰值强度、残余强度、重塑土强度和灵敏度随深度的变化曲线，以了解土的抗剪强度随深度的变化规律；需要时绘制抗剪强度与扭转角度的关系曲线，以了解土的结构性和受剪时的破坏过程。

$$c_u = K \cdot C(R_y - R_g) \quad (4.2)$$
$$c_u' = K \cdot C(R_c - R_g) \quad (4.3)$$
$$S_t = \frac{c_u}{c_u'} \quad (4.4)$$

式中　c_u——土的不排水抗剪强度，kPa；

c_u'——重塑土的不排水抗剪强度，kPa；

C——钢环系数，kN/0.01mm；

R_g——轴杆与土摩擦时量表最大读数，0.01 mm；

R_y——原状土剪损时量表最大读数，0.01 mm；

R_c——重塑土剪损时量表最大读数，0.01 mm。

4.3.5 扁铲侧胀试验

1. 概　述

扁铲侧胀试验是利用静力或锤击动力将一扁平铲形测头贯入土中，达到预定深度后，利用气压使扁铲测头上的钢膜片向外膨胀，分别测得膜片中心向外膨胀不同距离（分别为 0.05 mm 和 1.10 mm 这两个特定值）时的气压值，进而获得地基土参数的一种原位试验，见图 4.11。

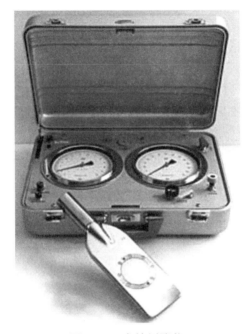

图 4.11　扁铲侧胀仪

扁铲侧胀试验通常可用于判别土类，确定土的状态、不排水剪切强度、应力历史、静止土压力系数、压缩模量、固结系数等的原位测定。

2. 测试方法

① 以静力匀速将探头贯入土中，贯入速率宜为 2 cm/s，试验点间距可取 20～50 cm。但用于判别液化时，试验间距不宜大于 20 cm。达到测点后，应在 5 s 内，开始匀速加压和减压试验，测定钢膜片中心外扩 0.05 mm、1.10 mm 的压力 A 和 B 值，每个间隔时间约 15 s，测定钢膜片中心外扩回到 0.05 mm 的压力 C 值，砂土为 30～60 s，黏性土宜为 2～3 min 完成。

② 探头达预定深度后，应匀速加压和减压测定膨胀至 0.05 mm、1.10 mm 和回到 0.05 mm 的压力 A、B、C 值。

③ 扁铲侧胀消散试验应在需测试的深度进行，测读时间间隔可取 1，2，4，8，15，30，60，90 min，以后每隔 90 min 测读一次，直至消散结束。

3. 测试要点

① 适用于一般黏性土、粉土、中密以下砂土、黄土等，不适用于含碎石的土等。

② 探头长 230 ~ 240 mm、宽 94 ~ 96 mm、厚 14 ~ 16 mm，探头前缘刃角 12° ~ 16°，探头侧面钢膜片的直径为 60 mm。

③ 每孔试验前后均应进行探头率定，取试验前后的平均值为修正值。膜片的合格标准为：率定时膨胀至 0.05 mm 的气压实测值 $\Delta A = 5 \sim 25$ kPa ；率定时膨胀至 1.10 mm 的气压实测值 $\Delta B = 10 \sim 110$ kPa 。

④ 试验中，随时校核 $B - A > \Delta A + \Delta B$ 是否成立。若不成立，应停止试验，重新校核 ΔA 和 ΔB 值。

⑤ 试验若暂停，排气阀必须打开，以免有关阀门泄漏；不应该把测头放在地下过夜，若扁铲测头长时间处于地下水位以下，微小泄漏可能使测头进水而导致短路。

⑥ 对较长的气电管路（ > 25 m），需检查所加气压沿管路是否均衡，检查方法是加压时关闭微调阀，观察压力表数值是否下降，若下降，说明加压速率太快，应适当减慢。

4. 成果整理

扁铲侧胀试验成果整理应包括：

① 对试验的实测数据进行膜片刚度修正：

$$p_0 = 1.05(A - Z_m + \Delta A) - 0.05(B - Z_m - \Delta B) \tag{4.5}$$

$$p_1 = B - Z_m - \Delta B \tag{4.6}$$

$$p_2 = C - Z_m + \Delta A \tag{4.7}$$

式中　　p_0——膜片向土中膨胀之前的接触压力，kPa；

$\quad\quad p_1$——膜片膨胀至 1.10 mm 时的压力，kPa；

$\quad\quad p_2$——膜片回到 0.05 mm 时的终止压力，kPa；

$\quad\quad Z_m$——调零前的压力表初读数，kPa。

② 根据 p_0、p_1、p_2 可计算下列指标：

$$E_D = 34.7(p_1 - p_0) \tag{4.8}$$

$$K_D = (p_0 - u_0)/\sigma_{v0} \tag{4.9}$$

$$I_D = (p_1 - p_0)/(p_0 - u_0) \tag{4.10}$$

$$U_D = (p_2 - u_0)/(p_0 - u_0) \tag{4.11}$$

式中　　E_D——侧胀模量，kPa；

$\quad\quad K_D$——侧胀水平应力指数；

$\quad\quad I_D$——侧胀土性指数；

$\quad\quad U_D$——侧胀孔压指数；

$\quad\quad u_0$——试验深度处的静水压力，kPa；

$\quad\quad \sigma_{v0}$——试验深度处土的有效上覆压力，kPa。

③ 绘制 E_D、I_D、K_D 和 U_D 与深度的关系曲线。

④ 根据扁铲侧胀试验指标，可判别土类，确定黏性土的状态、土静止侧压力系数、水平基床系数等。

4.3.6 旁压试验

1. 概　述

旁压试验是将圆柱形旁压器竖直放入土中，通过旁压器在竖直的孔内加压，使旁压膜膨胀，并由旁压膜将压力传给周围的土体（岩体），使土体（岩体）产生变形直至破坏，通过量测施加的压力和土变形之间的关系，即可得到地基土在水平方向的应力应变关系。

旁压试验可分为预钻式和自钻式，其中预钻式旁压试验适用于黏性土、粉土、砂土、碎石土、残积土、极软岩和软岩；自钻式旁压试验适用于黏性土、粉土、砂土，尤其适用于软土，因而对于软土城市勘察可优先考虑采用自钻式旁压试验。

旁压试验通常用于以下几个方面：确定土的临塑压力和极限压力，以评定地基土的承载力；确定土的原位水平应力应变关系或静止侧压力系数；估算土的旁压模量、旁压剪切模量、水平基床系数；估算软黏土不排水抗剪强度。

2. 测试方法

通过旁压器在预先打好的钻孔中对孔壁施加侧向压力，使土体产生变形，测出压力和变形的关系。用弹塑性理论计算地基土的变形模量和地基承载力。在饱和软黏土中宜采用自钻式旁压试验，在试验前宜通过试钻确定回转速率、冲洗液流量、切削器的距离等技术参数。旁压试验设备见图 4.12。

图 4.12　旁压试验设备

① 旁压试验应在有代表性的位置和深度进行，量测腔应在同一土层内，试验点的竖向间距不宜小于 1 m，每层土的量测点不应少于 1 个，厚度大于 3 m 的土层测点不应少于 3 个。

② 加荷等级可采用预期临塑压力的 1/5 ～ 1/7，对不易预估临塑压力的土层可按表 4.8 确定加荷增量；初始阶段加荷等级可取小值，必要时可卸荷再加荷，测定再加荷旁压模量。

表 4.8 试验加载增量

土性特征	加载增量/kPa
淤泥、淤泥质土、流塑状黏性土、松散状粉土、砂土	≤15
软塑状黏性土、稍密状粉土、砂土	15～25
可塑-硬塑状黏性土、中密状粉土、砂土	25～50
坚硬状黏性土、密实状粉土、砂土	15～150
软质岩、风化岩	100～600

注：为确定 p-V 曲线上直线段起点对应的压力 p_0，开始的 1～2 级加载增量宜减半施加。

③ 加荷速率反映了不同的试验条件，一般情况下为求土的强度参数时，常采用快速法，即每一级压力维持 1 min 或 3 min；为求土的变形参数往往强调采用慢速法。

④ 每级压力应保持相对稳定的观测时间，每级压力应维持 1 min 或 3 min 后再施加下一级压力。维持 1 min 时，加荷后 15，30，60 s 测读变形量；维持 3 min 时，加荷后 15，30，60，120，180 s 测读变形量。

3. 测试要点

① 实验前必须对弹性膜约束力及仪器综合变形进行率定。

② 预钻式旁压试验应保证成孔质量，钻孔直径与旁压器直径应良好配合，防止孔壁坍塌；自钻式旁压试验的自钻钻头、钻头转速、钻进速率、刃口距离、泥浆压力和流量等应符合有关规定。

③ 当量测腔的扩张体积相当于量测腔的固有体积，或压力达到仪器的容许最大压力时，应终止试验。

4. 成果整理

旁压试验成果资料整理应包括：

① 对各级压力和相应的扩张体积（或换算为半径增量）分别进行约束力和体积的修正后，绘制压力与体积曲线，需要时可作蠕变曲线。

② 根据压力与体积曲线，结合蠕变曲线确定初始压力、临塑压力和极限压力，地基极限强度 f_L 和临塑强度 f_y，按公式（4.12）和公式（4.13）计算：

$$f_L = p_L - p_0 \tag{4.12}$$
$$f_y = p_f - p_0 \tag{4.13}$$

式中 　p_0——旁压试验初始压力，kPa；

　　　　p_L——旁压试验极限压力，kPa；

　　　　p_f——旁压试验临塑压力，kPa。

③ 根据压力与体积曲线的直线段斜率，按式（4.14）计算旁压模量：

$$E_{\mathrm{m}} = 2(1+\mu)\left(V_{\mathrm{c}} + \frac{V_0 + V_{\mathrm{f}}}{2}\right)\frac{\Delta p}{\Delta V} \qquad (4.14)$$

式中　E_{m}——旁压模量，kPa；

μ——泊松比（碎石土取 0.27，砂土取 0.30，粉土取 0.35，粉质黏土取 0.38，黏土取 0.42）；

V_{c}——旁压器量测腔初始固有体积，cm^3；

V_0——与初始压力 p_0 对应的体积，cm^3；

V_{f}——与临塑压力 p_{f} 对应的体积，cm^3；

$\Delta p / \Delta V$——旁压曲线直线段的斜率，kPa/cm^3。

④ 根据初始压力、临塑压力、极限压力和旁压模量，结合地区经验可评定地基承载力和变形参数。根据自钻式旁压试验的旁压曲线，还可测求土的原位水平应力、静止侧压力系数、不排水抗剪强度等。

4.3.7　波速测试

1.　概　述

波速试验是通过对岩土体中弹性波传播速度的测试，间接测定岩土体在小应变条件下（$10^{-6} \sim 10^{-4}$）的动弹性模量等参数。其适用于测定各类岩土体的压缩波、剪切波或瑞利波的波速，可根据任务要求，采用单孔法、跨孔法和面波法。

波速测试通常可用于划分场地土类型、计算场地卓越周期、判别地基土液化的可能性，提供地震反应所需的场地土动力参数；计算设计动力机器基础和计算结构物与地基土共同作用所需的动力参数。

2.　测试方法

通常采用单孔法，首先平整场地，击振板放在离孔口水平距离应 1 m 左右，上压重物宜大于 500 kg 或用汽车两前轮压在木板上，使木板与地面紧密接触。接通仪器电源，在地面检查测试仪器正常后，即可进行试验。将三分量检波器放入孔内预定深度，在地面用气筒充气，使胶囊膨胀，让三分量检波器紧贴孔壁。用铁锤水平敲击木板一端，由三分量检波器接收 SH 信号，经电缆送入记录仪保存。试验要求记录仪获得三次清晰的记录波形，然后反向敲击木板，以同样方式获得三次清晰波形为止，该测试点方可结束试验。胶囊放气，把孔内三分量检波器提到下一个测试点深度，重复上述试验，直至测试结束。测试时应根据工程情况及地质分层，每隔 1~3 m 布置一个测点，并宜自下而上按预定深度进行测试。

跨孔法一般需在一条平行地层走向或垂直地层走向的直线上布置同等深度的三个钻孔，其中一个为振源孔，另外两个为接收孔。每一测点其振源与检测波位置应在同一水平高度，并与孔壁紧贴，待仪器通电正常后，即可激发振源和接收记录波形信号。当记录波形清晰满意后，即可移动振源和检波器，将其放至下一测点，直至孔底为止。

3. 测试要点

① 单孔法。

a. 测试孔应垂直。

b. 将三分量检波器固定在孔内预定深度处，并紧贴孔壁。

c. 可采用地面激振或孔内激振，当测试深度较大时，宜采用孔内激振。

d. 应结合土层布置测点，测点的垂直间距宜取 1～3 m。层位变化处加密，并宜自下而上逐点测试。

② 跨孔法。

a. 振源孔和测试孔，应布置在一条直线上。

b. 测试孔的孔距在土层中宜取 2～5 m，在岩层中宜取 8～15 m，测点垂直间距宜取 1～2 m；近地表测点宜布置在 0.4 倍孔距的深度处，震源和检波器应置于同一图层的相同标高处。

c. 试验钻孔应圆直，并应下定向套管，套管与孔壁间应灌浆或填砂。

d. 测试深度大于 15 m 时，应进行激振孔和测试孔倾斜度和倾斜方位的量测，测点间距宜取 1 m。

4. 成果整理

波速测试成果资料整理包括：

① 在波形记录上识别压缩波和剪切波的初至时间。

② 计算由振源到达测点的距离。

③ 根据波的传播时间和距离确定波速。

④ 计算岩土应变的动弹性模量、动剪切模量和动泊松比。

$$G_d = \rho \cdot v_s^2 \qquad\qquad (4.15)$$

$$E_d = 2(1 + \mu_d)\rho \cdot v_s^2 \qquad\qquad (4.16)$$

式中　　μ_d——土的动泊松比；

　　　　ρ——土的质量密度，kg/m³。

　　　　v_s——剪切波波速，m/s。

图 4.13　波速测试仪

图 4.14　SWS 多功能面波仪

4.3.8　物探剖面

1.　概　述

物探剖面可用于初步查明勘察范围内地质层突变、不良地质（含软弱地层）、地质构造情况，为钻探勘察进一步查明这些异常现象提供依据，以及用于查明地下管线埋藏分布情况。

2.　方　法

物探剖面宜根据现场实际情况选用电法、电磁法或地震法和声波法。具体可参见前文。

4.3.9　地温测试

1.　概　述

地温测试主要用于测定地表下一定深度范围内地层的温度，为地下工程通风设计或冻结法施工设计提供设计依据；可采用钻孔法、贯入法、埋设温度传感器法，地温长期观测宜采用埋设温度传感器法。

2.　测试方法及要点

① 温度传感器的测量范围宜为 – 20 ~ 100 ℃，测量误差不宜大于 ± 0.5 ℃，温度传感器和读数仪使用前应进行校验。

② 每个地下车站均应进行地温测试，测试点宜布设在隧道上下各一倍洞径深度范围；发现有热源影响区域、采用冻结法施工或设计有特殊要求的部位应布置测试点。

③ 钻孔法测试应符合下列规定：钻孔中进行瞬态测温时，地下水位静止时间不宜小于 24 h，稳态测温时，地下水位时间不宜小于 5 d；重复测量应在观测后 8 h 进行，两次测量误差不超过 0.5 ℃。

④ 贯入法测试时，温度传感器插入钻孔底的深度不应小于钻孔或套管直径的 3 ~ 5 倍；插入至测试深度后，至少应静止 5 ~ 10 min，方可开始观测。

⑤ 地温测试点应布置在不易遭受破坏和外界影响的场地内，观测周期应根据当地气温变化确定，一般宜为一年，观测频率宜为 1 ~ 2 周一次。

3.　成果整理

地温测试成果资料整理应符合下列要求：

① 地温测试前应记录测试点气温、天气、日期、时间以及光线遮挡情况，钻孔法应记录地下水稳定水位。

② 绘制地温随深度变化曲线图，以及不同深度土性、孔隙比、含水率、饱和度、及热物理指标变化情况，一年期测试结果宜绘制不同土层温度随时间变化曲线图。

③ 不同气温条件下地层测温结果对比，推算地层稳态温度。

4.3.10 土壤电阻率测试

1. 概 述

做土壤电阻率测试，以满足主变电站、牵引供电、变配电、接触网及弱电等专业的设计要求。电阻率测试仪见图 4.15。

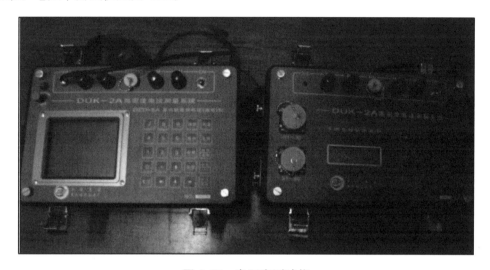

图 4.15 电阻率测试仪

2. 方 法

电阻率的测试采用电测井法，地下车站电阻率测试深度为基坑开挖面至基底以下 15 m 范围，车辆段的测试深度为地面至基底以下 15 m 左右。

3. 测试要点

① 仪器应满足下列要求：

a. 电表的实际精度不低于 1.5 级。

b. 在正常条件下插孔 AB、MN 与外壳之间的绝缘电阻均大于 300 MΩ，屏蔽性能良好，当人体和仪器外壳接触时，感应电位差不得大于 0.02 mV。

c. 仪器的电位及电流测量分八个测程：1，3，10，30，100，300，1 000，3 000，各测程输入阻抗不小于 8 MΩ。

d. 电零点和机械零点稳定，正常工作状态下 5 ~ 10 min 可调回电零点；20 min 内 1 mV 测程的电零点漂移不应超过 0.01 mV，仪器装有粗、中、细三极连续可调极化补偿，最大补偿范围为 ± 500 mV，仪器供电控制开关最大功率为直流 1.2 kW。

② 放线应满足下列要求：

a. 电剖面法放线方向应沿事先布置好的测线。

b. 电测深法放线方向偏差不得超过预定方向的 5°，电极距误差不得超过 ± 1%。

c. 为选择较好的接地点或避开障碍物而挪动电极位置时，应垂直放线方向或沿放线方向挪动，挪动距离不得大于该极距的 5%，当只能沿放线方向挪动且挪动距离超过 5% 时则应通知测站，并重新计算装置系数 K 值。

③ 埋设电极应满足下列要求：

a. 电极接地电阻过大时，应采取浇水、加深电极或增加电极数量等措施。

b. 电极接地应符合点电源的理论要求，当采用电极组时，两根电极间的距离应大于入土深度的两倍，改善接地条件后，仍应符合点电源的理论条件。

④ 电位差测量应满足下列要求：

a. 将 K3 置于"3000"挡，K5 置于"ΔV"挡，K4 置于"测量"挡，接通 K1 并进行极化补偿，即将 K3 调到适当的量程挡上，补偿到零，按下供电开关即可进行电位差 ΔV 测量。

b. 电位差测量时允许误差：3 mV 及其以下的测程相对误差不得超过 ±3%，10 mV 及其以上测程的相对误差不得超过 ±1.5%，3 ~ 10 mV 测程之间相对误差不得超过 ±2%。

c. 供电电流的测量：将"ΔV—IAB"开关 K5 置于"IAB"上，选择适当的测程（一般由大到小），按下供电开关，此时表头上所指的数即为供电回路的电流数值（mA）。

⑤ 漏电检查应满足下列要求：

a. 电测深法时，对最后一个供电电极距、大于 200 m 的第一个供电电极距，潮湿地区大于 200 m 的每一个供电电极距均应进行漏电检查。

b. 电剖面法时，每条测线的起点和终点、潮湿地区每隔 10 个点、干燥地区每隔 20 个点，应进行漏电检查。

c. 三极法时，对无穷远极 C 应在开始和结束时各进行一次漏电检查。

d. 应对供电线路、测量线路和电源分别进行检查。

e. 漏电电流不允许超过 ±1%；漏电电位不允许超过 ±2%，漏电超限时，应进行处理，并对有影响的点返回重测，漏电检查的点或电极距应在记录上注明。

⑥ 重复检查应满足下列要求：

a. 电测深法每隔 5 个电极距，电剖面法每隔 10 个测点。检查观测时应改变供电电流强度 20% 以上（用改变接地电阻的办法），当实际情况不能满足要求时，可改变供电电压；并使两组读数（改变电压前和改变电压后的读数）误差不超过 5%，否则不能视作检查观测。

b. 电位差 ΔV 小于 3 V 的所有数、电测深曲线的不圆滑点、电剖面的异常点、畸变点均应应检查观测。

c. 电测深法施测时，当采用测量电极距与供电电极距的比值为变数时，在改变 MN 处应不少于二个连接点。连接点处的曲线脱节宽度在模数为 6.25 cm 的双对数纸上，垂直曲线量度大于 5 mm 或有不正常脱节时，应进行检查观测。

⑦ 开工前和收工时检查仪器和记录的内容应满足下列要求：

a. 检查仪器内部电压是否符合要求，即打开仪器将 K_4 置于"E_1"、"E_2"，表针应指在表头的绿线范围内，否则应更换新电池。

b. 电调零是否起作用，电零点是否稳定，即将 K_3 置于 3 000 mV 档，短路待 1 min 后再将 K_3 置于 1 mV 档进行电零点调节，并检查电零点调节范围。

c. 极化补偿器是否正常，表头指针偏转是否自如，有无跳动和阻障，即将 K_3 置于 3 000 mV 档检查极化补偿并按"粗"、"中"、"细"程序调节。

⑧ 测量过程中应满足下列要求：

a. 在测量过程中如发现指针负方向，可拨动反向开关 K_2。

b. 读数时应选择合适的测程（一般从大到小，）一般先测电位差 ΔV，后测电流（mA），并应尽量缩短转换时间。

c. 读数的有效数字为三位，电位差 ΔV 的读数不得小于 0.3 mV，否则应采取措施。

d. 当用多台仪器工作时，应作仪器的一致性试验。

e. 新领用的 45 V 电池，开路电压不得小于 45 V，短路电流不得小于 3.5 A。电池并联时，开路电压不得小于 40 V，并联电池的电压相差不得超过 5%。

f. 绕线架应转动灵活，导线与绕线架之间应绝缘良好。

g. 供电及测量导线应具有导电性强、绝缘良好、柔软抗拉等特点。电线电阻应小于 10 Ω/km，绝缘电阻应大于 2 MΩ/km。

h. 供电电极用铁电极，测量电极用铜电极或不极化电极，在水上或冰上工作时用铅电极。

4.3.11 载荷试验

1. 概 述

载荷试验是在现场用一个刚性承压板逐级加荷，测定天然地基或复合地基的变形随荷载的变化，借以确定地基承载力的试验。通常包括平板载荷试验和螺旋板载荷试验。浅层平板载荷试验适用于浅层地基土；深层平板载荷试验适用于深层地基土（通常不小于 3 m）和大直径桩的桩端土；螺旋板载荷试验适用于深层地基土或地下水位以下的地基土。

载荷试验的目的：可用于确定地基土的比例界限压力、破坏压力，评定地基土的承载力；确定地基土的变形模量；估算地基土的不排水抗剪强度；确定地基土基床反力系数；地基处理效果检测和测定桩的极限承载力。

2. 测试要点

① 刚性承压板应根据土的软硬或岩体裂隙度选用合适的尺寸，对于软土，浅层平板载荷试验承压板面积不得小于 0.5 m²；土的深层平板载荷试验承压板载荷面积宜选用 0.5 m²；岩石荷载试验承压板面积不宜小于 0.07 m²；螺旋板载荷试验承压板直径根据土性取 0.160 m 或 0.252 m。

② 浅层平板载荷试验的试坑宽度或直径不应小于承压板宽度或直径的 3 倍；深层平板载荷试验的试井直径应等于承压板直径，当试井直径大于承压板直径时，紧靠承压板周

围土的高度不应小于承压板直径。

③ 应尽量避免测试面土体受到扰动，以保持其原状结构和天然湿度，且应在承压板下铺设不超过 20 mm 的砂垫层找平，并尽快安装试验设备。

④ 加荷方式应采用分级维持载荷沉降相对稳定法（常规慢速法）；有地区经验时，可采用分级加荷沉降非稳定法（快速法）或等沉降速率法；加荷等级宜取 10 ~ 12 级，并不应小于 8 级，最大加载量不应小于地基承载力设计值的 2 倍，荷载量测精度不应低于最大荷载的 ±1%。

3. 基床系数测定

基床系数是地基土在外力作用下产生单位应变时所需的应力，也称弹性抗力系数或地基反力系数，与地基土的类别、土的状态、物理力学特征、基础的形状及作用面受力状况等有关。主要用于模拟地基土与结构物的相互作用，计算结构物内力及变位（基础竖向变形、衬砌侧向变形、桩和挡土结构物的水平和竖向变形等）。

基床系数目前尚未形成统一的试验方法和取值标准，通常可由原位载荷试验计算确定，也可通过室内三轴试验或固结试验测得。

根据《工程地质手册》（第四版）在现场载荷试验测定基准基床系数，宜采用 K_{30} 方法，即采用边长 30 cm 的方形承压板的平板荷载板垂直或水平加载试验，可直接测定地基土的垂直基床系数 K_h 和水平基床系数 K_h。

① 直接测定：采用边长 30 cm 的方形承压板平板载荷试验的 $p\text{-}s$ 曲线，可直接求得基准基床系数 K_v 值，按公式（4.17）计算：

$$K_v = \frac{p}{s} \tag{4.17}$$

式中　K_v —— $p\text{-}s$ 关系曲线直线的斜率；如 $p\text{-}s$ 曲线初始无直线段，p 可取临塑荷载之半（kPa），s 为相应于该 p 值的沉降值（m）。

② 间接测定：若平板载荷试验的承压板尺寸不是标准的 $b = 0.30$ cm，所测得的基床系数为 K 值，则基准基床系数 K_v 可按式（4.18）、式（4.19）换算：

黏性土　$$K_v = \frac{B}{0.30} K \tag{4.18}$$

砂性土　$$K_v = \frac{4B^2}{(B+0.30)^2} K \tag{4.19}$$

式中　B —— 承压板的直径或边长，m；

　　　K —— 实测基床系数，kN/m^3。

在轨道交通勘察中也常采用室内测定基床系数，并与原位扁铲侧胀换算的水平向基床系数分析，综合提供经验值。

4．成果整理

载荷试验成果资料整理与计算应符合以下要求：

根据载荷试验成果分析要求，绘制荷载（p）与沉降（s）曲线，必要时绘制各级荷载下沉量沉降（s）与时间（t）或时间对数（$\lg t$）曲线。根据p-s曲线拐点，必要时结合s-$\lg t$曲线特征，确定比例界限压力和极限压力。

当p-s呈缓变曲线时，可按表4.9的规定取对应于某一相对沉降值（即s/d或s/b，d和b为承压板的直径和宽度）的压力评定地基土承载力，但其值不应大于最大加载量的一半。

表 4.9　各类土的相对沉降值（s/d或s/b）

土　名	黏性土					粉土			砂土			
状　态	流塑	软塑	可塑	硬塑	坚硬	稍密	中密	密实	松散	稍密	中密	密实
s/d或s/b	0.020	0.016	0.014	0.012	0.010	0.020	0.015	0.010	0.020	0.016	0.012	0.008

根据p-s曲线的初始直线段可计算土的变形模量。

浅层平板载荷试验的变形模量E_0（MPa），可按式（4.20）计算：

$$E_0 = I_0(1-\mu^2)\frac{pd}{s} \tag{4.20}$$

深层平板载荷试验和螺旋板载荷试验的变形模量E_0（MPa），可按式（4.12）计算：

$$E_0 = \omega\frac{pd}{s} \tag{4.21}$$

式中　I_0——刚性承压板的形状系数，圆形承压板取0.785，方形承压板取0.886；

μ——土的泊松比，碎石土取0.2，砂土取0.30，粉土取0.35，粉质黏土取0.38，黏土取0.42；

d——承压板的直径或边长，m；

p——p-s曲线线性段的压力，kPa；

s——与压力p对应的沉降，mm；

ω——与试验深度和土类有关的系数。

4.4　室内试验

室内试验是在现场采集具有代表性的样品，在实验室对岩土试样进行试验测试，获取岩土物理性指标、力学性指标、渗透性指标以及动力性指标的测试方法。

软土城市轨道交通勘察的室内试验包括土的物理性质试验、土的力学性质试验、岩石试验以及特殊试验等。岩土室内试验的试验方法、操作和采用的仪器设备应符合现行国家标准《土工试验方法标准》(GB/T 50123)、《工程岩体试验方法标准》(GB/T 50266)和《土工仪器的基本参数及通用技术条件》(GB/T 15406)的有关规定。同时岩土力学试验项目应根据设计要求和岩土性质的特点等综合确定。岩土力学试验条件应接近工程实际情况，并应考虑岩土的非均质性、非等向性和不连续性，以及由此产生的岩土体与岩土试样在工程上的差别。

4.4.1 土的试验

4.4.1.1 试样的制备

试样的制备应符合以下要求：

① 开土、切削试样时，应对岩土样品的特征和重要性状做肉眼鉴别和简要描述。当同一筒土样中土质或土的状态不同时，应分别记录、描述和试验。

② 黏性土、粉土可从切削土样的余土或扰动样中取代表性试样进行含水率、界限含水率、比重、颗粒分析等试验；砂土、碎石土进行颗粒分析试验。

③ 制样后应保留可供室内报告审核时补点试验和检验使用的土样。

4.4.1.2 土的试验项目

室内土工试验项目内容应根据软土城市轨道交通工程特点进行，其试验也应根据相关规范要求进行，应满足下面要求：

① 土的各种试验项目、测定参数、工程应用参见下表4.10，土的常规物理性质试验：测定颗粒级配、比重、天然含水率、重力密度、最大和最小密度、液限、塑限、有机质含量；土的常规力学性质试验：测定内摩擦角、黏聚力、压缩系数、压缩模量等。岩土热物理指标要通过试验确定，采用面热源法、热线比较法和热平衡法。土的动力性质试验，采用动三轴试验、动单剪试验或共振柱试验。岩石的试验内容应包括比重、密度、吸水率、软化或崩解试验、膨胀试验、单轴抗压强度、泊松比、抗剪试验、抗拉试验等，并根据工程的实际需要具体确定。岩土试验的方法、操作规程、试验数量和试验数据要符合现行规范标准的规定。对于特种试验项目，应制定专门的试验方案。

② 对照所送岩、土、水样和试验项目应逐个、逐项进行检查验收。

③ 土工试验室应通过计量认证，试验仪器应按计量认证的要求定期检验及标识，并符合精度要求。

④ 岩土试验操作和试验使用的仪器应符合现行国家标准《土工试验方法标准》(GB/T 5012)、《工程岩体试验方法标准》(GB/T 50266)和《土工仪器的基本参数及通用技术条件》(GB/T 15406)的有关规定。

⑤ 水质分析试验应根据设计要求选用相应标准进行试验。

表 4.10 室内土工试验项目、参数与工程应用

项目分类	试验类别	试验项目		主要参数	工程应用
常规项目	物理性质	含水率、密度、比重		含水率 w、密度 ρ、比重 G_s	土的基本参数计算
		界限含水率		液限 ω_L、塑限 ω_P、液性指数 I_L、塑性指数 I_P	黏性土的分类、判断黏性土的状态
		颗粒分析（筛析法、比重计法）		不均匀系数 C_u、曲率系数 C_c、黏粒含量 M_c	粉土和砂土的分类，确定黏粒含量
		直剪快剪		内摩擦角 φ_q、黏聚力 c_q	黏性土地基快速加荷时的稳定性验算，使用于渗透系数小于 1.0×10^{-6} cm/s 且均质的黏性土
		直剪固结快剪		内摩擦角 φ_{cq}、黏聚力 c_{cq}	天然地基承载力计算，基坑及边坡的稳定性验算
		快速固结		$e\text{-}p$ 曲线、压缩系数 α、压缩模量 E_s	沉降计算
		烧失量		烧失量 O_m	有机质的分类
		渗透	常水头	渗透系数 k_v、k_h	渗透性的评价
			变水头	渗透系数 k	渗透性的评价
特殊项目	力学性质	三轴压缩试验	UU	内摩擦角 φ_{uu}、黏聚力 c_{uu}	施工速度较快，排水条件较差的黏性土的地基稳定性验算；桩周土极限摩阻力计算；桩端软弱下卧层强度验算
			CU	有效内摩擦角 φ'、有效黏聚力 c'，总应力内摩擦角 φ_{cu}、总应力黏聚力 c_{cu}	施工速度较慢，考虑上部荷载引起地基强度增长，固结后地基稳定性验算
		无侧限抗压强度		抗压强度 q_u、q_u'、灵敏度 S_t	饱和软黏土施工期稳定性验算
		静止侧压力系数		侧压力系数 K_0	研究土中应力与应变的关系，进行静止侧压力计算
		基床系数		基床系数 K_h、K_v	考虑土-结构的相互作用，一般用来计算围护桩/墙变形
		天然休止角		水上休止角 α_c、水下休止角 α_m	在砂土基础开挖时，确定边坡坡率，适用于粒径小于 5 mm 无凝聚性砂土
		固结		$e\text{-}\log p$ 曲线、先期固结压力、超固结比 OCR、压缩指数 C_c、回弹指数 C_s、回弹模量 E_c	土的应力历史评价，考虑应力历史的沉降计算
				固结系数 C_v 和 C_h、次固结系数 C_{ae}	黏性土沉降速率和固结度计算
	动力性质	动三轴动单剪		动强度（C_d 和 φ_d）、动弹性模量 E_d，动阻尼比 λ	地震反应分析，地基土液化判别
		共振柱		动剪切模量 G_d，动阻尼比 λ	

4.4.1.3 土的物理力学性质试验

1. 含水率

（1）目的

含水率是土的最基本的物理指标之一，是计算干密度、孔隙比、饱和度、液性指数等指标的基本数据和评价土的工程性质的重要依据，因此取样和运输过程中保持土的天然状态极为重要。

（2）方法

一般采用烘干法（图4.16），首先选取代表试样（黏性土15～20 g，砂土50 g），放入称量盒内称湿土质量，精确到0.01 g，将称量盒放入烘干箱内在105～110 ℃恒温下烘干（打开盒盖），黏性土不得少于8 h，砂土不得少于6 h，含有有机质超过5%的土需要在65～70 ℃的恒温下烘干，在规定的时间内烘干后，取出称量盒，盖好盒盖，置于干燥器内冷却至室温，称干土质量，按规范规定的公式计算即可得土的含水率。

图4.16　烘箱

（3）措施与要求

① 电烘箱温度必须保持在105～110 ℃。

② 称量器具一般为天平，称量200 g，感量0.01 g。

③ 定期对天平、砝码进行计量校核。

④ 本试验需要对两个试样进行平行测定。

⑤ 含水率试验应进行两次平行测定，非均质土宜进行三个以上的试验测定。

2. 密　度

（1）目　的

密度是土的最基本的物理指标之一，标志着土的密实程度，是计算土的重度、孔隙比、饱和度、液性指数等指标的基本数据和评价土的工程性质、计算土压力、土体稳定、地基压缩沉降量的重要依据。

（2）方法

一般采用环刀法，首先称量环刀质量，将环刀编号，然后用环刀、钢丝锯切取土试样，将环刀与湿土放在天平上称湿土＋环刀质量，精确到 0.01g，按规范规定的公式计算即可得土的密度。

（3）措施与要求

① 称量器具一般为天平，称量 200 g，感量 0.01 g。

② 定期对天平、砝码及环刀进行计量校核。

③ 本试验需要对两个试样进行平行测定。

④ 土的密度试验中，均质土密度取同一组两块及以上试样平均值，非均质土密度取同一组三块及以上试样平均值。无法用环刀制备试样时，可用蜡封法。

3. 液塑限

（1）目的

液塑限是土的最基本的物理指标之一，是计算土的液性指数、塑性指数的基本数据和评价土的工程性质、判别土的类别的重要依据。

（2）方法

液限一般采用圆锥液限仪法，试验时，将重 76 g、锥角 76° 的圆锥提起，慢慢放在调制好的浓糊状的试样上，使其在自重作用下 15 s 内沉入土中，当刚好下沉到圆锥上的 17 mm、10 mm 刻度线上时，测定试样的含水率，即为 17 mm 液限、10 mm 液限。

塑限一般采用搓条法，首先将土调至接近塑限，取 8～10 g 在毛玻璃上轻轻用手掌搓滚，手掌要用力均匀，土条不得无压力滚动，不得有空心现象，当土条直径达到 3 mm 产生裂缝并开始断裂时，此时测定土的含水率即为塑限含水率。

（3）措施与要求

① 称量器具一般为天平，称量 200 g，感量 0.01 g。

② 定期对天平、砝码进行计量校核。

③ 本试验需要对两个试样进行平行测定。

④ 界限含水率测定方法应在试验报告上注明。

4. 渗透系数

（1）目的

确定可以满足渗流计算和基坑人工降低地下水位的设计参数。

（2）方法

① 将装有试样的环刀装入渗透容器，用螺母旋紧，要求密封至不漏水不漏气（图 4.17）。

② 将渗透容器的进水口与变水头管连接，利用供水瓶中的纯水向进水管注满水，并

渗入渗透容器，开排气阀，排除渗透容器底部的空气，直至溢出水中无气泡，关排水阀，放平渗透容器，关进水管夹。

③ 向变水头管注纯水，使水升至预定高度，水头高度一般不应大于 2 m，待水位稳定后切断水源，开进水管夹，使水通过试样，当出水口有水溢出时开始测记变水头管中起始水头高度和起始时间，按预定时间间隔，测记水头和时间的变化，并记录出水口的温度。

④ 将变水头管中的水位变换高度，待水位稳定再进行测记水头和时间变化，重复试验 5~6 次，当不同开始水头下测定的渗透系数在允许差值范围内时，结束试验。

（3）措施与要求

a. 本试验采用的纯水，应在试验前用抽气法或煮沸法脱气，试验时的水温宜高于试验室温度 3~4 ℃。

b. 本试验以水温 20 ℃ 为标准水温。

c. 根据计算的渗透系数，应取 3~4 个允许差值范围内的数据的平均值，作为该试样在该孔隙比下的渗透系数。

d. 常水头渗透试验适用于砂土，变水头渗透试验适用于黏性土和粉土，试验宜重复测记三次以上，计算的渗透系数宜取三个误差不大于 2×10^{-n} 的数据平均值，对透水性很低的饱和黏性土，可通过固结试验测定固结系数 C_v、C_h，计算渗透系数 k_v、k_h。

图 4.17　渗透仪

图 4.18　颗粒分析（比重计）

5. 颗粒分析

（1）目的

适用于粉土和砂土的分类，确定砂土名称，确定黏粒含量以判定是否液化，评价流砂、管涌的可能性，盾构选型及裂缝宽度验算。

（2）方法

① 采取试样，精确至 0.1 g，试样数量大于 500 g 时，应精确至 1 g；将试样过 2 mm 筛，称筛上和筛下的试样质量。当筛下的试样质量小于试样总质量的 10% 时，不作细筛分析；当筛上的试样质量小于试样总质量的 10% 时，不作粗筛分析。

② 取筛上的试样倒入依次叠好粗筛中，取筛下的试样倒入依次叠好细筛中，进行筛析，细筛宜置于振筛机上震筛，振筛时间宜为 10 ~ 15 min，再按由上而下的顺序将各筛取下，称各级筛上及底盘内试样的质量，应准确至 0.1 g。

③ 筛后各级筛上和筛底上试样质量的总和与筛前试样总质量的差值，不得大于试样总质量的 1%。

④ 颗粒分析试验，粒径大于 0.075 mm 可采用筛析法，粒径小于 0.075 mm 可采用密度计法或移液管法（4% 浓度的六偏磷酸钠作为分散剂）。若试样中易溶盐含量大于 0.5% 时，应洗盐。

（3）措施与要求

本试验方法适用于粒径≤60 mm，＞0.075 mm 的土；天平要求：称量 5 000 g，最小分度值 1 g；称量 1 000 g，最小分度值 0.1 g；称量 200 g，最小分度值 0.01 g。

6. 有机质试验

（1）目的

有机质的含量影响着土体的物理力学性质，有机质含量的测试可以为工程设计施工提供相关依据。

（2）方法

① 重铬酸钾滴定法。

有机质试验常采用重铬酸钾滴定法，但该法适用于有机质含量不大于 15% 的土。具体试验步骤如下：

a. 准确称取已去除植物根并通过 0.15 mm 筛的风干试样 0.100 0 ~ 0.500 0 g，放入干燥的试管底部，用滴定管缓慢滴入重铬酸钾标准溶液 10.00 mL，摇匀，于试管口插一小漏斗。

b. 将试管插入铁丝笼中放入 190 °C 左右的油浴锅内，试管内的液面低于油面温度应控制在 170 ~ 180 °C，试管内试液沸腾时开始计时煮沸 5 min，取出稍冷。

c. 将试管内试液倒入锥形瓶中用纯水洗净试管内部并使试液控制在 60 mL，加入邻啡罗啉指示剂 3 ~ 5 滴，用硫酸亚铁标准溶液滴定，当溶液由黄色经绿色突变至橙红色时为止，记下硫酸亚铁标准溶液用量，估误至 0.05 mL。

d. 试样试验的同时应按上述规定步骤操作，采用纯砂代替试样进行空白试验。

② 灼烧法（灼失量法）。

根据《岩土工程勘察规范》（GB 50021）的规定，土根据有机质含量分类，可分为无机土、有机质土、泥炭质土，泥炭，而有机质含量可按灼失量试验确定。灼烧法是通过测定土壤有机质中的碳经灼烧后造成的土壤失重。

将 105 °C 下除去吸湿水的土样称重后于 350 ~ 1 000 °C 灼烧 2 h，再称重。两次称重之差即是土样中有机碳的重量。

$$土壤有机质(\%) = (m_1 - m_2) \times 1.724 \times 100 / m_1$$

式中，m_1 为灼烧前土壤的质量（g）；m_2 为灼烧后土壤的质量（g）；1.724 为碳换算成有机质的经验系数。

7. 土的压缩-固结试验

土的压缩-固结试验包括压缩模量及压缩系数、固结系数、次固结系数、先期固结压力、压缩指数和回弹指数。

（1）目的

压缩模量及压缩系数：用于评价土的压缩性的高低，确定地基土的地基承载力，进行地基的沉降计算等。

固结系数：用于黏性土沉降速率和固结度的计算。

次固结系数：用于测定有机质土和高塑性黏土、泥炭质土的次压缩特性。

先期固结压力、压缩指数和回弹指数：确定地层在地质历史上所承受过的最大固结压力，对土的应力历史进行评价，进行沉降计算。

（2）方法

采用全自动固结仪（KTG-GY、KTG-ZY、KTG-DY）（图 4.19），配合 KTG-9 型数据采集仪，首先在固结容器内放置护环、透水板和薄型滤纸，将带有试样的环刀装入护环内，放上导环，试样上依次放上薄型滤纸、透水板加压上盖，然后将固结容器置于加压框架正中，使加压上盖与加压框架中心对准，安装百分表或位移传感器。

（a）全自动高压固结系统　　　　　　　　　　（b）全自动低压固结系统

图 4.19　固结系统（全自动固结仪）

施加 1 kPa 的预压力使试样与仪器上下各部件之间接触，将百分表或传感器调整到零位或测读初读数。

施加压力等级宜为 12.5，25，50，100，200，400，800，1 600，3 200 kPa 的各级压力。第一级压力宜为 50 kPa，对于淤泥和新近沉积软黏土，第一级压力宜为 25 kPa。加荷荷重率不宜大于 1，最后一级压力应大于土的自重压力与附加压力之和。土工试验报告应提供 100 ~ 200 kPa 压力范围的压缩系数和压缩模量，并附 e-p 曲线或各级压力下的孔隙比表。

饱和试样，施加第一级压力后应立即向水槽中注水浸没试样，非饱和试样进行压缩试验时，须用湿棉纱围住加压板周围。

需要测定沉降速率、固结系数时，施加每一级压力后宜按下列时间顺序测记试样的高度变化：6 s，15 s，1 min，2 min 15 s，4 min，6 min 15 s，9 min，12 min 15 s，16 min，20 min 15 s，25 min，30 min 15 s，36 min，42 min 15 s，49 min，64 min，100 min，200 min，400 min，23 h，24 h，至稳定为止。不需要测定沉降速率时，则施加每级压力后 24 h 测定试样；施加每级压力后，每小时变形达 0.01 mm 时，测定试样高度变化作为稳定标准。

进行回弹试验时，可在某级压力下固结稳定后退压，直到退到要求的压力，每次退压 24 h 后测定试样的回弹量。

试验结束后吸去容器中的水，迅速拆除仪器各部件，取出整块试样，测定含水率。

确定原状土的先期固结压力时，初始段的荷重率应小于 1，对超固结土，应进行卸压、再加压来评价其再压缩特性。同时，先期固结压力试验应满足下列要求：

① 试样质量宜采用 I 级土样。

② 加荷等级，第一级压力值宜用 12.5 kPa，荷重率不应大于 1（在先期固结压力段附近荷重率宜减小），施加的最大压力应使测得的 e-lg$p$ 曲线下段出现明显的直线段。

③ 加荷稳定标准宜为 24 h，或每小时变形量小于 0.005 mm，也可采用间隔 2 h 逐级加荷的快速法，并按次固结增量法进行校正。

④ 回弹试验宜在大于土的先期固结压力后进行，或在最后一级压力固结稳定后卸压，直至第一级或第二级压力止；回弹测读应采用慢速法。

⑤ 计算方法宜用最小曲率半径法（C 法）确定先期固结压力 p_c。

⑥ 土试报告应提供 p_c、C_c、C_s 值并附 e-lg$p$ 曲线。

（3）措施与要求

本试验所用的仪器应符合下列要求：

固结容器：由环刀、透水板、水槽、加压上盖组成；环刀内径为 61.8 mm 和 79.8 mm，高度 20 mm，且应具有一定的刚度，透水板的渗透系数应大于试样的渗透系数，用固定式容器时，顶部透水板直径应小于环刀内径 0.2 ~ 0.5 mm，用浮环式容器时，上下透水板的直径相等，且均小于环刀内径。

变形量测设备：量程 10 mm，最小分度值 0.01 mm 的百分表或准确度为全量程 0.2% 的位移传感器。

对黏性土，当固结压力 ≤ 400 kPa 时，可采用综合固结度校正的快速法；当固结压力 > 400 kPa 时，可采用慢速法或用次固结增量校正的快速法。

基坑工程考虑卸荷加荷影响时，宜进行卸荷回弹模量测定，其压力的施加宜模拟实际卸荷加荷状态，回弹模量试验应采用慢速法，回弹模量应按式（4.22）计算：

$$E_c = \frac{1 + e_1}{a_0}$$ （4.22）

式中　　E_c——土的回弹模量，kPa；

　　　　e_1——卸荷后或再加荷时土的孔隙比；

　　　　a_0——土的回弹系数，kPa^{-1}；其中

$$a_0 = \frac{\Delta e'}{p_c - p_1}$$ （4.23）

式中　　p_c——卸荷前的压力或前期固结压力，kPa；

　　　　p_1——卸荷后的压力或土的自重有效应力，kPa；

　　　　$\Delta e'$——卸荷和再压缩曲线上相应于压力从 p_1 到 p_c 的孔隙比变化量。

固结系数测定宜采用慢速法或用次固结增量法校正的快速法，最大压力应超过自重压力与附加压力之和。

次固结系数测定应采用慢速法，最大压力应超过自重压力与附加压力之和。

8. 直剪试验

常用的直剪试验主要包括快剪和固结快剪。

（1）目的

用于天然地基承载力计算，基坑及边坡稳定性验算。

（2）方法

常用直剪试验仪器如图 4.20 和图 4.21 所示。固结快剪在试验时，首先按规范规定制备试管样，每组试样不得少于 4 个，然后拔去固定销，以小于 0.02 mm/min 的剪切速率进行剪切，试样每产生剪切位移 0.2~0.4 mm 测记测力计和位移读数，直至测力计读数出现

图 4.20　直剪仪

图 4.21　预压仪

峰值，应继续剪切至剪切位移为 4 mm 时停机，记下破坏值，当剪切过程中测力计无峰值时，应剪切至剪切位移为 6 mm 时停机；剪切结束后，吸去盒内积水，退去剪切力和垂直力，移动加压框架，取出试样，测定试样含水率。

快剪在试验时，首先按规范规定制备试管样，每组试样不得少于 4 个，对准剪切容器上下盒，插入固定销，在下盒内放入透水板和滤纸，将带有试样板的环刀刃口向上，对准剪切盒口，在试样上放透水板和滤纸，试样小心推入剪切盒内；移动传动装置，使上盒前端钢珠刚好与测力计接触，依次放上传压板、加压框架，安装垂直位移和水平位移量测装置，并调至零位或测记初读数；根据工程实际和土的软硬程度施加各级垂直压力，对松软试样垂直压力应分级施加，以防土样挤出，施加压力后，向盒内注水，当试样为非饱和试样时，应在加压板周围包以湿棉纱，然后即可进行试验，按规范规定进行剪切。

（3）措施与要求

① 直剪固结快剪试验宜用于一般黏性土、粉土、砂土等土层，直剪固结快剪试验应满足下列要求：

a. 试验宜用四件性质相同的试样。

b. 四级垂直压力，第一级垂直压力宜接近土的自重压力，第四级垂直压力宜接近土的自重压力与附加压力之和。

c. 预固结分级加荷的时间间隔不宜超过 0.45 h。

d. 直剪固结快剪的预固结时间（以施加最后一级荷载时计），对于黏性土不宜少于 6 h，对于粉性土及砂土不宜少于 4 h。

e. 抗剪强度参数 c、φ 值宜用最小二乘法计算或绘制抗剪强度与垂直压力关系曲线确定，抗剪强度线宜在四个试验点之间通过。

② 固结快剪试验要求：剪切速度为 0.8 mm/min，使试样在 3～5 min 内剪损。

③ 快剪试验要求：安装时应以硬塑料膜代替滤纸，不需安装垂直位移量测装置；施加垂直压力，拔去固定销，立即以 0.8 mm/min 的剪切速率使试样在 3～5 min 内剪损。

9. 三轴剪切试验

应当根据地层条件、施工条件等确定采用固结不排水剪或采用不固结不排水剪，确定土的抗剪破坏能力的高低。

（1）目的

不固结不排水剪用于地基承载力计算；施工速度较快、排水条件差的黏性土的地基稳定性验算；桩周土极限摩阻力验算；桩端下软弱下卧层验算。

固结不排水剪用于施工速度较慢，考虑上部荷载引起地基强度增长，固结后地基稳定性验算；一级基坑稳定性验算。

（2）方法

采用 KTG 全自动三轴压缩仪，配合全自动三轴仪采集控制器进行试验，见图 4.22 和图 4.23。

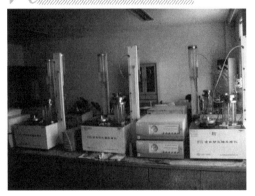

图 4.22　全自动三轴压缩仪　　　　　　　　　图 4.23　三轴仪

不固结不排水剪试验方法：

① 在压力室的底座上，依次放上不透水板、试样及不透水试样帽，将橡皮膜用承膜筒套在试样外，并用橡皮圈将橡皮膜两端与底座及试样帽分别扎紧。

② 将压力室罩顶部活塞提高，放下压力室罩，将活塞对准试样中心，并均匀的拧紧底座连接螺母，向压力室内注满纯水，待压力室顶部排气孔有水溢出时，拧紧排气孔，并将活塞对准测力计和试样顶部。

③ 将离合器调至粗位，转动粗调手轮，当试样帽与活塞及测力计接近时，将离合器调至细位，改用细调手轮，使试样帽与活塞及测力计接触，装上变形指示计，将测力计和变形指示计调至零位。关排水阀，开周围压力阀，施加周围压力。

剪切试样应按下列步骤进行：

① 剪切应变速率宜为每分钟应变 0.5% ~ 1.0%。

② 合上离合器，开始剪切，试样每产生 0.3% ~ 0.4% 的轴向应变（或 0.2 mm 变形值），测记一次测力计读数和轴向变形值。当轴向应变大于 3% 时，试样每产生 0.7% ~ 0.8% 的轴向应变（或 0.5 mm 变形值），测记一次。

③ 当测力计读数出现峰值时，剪切应继续进行到轴向应变为 15% ~ 20%。

④ 试验结束，关电机，关周围压力阀，脱开离合器，将离合器调至粗位，转动粗调手轮，将压力室降下，打开排气孔，排除压力室内的水，拆除压力室罩，拆除试样，描述试样破坏形状，称试样质量，并测定含水率。

固结不排水剪试验方法：

① 调节排水管使管内水面与试样高度的中心齐平，测记排水管水面读数。

② 开孔隙水压力阀，使孔隙水压力等于大气压力，关孔隙水压力阀，记下初始读数。

③ 将孔隙水压力调至接近周围压力值，施加周围压力后，再打开孔隙水压力阀，待孔隙水压力稳定测定孔隙水压力。

④ 打开排水阀，固结完成后，关排水阀，测记孔隙水压力和排水管水面读数。

⑤ 微调压力机升降台，使活塞与试样接触，此时轴向变形指示计的变化值为试样固结时的高度变化。

剪切试样应按下列步骤进行：

① 剪切应变速率黏土宜为每分钟应变 0.05% ~ 0.1%；粉土为每分钟应变 0.1% ~ 0.5%。

② 将测力计、轴向变形指示计及孔隙水压力读数均调整至零。

③ 启动电动机，合上离合器，开始剪切。

④ 试验结束，关电动机，关各阀门，脱开离合器，将离合器调至粗位，转动粗调手轮，将压力室降下，打开排气孔，排除压力室内的水，拆卸压力室罩，拆除试样，描述试样破坏形状，称试样质量，并测定试样含水率。

（3）措施与要求

① 试验方法应与工程实际相一致，对加荷速率快、排水条件差的黏性土宜用不固结不排水（UU）试验，对考虑上部荷载引起土的强度增长或排水固结的基坑工程，可采用固结不排水（CU）试验。

② 试样质量宜采用 Ⅰ 级土样，取样直径不宜小于 108 mm，平行制备不少于 3 个土质结构相同的试样。

③ 试验围压宜根据工程实际荷重确定。

④ 试样起始孔隙水压力系数 B 值不宜小于 0.95，排水固结稳定标准宜采用孔隙水压力消散达 95% 以上。

⑤ 土工试验报告中，UU 试验应提供 c_u、φ_u，附摩尔圆包络线；CU 试验应提供 c_{cu}、φ_{cu}、c'、φ'，附总应力和有效应力摩尔圆包络线。

10. 无侧限抗压强度

（1）目的

用于饱和软黏性土地基强度计算，施工期稳定性验算。

（2）方法

① 将试样两端抹一薄层凡士林，在气候干燥时，试样周围亦需抹一薄层凡士林，防止水分蒸发。

② 将试样放在底座上，转动手轮，使底座缓慢上升，试样与加压板刚好接触，将测力计读数调整为零。

③ 轴向应变速率宜为每分钟应变 1% ~ 3%。轴向应变 < 3% 时，每隔 0.5% 应变（或 0.4 mm）读数一次；轴向应变 ≥ 3% 时，每隔 1% 应变（或 0.8 mm）读数一次。试验宜在 8 ~ 10 min 内完成。

④ 当测力计读数出现峰值时，继续进行 3% ~ 5% 的应变后停止试验；无峰值时，试验应进行到应变达 20% 为止。

⑤ 测定灵敏度：将破坏后的试样除去涂有凡士林的表面，加少许余土，包于塑料薄膜内用手搓捏，破坏其结构，重塑成圆柱形，放入重塑筒内，用金属垫板将试样挤成与原状试样尺寸、密度相等的试样进行试验。

（3）措施与要求

① 试样直径为 35 ~ 50 mm，高度与直径之比采用 2.0 ~ 2.5。

② 轴向位移：量程 10 mm，最小分度值 0.01 mm 的百分表或准确度为全量程 0.2% 的位移传感器。

11．基床系数

（1）目的

基床系数是地基土在外力作用下产生单位变形时所需的应力，也称弹性抗力系数或地基反力系数，用于模拟地基土与结构物的相互作用，计算结构物内力及变位。

（2）方法

试验采用的 K_0 固结仪可采用 JCY 型静止侧压力系数固结仪（图 4.24），包括垂直加荷系统、垂直变形量测系统和侧向压力量测系统；数据采集仪可采用 KTG-8 型数据采集仪。传感器为 BY 型（压力）、BWG 型（位移）频率传感器。

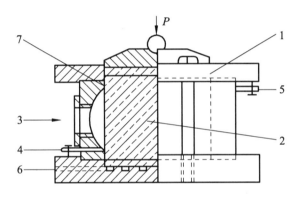

图 4.24　K_0 固结试验装置示意图

1—K_0 固结试验容器；2—试样；3—接侧压力传递系统；4—进水孔；
5—排水孔阀；6—固结排水孔；7—O 形橡皮圈

具体试验过程如下：

① K_0 固结仪使用前排除密闭室和侧压力系统的气泡，并检查验证受压室及管路系统不漏水。

② 用内径 61.8 mm，高 40 mm 的环刀切取原状土试样，推入 K_0 固结仪容器中，装上侧压力传感器，排除受压室及管路系统的气泡，安装加压框架和位移传感器。

③ 施加 1 kPa 的预压力使试样与仪器上下各部件之间接触，将位移传感器调整到合适位置。

④ 确定需要施加的各级压力，压力等级宜为 25，50，75，100，150，200，300，400 kPa。

⑤ 打开采集处理软件，设置或检查各试验参数，包括施加的各级压力等级，数采时间等。加荷参考了铁路工程地质原位平板载荷试验，再考虑到室内小尺寸试样排水条件优于现场试验，采用 1 小时加荷快速法。

⑥ 施加第一级压力，退去预压力；根据采集系统提示，施加剩余各级压力直至试验结束。

（3）基床系数计算

黏性土：

$$K_v = K_1 \frac{p_s}{s_s} \tag{4.24}$$

砂性土：

$$K_v = K_2 \frac{p_s}{s_s} \tag{4.25}$$

式中　　K_v——基床系数，计算取一位小数，MPa/m；

　　　　p_s—— $p\text{-}s$ 曲线上土样下沉量基准值所对应的压力，kPa；

　　　　s_s——土样下沉量基准值，取 1.25 mm；

　　　　K_1，K_2——承压板面积校正系数，分别取 0.203、0.114。

当土样下沉量基准值 1.25 mm 处对应的压力超过 100 kPa 时，取 100 kPa 处对应的下沉量来计算基床系数。也可以计算 $p\text{-}s$ 曲线上直线段斜率作为基床系数。

基床系数试验也可采用三轴固结试验和常规固结试验测试。

12．静止侧压力系数

（1）目的

用于研究土变形、挡土墙的静止土压力、地下建筑物墙体土压力、桩的侧向摩阻力，评价应力历史对 K_0 系数的影响及 K_0 系数与孔隙水压力消散的关系。

（2）方法

利用静止测压力系数仪（K_0 仪）或三轴仪，施加竖向应力，保证试样的初始直径不变，此时的水平有效应力与竖向有效应力之比即为正常状态下的 K_0。

（3）措施与要求

使用三轴仪进行试验时，需要在试样的中部安装侧向变形指示器。

4.4.1.4　土的动力性质

1．概　述

当工程设计要求测定土的动力性质时，可选用动三轴、动单剪、动扭剪或共振柱试验，并可根据以下要求进行：

① 测定应变幅为 $10^{-4} \sim 10^{-1}$ 范围内的动模量和阻尼比时，可进行动三轴、动单剪、动扭剪试验。

② 测定变幅为 $10^{-6} \sim 10^{-3}$ 范围内的动模量和阻尼比时，可进行共振柱试验。

③ 为边坡或地基动力稳定性分析需测定土的动强度时，可进行动三轴试验。

④ 用应力法判别土层液化可能性需测定砂土、砂质粉土抗震液化强度时，可采用动三轴、动单剪或动扭剪试验。

⑤ 用刚度法判别土层液化可能性需要测定砂土、砂质粉土发生孔压增长的门槛剪应变时，可采用共振柱试验。

土动力性质试验可根据土的不同性质和试验方法提供下列成果：

① 土的基本动力参数：动弹性模量、动剪切模量、泊松比、动阻尼、波速、动强度 c、φ 值、液化孔压、震陷量等。

② 提供动模量与动应变关系曲线、阻尼比与动应变关系曲线。

③ 提供不同固结压力下的动剪应力与振次关系曲线。

④ 提供不同固结压力下的液化应力与振次关系曲线。

2. 动三轴试验

（1）目的

测试土样在动荷载作用下的动力特性，从而更好的模拟不同条件下饱和土的动态应力和应变关系。

（2）方法

固结压力应根据天然土层的实际应力状态确定，使试样在近似天然状态条件下承受动荷载，动荷载也可最大限度的模拟天然条件下和工程实际可能承受的最大动荷载，实际操作过程中，可采用一个试样在不同固结压力下，进行 5~6 次动荷载试验，测记动应力、动应变、孔隙水压力达到预定振次后，使孔隙水压力消散，再进行下一级荷载的试验。

（3）措施与要求

① 压力室密封性必须良好，在允许工作压力的 1.5 倍压力下，不能漏水、漏气，有机玻璃必须有足够的刚度和强度，能够有效的控制排水，水阀、气阀操作灵活，密封性好，无渗漏现象。

② 静压控制系统应保持良好的密封性能和灵活的操作性能，在允许工作压力的 1.5 倍压力下无渗漏现象。

③ 孔隙水压力量测系统必须畅通无阻，管路中不能有残留气泡，在允许工作压力的 1.5 倍压力下不能漏水、漏气。

④ 除孔压传感器外，振动三轴仪还有静态的压力、变形以及动态的速度、加速度等传感器均应按其说明书进行率定，率定时应采用比试验时精度高一档的精度或专用仪器进行率定，并绘制率定曲线。

3. 动剪切试验

（1）目的

直接测定土的动剪变模量、动弹性模量、阻尼比、动强度。

（2）方法

仪器率定及调试：对仪器的配套传感器，应按使用说明书进行率定，作出率定曲线和求出标定系数；对记录和显示仪表进行调试，使之处于准备工作状态。具体要求同振动三轴试验。

试样：试样尺寸按剪切容器规格制备，圆形容器一般为直径 60 mm，高 20 mm。重塑土的制备方法与振动三轴试验基本相同。

振动液化试验：对完成固结的试样，施加等幅振动荷载，一般选用低频（如 1 ~ 2 Hz）和正弦波激振，随着振动次数（持续时间）增加，试样的剪应变及动孔隙压力值将不断增加，当试样孔隙压力值等于作用于试样上的法向应力 σ_0 时，试样即达到液化。达到液化的振动次数称为液化周数。

剪变模量和阻尼比试验：试样在工程实际情况确定的法向应力下固结，然后对试样分级施加振动荷载，测记各级动荷载作用下的剪应力和剪应变幅值曲线，根据动剪应力和动剪应变曲线绘制动应力与动应变滞回圈，直接求得动剪变模量和阻尼比。

（3）措施与要求

① 动单剪是在剪切容器内，试样在交变的剪力作用下，作往复的运动，在试验过程中，没有垂直和水平方向的线应变，仅产生剪应变。

② 试验结果求得的动弹性模量、阻尼比及动强度，均是在剪应力和剪应变状况下测得的，应用其指标时，必须注意到这一点。

③ 动单剪试验的动荷载作用，较接近天然土层在地震时所受的振动作用，能较好地模拟现场的应力条件。可直接测定动剪变模量，可达到较大的剪应变。

④ 振动单剪仪的激振设备及量测和数据采集仪器均与动三轴仪基本相同。其工作主机由框架、法向应力施加装置及水平方向动荷载施加装置组成。

4．共振柱试验

（1）目的

测定土的动弹性模量、阻尼比等参数。

（2）方法

共振柱试验是根据弹性波在土中传播的特性，利用共振原理，在共振柱仪器上对圆柱形试样激振，使之产生水平向扭振或轴向垂直振动，测求试样的动弹性模量及阻尼比等参数。试验的特点是既可进行强迫振动也可自由振动（前述动三轴等三种方法均属强迫振动）。其优越性是适用于小剪应变（小于 10）下土的动弹模及阻尼比测试，而且是具有可重复性和可逆性的无损试验。

4.4.1.5　土的热物理试验

土的热物理指标包括导热系数、导温系数和比热容，地铁规范中说明可采用面热源法、热线法或热平衡法测定，通常可采用平板热流计法（面热源法）测定导热系数，热平衡法测定比热容，用规范中公式计算导温系数。

1. 导热系数测试方法及试验设备

（1）试样制备

导热系数宜采用圆柱形或长方形的规则试件，试件厚度必须保证热波在热流方向上测量时间内进入试样的厚度小于试样自身的厚度，试件直径或边长应满足从探头的双螺旋的任何部分到试样外表的任何部分的距离大于双螺旋线的平均直径，确保试样与传感器接触的表面平整光滑。根据探头尺寸，试样高度大于 15 mm、直径大于 45 mm、径高比大于 2。

（2）试验方法

导热系数的试验方法可分为稳态法及瞬态法，根据热源的几何形状又可分为热线法、热条法及平面热源法。DRE-2C 导热系数测试仪（图 4.25）采用瞬态平面热源法（该方法也称 Gustafsson 探头法或热盘法），是将特制探头安装在两片样品中间进行测试。探头的温升是时间的函数，由于这种探头既是热源又是温度传感器，利用对应的模型和边界条件对响应进行分析，精确方便。

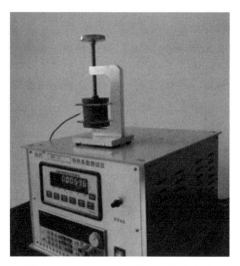

图 4.25　DRE-2C 导热系数测试仪

（3）工作原理

在测试过程中，接通恒流源，电流通过探头发热盘中的镍丝时会产生热量，热量会同时向探头两侧的样品进行扩散，热量在材料中的扩散速率依赖于材料的热扩散系数和导热系数等热特性。通过记录传感器温度的变化与探头的响应时间，材料的这些特性可以被计算出来。

（4）控制要点和注意事项

① 充分预热仪器，附近不能有大的电干扰，试样必须在温度相对稳定的无风环境下测试。

② 样品与探头贴合面应修刮平整，并尽量将探头埋置于试件中部，用塑料薄膜小心包裹样品平放于夹样器中，施加适当压力使探头与试件平整贴合。若施加的夹持力太小，

样品与探头间可能留有空隙；若施力太大，可能改变样品状态。用塑料薄膜包裹样品是为了防止样品的含水率变化。

③ 探头埋置于试样中，需 20 min 左右的稳定时间，使试样和探头温度达到一个稳定平衡状态，才能进行测试。若对同一试样重复测试，需等 30 min 以上时间，使试件和探头温度降下来。如试样在温度控制器中测试，必须有充足的时间，使试样温度均匀稳定，否则影响测试结果。

④ 测试过程中，当时间对数-温度上升曲线不光滑时，可能是试样与探头接触不好；曲线后段翘尾，可能是试样尺寸偏小；曲线后段走平，可能是测试电流偏小。

⑤ 样品状态差异及热盘探头与土面间隙造成热交换过程中的热量损失是误差的主要来源，应严格控制样品的制备和探头安装。平行测定误差应满足控制要求，否则应取样再测。

⑥ 探头为精密部件，严禁折曲，妥善保存。应定期采用标准材料对测量系统进行校核，验证其准确性。

（5）主要仪器

① DRC-2C 导热系数测试仪。

② 称重设备。

③ 保湿缸。

④ 烘箱等。

2. 比热容测试方法及试验设备

（1）测试方法

比热容是指单位质量的某种物质温度升高 1 ℃所吸收的热量 C 或降低 1 ℃所释放的热量，岩土比热容测量装置常采用 BRR 比热容测试仪（图 4.26），常用冷却混合法来测定。将一定质量加热到恒温的试样放入到一定质量水的保温瓶中，根据热电偶的温度测定，通过试样的热量释放和水的热量吸收，准确测量出试样和水的热传递过程及达到温度平衡的状态，从而计算得出试样的比热容。整个测量装置由恒温烘箱、保温桶和测温器三部分组成。因岩土的不均质特性，在取样的量上充分考虑了试样的代表性。在试样中心插入热电偶，可准确测量试样热量传递过程，与水温热电偶数值比较，能判断热量传递后达到温度平衡状态。

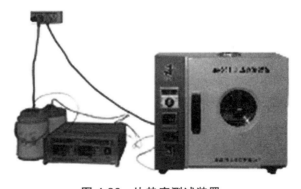

图 4.26　比热容测试装置

（2）基本原理

温度不同的物体混合后，热量由高温物体传给低温物体，最后系统将达到均匀稳定的平衡温度，如果在混合过程中和外界没有热交换，则高温物体放出的热量等于低温物体所吸收的热量，此称为热平衡原理。所以，混合法测定比热容的关键控制要点是要减少试验过程中测量系统的热量损失。

（3）测试程序

① 准备工作：进行比热容试验需预先制备适当数量的冰块备用；试验前应检查仪器是否处于校准有效状态，开机预热，检查温度传感器是否正常（可将两根热电偶同时插入某被测液体中，检查温度显示差异）。打开恒温箱，使箱内温度高于室温 20 ℃ 左右。

② 选取代表土样 50 g 左右揉匀并用保鲜膜包好，称重，立即转入试样筒中。用钢针在试样中心插入一个孔，将热电偶 T1 端的一根引脚线插入试样中部。整体置入恒温箱中。

③ 称取 150～200 g 的清水，放入常温保温桶中，将热电偶 T2 端一根引脚线插入常温桶清水中。

④ 在 0 ℃ 保温桶中加入一定量的冰水混合物，将热电偶 T1 和 T2 的另两根引线插入冰水中（测温系统以冰水混合物作为 0 ℃ 的参照）拧紧桶盖。

⑤ 试样筒内土样在恒温箱（或恒温水槽）中加温，当试样中心温度（热电偶显示值）与恒温箱温度相等时，认为试样温度均匀，此过程约需 2 h。此时的温度为试件入水前温度（试样下落时的初温 t_1）。

⑥ 用测温热电偶读出常温保温桶中水的温度（保温桶内水的初温 t_2）。

⑦ 快速从恒温箱中把试样取出倒入常温保温桶的水中。用塑料薄片快速将试样切分成多个小片块，立即盖严保温桶并用橡皮泥封堵插线孔，摇匀，记录水和样品混合物温度，当温度稳定时，记作桶内水土混合物终温（热电偶显示值 t_3）。

⑧ 试验结束后，拆除样品，清洁试验场所，填写仪器使用记录。

（4）控制要点和注意事项

① 试样加热温度约高于水温 20 ℃，恒温加热时间约需 2 h，目的是保证试样的温度均匀性和水的适当温升。实践表明，用恒温水槽代替烘箱，不仅温度控制精确，且水浴的加热效率更高，能有效缩短试验时间。

② 试样的质量和加水的质量在实验中宜相对固定(即试样 50 g 左右,水 150～200 g)，即应在相同条件下进行校验和检测。

③ 水放入常温保温桶中，约需 20 min 的稳定时间，水温稳定后才能放入试样进行实验。

④ 热电偶冷端补偿的零温保温桶中，要放入足够量的冰水混合物，并保持适当的稳定时间，使冰水混合物无限接近 0 ℃。

⑤ 根据方法原理，试验中应尽量减少热损失。将样品从恒温箱转移至保温桶的过程，是控制的关键环节。平行测定误差应满足控制要求。

（5）主要仪器

① 高精度恒温箱。

② 黄铜制作的试样筒，形状像量筒。

③ 保温桶，在桶内装有测量热电偶。

④ 插入式测温热电偶。

⑤ BRR 型比热容测试仪。

⑥ 称重设备。

3. 导温系数

导温系数可利用室内试验测定的导热系数和比热容两个热物理参数，按公式（4.26）计算，间接测出导温系数。

4. 计算方法

（1）导温系数

$$a = \frac{3.6\lambda}{c\rho} \tag{4.26}$$

式中　a ——导温系数，m^2/h；

　　　λ ——导热系数，$W/(m \cdot K)$；

　　　c ——比热容，$kJ/(kg \cdot K)$；

　　　ρ ——土样密度，g/cm^2。

（2）导热系数计算

$$\lambda = \frac{I^2 R\sqrt{a}(\sqrt{\tau_2} - \sqrt{\tau_2 - \tau_1})}{S\theta_2\sqrt{\pi}} \tag{4.27}$$

式中　I ——加热电流，A；

　　　R ——加热器电阻，Ω；

　　　τ_1 ——关掉加热器的时间，h；

　　　τ_2 ——加热停止后，热源温度升高为 θ_2 时的时间，h；

　　　λ ——导热系数，$W/(m \cdot K)$；

　　　S ——加热器面积，m^2。

（3）比热容计算

$$c_m = \frac{(G_1 + E) \times c_w(t_3 - t_2)}{G_2(t_1 - t_3)} \tag{4.28}$$

式中　c_m ——岩土在 t_3 到 t_1 温度范围内的平均比热容，$J/(kg \cdot K)$；

　　　c_w ——保温桶中水在 t_2 到 t_3 温度范围内的平均比热容，$J/(kg \cdot K)$；

　　　E ——水当量（用已知比热的试样进行测定，可得到 E 值），g；

　　　t_1 ——岩土下落时的初始温度，℃；

t_2——保温桶中水的初始温度，℃；

t_3——保温桶中水的计算终温，℃；

G_1——水质量，g；

G_2——试样质量，g。

4.4.2　水的试验

水的试验主要是指水质分析，多为水的腐蚀性分析，用以评价水对轨道交通工程设计施工的影响，通常采用简分析、侵蚀性 CO_2 分析。水的腐蚀性评价，用于评价地下水、地表水对混凝土、钢筋混凝土中的钢筋及钢结构的腐蚀性，分析项目包括 pH、酸度、碱度、游离 CO_2、硫酸根离子、侵蚀性 CO_2、总矿化度、硬度等。

1.　简分析

简分析的项目有 pH、游离二氧化碳、氯离子、硫酸根、重碳酸根、碳酸根、氢氧根、钾离子、钠离子、钙离子、镁离子、总硬度及溶解性固体总量等。采样体积为 0.5 ~ 1 L。

2.　现场分析

现场分析水中某些极易变化的成分如 pH、游离 CO_2、NO_3，Eh 和水的某些物理指标等，要在现场进行测定。碳酸和重碳酸型泉水中的游离二氧化碳、重碳酸根、pH、钙、镁、铁（二价和三价）等，只有在现场进行测定，才能获得准确的结果。

3.　侵蚀性 CO_2 分析

测定侵蚀性二氧化碳的水样，应在采取简分析或全分析样品的同时，另取一瓶 250 mL 的水样，加入 2 g 经过纯制的大理石粉末（或碳酸钙粉末），瓶内应留有 10 ~ 20 mL 容积的空间，密封。与原水样同时送检。

4.　具体检测方法可参照《地下水质检测方法》(DZ/T 0064) 执行

4.4.3　岩石试验

1.　试样的采取

岩石试样采取应具有代表性，试验应满足下列要求：

① 圆柱体试样对于硬质岩石，直径应为 50 ~ 70 mm，软质岩石为 70 ~ 100 mm；立方体试样对于硬质岩石，边长应满足加工成 50 ~ 70 mm 的要求，软质岩石应满足加工成 70 ~ 100 mm。

② 物理试验需有符合上述尺寸的试样每组 3 ~ 6 块。

③ 抗压试验一般应满足高径比不小于 2∶1 的要求，无法取到 2∶1 要求岩样时，也

可按 1：1 取样，但应在试验报告中注明，每组 3~6 块。

④ 抗剪试验试样直径或边长为 5 cm，高径比 1：1，直剪试验每组不少于 5 块，抗剪断试验每组不少于 9 块；岩石结构面直剪或混凝土与岩石胶结面直剪试验样品为边长 20~30 mm 立方体，应采用专门方法采取或制备，每组不少于 5 块。

⑤ 变形试验一般应满足高径比不小于 3：1 的要求，无法取到 3：1 要求岩样时，也可按 2：1 取样，每组 3~6 块。

⑥ 点荷载试验试样可用钻孔岩芯，或从岩石露头、勘探槽坑和平洞中采取岩块，试件长径比不小于 1：1，加荷两点间距宜为 30~50 mm，岩芯试件数量每组应为 5~10 个，不规则试件数量每组应为 15~20 个。

⑦ 岩石声波测试的试件长度一般不小于 100 mm，可用变形试验或抗压试验的试件，在力学试验前测试。

2. 试验项目

① 试验包括颗粒密度、块体密度、吸水性试验、软化或崩解试验、膨胀试验、抗压、抗剪、抗拉试验等。

a. 单轴抗压强度试验，应分别测定干燥和饱和状态下的强度，并提供极限抗压强度和软化系数；岩石的弹性模量和泊松比可根据单轴压缩变形试验测定，对各项异性明显的岩石，应分别测定平行和垂直层理面的强度。

b. 岩石三轴压缩试验，宜根据其应力状态选用四种围压，并提供不同围压下的主应力与轴向应变关系、抗剪强度包络线和强度参数 c、φ 值。

c. 岩石直接剪切试验，可测定岩石以及节理面、滑动面、断层面或岩层层面等不连续面上的抗剪强度，并提供 c、φ 值和各法向应力下的剪应力与位移曲线。

d. 岩石抗拉强度试验，可在试件直径方向上，施加一对线性荷载，使试件沿直径方向破坏，间接测定岩石的抗拉强度。

② 当以岩石作为持力层时，应进行单轴饱和抗压强度试验；需确定岩石软化系数时，还应进行单轴干燥抗压强度试验。对于易崩解的岩石，可采用天然湿度试件进行单轴抗压强度试验；取样确有困难或无法取得理想的抗压试验试样时，可取样进行点荷载强度试验，并根据现行《工程岩体分级标准》（GB 50218）规定，用公式（4.29）计算岩石单轴抗压强度试验：

$$R_{\rm c} = 22.82 I_{\rm s(50)}^{0.75} \tag{4.29}$$

式中　$R_{\rm c}$——岩石单轴饱和抗压强度，MPa；

　　　$I_{\rm s(50)}^{0.75}$——岩石点荷载强度指数。

③ 当验算岩石边坡或岩石地基稳定性时，可根据需要选择岩石抗拉试验、直剪试验或抗剪断试验。

④ 当需要进行岩石工程分类和间接确定岩石弹性模量等参数时，可进行声波速度测试。

⑤ 岩石名称应根据选择代表性岩石样品的岩矿鉴定结果定名。

第5章　勘察施工现场管理

5.1　组织管理

由于轨道交通项目的规模大、重要性、复杂性以及影响性，轨道交通勘察项目应作为勘察单位的重点项目，需要组织和调动大量的施工和技术力量来确保项目的完成，因此应建立轨道交通勘察管理体系，统筹协调指挥。

5.1.1　项目组织机构配置

由项目指挥部进行总体统筹安排；质量以及安全部门进行质量、安全的监督控制工作；项目负责则负责项目的技术管理，及时解决勘察过程中的技术问题以及推进本工程的工作质量，确保本工程质量目标的实现；各相关专业部门负责各自专业的工作。

根据勘察工作程序和专业，宜设立如下分支机构（见图5.1）：

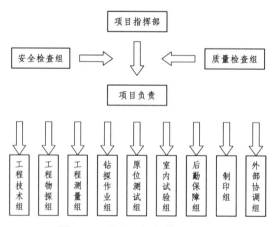

图5.1　项目组织机构设置图

（1）工程技术组

由有经验的地质技术人员组成。主要负责工程地质测绘和调查，新技术、新工艺的现场操作和实施，负责勘察纲要编制、野外编录、室内外资料分析整理、勘察报告编写及图件编制等信息处理和质量管理等技术工作。

（2）工程测量组

由专职测量人员组成。全面负责勘探孔的定点放样、竣工复测工作。

（3）原位测试组

由综合测试人员组成。主要负责静力触探、十字板剪切试验、扁铲侧胀试验等原位测试工作。

（4）钻探作业组

由钻探技师、高级技工带班操作，钻探工程师作现场技术指导，主要负责钻探、取样及孔内原位测试等工作。

（5）工程物探组

由物探专职人员组成，主要负责钻孔内波速试验和土壤电阻率试验等物探工作。

（6）室内试验组

由测试专职人员组成，主要负责室内水、土的试验工作。

（7）后勤保障组

由主管生产的专职领导带领，由有关机修、材料供应、生活服务人员等组成。

（8）制印组

由制印厂制图印刷人员组成。

（9）安全检查组

由主管安全的专职人员带领，专职安全工程师、安全员任组员。

（10）质量检查组

由质量主管部门人员带领，主要负责质量的监督控制工作。

5.1.2　各机构及人员的主要职责

根据分工和职能分配，明确规定了项目部成员在管理活动中的职责、权限和相互关系。各技术职能部门，严格按照岗位责任制，职责到位，责任到人，各行其职，自负其责。

（1）项目总指挥职责

① 全面主持指挥部的管理工作，贯彻落实国家的有关法律、行政法规，协调好各方面的关系。

② 主持制定项目的施工组织设计和质量保证体系，支持制定项目总体进度计划。

③ 主持制定指挥部各项管理办法、岗位职责、规章制度，实施施工组织设计、编制总体计划、运用科学先进的现代管理办法，实施对项目质量、职业健康、安全、环境、工期、成本的有效控制，促进项目目标的完成。

④ 项目总指挥作为本项目第一安全责任人，对整个工程安全负全部责任。

（2）项目负责职责

负责项目的技术管理，组织协调各工种、工序的工作关系，及时解决勘察过程中的技术问题；全面贯彻质量体系系列标准，不断推进本工程的工作质量，在勘察过程中及时进行检查，特别是质量监控点的检查，确保本工程的质量目标的实现；为质量目标的实现创造良好的工作环境和氛围。

（3）项目技术负责、报告审核人职责

协助项目负责人进行技术管理，主持技术业务会议，协调好各工种之间的技术业务关系，及时解决工程勘察中的技术难题；负责勘察工作的事先指导；对勘察设计（纲要）进行审核、补充和修改；及时进行中间检查，指导和解决技术问题；对勘察成果进行全面审查。有权对报告提出修改、补充意见，直至满足要求。对所提交的报告能否满足设计使用要求及各项岩土参数的正确、合理性负主要责任。

（4）报告审定人职责

负责本次勘察工程的技术指导工作，对本工程中相关重大技术事务与业主、设计进行磋商；负责组织相关职能部门对工程勘察实现过程及监视、测量、分析和改进过程的策划；制定和落实技术质量管理措施和标准；处理重大技术问题和工程质量事故；组织开展重大的技术、质量攻关活动；负责对技术方案和最终成果报告的审定工作。

（5）项目副总指挥职责

项目副总指挥主要协助总指挥协调与业主、设计之间的联系，及时安排、落实业主与设计要求，对整个工程的质量、进度、安全负次要责任；负责建立与质量管理体系相适应的组织机构及安全管理组织机构；负责提供满足组织机构有效运行要求的资源。

（6）质量安全总监职责

对项目的质量状况行使监督管理职责，承担监督管理责任。负责本项目的质量教育的培训工作；组织质量工作的计划制定、中间检查及成果检查；对项目的质量工作进行定期和不定期相结合的质量检查。

对项目的安全生产状况行使监督管理职责，承担监督管理责任。对项目的安全工作进行定期和不定期相结合的安全检查。

（7）项目现场安全负责人职责

做好项目的安全生产的日常管理工作；做好现场安全生产的指导、检查工作；负责安全生产教育；参加处理安全生产事故；负责自购劳保用品费的申领、审核、登记工作。

作为项目现场第一安全责任人，对本项目的现场安全工作负全责。

（8）项目现场技术负责人职责

负责本次勘察工程的技术指导和策划工作；负责制定和落实技术质量管理措施和标准；编写勘察设计纲要，指导参加现场技术工作，监督外业工作质量，保证原始资料正确、齐全；参加内业资料整理和报告编制，有权决定对不符合质量要求的工序进行返工，对第一手野外资料的正确性负主要责任。

（9）安全员职责

① 安全员负责做好安全生产的教育和管理工作，检查安全操作规程。

② 对"三违"（即违章指挥，违章作业及违反劳动纪律行为）现象有权制止，并及时处理。同时要坚决服从监理、业主安全管理机构统一协调和管理，对本单位和本部门职责范围内的安全工作负责。

③ 协助技术人员做好开钻前的地下障碍物检查工作，并决定是否进入下一步工序。

（10）各专业作业组组长职责

由高级工程师、工程师及技师担任，对本专业技术质量进行指导和监督，负责工程策划，组织技术交底，对专业项目的质量负直接管理责任。

各专业作业组组长为本部门的安全责任人，负责本作业组安全工作的实施，应督促本部门作业人员严格遵守各种安全文明生产制度，发现有安全隐患时，应立即采取相应措施，并及时报告现场专职安全管理员。

5.2 质量管理

为优质完成轨道交通工程勘察，勘察单位宜建立完善的质量管理体系，通过组织机构的职能配置以及质量职责的落实、程序的明确、过程的监控、技术交底及人员的培训等措施，使每项质量活动、质量控制都能落实到每个部门和每个岗位，从而确保了原质量管理体系健全有效运行。

5.2.1 建立质量管理组织机构

项目部宜成立质量保障部，采用多级质量控制措施，为轨道交通工程勘察提供强有力的组织保证。实行总指挥、质量总监、项目负责、各专业质量控制组多级质量检查、监督、验收制度，见图 5.2。

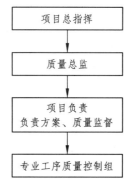

图 5.2 质量管理组织机构设置图

5.2.2 落实职责

1. 技术负责部门职责

对轨道交通项目的质量程序执行情况直接进行监管，即审核《岩土工程勘察大纲》，参加中间检查，对成果报告进行审核，并做好检查、审核意见的复核验证工作。负责野外成果资料的验收及涉及的不合格品（项）的控制。

2. 项目负责职责

负责编制《岩土工程勘察大纲》；负责轨道交通项目"事前、中间及最终"三个阶段的监视和测量及不合格品（项）的控制；负责轨道交通项目的勘察大纲和成果报告的编制、过程产品的监控及涉及的不合格品（项）的处置。

3. 各专业职责

负责各自专业成果的监视和测量，实施各自专业成果不合格品的控制。

4. 各单位的工作接口

项目由项目负责人负责协调好各部门和单位间工作的接口和协调工作。明确规定各单位的质量职责，主要信息的交流都通过书面的文件并盖单位技术公章确认，对工作中有工作量变更和质量问题以工作联系单的形式进行书面交流并存档保留。

5.2.3 明确质量管理程序

1. 事先指导

根据工程勘察委托书，在充分了解设计意图、工程性质的基础上，由勘察单位技术负责进行事先指导，作为编制岩土勘察大纲的指导性依据。

2. 勘察纲要及质量计划的编制

勘察纲要的编制应做到内容完整、切合实际、满足工程要求。勘察大纲内容应包括建设项目概况、勘察目的任务、阶段和质量目标、对已有岩土工程资料的分析、工作量布置、勘探测试手段及布置依据、取样及测试要求、预期成果、项目运行过程中所涉及的过程流程、控制各道工序及质量监控点所依据的文件、执行的规范、规程、操作方法、验收准则、三环节监控活动、质量职责、人员组织、设备配置、进度控制、相关记录要求等。质量计划在上述内容中，应重点突出解决高难技术问题的技术途径、满足顾客特殊要求的保证机制以及为达到创优目标的措施。

3. 钻孔质量验收

评价钻孔质量有七个要素：孔深、孔深误差、钻孔结构、岩芯采取率、土（岩、水）样、原位测试和原始记录。

（1）孔深

孔深应满足《岩土工程勘察大纲》确定的终孔原则和设计孔深。

（2）孔深误差

钻进过程中的各项深度数据均应用尺丈量，深度量测误差不超过±5 cm。不得用手测、目估或其他无尺寸刻度的工具确定。

丈量机上余尺的基准点要一致。钻进过程中遇地层变化或孔内异常，应立即停止进尺，记录变化深度和相应情况后方可复钻。每钻进 50 m 和终孔后，均应校正孔深。

终孔后必须丈量全部钻杆、钻具，并记录于报表中。孔深误差应 ≤0.2%。

（3）钻孔结构

当浅层土松软或杂填土易坍塌影响钻进和取土质量时，应下护孔套管，护孔套管应保证垂直，深度应超过需隔离土层下 0.5 m。

钻探一般宜采用泥浆护壁，比重宜为 1.1~1.2。保证孔壁完整、孔内干净。

钻孔孔径以满足取样和原位测试的要求为原则。取土试样孔孔径应大于取土器规格，一般可为 108~146 mm。当需确定岩石质量指标 RQD 时，应采用 75 mm 口径（N 形）双层岩芯管，且宜采用金刚石钻头。

水文地质工程地质结合孔应同时满足水文地质对孔径的要求。

（4）岩芯采取率

应严格执行《岩土工程勘察大纲》的规定。取芯钻孔应根据工程技术要求和地层特点，保证取芯质量与取芯率。取芯按下列要求执行：

采取的岩芯应按顺序排放整齐，每一回次贴上标签。

无岩芯间隔一般不超过 2 m，持力层顶、底板附近不得超过 1 m。

岩芯采取率：岩芯采取率黏性土 ≥90%，水下砂土和粉性土 ≥70%，碎石土 ≥50%，完整基岩 ≥80%，破碎岩层 ≥65%。岩芯采取率按层计算。

岩芯长度必须按实丈量，并记录于岩心标签及野外记录。

（5）土（岩、水）样

样品的种类、规格、数量及取样位置应符合《岩土工程勘察大纲》的规定。样品采取后应及时填写、贴上标签、填写送样单和封样（包装），及时送往测试中心。

（6）原位测试

评价钻孔质量的原位测试主要指动力触探（标准贯入试验、圆锥动力触探）。动力触探试段位置、试段数应符合《岩土工程勘察大纲要》的规定。试验操作规程严格按照规范要求执行。

（7）原始记录

原始记录填写必须认真负责、真实可靠，严禁弄虚作假，要做到及时、准确、清洁、完整。

4. 原位测试质量验收

由项目现场技术负责人按《岩土工程勘察大纲》的要求，并结合相邻钻孔对比资料进行验收，验收后在试验图纸上签名。

对验收后为不合格的原位测试孔，由项目负责在曲线纸上提出返工要求，班组实施返工，项目负责重新验收。

5. 土样及水岩测试成果验收

土样及水、岩试验成果应严格按照相关规范要求执行。

6. 勘察成果审核、审定

对内业阶段所涉及的图件、表格、数据及工程勘察成果报告的审核、审定按《岩土工程勘察纲要》或《岩土工程勘察质量计划》及其中规定的相关规范、规程要求执行。项目实行两校（自校、互校）两审（审核、审定）。审核（定）后应分别在《勘察成果审核（审定）意见表》上签署相应的审核（定）意见。

5.2.4 质量监控点分析

软土城市轨道交通勘察工作的质量监控点如下：

（1）勘察工作的策划（勘察大纲）

勘察大纲的编写是勘察工作的策划阶段，是整个勘察工作的指导纲领；勘察大纲编写的是否合理可行直接关系到最终勘察成果是否科学，是勘察工作顺利进行的前提。

（2）现场施工技术交底

现场施工技术交底，是勘察工作从策划到实施的重要环节；技术交底是否细致、准确、明了，是勘察大纲能否落实到生产的关键。

（3）现场钻探、编录、取样与测试

现场钻探、编录、取样与测试是现场获取第一手资料的关键手段；其质量的好坏直接影响对土层的真实评价。

（4）室内土工试验

室内土工试验是对土层物理、力学性状进一步了解和掌握的途径，是对土层进行科学诊断的重要依据。

（5）数据分析、成果资料编写及结论和建议

数据分析与成果资料编写是勘察工作的最后一道工序，也是最为重要的一道工序；数据分析的合理性，结论的准确性会直接影响到建筑物的造价、质量和安全。

5.2.5 明确室内监控措施

（1）强化工序管理

按工程勘察工序流程进行管理（见图 5.3），层层控制把关，每道工序要进行质量自检，下道工序必须对上道工序进行质量检验，工序质量分解落实到人，做到奖罚分明，重点是抓好"事先指导、中间检查、成果校审"三个环节。项目开工前由项目总指挥主持召

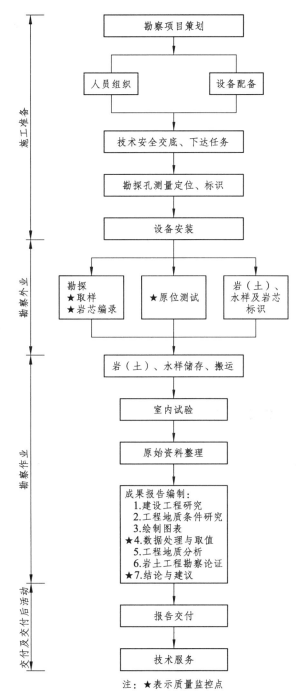

图 5.3　工程勘察生产服务过程流程图

集有关部门、项目组全体人员，明确委托要求和勘察重点、难点及应注意的问题，认真编制勘察纲要并经审核；野外勘察期间，由技术主管部门组织随时到现场进行中间检查，检查勘察纲要的执行情况，解决工序进行中发生的一些不可预见的问题，并填写书面检查意见；资料整理和报告编写阶段，认真做好"二校二审"。

（2）各技术职能部门，严格按照岗位责任制，职责到位，责任到人，各行其职，自负其责

5.2.6 技术措施

（1）技术交底

对进场的每台施工班组进行技术交底，由技术人员下发每孔的技术要求，且对各班组施工班报表随时进行检查验收，主要内容为孔深校正、钻杆长度测量、取土的数量及质量、原位测试、开孔、封孔等情况。

明确原状土样采取、规范原位测试操作、规范原始记录；对施工需要引起重视的重要地段（如暗浜暗河）进行交底；对一些勘探孔施工在结构线内的地段进行交底。

（2）推广新技术、新工艺

采用多种先进的原位测试手段，如通过扁铲侧胀试验、十字板剪切试验等新技术、新工艺的运用，将大大提高岩土工程参数的准确性，为地基处理设计及基坑开挖和围护提供更加合理的科学依据。

5.3 勘察风险管理与安全文明生产

5.3.1 勘察风险管理

风险管理就是各经济、社会单位在对其生产、生活中的风险进行识别、估测、评价的基础上，通过优化组合各种风险管理技术，对风险实施有效的控制，妥善处理风险所致的结果，以期以最小的成本达到最大的安全保障的过程。

城市轨道交通工程一般位于城市密集区，地下管线密布，路面交通繁忙，潜在各种风险种类多，风险损失大。城市轨道交通工程建设应保障人员安全，减小对周边环境的影响，将建设风险造成的各种不利影响、破坏和损失降低到合理、可接受的水平。同时城市轨道交通工程实施过程中不仅要保证轨道交通工程自身的安全，还要确保周边环境的安全及正常使用，因此城市轨道交通工程风险包括工程自身风险和周边环境安全风险。

1. 概 述

城市轨道交通工程勘察风险管理应由建设单位组织实施，并应明确约定工程参与各方的风险责任管理。岩土工程勘察单位是勘察阶段质量安全风险控制的责任主体，对工程建设期的风险控制承担勘察合同规定的相应责任，并对其勘察质量负责。风险等级标准及风险接受准则如表5.1、表5.2所示。

表 5.1 风险等级标准

损失等级 可能性等级		A	B	C	D	E
		灾难性的	很严重的	严重的	较大的	可忽略的
1	频繁的	Ⅰ级	Ⅰ级	Ⅱ级	Ⅱ级	Ⅲ级
2	可能的	Ⅰ级	Ⅱ级	Ⅱ级	Ⅲ级	Ⅲ级
3	偶尔的	Ⅰ级	Ⅱ级	Ⅲ级	Ⅲ级	Ⅳ级
4	罕见的	Ⅱ级	Ⅲ级	Ⅲ级	Ⅳ级	Ⅳ级
5	不可能的	Ⅲ级	Ⅲ级	Ⅳ级	Ⅳ级	Ⅳ级

表 5.2 风险接受准则

等级	接受准则	处理对策	控制方案	应对部门
Ⅰ级	不可接受	必须高度重视，并采取措施规避，否则必须将风险降低至可接受的水平	需制定控制、预警措施，或进行方案修正或调整等	政府部门及工程建设参与各方
Ⅱ级	不愿接受	必须加强监测，采取风险处理措施降低风险等级，且降低风险的成本不应高于风险发生后的损失	需防范、监控措施	
Ⅲ级	可接受	不需采取风险处理措施，但需注意监测	加强日常管理审视	工程建设参与各方
Ⅳ级	可忽略	无需采取风险处理措施，实话常规监测	日常管理和审视	工程建设参与各方

　　勘察风险管理的目标是针对勘察过程中的各类风险，制定控制措施，提供可靠的勘察资料，将轨道工程勘察方面的风险降低到可接受水平（Ⅲ级及其以下水平）。其主要流程包括：风险界定、风险辨识、风险估计、风险评价和风险控制，见图 5.4。

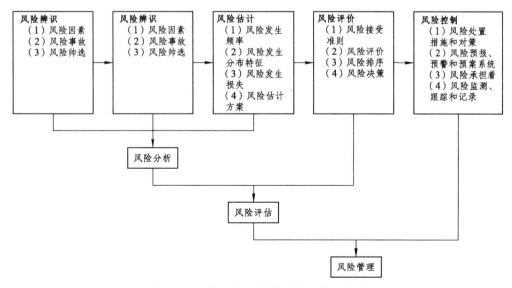

图 5.4 轨道交通工程勘察风险管理流程

2. 勘察风险分析

（1）概述

勘察风险分析主要是指风险界定、风险辨识和风险估计这三个流程，通常可采用定性分析、定量分析和综合分析三类方法，宜采用检查表、专家调查法、事件树或事故树、理论及数值计算等方法进行风险分析及评估。

城市轨道交通工程风险辨识前应具备下列基础资料：

① 工程周边水文地质、工程地质、自然环境及人文、社会区域环境等资料。

② 已建线路的相关工程建设风险或事故资料，类似工程建设风险资料。

③ 工程规划、可行性分析、设计、施工与采购方案等相关资料。

④ 工程周边建（构）筑物（含地下管线、道路、民防设施等）相关资料。

⑤ 工程邻近既有轨道交通及其他地下工程等资料。

⑥ 可能存在业务联系或影响的相关部门或第三方等消息。

⑦ 其他相关资料。

勘察风险辨识过程可分为风险定义、确定参与者、收集相关资料、风险识别、风险筛选、编制风险辨识报告等 6 个步骤。

轨道交通工程勘察实施过程中风险类型有技术标准风险、野外施工安全风险、质量风险、随机性风险。勘察过程中应对可能出现的风险源进行识别和分级，并分析原因，采取相应的风险控制预防措施。

（2）技术标准风险

技术标准风险主要是因为采用的标准规范不适当或违反国家强制性条文而导致的风险。我国与工程勘察有关的各种技术标准种类繁多，且由于工程勘察具有较强的地域性和行业特点，各行业各地区标准之间都存在一定的差异性，甚至不同国标之间也有差异。这些都给勘察过程带来了技术标准风险。

（3）野外施工安全风险

野外施工安全风险应根据项目特点、场地施工及地质条件、勘察手段等对施工过程中危险源进行识别和分级，应包括下列内容：

① 机械、设备和人员自身的安全风险。

② 由于施工不当，导致钻探过程中对地下设施、地下管线和周边环境的破坏引发的各类安全风险。

③ 由于钻孔封堵措施不当、遗留钻具造成的风险等。

野外施工安全风险可在工作活动分类的基础上，辨识现场危险源。

工作活动分类：

在对施工现场危险源辨识、风险评价和风险控制的策划之前，应对现场日常的生产活动及场地地理位置、气候特征等作如下分类：

a. 现场日常的生产活动。

勘察野外施工工作的主要工种可分为四大部分：工程地质、工程勘探、工程测量、工程物探（钻内波速试验等）。

b. 场地地理位置。

轨道交通工程勘察施工场地大多沿城市主干道及次干道走向，是车辆及人员往来主要通道，地下地上障碍物密集，给勘察及后期施工带来较大风险。

作业现场危险源辨识：

危险源是可能导致伤害或疾病、财产损失、工作环境破坏或这些情况组合的根源或状态。因此，在上述工作活动分类的基础上，根据现场生产活动的性质和工作场所的特点，通过询问、收集资料、现场踏勘、获取外部信息等方法，将拟建工程现场存在的危险源及危险源可能导致的风险辨识完成（见图 5.5）。

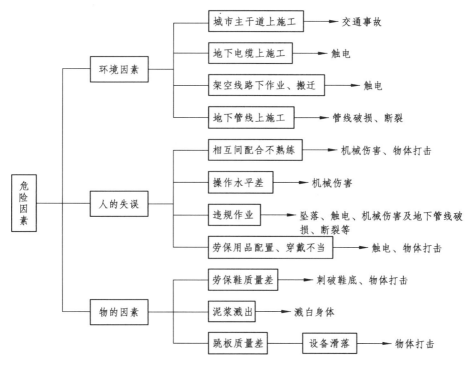

图 5.5　工程现场危险源及风险分析图

（4）质量风险

质量风险宜包括下列内容：

① 引用规范不当或未执行规范强制性条文引发的。

② 勘察资料缺陷引发的，包括但不限于下列：

a. 勘探、取样、原位和室内试验成果错误的；

b. 现场调查、编录和测量成果不当或错误的；

c. 勘察方案不合理，工作量不足的；

d. 软土、填土、污染土和泥炭质土性质没有查明的；

e. 地下水条件或水对建筑材料腐蚀性没有查明的；

f. 滑坡、崩塌、区域地面沉降和浅层气体条件没有查明的；

g. 地下管线、地下设施和地下障碍物没有查明的；

h. 对暗浜、暗塘等调查不清的；

i. 对影响基坑或隧道施工的地质环境条件没有查明的；

j. 勘察报告提供的岩土设计参数错误，评价和建议不当的；

k. 提供的勘察资料不全的。

③ 因场地条件或现有技术手段的限制，难以查明工程地质和水文地质条件引发的。

3. 勘察风险评估及控制

风险是某一特定危险情况发生的可能性和后果的组合。故围绕"可能性"和"后果"两方面来确定评价轨道交通勘察存在的风险程度，并根据风险等级制定相应的控制措施。在岩土工程勘察中，必须对各项问题加以分类区分并严加注意，针对不同的地质风险因素，分别采取具有针对性的勘察手段及措施，综合充分利用各种技术手段，并对所取得的成果进行综合分析，以避免因为地质风险因素而导致事故发生。

勘察风险管理控制处理措施包括：风险消除、风险降低、风险转移及风险自留。

（1）技术标准风险控制措施

对于技术标准风险，应结合当地实际情况及经验、国家标准、行业标准，通过与各方沟通协商，来减少技术标准风险。

（2）野外施工安全风险控制措施（表5.3）

野外施工安全风险控制措施包括组织制度措施、教育培训措施、技术保障措施、经费保障和工程保险等措施。施工现场安全风险技术保障措施宜包括下列内容：

① 钻孔开孔、终孔程序。

② 交通安全、文明施工措施。

③ 地下管线和地下设施安全保证措施。

④ 水上作业安全措施。

⑤ 夜间作业安全措施。

⑥ 其他作业安全措施。

（3）质量风险控制措施

勘察风险管理中，宜采用的质量风险控制措施包括：

① 实行勘察大纲、勘察报告评审和勘察外业监理制度。

② 检查试验方法与数据，抽查钻孔芯样。

③ 地质条件变化较大时及时调整钻孔间距，增加钻孔数量；线路调整后应及时补充地质钻孔。

④ 采取多种勘察手段，将地质钻探与物探相结合或对照参考。

⑤ 充分利用勘察技术人员的工程实践经验。

⑥ 充分利用邻近已建建（构）筑物的勘察成果和经验。

表 5.3　野外施工安全风险评价及控制措施一览表

风险	发生的可能性	后果及伤害程度	风险等级	控制措施
坠落	1. 在钻塔安装及维修时，因作业人员过失造成钻塔斜倒事件 2. 据本次调查信息，因上述原因造成人员坠落事件在勘察作业尚未发生 3. 结论：发生可能性很小	若发生人员坠落事故，将会造成人员伤害，伤害程度严重	中	1. 钻塔安装及维修作业应严格按规范操作 2. 如遇突发事故险情，应启动本项目的安全应急预案 3. 严禁酒后上班作业
触电	1. 在有架空线路（如高压线、电线等）分布的现场，有可能因违规作业发生以下情况： ① 直接在高压线下钻探施工，且钻探外缘与输电线路的距离<最小安全距离，有可能发生触电事故 ② 钻探设备未经折卸，整体移机搬迁，导致触碰高压线，发生触电事故 ③ 在高压线、电线下装卸车，搬迁时，经过架空线路管材竖拿，有可能发生触电事故 2. 地下高压电缆（市区段高压线大部分改走地下、路灯电线等）分布的现场，有可能因未查明前违规作业发生打断电缆线而发生触电事故 3. 作业人员劳保用品配置、穿戴不当(如未穿劳保鞋、直接穿拖鞋或赤脚)加之上述危险源的共同作用，会引发触电伤亡事故 4. 勘察行业已发生过此类触电事故 5. 结论：可能发生	易发生因整体移机而触碰高压线，造成人员伤亡的安全事故,伤害程度严重		1. 钻探作业前，应进行场地踏勘，了解场地的架空线路分布情况，并针对分布特点合理布置钻孔，针对性地进行安全交底 2. 勘探孔施工前须查看地下管线标识，核对地下管线资料，小心开挖，避免在管线上盲目施工 3. 原布置在高压线下的勘探孔可适当移位，并保持一定的安全距离。钻探外缘与输电线路的最小安全距离： | 高电压/kV	<1	1～10	35～100	154～330	550
---	---	---	---	---	---
最小距离/m	4	5	10	15	20	 4. 严禁钻机整体移机，严禁在架空线路下装卸车，搬迁时，如必须经过架空线路，管材必须横杠，更不准用手或管材顶推架空线 5. 作业人员均必须配置、穿戴合格的劳保鞋 6. 如果突然事故险情，应启动本项目的安全应急预案
地下管线破损断裂	1. 在有地下管线分布的现场，未调查了解清楚就盲目施工，会导致地下管线破损，甚至断裂的事件 2. 此类事件已在勘察行业发生过多起 3. 结论：可能发生	曾发生多起管线破损、断裂事件，经济损失较大，未发生过人员伤亡事故	中	1. 钻探作业前，先调查清楚施工现场及毗邻区域内供水、排水、供电、通信等地下管线分布情况，并对调查后的资料进行现场复核验证。时间：开工前 2. 针对场址内地下管线分布特征合理布置钻孔、并针对性地进行安全交底。时间：开工前 3. 勘探孔施工前须查看地下管线标识，核对地下管线资料，小心开挖，避免在管线上盲目施工。时间：开工前 4. 若发生打断（破）地下管线事件，应及时妥善处理，并上报建设方。时间：外业期间

续表

风险	发生的可能性	后果及伤害程度	风险等级	控制措施
机械伤害	1. 在作业现场,有可能因人的失误行为发生以下情况: ① 用戴手套的手挂扒皮带,有可能发生机械伤手 ② 钻机操作者突然急刹,使孔口人员被提引器撞击 ③ 将手脚置于钻具、取土器底部或用手托,易造成手脚伤害 ④ 扳叉活动范围内站人,易造成人员伤害 ⑤ 锤击时将手扶持被击器具,可能会被吊锤砸伤 2. 勘察行业已发生过此类机械伤害事故 3. 结论:可能发生	易发生机械伤害事故,伤害程度为一般~严重	高	1. 此类机械伤害事故的危险源一般来自"违规作业、操作水平、相互配合"等人为失误行为,为此应制定以下控制措施: ① 制定钻探操作规程,对违规行为作出"禁止"规定 ② 强化钻探作业安全教育,除作业前进行安全交底,还应通过多种方式对作业人员的"规范操作"进行定期-不定期的培训学习 ③ 配置能胜任本岗位的人员组成钻探班组,带班者必须具有熟练操作技能的人员担任 ④ 强化对作业现场安全行业的检查,发生违章行为及时整改、处罚 2. 如遇突发事故险情,应启动本项目的安全应急预案
物体打击	1. 物体打击这一风险主要存在于勘探作业中: ① 钻塔安装、拆卸时,由于相互间缺乏配合,无人统一指挥,易造成钻塔倒塌,引发人身伤害 ② 钻机整体移位,易造成钻塔倒塌,身体被砸 ③ 因钻塔螺栓松开脱落及安装时塔下站人,易造成金属器件打击身体 ④ 作业或搬迁未戴安全帽或未系帽带,易造成头部被击打 ⑤ 船只或车辆装卸设备时,因跳板质量差,造成跳板弯曲,设备易滑落,砸伤身体 ⑥ 劳保鞋质量差,各专业人员会因受到物体打击而使脚受伤 2. 勘察行业已发生过钻塔倒塌引起的人身伤亡事故 3. 结论:可能发生	易发生钻塔倒塌引发的伤亡事故,伤害程度:严重	高	1. 此类物体打击伤害事故的危险源主要来自"人的失误行为",为此提出以下控制措施: ① 制定钻探操作规程,对违规行为作出"禁止"规定 ② 强化钻探作业安全教育,除作业前进行安全交底,还应通过多种方式对作业人员的"规范操作"进行定期-不定期的培训学习 ③ 配置能胜任本岗位的钻探作业人员,带班者须具备熟练操作技能的人员担任 ④ 强化对作业现场"人员行为"、"设备安全性能"、"劳保用品质量"的检查,发现问题及时整改 2. 作业现场所有人员均要求配置并穿防砸、防刺、防水安全工作鞋 3. 装卸设备时,应配置坚实牢固的跳板,跳板上端应有挂钩挂住汽车/船只底板 4. 如遇突发事故险情,应启动本项目的安全应急预案
刺破鞋底	1. 现场作业的工程勘探、测量、物探等专业人员均可能会因劳保鞋质量差而被硬物刺破受伤 2. 结论:可能发生	伤害程度:轻微	低	作业现场所有人员均要求配置防砸、防刺、防水安全工作鞋
交通故障	1. 交通故障这一风险主要存在于道路及附近施工阶段。在车辆正常通行过程中,可能因车辆机械故障或人为操作错误等原因导致车辆冲入施工区与施工人员及设备碰撞,造成人员伤亡或财产损失 2. 结论:可能发生	很少发生过,但一旦出现,伤害程度严重	高	1. 勘察施工阶段,现场安全员、各作业班组长及其他施工人员,在思想上要高度重视,密切注意附近车辆的通行动态,发现险情时,应以最快的速度撤离现场 2. 在道路附近设置防护栏及警示标志时,应设置快速撤离通道,同时钻塔安装时方向及位置应正确,并进行加固处理,以便遇到险情时不至于钻塔立即倒塌,确保各方安全

⑦ 软土勘察质量风险措施还应包括：查明软土的成因类型、形成年代、岩性、分布规律、厚度变化、地层结构及其均匀性；查明软土分布区的地形地貌特征，重点是沿线微地貌与软土分布的关系，以及古牛轭湖、埋藏谷，暗埋的塘、浜、坑穴和沟渠等分布范围及形态；查明软土的硬壳、硬夹层和硬底的分布、厚度、性质及其随季节变化情况。

⑧ 地下管线探查质量风险控制措施宜包括以下内容：

a. 根据地下管线权属单位成果图对勘察成果进行确认，必要时进行补充详查或采用挖探等方法判定地下管线的位置。对于探测阶段无法实施的，直接探测手段应选择适宜的时间实施，以保证施工的安全。

b. 埋深大、管径大、非金属、特殊工艺工业管道、无电磁信号、综合物探手段采用仪器不能探测的地下管线，成果资料依据调查资料上图，应标注清楚。施工开始后组织管线权属单位配合施工单位进行挖探，确定管线准确位置，确保工程安全。

c. 采用调查资料成图时，应调查到具体线位附近的工程竣工资料，将调查资料的范围扩大到管线的设计和施工部门。对无法得到具体资料的，应在成果图和报告中明确说明管线的探测调查过程、权属单位、联系电话、探测程度和不确定原因，提醒设计、施工人员使用时注意。

⑨ 暗埋的沟、塘等勘察质量风险控制措施宜包括以下内容：

a. 暗埋的沟、塘等工前空洞应作为勘察工作的重点，工后空洞在施工勘察阶段应进行专项勘察。

b. 容易形成工前空洞的地段包括：雨污水管线周边、深基坑工程附近、地下水位动态变化较大地段、原有空洞部位（菜窖、墓穴、鼠洞等）、管线渗漏地段、黏性土与砂类土接触部位等。

c. 工后空洞探测重点部位应为施工降水部位、塌陷特征地层分布区、地面沉降异常部位及出现出土量大、注浆量异常、注浆压力小等施工异常部位。

⑩ 地下水控制质量风险控制措施宜包括以下内容：

a. 应根据地下施工工法、开挖深度、含水层岩性和地层组合关系、地下水资源和环境要求，提出适宜的地下水控制方法。

b. 采用帷幕隔水方法时，应评价截水帷幕的深度和存在的风险。

c. 严格控制疏干井、减压井的成井工艺，合理设计管井深度和抽水启动时间。

d. 应分析评价颗粒级配不良或粉土、砂类土含水层中降水易引起的地表沉陷，及可能诱发的地质灾害。

⑪ 勘探、取样和试验质量风险控制措施宜包括以下内容：

a. 各种勘探和土工试验设备应经过检定或校准，确保设备状态良好，保证勘探试验质量。

b. 针对软土城市特点，宜采用地质调绘、钻探、静（动）力触探、十字板剪切试验、扁铲侧胀试验、旁压试验和物探等综合勘探手段，并对所取得的各类数据综合分析。

c. 对遗留钻具的勘探点，应在钻探日志中准确记录遗留钻具的类型、尺寸、埋置深度，并准确测量孔位坐标。岩土报告中要有准确的表述。

d. 位于结构线内的已完成勘探点，严禁用岩芯封孔，封孔材料应采用干燥的黏土球，并从下到上捣固密实，准确确定坐标。位于结构线内或对设计施工有影响的勘探点，岩土报告中应详细说明，并建议设计、施工单位进一步采取封堵措施。

e. 每一地层应加大取样的数量，确保主要地层、主要试验项目的有效统计数据≥6组，保证足够数量的抗剪强度指标，以便统计提供标准值。岩土参数统计时要保证变异系数在规范许可的范围内。

f. 勘察时要加大粉土、砂类土和特殊土的取样数量，准确确定其分布范围，为结构设计、施工提供准确数据。

g. 对盾构区间进出洞设计加固范围，结合设计加固方案应进行水泥土强度试验。

⑫ 勘察成果资料质量风险控制措施宜包括以下内容：

a. 遗留较多勘探点的工点，所编制的岩土中间成果无法保证所提岩土参数的准确性。应对上述问题在岩土报告中说明相关内容的准确性，并明确设计注意事宜。

b. 当已提供岩土勘察报告的工点后期线站位发生变化时，勘察单位应及时补勘，并向设计单位提供补充岩土报告。

（4）勘察风险预防应急准备

根据风险评估及分级结果，勘察单位应采取相应的风险预案。对于重大风险应有专项风险应对措施，将风险降低到可接受水平。

5.3.2 安全文明生产

5.3.2.1 安全生产

为实现勘察施工"文明施工、安全事故为零"的目标，勘察单位必须认真建立 HSE（健康、安全、环保）管理体系，施工现场管理依照《中华人民共和国安全生产法》、《建设工程安全生产管理条例》、《安全生产许可证条例》、《浙江省安全生产条例》、《岩土工程勘察安全规范》等有关安全生产的法律、法规、条例，并严格执行安全管理制度，接受业主、监理的检查和监督，进行文明施工管理考核，确保工程文明施工保证措施的贯彻执行，保证本工程施工作业过程安全、稳定。安全管理方针为"安全第一，预防为主"。

1. 安全管理措施

建立安全管理网络（见图 5.6），落实安全责任制，明确项目施工中各级安全管理人员的安全职责。

（1）总指挥安全职责

① 为项目的最高指挥者，主持项目安全、环保的全部工作。

② 作为项目第一安全责任人，对项目的安全工作负全责。

③ 负责项目安全环保管理计划的批准和贯彻实施。

④ 负责项目安全应急预案的批准及组织实施工作。

⑤ 负责提供满足项目安全环保工作所需的三大资源。

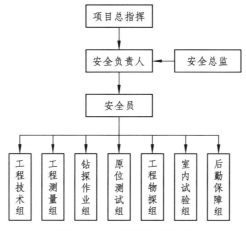

图 5.6 安全管理网络图

（2）项目安全负责人职责

① 在项目总指挥的领导下，全面负责项目安全环保工作的实施。

② 作为项目第二安全责任人，对本项目的现场安全工作负责。

③ 负责项目安全环保管理计划的制订及具体实施工作。

④ 负责对项目的危险源识别、风险评价、制定防范措施及措施的落实与跟踪验证过程。

⑤ 负责各部门、各作业组的协调工作。

⑥ 项目施工前对作业现场人员进行安全交底教育，施工过程中，督促各作业班组及现场作业人员严格执行相关安全、环保规程，并监督、检查施工现场的安全、环保工作，对违章行业有权作出责令改正、罚款、停工、清退出场等处罚。

⑦ 宣传贯彻国家法律法规及安全环保方针、政策。熟悉各种规章制度，以身作则，不违章指挥，不强迫作业人员冒险作业。

（3）安全总监职责

① 代表勘察单位对项目现场的安全、环保工作行使监督职能，对项目的安全、环保监督质量负责。

② 定期-不定期对项目现场的资源配置、现场危险源的控制、安全环保教育培训、作业人员的安全操作行为及项目经理的安全、环保监管工作进行检查，发现隐患及时要求整改并对整改结果验证。

（4）安全员职责

① 安全员负责做好安全生产的教育和管理工作，检查安全操作规程。

② 对"三违"（即违章指挥，违章作业及违反劳动纪律行为）现象有权制止，并及时处理。同时要坚决服从监理、业主安全管理机构统一协调和管理，对本单位和本部门职责范围内的安全工作负责。

③ 协助技术人员做好开钻前的地下障碍物检查工作，并决定是否进入下一步工序。

（5）各专业作业组组长职责

各专业作业组组长为各相关部门的安全责任人，负责本作业组安全工作的实施，发现有安全隐患时，应立即采取相应措施，并及时报告现场专职安全管理员。

2. 安全交底措施

为使安全管理程序贯彻到每一个管理、技术和施工人员，开工进场前应对全体人员进行安全交底动员大会，要求与会人员在施工实践中狠抓运作和落实。在安全技术交底过程中均形成了书面资料，双方履行签字手续，专职安全生产管理人员参加并检查实施情况。

① 所有施工人员都应接受三级安全培训和教育，定期召开内部安全会议，开展经常性安全教育和安全警示活动，使每一个施工人员充分、深刻地了解安全工作的重要性和迫切性，做到警钟长鸣，防止麻痹、松懈思想的产生。

② 坚持贯彻"安全第一，预防为主"的方针，杜绝人身、孔口、设备等事故发生。

③ 增强安全意识和服务意识，服从领导和安全员的正确指挥，坚守本职工作，不得越级操作，也不得随意离岗，并时刻接受业主、监督安全管理部门在勘察施工过程中进行的监督检查。

3. 关键工序点安全措施

（1）针对地下管线安全措施

由于地下管线属于施工盲点，容易造成损坏，因此，野外作业过程中对地下管线的现场保护是轨道交通勘察重点考虑的问题之一。

地下管线及构筑物的避让和现场保护总体原则遵循"查、访、探、挖、护、听"六字方针：

① 野外钻探准备期间，走访地下管线的主管单位，调查和了解沿线地下管线，地下暗何的位置。钻孔定位后，请各相关单位到现场沿线查看钻孔与各种管线的位置关系，明确管线位置，确保钻孔避开管线。

② 查询、收集管线图，认真阅读地下管线、管道图，明确其位置，结合调查资料，在钻孔布置时尽量避开地下管线管道。

③ 在放孔过程中，仔细观察地面的管线、管道标志，向周围居民了解管线施工历史。对每个钻孔用管线探测仪进行实地探测，确保钻孔孔位避开管线。

④ 钻探施工前，首先进行挖探，在钻探过程中，要求操作人员在确认穿过管线埋设深度前，一定要保持高度警惕，钻机采用轻压慢钻，如感觉与正常操作有异，必须立即停机，通知施工管理人员和管线探测人员到场，重新探测（仪器探测、人工探测）和调查后，确认是否继续钻进或钻孔移位。

⑤ 支立钻机井架时，丈量好支立空间，按规定的安全距离避让空中的动力电缆、通信电缆。

（2）针对道路交通安全措施

勘察人员在进场施工前，邀请交警部门对施工人员进行道路施工交通安全知识讲座，学习交通安全法，使所有进场施工人员在思想上有深刻的理解和充分的准备。

在交通道路上勘察施工时，按照交通管理部门的要求和轨道交通指挥部的要求设置围栏和交通疏导标志，勘察人员需穿戴必要的防护装备，如统一的工作服和反光背心。

当天不能完成的钻孔，在撤场前必须将现场清理干净，用特制的孔口盖盖住孔口，避免伤及行人和过往车辆。

（3）针对水上作业安全措施

① 作业水域水下地形、地质条件的搜集。

② 勘察期间作业水域的水文、气象资料的搜集。

③ 水下电缆、管道的埋设情况的搜集。

④ 人工养殖及航运等与勘察作业有关的资料的搜集。

⑤ 对水域勘察设备及作业平台的选择。

⑥ 锚泊定位的要求。

⑦ 水域作业的技术要求。

⑧ 水下电缆、管道、养殖、航运、设备和勘察作业人员安全生产的防护措施。

（4）针对勘察野外作业安全措施

贯彻执行安全生产岗位责任制，做好对现场作业组的岗前安全教育，制定分工序的安全操作规程和安全奖惩制度。

施工前由项目安全负责人对参与人员进行安全交底，告知作业现场可能存在的危险因素及相应的安全措施。交底时要以书面形式进行，参加交底的人员要有有效的签名。

严格执行地下管线保护措施及各工种安全操作规程，确保地下管线在勘察过程中不受到破坏，施工作业过程安全稳定。

施工现场人员必须做到下列要求：

① 认真做好夏季露天施工的防暑、防雷、防台、防溺等工作。

② 现场作业人员必须戴安全帽，工作服穿整齐，穿高统雨靴或地质皮鞋，戴手套。上塔系好安全带，严禁酒后上班。

③ 严格遵守《钻机施工安全规程》，搞好相互配合，杜绝"三违"现象。

④ 各种施工设备、工具事先要进行严格检查，坚持做到技术性能良好，不允许带故障使用。动力机及水泵避免超负荷运转，高压水管不允许有老化、破损现象，防止水泵整泵伤人或污染环境。

⑤ 开工前，须查清工作区域内有无地下管线、通信电缆等障碍物，并采取针对性的安全措施。

⑥ 在工作中不准谈笑、打闹、睡觉，严禁上班时间擅离岗位。

⑦ 现场管材、工具、物品等应摆放整齐，保持场地干净、整洁。

⑧ 勘探结束后封孔，清理现场，防止污染。

⑨ 船舶及平台必须拼装牢固，设置不低于 1.2 m 的防护栏杆，配齐救生衣（一人一件），备置救生圈及灵敏的通讯工具。

⑩ 登高作业在 2 m 以上须系好安全带。

⑪ 设备、材料、人员的运输船只，须持有航运执照的驾驶人员驾驶。

⑫ 钻机安装、拆迁时，应由机（班）长统一指挥，严禁整体移位。

4．安全应急预案

为了有效预防、及时控制和积极应对道路及附近勘察作业中可能发生的突发安全事故险情，最大限度地减少人员伤亡和其他损失，根据《中华人民共和国安全生产法》和《建设工程安全生产管理条例》有关规定，勘察单位应成立项目安全应急指挥部及应急救援组，建立应急预案，并在紧急情况下启动事故应急处理程序（见图 5.7）。

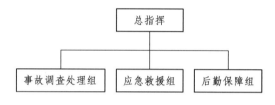

图 5.7　安全管理网络图

（1）事故应急处理程序

① 事故报告。

当项目现场发生事故险情后，现场人员应立即向应急救援组报告，提供准确、简明的事故现场信息，应急救援组接到事故报告后，应立即将事故的信息、发生地点及通讯方式向项目安全应急指挥部报告，同时组织人员火速赶赴事故现场。

② 紧急启动。

总指挥接到报告后，应首先通知后勤保障组，由其分别通知各专业组成员，及时调度车辆，在第一时间集合指挥机构成员赶赴事故现场，启动事故应急救援预案。

（2）现场抢救处理措施

① 现场人员应及时将危险源（如高压线、电线等）进行控制与隔离，并注意措施得当、科学，同时保护好自身的安全，避免事故的进一步扩大，防止二次事故发生。

② 现场人员向应急救援组报告的同时，应立即联系较近的医院，并通知值班车，在救护车辆未到之前，对伤员进行现场简单抢救处理，如情况紧急，现场人员仅 1 人，则可先对伤员进行紧急救治处理，并通知、联系救护车辆。

③ 在救护车辆或应急救援组到达现场之后，应迅速护送伤员赶往就近医院进行抢救。

④ 当因暴风雨等因素对施工人员及设备造成严重威胁，以致可能引起事故险情时，应采用以下方式进行救援：

a. 现场人员立即通知应急救援组组长，并如实的报告现场情况，请求救援和指示，并迅速将施工人员撤离到安全地带。

b. 迅速联系调度救援车辆及救援人员，开赴事故地参加救助。

c. 协助救援队伍援救受伤人员，对伤员进行简单抢救处理。

⑤ 当出现打断地下管线事故险情时，应采用以下方式进行处置：

a. 现场人员立即通知管线所涉及的单位，告知事故发生的地点，险情的程度等信息，并向救援组报告。

b. 及时采用隔离、警戒等措施，以避免事故的进一步扩大。

c. 救援组应及时组织人员配合抢险队做好相关工作。

⑥ 当遇到来自外部的突发性安全事件时（如通行车辆意外冲入施工场地），各作业班组负责人及现场安全员应以最快的速度组织人员撤离，并及时报警，以确保各方安全。

⑦ 救援组在实施现场抢救的同时，应安排人员保护事故现场，妥善保存现场重要痕迹。

⑧ 总指挥在赶赴事故现场的同时，应随时了解、掌握事故进展情况，根据发生事故的性质与严重程度，及时向上级或当地主管部门及建设单位汇报本次事故的动态信息；在到达现场后，应指挥、组织各专业组积极开展事故的应急救援、调查处理等各项工作，针对实施过程中的问题提出进一步的解决措施。

⑨ 后勤保障组应做好事故救援的现场后勤工作，做好与上级和当地主管部门及建设单位的联络、接待工作。

5.3.2.2 文明施工

勘察施工现场的文明施工程度在一定程度上反映了一个企业的精神面貌，并作为企业的一个窗口，展示了企业文化和员工素质，勘察单位应总结类似工程施工经验，并结合工程实际情况，制定文明施工措施。主要应采取以下措施。

1. 提高认识、加大投入

（1）外部宣传：悬挂宣传标语等

为了便于市民监督和自我约束，在工地明显位置悬挂按规定尺寸和规定内容制作的宣传牌，书写上"施工给您带来不便，敬请支持和谅解"、"轨道交通勘察施工对您带来不便，敬请谅解"等宣传标语，使工地与市民之间形成一种和谐的亲和力（图 5.8）。

（2）内部宣传：思想动员

为进一步统一思想，在施工前应对员工进行思想动员工作，明确文明施工的重要性，确保员工树立文明施工的概念，并阐明文明施工具体措施及相关精神。

（3）配置硬件设施：添置文明施工"硬件"设施

陆续添置标准的围挡、夜间警示灯等文明创建的"硬件"。这不仅保障了安全，而且给了市民一个整齐有序、美观洁净的工地现场。常用设备主要有：全封闭状高围挡、半网格状高围挡、低围挡、指示标牌、安全警示灯、安全锥、防撞墩、各种警示提示标牌安全帽、反光背心、救生衣以及值班棚和统一着装等（图 5.9）。

（a）　　　　　　　　　　　　　　　（b）

图 5.8　土地悬挂宣传标语图

（a）全封闭状高围挡（2 m×1.8 m）　　　　　（b）半网格状高围挡（1.8 m×1.8 m）

（c）低围挡（1.6 m×1.2 m）　　　　　　　（d）指示标牌（1.4 m×1.4 m）

（e）指示标牌（1.4 m×1.2 m）

（f）安全警示灯

（g）安全锥

（h）防撞墩

（i）标牌

（j）标牌

（k）限速标牌

（l）慢行标牌

（m）××标牌

（n）值班棚（2 m×2.5 m）

图 5.9　文明施工硬件设施

2. 规范操作，延续文明施工内涵

（1）规范围挡的设置

围挡全部采用硬质高围挡，全线统一标准，钻探孔每台钻机硬质高围挡数量 14 块（全封闭高围挡 4 块，单封闭高围挡 10 块），原位试验孔围挡数 10 块（全封闭高围挡 4 块，单封闭高围挡 6 块），并将施工设备全封闭，围挡上部要求通视良好，前后一定距离放置安全锥引导，保证施工和通行的安全。

在进场施工前，对钻机、三脚架等进行重新喷漆，施工过程中对外观受影响及损坏的围挡及时进行修复和喷漆，确保围挡的形象。在施工过程中对围挡做到每天擦洗（图 5.10）。

（a）库房内的围挡

（b）施工期间围挡

（c）施工期间围挡

（d）施工期间围挡

（e）施工期间擦洗钻机

（f）施工期间清理围挡内地面

图 5.10　围挡

（2）控制施工泥浆问题

在施工过程中，采用泥浆循环护壁施工方法，以及有效措施将泥浆与路面隔离，禁止将泥浆向施工现场围挡外路面、下水道、电缆沟和附近水域任意排放，杜绝泥浆溢流，保证施工现场和附近水域不受泥浆污染。所有泥浆坑和泥浆循环通道均在钻孔施工完成后予以清理。在市区和交通道路上钻探时，使用专用泥浆桶进行泥浆循环，避免泥浆污染路面（图 5.11）。在有密集人员通行的道路上施工时，必须做到以下几点：

（a）专用泥浆桶

（b）铺垫彩条布

图 5.11　控制施工泥浆方法

① 备用彩条布，尺寸约 3 m×6 m，冲岩芯时在地面上铺垫，以防泥浆外泄。

② 冲岩芯时必须用清水，不能用泥浆水。

③ 冲岩芯时，岩芯管浆液易喷出部位用彩条布或其他物品盖住，防止泥浆四溅。

④ 当路人围观时，由施工机班长进行劝导其离开或远离，以防安全意外和泥浆溅人等事件发生。

在施工过程中每台施工班组都配备了两个经加工后的一半开口柴油桶，岩芯管冲岩芯时放在柴油桶上，使泥浆流入柴油桶内，防止泥浆外漏到作业区，确保了作业区的干净。

（3）规范渣土放置（图 5.12）

混凝土路面勘探孔开挖采用切割机切出设备所需的路面面积，钻机孔约 1.2 m×1.0 m、静探及扁铲等原位测试孔约 1.0 m×0.8 m 的正方形规格面积，再进行人工挖孔。当天不能完成的钻孔，在夜间要求撤场时，必须将废土一起装车带走，并将路面清扫干净。在机动车道及非机动车道上的已开挖孔在设备安装前，先在孔内填入适量的砂包或草包，然后用特制的孔口盖板（尺寸为 1.5 m×2.0 m 或 1.5 m×1.5 m）盖住孔口，以确保车辆通行及行人安全。在其他如小区门口及绿化带上已开挖的勘探孔，在设备安装前要求在孔前后位置设置低围挡、警示灯和警示牌或警戒线等道路安全标志，避免伤及行人和过往车辆。

图 5.12　渣土袋装

（4）规范钻孔回填修复

勘探孔施工完毕后，马上进行孔口的回填。要求全部采用硬质建筑材料进行回填（碎石、砂及少量黏性土按一定比例混合），防止后期路面坍陷，严禁采用取剩的岩芯回填（回填效果见图 5.13 及图 5.14）。首先对其表部进行平整等初步恢复。在位于人行道和非机动车道等城市道路上的勘探孔在进行初步恢复后，要做好现场的保护。然后每天向路政部门报告可以修复的位置，最终请他们按市政有关规定修复验收，恢复使用功能后，勘察单位再撤走围挡及盖板等设施。在未修复期间，勘察单位应专门组织人员进行巡查，对移位的围挡、盖板等及时进行复位，确保人、车的通行安全。

图 5.13　沥青路面回填效果　　　　　　图 5.14　绿化带回填效果

（5）进行场地环境清理（图 5.15）

勘探孔施工完毕，孔口回填后，马上进行施工现场的清理工作。设备拉出后，由专门小组对现场进行清扫。应对遗留的物品进行回收，特别是一些如手套等的小东西，对施工现场打扫干净后要用清水进行冲洗，恢复路面清洁。

整理恢复施工影响的绿地、苗木等并对其进行清洗。

在绿化带上施工时，对现有种植的树木、花草等先作临时移植，施工结束后恢复原状并委托城市绿化养护部门进行移植和养护，确保花木成活率。

（a）冲洗绿化带　　　　　　　　　　　（b）冲洗绿化带

（c）人行道场地环境清理后　　　　　　（d）绿化带场地环境清理后

图 5.15　场地环境清理

3. 加强动态管理，巩固和完善成果

为了搞好文明施工，勘察单位应成立了文明施工现场领导小组，建立了文明施工管理网络，制定了文明施工管理方案，健全了围挡、降浆、清渣、便民、减噪的措施，并选派了专职文明施工管理员。

同时施工是动态的一个过程，静态的措施方案很难适应动态施工的要求，因此要做好文明施工就必须实行动态管理。应根据现场的实际情况不断调整措施，管理人员、渣土清扫员都依照施工的实际情况来设置，并及时更换施工面乱搭滥盖的简易工棚和休息棚，全线统一配发专用工棚，发现破损围挡及时更换等。领导小组发现问题当场解决，使文明施工不断得到巩固和完善。

第6章 勘察报告编写与审查

软土城市轨道交通勘察报告应在搜集以往资料,取得工程地质调查与测绘、勘探、测试和室内试验成果的基础上,提供工程场地和沿线邻近地带的工程地质和水文地质资料,结合勘察阶段、工程特点、设计方案、施工方法对勘察工作的要求进行岩土工程分析与评价。

6.1 勘察报告的编写

勘察报告应资料完整、数据真实、内容可靠、逻辑清晰,文字、表格、图件相互印证,并符合相关国家标准要求。勘察报告中岩土工程分析评价应在定性分析的基础上进行定量分析,并充分考虑当地经验和类似工程经验,论据充分,针对性强,所提建议应技术可行、经济合理、安全适用。

6.1.1 勘察报告的基本内容和总体要求

勘察成果报告按阶段不同可分为可行性研究阶段岩土工程勘察报告、初步勘察阶段岩土工程勘察报告和详细勘察阶段岩土工程勘察报告三种类型。施工阶段如开展过施工勘察工作,应提交施工勘察报告。当工程线路或场地附近存在对工程设计和施工有重大影响的岩土工程问题时必须进行专项勘察并提交专项勘察报告。各阶段的勘察报告内容均需满足规范和各阶段的功能、深度要求,内容包括文字部分、表格、图件,重要的支持性资料可作为附件。

勘察报告应符合以下总体要求:各阶段勘察成果资料整理应具有连续性、完整性;相邻区段、相邻工点的斜接部分或不同线路交叉部位的勘察成果资料应互相利用、保持一致;勘探点平面图宜取合适的比例尺,应包含地形、线位、站位、里程、结构轮廓线等;绘制工程地质断面图时,勘探点宜投影至线路断面上,断面图应包含里程标、地面高程、线路及车站断面等;地质构造图、区域交通位置图等平面图应包括线路位置和必要的车站、区间的标识;勘察报告中的图例应符合规范要求。

6.1.1.1　可行性研究阶段

可行性研究勘察目的是调查工程线路场地的岩土工程条件、周边环境条件，研究控制线路方案的主要工程地质问题和重要工程周边环境，为线路、站位、线路敷设形式、施工方法等方案的设计与比选、技术经济论证、工程周边环境保护等提供地质资料。

可行性研究岩土工程勘察报告宜按照线路编制，应重点突出以下内容：

① 工程线路场地区域地质、构造地质、地震动峰值加速度及其对应的地震基本烈度、地层液化评价描述。

② 沿线地形、地貌、地层岩性、地下水以及特殊性岩土、不良地质作用及地质灾害等内容描述；对影响线路方案的不良地质作用、地质灾害、特殊性岩土及关键工程的工程地质条件要重点论述或专题论述，分析其对线路的危害，提出规避、防治的初步建议。

软土地区城市应把软土作为重点研究对象，对软土的成因类型、成层条件、分布规律、层理特征、水平向和垂直向的均匀性、固结历史等全面分析并描述；评价场地稳定性及工程建设适宜性，并调查本地区工程建设经验。

③ 工程所在地气象、水文情况描述，以及相关的河流、湖泊、水利、防洪设施情况以及河流、湖泊等的历史变迁情况描述。

④ 影响线路方案的沿线重要建（构）筑物、管线、桥涵、隧道、已建轨道交通设施等工程周边环境的设计与施工资料调查情况，并对调查结果在相关章节中阐述。如有相关的运营监测、变形监测资料，可在报告中对变形情况加以说明。

6.1.1.2　初步勘察阶段

初步勘察是在可行性研究勘察的基础上，针对不同的线路方案，初步查明工程线路、车站、车辆基地和相关附属设施的工程地质和水文地质条件，分析评价地基基础形式和施工方法的适宜性，结合区域经验预测可能出现的岩土工程问题，提供初步设计所需的岩土参数，提出复杂或特殊地段岩土治理的初步建议。初步勘察阶段岩土工程勘察报告宜按照线路编制或按照地质单元、线路敷设形式编制，对以下内容重点论述：

① 沿线地质构造、岩土类型及分布、岩土物理力学性质、地下水埋藏条件，工程地质分区。

② 软土、填土、风化岩和残积土污染土等特殊性岩土的类型、成因、分布范围、规模、工程性质，分析其对工程的危害程度并提出初步处理建议。

③ 沿线场地各种不良地质作用的分布、规模、特征及发展趋势，结合地区经验进行风险评估，预测其对工程的危害程度并提出初步治理方案。

④ 沿线地下水位、地下水类型、分布范围、水位变化、补给排泄条件，水和土对建筑材料的侵蚀性。对承压含水层要专门章节论述。地表水要明确与地下水的水力联系。

⑤ 基岩岩性、力学参数、风化程度、完整性。

⑥ 场地类别、场地土类型、抗震设防烈度、设计地震加速度、设计地震分组，砂土、粉土层液化判断。

⑦ 地基土物理力学参数、基坑支护设计参数，地基基础方案初步分析。

⑧ 对关键工程（节点工程）可能出现的岩土工程问题专题论述并提出预防措施。

6.1.1.3 详细勘察阶段

详细勘察以查明场地工程地质和水文地质条件为目的，报告中必须评价地基、围岩及边坡的稳定性，根据场地水文地质和工程地质条件的普遍性与特殊性，预测建设与运营期间可能出现的各种岩土工程问题，对地基基础、基坑工程、边坡治理、地下水控制、周边环境保护等提出方案和建议，提供设计施工所需岩土参数。

详细勘察阶段岩土工程勘察报告宜按照车站、区间、车辆段、综合基地等工点分别编制。勘察报告应包括文字部分、表格、图件，重要的支持性资料可作为附件。详细勘察报告内容如下：

1. 文字部分宜包括的内容

（1）前言部分

宜包括任务来源、拟建工程概况、勘察范围、勘察要求与目的、勘察任务依据及执行标准、勘察方法、完成工作量等。拟建工程概况宜重点叙述线路的走向、敷设方式、结构形式、施工方法、环境条件等；勘察任务依据及执行标准宜包括招标文件、甲方提供的文件、设计提交的文件、已有工程资料以及勘察所执行规范等。

（2）地形、地貌、水文、气象条件以及环境条件

环境条件宜重点叙述沿线的环境条件（包括地下障碍物）及其可能给地铁施工带来的相关不利影响。

（3）区域地质概况

宜包括区域构造特征、区域地震活动特征、区域工程地质特征。

（4）工程地质条件

工程地质条件包括场地条件、岩土层岩性特征、埋藏分布规律、岩土物理力学性质、岩土施工工程分级、隧道围岩分级等。

（5）不良地质作用和特殊性岩土的描述，及其对工程危害程度评价

说明不良地质作用及特殊性岩土的类别、分布范围、特点、主要物理力学指标，并评价其发展趋势。

（6）水文地质条件

包括地下水类型、赋存条件、补给、径流、排泄条件、地下水位、历史最高最低水位与变化幅度以及对建筑材料的腐蚀性，并评述其对工程设计与施工的影响。

（7）地震效应评价

包括场地土类型、场地类别的划分、抗震设防烈度、液化判别和软土震陷等地震效应评价。

（8）场地稳定性和适宜性评价

（9）岩土工程参数统计、分析评价、选定

对报告中各种测试数据进行概述，并进行统计、分析评价，提供参数建议值。

（10）岩土工程分析与评价

宜重点评述：各类建筑工程的地基基础设计方案分析评价；基坑工程分析评价；不良地质作用及特殊性岩土对工程影响的分析评价；地下水、土对工程影响的分析与评价；周边环境条件与工程相互影响的预测及防治对策。

岩土工程分析与评价应结合拟建工程特点与施工方法，其中地下车站宜按主体、出入口、风亭、通道等分别进行评价；地下区间宜按隧道、联络（施工）通道、泵房、施工竖井（盾构井）等分别进行评价；车辆基地宜按出入段线、基地内建筑、股道分别进行岩土工程评价。同时岩土工程分析与评价应针对不同的基础形式（天然地基、地基处理、桩基础等）、施工方法（如明挖法、矿山法、盾构法等）分别进行，提出所需的岩土参数，必要时提出设计、施工建议。

（11）结论与建议

根据岩土工程分析评价结果，对设计及施工提供相应的结论与建议。

（12）其他

如需进一步开展的工作，遗留的问题以及需要补充说明的问题。

2. 表格宜包括的内容

① 勘探点主要数据一览表、勘探作业异常孔一览表。
② 各岩土层物理力学性质指标综合统计表。
③ 原位测试成果统计表。
④ 土工试验成果表。
⑤ 岩石试验成果表。
⑥ 水质分析成果表。

3. 图件宜包括的内容

① 勘探点平面布置图。
② 工程地质纵、横断（剖）面图。
③ 钻孔综合柱状图。
④ 原位测试成果图。
⑤ 单孔水文地质试验综合成果图。

⑥ 岩土试验成果图。

⑦ 必要时提供区域地质构造图、水文地质图、综合工程地质图、重要地层等值线图及其他相关图件。

4. 以附件形式提供的内容

① 勘察任务书。

② 相关专题报告。

③ 岩芯照片等影像资料。

6.1.2 施工勘察

施工勘察是针对施工方法、施工工艺的特殊要求或施工中出现的工程地质问题而开展的工作。城市轨道交通工程尤其是地下工程经常发生因地质条件变化而产生的施工安全事故，因此施工勘察应用较广。

施工勘察报告中应重点阐述以下内容：

① 施工中所遇到的新的岩土工程问题，具体表现及特征。针对所出现的问题的初步处理方案以及对勘察的要求。

② 施工中发现的与已有资料不一致或不相符的内容。

③ 施工方法或施工工艺特殊要求内容及需要补充的参数。

④ 工程事故或工程险情描述，处理所需参数。

⑤ 针对上述问题拟采用的手段及投入的工作量。

⑥ 对工程地质问题的分析评价，新的岩土参数及工程处理措施建议。

⑦ 如针对施工安全事故的施工勘察及事故原因分析，并提供新的岩土参数及事故处理方案建议。

6.1.3 专项勘察

专项勘察是针对复杂地质条件、不良地质条件、特别地质现象、施工新技术新工艺方法、施工异常等而进行的满足特殊需求或专题服务的调查勘察工作。

专项勘察报告专题内容在深度和广度上要超越常规勘察，有针对性、侧重点的对专门问题深入调查、分析、研究，专项报告应提供以下内容：

1. 工程周边环境专项调查

拟建线路平面影响范围内建（构）筑物形式（中线左右 20 m，基坑开挖区域中线左右 50 m）、年代、基础形式、基坑支护形式、工后变形情况，并注明资料来源、调查手段、深入程度，分析工程建设运营与建（构）筑物相互影响程度及风险等级，提出因地制宜的保护措施或处理措施建议。

2. 地下障碍物及管线情况专项调查

应包括地下管线类型、空间分布、走向、材质、接口形式、工作压力、保护要求、修建年代、基础类型、变形控制。

3. 不良地质作用及特殊性土专项勘察

软土地区常见不良地质作用包括滑坡、崩塌、区域地面沉降、浅层气、地裂缝、人为坑洞、水库坍岸等，不良地质作用专项勘察应重点论述产生背景、特征及根治的措施意见。

软土地区特殊性土主要为回填土、吹填土、污染土、泥炭。特殊性土专项勘察报告应重点论述其分布范围、规模、工程特性、设计施工参数等。

4. 水文地质专项勘察

工程水文地质勘察是岩土工程勘察的内容，一般在岩土勘察中进行，当岩土勘察工作不能满足要求，或工程设计或施工过程中地下水问题突出时，则需补做或专做工程水文地质勘察工作，查明地下水的不良作用和防治措施。例如当场地水文地质条件复杂，在基坑开挖过程中需要对地下水进行治理（降水或隔渗）时，应进行基坑支护工程水文地质勘察。

水文地质专项勘察报告要提供以下资料：

（1）地下水类型和含水层的分布、埋藏情况

① 地下水类型。地下水按赋存介质特征分为松散岩类孔隙水、碎屑岩类裂隙孔洞水、碳酸盐岩类裂隙溶洞水、火山岩裂隙孔洞水和基岩裂隙水；按埋藏条件和水力特征分为上层滞水、潜水和承压水。

② 含水层层次、岩性、分布、埋藏深度、厚度。含水层包括碎石土（卵石、碎石、圆砾、角砾）、砂性土（砾砂、粗砂、中砂、细砂、粉砂）、粉土以及裂隙发育的基岩风化带、构造破碎带、红层的裂隙孔洞带、玄武岩裂隙气孔带、灰岩的裂隙溶洞带。隔水层包括黏性土（包括淤泥）和致密完整岩石。

（2）地下水静止水位及其变化幅度

天然地基承载力设计值的计算、砂土地震液化判别、膨胀土胀缩深度的确定、基础深度的确定、边坡稳定性评价、基坑土侧压力计算、基坑降水量和地下工程涌水量计算、基坑坑底突涌计算、地下室底板抗浮计算、判别岩土渗漏变形（流土、管涌、潜蚀）等一系列问题，都需要地下水静止水位资料。地下水静止水位应准确测定，一般在终孔后 24 h 后统一测定。测定时，尽量利用抽水孔、观测孔观测，必要时下测水管观测。地下水位受地形、气象、水文和人为因素的影响而变化，要搜集区域水文地质资料、邻区资料或通过长期观测和调查访问，查明地下水水位变化特征。地下水位一般随季节变化，海岸带随潮汐变化，江湖岸受洪汛影响，人工采排区受抽水影响。在进行地下室底板抗浮计算时，应提供最高地下水水位资料。如无最高地下水水位资料，平原区地下水设防水位可取建筑物的室外地坪标高。

（3）地下水的补给、径流、排泄条件

根据地形地貌、气象、水文、地质结构、含水层分布埋藏条件及其水力联系、地下水流向和动态变化特征分析、论述。地下水流向根据等水位（压）线图确定。水力坡度可根据等水位（压）线图计算。

（4）地下水化学成分及其对建筑材料腐蚀性评价

需要时应进行生活饮用水适宜性评价。只作腐蚀性评价时作简分析（又称工程水分析），需作生活饮用水适宜性评价时作全分析。混凝土结构处于地下水位以上时，应取土样做土的腐蚀性测试。

（5）测定水文地质参数

根据工程要求，通过抽水实验、渗水实验、注水实验、压水实验、地下水流速测定、孔隙水压力测定、长期观测和室内实验，提供渗透系数、影响半径、导水系数、给水度、释水系数、单位吸水率、地下水实际流速、孔隙水压力等参数。在一般性工程勘察中，常常只做简易抽水实验，稳定时间 4 h，提供粗略的渗透系数。重要工程应做 2 次以上降深抽水实验，宜最少布置 1 个观测孔，最大水位降深宜接近工程设计所需要的水位降深的标高或达到设计疏干降深的一半。一般采用大井法计算地下工程涌水量。

（6）预测地下水引起的不良地质作用

主要有：地面沉降、塌陷、边坡失稳、地下工程突水。

5．冻结法专项勘察

冻结法专项勘察报告应重点提供以下内容：

① 含水层的层位、地下水流速及是否承压水。

② 黏土层分布、层厚及平面分布的连续性。

③ 气象及地温资料，土层含盐量及 pH。

④ 施工现场附近地下建构筑物、管线的位置及状况。

⑤ 土的颗粒级配、含水率、液、塑限、密度及冻土中的未冻水含量和冻结温度、土的渗透系数、冻土和融土的比热、导热系数、冻胀和融沉特性。

⑥ 冻土的物理力学特性，包括未冻水含量、冻结温度、冻胀率、冻土强度。

6.2 勘察报告的审查

6.2.1 勘察报告的内部审查

岩土工程勘察报告，是在搜集已有资料后，在工程地质测绘、勘探、测试、检验与监测所得各项原始资料和数据的基础上，通过整理、统计、归纳、分析、评价而成。岩土工程勘察报告的核心内容包括土的工程分类、岩土工程参数、岩土工程分析评价、基础方案建议、地下水参数等。岩土工程勘察报告的内部审查，是提高岩土工程勘察成果质量的重要环节，未经审核（审定）的岩土工程勘察报告不得提供给建设单位和设计单位使用。审查的重点包括如下几个方面：

1. 原始资料的完整性、真实性、准确性

原始资料是岩土工程勘察报告的第一手材料（第一性资料），是进行各项综合整理、分析研究的基础，原始资料主要包括场地区域地质背景资料、地质观察路线、实测剖面、场地放样记录、钻孔资料、原位测试、室内试验报告、载荷试验资料、水文试验资料等，上述资料的齐全、详细和可靠程度，将直接影响勘察报告的编制。

2. 岩土参数的可靠性和适用性

岩土参数的分析与选定是岩土工程分析评价和岩土工程设计的基础。评价是否符合客观实际，设计计算是否可靠，很大程度上取决于岩土参数选定的合理性。

岩土参数可分为两类：一类是评价指标，用以评价岩土的性状，作为划分地层鉴定类别的主要依据；另一类是计算指标，用以设计岩土工程，预测岩土体在荷载和自然因素作用下的力学行为和变化趋势，并指导施工和监测。

工程上对这两类岩土参数的基本要求是可靠性和适用性。

① 可靠性，是指参数能正确反映岩土体在规定条件下的性状，能比较有把握地估计参数真值所在的区间。

② 适用性，是指参数能满足岩土工程设计计算的假定条件和计算精度要求。

报告审查必须对主要参数的可靠性和适用性进行分析，并在分析的基础上选定参数。

3. 岩土工程分析评价正确性和客观性

岩土工程分析评价是勘察报告的核心内容。它是在各项勘察工作成果和搜集已有资料的基础上，依据工程的特点和要求进行的。

4. 方案、建议的合理性、先进性、经济性

勘察报告中必须提出地基与基础、基坑工程、边坡工程、地下洞室等各项岩土工程方案设计的建议，方案建议是否合理、经济和施工方便，关系到工程的质量保证、工程投资和工期，因而必须合理可行且具有先进性。

5. 与规范、强制性条文、勘察纲要、质量计划、内部管理制度的符合性

岩土工程勘察报告一般实行二检二审（审核、审定）制。勘察报告在审核（审定）前项目负责人应对成果资料进行自检，并由指定人员进行互检（核对）后，将其送交审核员，由勘察报告审核员进行审核，审核员审核后送技术负责部门进行审定。审核（审定）人应对勘察报告的自检和互检（校对）情况进行审查，对未经充分自检和互检的报告，责令项目负责人和校对人员进行重新检查。审核（审定）人对工程勘察全过程质量有否决权，当

质量否决意见与项目负责人有原则争议时，可提请技术质量部门以及总工程师复议。

工程勘察成果报告的审核、审定按《岩土工程勘察纲要》或《岩土工程勘察质量计划》及其中规定的相关规范、规程要求执行。应审查原始资料是否齐全，实际完成的工作量是否满足合同、技术委托书和勘察纲要的要求，如工作量有较大增减，有否变更依据。审查钻探工作、地质编录、取样、岩土试验、水质分析资料等的质量情况。室内分析、整理、绘制的各类图表和文字报告的审查，要审查各类试验数据与地层岩土性特征是否吻合、工程地质层的划分是否合理、提供的设计参数是否可靠、文字报告内容是否齐全并突出重点、结论与建议是否切合实际、能否满足设计和技术委托要求，各类图、表是否充分，审查各类图表和文字报告的格式内容是否符合有关规定要求。审核（定）后应分别在《勘察成果审核（审定）意见表》上签署相应的审核（定）意见。

勘察报告完成后宜先进行自审，完成自审并修改结束后，宜送至技术负责部门（如总工办）进行内部审查。内部审查宜包括以下内容：

① 强制性条文：《工程建设强制性条文》中有关勘察和地基基础方面的强制性条文是否严格执行。

② 相关责任及签章：勘察单位的资格是否具备；勘察文件（包括勘察报告、独立完成的专题报告及试验报告等）公章是否有效，勘察文件单位责任人、勘察项目责任人以及各类图表、原始记录人签章是否齐全、有效。

③ 勘察依据：

a. 工程建设标准：选用的规范、规程是否有效、完备，是否适用于本工程，是否是最新的规范。

b. 勘察任务委托书：委托的勘察任务是否明确；勘察文件是否满足任务委托要求。

c. 勘察文件深度：是否满足勘察文件深度规定的要求。

④ 拟建工程概述：拟建工程概况，如位置、高度、层数、结构与基础形式、基础埋深等是否明确；勘探点坐标引测依据及高程是否明确。

⑤ 勘察工作的目的、任务与要求是否明确。

⑥ 勘探与取样的数量、间距与深度是否符合规范要求，勘探方法是否适当，取样方法是否符合规范标准要求。

⑦ 测试是否符合要求，原位测试方法是否适当、数量是否满足要求，测试内容是否符合规范要求；室内试验指标种类、试验方法是否符合规范标准要求。

⑧ 地层划分及描述是否合规。

⑨ 地表水与地下水量测是否符合现行规范要求，地下水参数是否合理，水的腐蚀性判别是否符合场地环境条件，判别结果是否准确。

⑩ 场地抗震设防是否准确、场地类别划分依据是否充分、液化判别是否有效合理。

⑪ 不良地质作用及特殊土的评价方法、结论及处理措施是否符合规范要求。

⑫ 岩土参数的分析与选用是否满足规范及设计要求。

⑬ 地基与基础方案的评价与建议：天然地基、地基处理、桩基础等方案的选择是否合理可行，提供的参数是否全面合理；基坑支护方案是否合理可行，提供的基坑支护岩土

参数是否全面合理；建议的降水方法是否合理可行，参数是否合理。

⑭ 施工与环境的相互影响预测是否全面，处理措施是否合理可行。

⑮ 各类图表是否满足规范及设计要求，各项指标之间的关系是否吻合。

6.2.2 勘察报告的外部审查

勘察报告在勘察单位完成内部审核后形成勘察报告送审稿，分送总体院、咨询院、工点设计院、勘察监理单位，由各院专业人员对勘察报告进行审查。工程建设单位组织勘察成果评审会，各院提交书面审查意见，同时形成会议纪要，勘察单位根据各院提交的书面审查意见及会议纪要对勘察报告进行逐一修改，并对各设计院及监理审查意见均进行逐一回复，回复意见均应采用纸质版签字盖章。修改后的勘察报告由工程建设单位组织全国各地轨道交通工程专家进行勘察报告评审会，会议期间形成勘察成果评审意见及各位专家评审意见。勘察单位根据评审意见对勘察报告进行逐一修改后正式提交最终成果报告。

6.2.3 施工图强审

勘察报告的施工图审查是指施工图审查机构按照有关法律、法规，对施工图涉及公共利益、公众安全和工程建设强制性标准的内容进行的审查，是岩土工程勘察质量把关的最后一道防线。岩土工程勘察报告必须通过施工图强审。

施工图强审主要查审三个方面：

① 该做的做了没有，如测试、评价。

② 做到规定的程度没有，如数量、深度等。

③ 其结果与当地经验的吻合程度如何。

施工图强审内容主要有：对工程勘察报告是否符合《工程技术强制性条文》和其他有关工程强制性标准；提供的参数、结论与建议是否存在安全隐患；是否损害公众利益；是否达到勘察文件深度规定的要求；是否符合经政府有关部门批准的作为勘察依据的文件要求。

第 7 章　勘察监理

准确可靠的勘察成果是工程设计与施工的基础，是制约整个工程建设的关键环节，有效的勘察监理工作是做好工程勘察工作的保障。

城市轨道交通勘察线路长，内容多，工作量大，技术要求高，易受城市道路、地下管线、既有建（构）筑物等因素的影响和制约，因此勘察监理工作的必要性显得更为迫切，其不同于设计、施工监理的特点也显得尤为突出。

软土具有的细颗粒成分多、孔隙比大、天然含水率高、压缩性高、强度低、渗透性极弱等特性，使得软土城市轨道交通工程在流、软塑状态的软土等复杂的工程地质条件下穿越，由此勘察质量的好坏将对整条线路今后的设计、施工、运营产生较大的影响，对此本章将从勘察监理依据和目标、工作程序和方法、监理重点、监理成果等四个方面对软土城市轨道交通工程勘察监理进行一些探讨。

7.1　勘察监理的特点

勘察监理，与设计、施工监理在形式上有一定的相似性，但其工作内容和性质又有很大的不同，带有一定的科研和咨询性质。轨道交通勘察监理，要求监理人员既要熟悉地质勘察的一般技术要求，又要了解轨道交通工程设计与施工中各种岩土工程问题的分析评价原理，并需要扎实的理论基础和丰富的勘察技术经验。

7.1.1　勘察监理管理任务特点

① 线路长，任务重。勘察监理单位须合理调配人力，旁站监理与巡视相结合，全面监控与重点监控相结合，抓住关键问题。

② 影响因素多，变更复杂。软土地区地下空间地质环境往往变化较大，而勘探孔的布置又易受到城市道路、既有建筑物和地下管线布置的约束，常常需要移位。

③ 位于闹市区，安全文明施工要求高。对距离管线较近的勘探孔的开孔方式、施工区安全警示、草木保护等问题要预先考虑周全。

7.1.2　勘察监理技术要求高

① 轨道交通工程结构设计复杂，涉及工法多，勘察要求高，且具有诸多特殊性要求，相应的规范尚不成熟。地基土基床系数、热物理指标等特殊性参数的确定，水文地质参数的确定及危害性分析，软土地层的评价与对策建议，各类工法遇到的岩土工程问题评价建议等，都有待进一步研究。

② 城市浅层地下空间、地质环境有特殊特点，且地质条件变化大，勘察中正确识别与描述有一定的难度。

③ 受干扰和约束因素多，需要多种技术手段相结合。位于闹市区，布孔易受到空间和时间限制，各种物探易受电磁、行车振动、水泥路面等多种干扰和制约，单一手段往往难以奏效。

对以上问题的把握和统筹规划给勘察监理提出了很高的技术要求。

7.2　勘察监理依据和目标

软土城市轨道交通工程地质勘察监理工作必须依据国家政策、法规及铁路行业标准、规范、规程以及建设项目的相关技术文件对轨道交通工程地质勘察的过程、手段、勘察成果资料进行检查、管理和监督，以保证地质勘察工作的质量满足设计的要求。其具体勘察依据和勘察目标归纳如下。

7.2.1　勘察监理依据

① 有关工程建设及质量管理的法律、法规、城市规划，国家规定的建设工程勘察、设计深度要求。

② 国家、铁路行业和地方现行的工程地质勘察、测试、试验相关的规范、规程、标准、规定等。

③ 项目建议书，可行性研究报告及其批复意见。

④ 体现建设单位建设意图的勘察、设计规划大纲，纲要和合同文件。

⑤ 本项目的工程地质勘察监理合同。

⑥ 工程勘察实施过程中建设单位下达的工程变更文件。

⑦ 工程勘察过程中有关会议纪要、函件和其他文字记载，业主、勘察、设计、勘察监理方达成协议的有关书面材料，勘察监理工程师发布批准的方案和发出的指令。

7.2.2　勘察监理目标

（1）安全文明施工控制目标

要求勘察单位钻探施工前取得城管、交警、绿化等部门的许可，并应向电力、供水、燃气、电信等管线公司咨询勘探范围内的管线情况，再进行管线物探探测，同时要求所有钻孔开钻前必须开挖样洞，以防止管线事故的发生。

要求勘察单位钻机进场先按业主认可的统一标准进行围挡，围挡周边设昼夜警示灯和警示牌或设置警戒线等道路安全标志。

督促勘察单位按要求对所有钻孔做好封孔工作，避免给后期的隧道施工留下安全隐患。

检查现场安全防范措施的落实情况，加强施工人员安全文明施工和环境保护意识，加强现场巡查，无重大施工投诉，不发生重大安全事故。

（2）质量控制目标

通过对勘察单位的管理进行有效的监控，让其投标承诺和质量保证措施落到实处，并通过现场抽查、巡查、旁站，及时发现问题，提出改正建议，并按国家、行业和地方相关技术规范、规程、标准、规定，以及建设项目的设计文件对岩土工程勘察报告进行审查，杜绝重大质量问题的发生，确保勘察单位提交的岩土工程勘察报告顺利通过专家评审，满足设计与施工的需要。

（3）进度控制目标

勘察进度控制目标是指本工程初勘与详勘勘察进度分别符合设计与工程项目进度要求。监理单位将在监理过程中跟踪掌握进度情况，抓住控制节点的进度，督促勘察单位按计划完成岩土工程勘察工作。

（4）投资控制目标

按照国家和地方的相关法律、规定、技术标准、规范、规程，以及建设项目的相关技术文件对岩土工程勘察工作量的布置进行详细审查，既要求满足勘察精度和工程设计要求，也要避免不必要的勘探投资。

若设计方案变更，监理单位将对岩土工程勘察方案的调整进行相应的审查，保证勘察方案满足设计变更的要求，但应避免增加不必要的工作量。

7.3 勘察监理工作程序和方法

7.3.1 勘察监理工作程序

为使勘察监理工作顺利开展，勘察施工进场前监理单位应首先编制《勘察监理规划》、《监理工作制度》、《监理实施细则》，明确总体要求所涉及的各种工法的勘察要点。针对勘察大纲编写、勘察取样、水文地质调查、成果分析与勘察报告的编制提出具体的要求。

认真分析勘察技术方案能否达到勘察目的，勘察手段与工作量是否恰当，现场技术人员专业素质和数量能否满足勘察需要。审查中还要做到实地落实和图上落实。

为清晰表达岩土工程勘察监理工作流程，根据工程特点及监理流程绘制岩土工程勘察

监理工作流程图，见图 7.1。

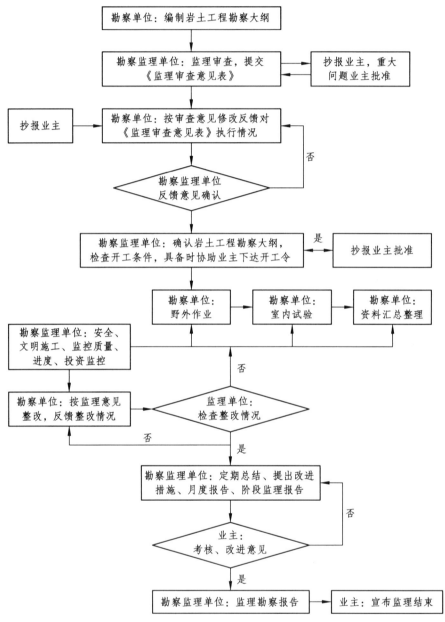

图 7.1　勘察监理工作流程图

7.3.2　勘察监理的工作方法

在勘察具体实施过程中对勘察单位的管理进行监控，让其投标承诺和质量保证措施落到实处，并通过现场抽查、巡查、旁站和进度跟踪，及时发现问题，提出改正建议，以达到勘察进度满足设计及工程项目的进展需要，最后对勘察报告送审稿进行审查，确保勘察报告顺利通过专家评审，满足设计与施工的需要。

勘察监理的一般工作方式有：

① 采取目标管理的方法，将每日工作明确列出，合理安排人员开展工作，目标明确地进行针对性监理，并按照"事前预防，事后控制"的要求事先制定相应措施确保施工任务按要求完成，事后总结分析，不断提高。

② 对各阶段岩土工程勘察大纲和岩土工程勘察报告等文件按审查要点进行审查。

③ 对勘察开工准备、勘探测试等各工序的质量与进度主要采取现场巡视和抽查、加强旁站和资料审查相结合的方法进行监理。钻探成果采取单孔验收的手段进行验收。

④ 一般问题采取口头通知的方式督促勘察单位执行，较为重要的问题及口头通知后尚未及时执行的问题，发出书面通知书。

⑤ 严重问题，直接以书面通知建设单位和勘察单位。

⑥ 关键的或有争议的部位、现象，进行照相取证。

⑦ 以质量验收资料和计量审核单的签证为主要控制手段。

7.4　勘察监理重点

7.4.1　安全、文明施工

① 根据轨道交通工程勘察的具体特点审查勘察单位的安全措施及相应的安全保证体系及应急预案。

② 督促勘察单位做好开工、上岗前的有关人员的安全、文明施工教育、培训工作。

③ 监督勘探现场设立安全勘探的隔离挡板、路栏等，施工围挡需采用业主认可的硬质高围挡，全线统一标准；看班棚必须按标准统一搭建在指定位置，严禁放在围栏内；施工人员统一着装及安全用品齐全等。

④ 勘察过程中需严格执行国家、省市及轨道交通指挥部相关安全文明施工规章制度，严格执行开孔程序，每道工序需技术员/安全员和监理签字后，方可进入下一道工序。

⑤ 钻探完毕后进行现场清理，开孔挖好的坑土也要即时清理。

⑥ 若发现勘察单位违章作业则及时制止，并督促其整改，对重大安全问题有权责令停工整改。

7.4.2　协调工作

建立例会制度，加强业主、监理单位、勘察单位三方有效的沟通，及时解决岩土工程勘察过程中遇到的有关问题；协调好业主、勘察单位、总体单位、设计单位等各方的勘察间的技术接口，确保全线各个勘察单位的技术要求统一，勘察成果报告便于设计和施工单位的使用。

7.4.3 外业质量控制

① 审查勘察方案和各种技术要求，按照设计和施工需求审查勘察工作，对勘察方案和技术要求提出针对性审查意见，把握好勘察工作的方向，使勘察监理成为勘察工作中的舵手。

② 通过巡检、抽查、旁站监督等进行勘察过程的质量控制。

a. 外业勘察质量：勘察监理人员通过对勘察投入的人员、设备、安全文明施工措施的检查通过后，才能同意开始施工。开工后巡检的内容有：地质钻探、取样、原位测试、钻探班报表、地质编录、封孔等是否按照勘察实施方案、相关规范来进行，必要时进行某个程序的全过程旁站监督，如旁站某次的取土样或者标准贯入试验过程等。

b. 封孔质量：城市轨道交通工程主要为地下工程，钻孔封堵质量十分重要，在多个城市地铁施工建设过程中，发生了多起因钻孔封孔质量不合格而引起的工程事故，给地铁施工带来了困难。在勘察监理过程中，通过加强旁站、保证每延米水泥用量、督促勘察单位改进方法加强封堵的质量从而保证钻孔的封孔质量。

c. 土工试验质量：室内土工试验也需要勘察监理人员的不定期检查，通过检查设备、原始记录、试验异常情况等，确保土工试验的规范性和结果的准确性。

勘察监理人员每天把巡检和旁站监督检查管理过程记录好，形成勘察监理日志，尤其对巡检和旁站监督过程中发现的问题需要记录在案，并形成书面意见或者在勘察监理例会上提出来。严重的问题，可以报知勘察监理负责人，由勘察监理负责人作出适当的措施，包括召开紧急会议、发出勘察监理通知等。

7.4.4 勘察大纲及勘察报告审查

对勘察成果报告进行审查，要求勘察报告满足各阶段勘察文件编制深度和设计要求，施工图设计阶段勘察成果报告应该满足现行有关规范要求和国家强制性条文要求。根据对岩土工程勘察成果的审查情况，向勘察单位提供详细的勘察成果监理审查意见，以保证不同阶段或相邻工点勘察成果间相互印证，保证重点、难点工程地质问题勘察成果的精度和深度，保证岩土参数的合理可靠，保证重大勘察结论客观准确，保证工程措施建议恰当可行，保证勘察成果内容完整且便于使用。

1. 勘察大纲审查要点

勘探孔工作量（平面布置、孔深、原位测试及特殊试验等）、试验方案、进度计划、资源配置、安全、文明施工措施等。

2. 初勘报告审查要点

① 检查对相关规范和初勘岩土工程勘察大纲的执行情况，实际完成的勘探、测试、试验与大纲中布置工作量是否一致，若有调整，是否合理，依据是否充分。

② 检查报告是否按统一的格式来编制，内容是否完整，相关章节和编制的深、细度是否符合相关规范的规定，是否满足初步设计要求。

③ 不良地质和特殊岩土的类别、分布范围、危害程度是否按相关规范进行了初步查明，对特殊岩土和不良地质条件，特别是控制和影响线路方案设计的不良地质和特殊岩土提出的防治措施是否合理。

④ 地下水的埋藏情况、类型、变化情况、腐蚀性情况（包括地基土）和地下水位等是否按相关规范和初勘大纲规定进行初步查明。

⑤ 工程地质分区是否合理，依据是否充分，岩土施工工程分级与隧道围岩分级是否正确。

⑥ 是否按相关规范对地震效应进行了初步查明，划分场地类别和抗震有利、不利、危险地段，详细查明场地地基土液化情况。

⑦ 勘察资料的综合分析、工程地质评价、工程建议措施和提出的岩土参数是否合理，依据是否充分。

⑧ 对详勘阶段的工作建议是否具有针对性、合理性、可行性。

3. 详勘报告审查要点

（1）基本审查点

① 审查初勘报告对详勘工作建议及初勘报告专家评审时对详勘工作建议在详勘报告中的落实情况。

② 审查对相关规范和详勘岩土工程勘察大纲的执行情况，重点是强制性条文执行与否，实际完成的勘探、测试、试验与大纲中布置工作量是否一致、若有调整，是否合理，依据是否充分。

③ 检查报告是否按统一的格式来编制，内容是否完整，相关章节和编制的深、细度是否符合《房屋建筑和市政基础设施工程勘察文件编制深度规定》和《城市轨道交通岩土工程勘察规范》（GB 50307）相关规定。

④ 不良地质与特殊岩土的类别、分布范围、危害程度是否按相关规范进行了详细查明，对特殊岩土和不良地质提出的防治措施是否合理。

⑤ 地下水的埋藏情况、类型、变化情况、腐蚀性情况（包括地基土）和地下水位等是否按相关规范和详勘大纲规定进行详细查明。

⑥ 是否按相关规范对地震效应进行详细查明，划分场地类别和抗震有利、不利、危险地段，详细查明场地地基土液化情况。

⑦ 勘察资料的综合分析、工程地质评价、工程建议措施和提出的岩土参数是否合理，依据是否充分。

（2）地下车站审查要点

① 基坑开挖及影响深度范围内岩土类型和工程特性是否详细查明，特别是填土性质、成分，暗浜有无分布，粉土、砂土和软土的分布情况。

② 地下水位是否详细查明，推荐的基坑工程抗浮设计水位是否合理，承压水突涌问题是否详细查明。

③ 推荐的岩土设计参数（抗剪强度指标、渗透系数、不均匀系数、回弹系数、基床系数、静止侧压力系数等）是否符合岩土层的工程性质，是否满足设计要求。

④ 建议的基坑支护方式是否恰当，填土（暗浜）、流砂、流土、管涌等对施工的不利影响是否准确评价，并提出防治措施。

⑤ 对采用抗拔桩和立柱桩的车站，应提供桩基础设计参数。

⑥ 基坑开挖过程对周边环境的影响评价和监测的建议是否正确、恰当等。

（3）地下区间审查要点

① 隧道推进及影响深度范围内岩土类型、工程特性、围岩分类等是否详细查明，特别是砂土和粉土的分布情况。

② 联络通道是否布有勘探孔。

③ 不良地质如浅层气、流砂等，以及地下障碍物情况是否详细查明，其对工程的不利影响是否准确评价。

④ 地下水位是否详细查明，推荐的抗浮设计水位是否合理，承压水突涌问题是否详细查明。

⑤ 推荐的岩土参数（基床系数、渗透系数等）是否符合岩土层的工程性质，是否满足设计要求。

⑥ 隧道开挖过程及地铁运营后对环境的影响评价是否正确。

（4）地面线及敞开段审查要点

① 填土、暗浜、软土的分布是否详细查明。

② 推荐的基础持力层是否合理，地基处理措施是否恰当。

③ 敞开段为深度渐变形基坑工程，除应按照地下车站的审查要点检查外，另应注意推荐的支护结构形式是否适应不同开挖深度、场地环境条件和地质条件，抗浮措施是否恰当。

（5）车辆段及停车场审查要点

① 车辆段主要涉及路基工程、房屋建筑工程、场坪工程等，审查是否详细查明了填土、暗浜、软土的分布，各工点基础持力层选择是否合理，地基处理措施是否恰当。

② 对采用桩基础的工点审查推荐的桩基础持力层是否合理，是否满足规范及工程设计的要求。

③ 审查地下水对桩基设计和施工的影响是否能够准确评价。

④ 推荐的桩基础设计参数（桩侧摩阻力和桩端阻力系数）是否合理，建议的桩型是否恰当，成（沉）可能性分析是否准确。

7.4.5　进度控制

勘察进度务必满足关键工程工期控制要求。在保证勘察施工质量的前提下，尽可能缩短勘察工期，及时地为设计提供勘察成果，为设计人员完善、优化设计方案创造条件。勘察施工前协助业主和勘察施工单位提前做好勘察工作计划，勘察施工过程中通过现场监督抽查进行中间控制，及时督促勘察单位对工期进行优化和调整，满足整个阶段勘察工期需求；响应业主要求，积极配合勘察单位进行勘察中间成果和正式成果审查，使勘察进展满足设计和业主要求，确保建设、设计进度。

每周及每月上旬向业主提交监理周报及月度报告，对上周及上月岩土工程勘察进度、质量情况及评价向业主进行汇报。

7.4.6　投资控制

勘察监理在投资控制方面的工作主要体现在岩土工程勘察大纲审查阶段，即在满足设计及相关规范要求的前提下，减少不必要的工作量。项目实施过程中可定期要求勘察单位将已完成的勘察工作量汇总，进行检查，及时了解投资完成情况及偏离情况，提出监理意见。若发生需要增加大幅度投资的情形，勘察监理单位应及时、详尽的汇报相关情况。

7.5　勘察监理成果

勘察监理期间监理单位应提交的监理成果主要包括：
① 初勘"岩土工程勘察大纲"审查意见；
② 初勘"岩土工程勘察报告"审查意见；
③ 全线初步勘察成果总报告；
④ 详勘"岩土工程勘察大纲"审查意见；
⑤ 详勘"岩土工程勘察报告"审查意见；
⑥ 专题勘察成果审查意见；
⑦ 会议纪要或勘察工作变更单；
⑧ 周报及月度报告；
⑨ 勘察监理总结报告；
⑩ 其他有需要的报告等。

第 8 章　勘察后续服务

> 轨道交通工程勘察后续服务的主要目的是为了满足轨道交通建设各个阶段的需要，积极配合建设、设计、施工等相关单位有关勘察的各项内容，及时有效的解决轨道交通建设过程中遇到的各种工程地质问题。
>
> 轨道交通勘察后续服务按阶段可分为设计阶段的服务、施工阶段的服务、竣工验收阶段的服务等。

8.1　设计阶段的服务

1. 及时与设计沟通，使勘察方案满足设计方案要求

由于影响轨道交通的因素较多，往往是工程勘察开始时，设计方案还不完全确定，或勘察过程中，受各种因素的影响，设计会进行一些调整。如果不与建设、设计单位进行及时有效的沟通，可能会造成勘察图纸与设计图纸不符，造成勘察成果不能满足设计要求。与设计单位积极有效的沟通，有利于掌握最新的设计动态，勘察单位可以根据设计方案调整勘察方案以满足设计的要求。

2. 及时向设计单位提供阶段性成果

轨道交通勘察往往是勘察和设计同时进行，设计过程中会需要一些必要的勘察资料，因此在勘察过程中及时向设计单位提供一些阶段性的勘察成果有利于设计单位及时掌握沿线的工程地质问题，对设计及时进行一些必要的调整。

3. 向设计单位进行技术交底

勘察向设计的技术交底主要是勘察单位将沿线场地工程地质、水文地质以及不良地质、特殊性岩土向设计人员详加阐述，指出设计过程中应注意的问题，提高设计人员对场地地质条件的认知度，有效的规避地质风险。

4. 积极参加有关工程地质问题的论证

轨道交通设计往往需要穿越重要的地段，如重要古建筑地段、地质条件复杂地段、大

江大河地段、有重大风险隐患地段以及建设或设计单位认为有必要召开专项论证的地段，对于这些复杂地段，勘察单位应协助建设、设计单位聘请有关专家进行研讨，应安排专人参加，进行相关的工程地质、水文地质汇报。

5. 根据勘察报告评审意见及设计反馈及时进行补充、修改，以满足设计要求

勘察报告提交后，按照相关规定，要对勘察报告进行施工图审查或专家评审，勘察单位应根据施工图审查意见或专家评审意见对勘察报告进行补充完善；对于设计单位在使用勘察报告过程中提出的疑问、意见，勘察单位应及时进行澄清、解答、修改，以满足设计的使用要求。

8.2 施工阶段的服务

1. 对施工单位进行技术交底

勘察单位向施工单位进行勘察技术交底可以让施工单位充分了解沿线场地影响范围内的工程地质、水文地质条件、环境条件等，并对施工过程中可能发生的工程地质问题、易发生工程地质问题的地段进行分析与预测，提高施工单位的重视程度，尽可能把施工过程中的地质风险降到最低。

2. 配合建设单位、施工单位进行施工勘察

对于工程地质条件复杂的地段，当原有勘察报告不能满足施工精度要求或场地环境条件、设计方案发生变化时，勘察单位应配合建设、设计、施工单位进行施工勘察，以满足轨道交通建设的需要。

3. 在复杂地质问题或重要施工地段施工中，配合施工单位提供工程地质技术支持

针对一些复杂的工程地质问题或重要的地段，如地质条件复杂地段、穿越大江大河地段、重要古建筑、桥梁等地段，应配合建设、设计、施工单位组织的论证会，为施工单位专项施工组织设计方案提供工程地质技术支持。

4. 配合建设、设计、施工单位进行验槽、验洞

对于明挖法基坑施工，应积极配合建设、设计、施工单位进行地基验槽。地基验槽依据规范和地区经验，进行必要的现场测试，查看槽底土质、地下水位是否与勘察报告相符，槽底土质是否受水浸、施工扰动的影响，以及影响程度等。通过验槽，可以检查槽底是否存在勘察未能查明的软弱土层、洞穴、古墓、古井、暗浜、地下埋设物等，并对施工提出处理意见。

当采用桩基础和复合地基处理软土地基时，在开挖后应先检验土质情况是否与勘察报告、设计图纸一致，然后再进行桩基础、复合地基施工。

8.3 竣工验收阶段的服务

参与各单位工程、工点的竣工验收工作，并配合相关单位及时办理竣工验收所需要的工程地质勘察及地基验槽、基础验收资料；参与有关方组织的竣工验收，积极配合相关单位提供竣工验收所需的各种资料。

第 9 章 资料归档

9.1 资料归档的基本要求

为加强轨道交通工程勘察资料归档文件的管理，明确归档资料文件管理的相关规定，统一勘察资料的归档标准，建立完整、准确的资料文件档案，轨道交通工程勘察资料归档应符合以下要求：

① 勘察资料归档文件的形成和管理纳入勘察单位在事前、事中、事后过程管理的各个环节。

② 勘察单位应派专人负责资料文件的搜集和整理，人员要求固定，确保资料文件的及时性、真实性、规范性和有效性。

③ 勘察资料归档工作相关人员的职责范围：

a. 项目负责：负责勘察招投标、合同、变更及结算文件资料的搜集和归档；

b. 项目技术负责人：负责勘察大纲编写及前期策划阶段、勘察施工及过程实施阶段、成果报告审核及事后服务阶段的相关记录文件的搜集和归档；

c. 资料室：负责归档文件资料的保管保存工作。

9.2 资料归档的质量要求

① 归档资料文件尽可能采用原件，原件不足时可以采用复印件。

② 归档资料文件应与工程实际相符合，内容完整、齐全、真实、准确、有效、字迹清楚、图样清晰、图表整洁、签字盖章手续完备等。

③ 文件资料纸张宜采用 A4 幅面（297 mm × 210 mm），勘察报告宜采用 A3 幅面（420 mm × 297 mm）。

9.3 资料归档的目录要求

轨道交通工程勘察资料归档总体宜分为 4 卷，包括总体卷、卷 1（大纲编写及前期策

划阶段相关记录资料）、卷 2（勘察施工及过程实施阶段相关记录资料）、卷 3（成果报告校审及事后服务阶段相关记录资料）。

1. 总体卷归档范围及主要内容

总体卷可分为六册，具体内容如下：

① 第一册归档范围及主要内容：

建设单位检查动员会纪要、勘察单位内部自查动员会纪要、自查工作方案、自查报告、营业执照、资质证书（复印件或扫描件）、质量管理体系认证证书（复印件或扫描件）、计量认证证书（复印件或扫描件）、勘察相关人员证书（复印件或扫描件）、勘察单位内部质量管理办法、勘察单位内部安全管理办法。

② 第二册归档范围及主要内容：

中标通知书（复印件或扫描件）、勘察合同文件（复印件或扫描件）、与指挥部签订的安全生产责任状、总体院提资（含技术要求及相关图纸）、勘探施工前行政审批资料、开工申请资料（含附件）、安全生产及文明施工管理程序。

③ 第三册归档范围及主要内容：

施工组织方案（含应急预案）、内部质量安全培训教育资料、例会及周报等会议资料（含纪要）、监理联系单及回复资料、变更申请资料。

④ 第四册归档范围及主要内容：

水文地质试验总结（含原始记录）、地温长期观测试验总结（含原始记录）、承压水长期观测试验总结（含原始记录）、波速、电阻原始报告。

⑤ 第五册归档范围及主要内容：

特殊土工试验成果、测量原始记录资料、河断面测量图、厚壁和薄壁取土试验结果总结、报告专家评审意见及回复、勘察工作总结。

⑥ 第六册归档范围及主要内容：

岩土工程勘察岩芯照片、档案案卷归档移交凭据（含移交目录）、技术工作联系单、管线核查及交底记录、其他资料。

2. 卷 1 归档范围及主要内容

大纲编写及前期策划阶段相关记录资料可分为六册，具体内容如下：

① 第一册归档范围及主要内容：

项目负责人任命书、设计提资、顾客（业主）提供资料验收表、事先技术指导书、特殊项目申报表、勘察纲要审核（审定）意见表。

② 第二册归档范围及主要内容：

岩土工程勘察纲要底稿。

③ 第三册归档范围及主要内容：

岩土工程勘察纲要送审稿。

④ 第四册归档范围及主要内容：

勘察纲要勘察监理单位审查意见及回复、勘察纲要总体单位审查意见及回复、勘察纲要工点单位审查意见及回复、勘察纲要咨询单位审查意见及回复。

⑤ 第五册归档范围及主要内容：

岩土工程勘察纲要正式稿（含电子版）。

⑥ 第六册归档范围及主要内容：

岩土工程勘察纲要出图审批单、岩土工程勘察纲要发放记录（送、正）、勘察纲要报审表。

3. 卷 2 归档范围及主要内容

勘察施工及过程实施阶段相关记录资料可分为十五册，具体内容如下：

① 第七册归档范围及主要内容：

勘察施工技术与安全交底记录（含培训）、钻探施工任务书、静力触探（十字板）施工任务书、扁铲侧胀等其他原位测试试验施工任务书、现场踏勘及危险源识别记录、中间检查表。

② 第八册归档范围及主要内容：

开孔审批单。

③ 第九册归档范围及主要内容：

工程地质钻探记录、岩土编录表。

④ 第十册归档范围及主要内容：

工程地质钻探岩土分层编录表。

⑤ 第十一册归档范围及主要内容：

十字板剪切试验原始资料。

⑥ 第十二册归档范围及主要内容：

静力触探试验原始资料。

⑦ 第十三册归档范围及主要内容：

扁铲侧胀试验原始资料。

⑧ 第十四册归档范围及主要内容：

大纲变更申请技术联系单。

⑨ 第十五册归档范围及主要内容：

单孔报验表、钻探封孔记录表。

⑩ 第十六册归档范围及主要内容：

土、水、岩样送样单。

⑪ 第十七册归档范围及主要内容：

土、水、岩样测试成果。

⑫ 第十八册归档范围及主要内容：

特殊项目试验成果。

⑬ 第十九册归档范围及主要内容：

井中电阻率测试成果。

⑭ 第二十册归档范围及主要内容：

波速测试成果。

⑮ 第二十一册归档范围及主要内容：

测量成果（含原始记录）。

4．卷3归档范围及主要内容

成果报告校审及事后服务阶段相关记录资料可分为九册，具体内容如下：

① 第二十二册归档范围及主要内容：

勘察报告审核（审定）意见表、岩土工程勘察工序质量检查评分表。

② 第二十三册归档范围及主要内容：

岩土工程勘察报告底稿。

③ 第二十四册归档范围及主要内容：

岩土工程勘察中间或补勘报告。

④ 第二十五册归档范围及主要内容：

岩土工程勘察报告送审稿。

⑤ 第二十六册归档范围及主要内容：

勘察报告勘察监理单位审查意见及回复、勘察报告总体单位审查意见及回复、勘察报告工点单位审查意见及回复、勘察报告咨询单位审查意见及回复、报告专家评审意见及回复、施工图审查报告书及回复、施工图审查合格证书。

⑥ 第二十七册归档范围及主要内容：

岩土工程勘察报告正式稿（含电子版）。

⑦ 第二十八册归档范围及主要内容：

岩土工程勘察报告出图审批单、勘察报告发放记录（送、正）、勘察对设计的交底记录、勘察对施工的交底记录、勘察成果报审表、项目服务工作联系单、技术工作联系单、会议通知及参会相关资料。

⑧ 第二十九册归档范围及主要内容：

岩芯照片（含电子版）。

⑨ 第三十册归档范围及主要内容：

工点详勘工作简报、单桩承载力估算表、其他资料。

第10章　宁波轨道交通工程勘察实践

10.1　工程概况

　　宁波，地处东南沿海，位于中国大陆海岸线中段，长江三角洲南翼，东有舟山群岛为天然屏障，北濒杭州湾，西接绍兴市的嵊州、新昌、上虞，南临三门湾，并与台州的三门、天台相连。地貌上为滨海平原，地势低平，市区地面高程一般为 2.0～2.5 m（黄海高程），场地属典型的软土地区，广泛分布海相沉积的厚层软土。

　　宁波市轨道交通线网规划以三江片为核心，跨三江（甬江、姚江、奉化江），连三片（三江片、镇海片、北仑片），沿三轴（商业轴、水轴、公建轴）形成三主三辅 6 条线和放射状的轨道交通线网。线网全长 247.5 km，共设换乘站 20 座。

　　宁波市轨道交通 3 号线为加强城市南北向以及与中心区的快速联系、照顾南北向城市发展公建轴客流的骨干线，由鄞州区陈婆渡至镇海区骆驼镇，3 号线线路全长约 25.83 km，共设 20 座车站，均为地下敷设，全线共有 6 座换乘站，在南端姜山镇设车辆段 1 座，在北端朝阳村设停车场 1 座。根据《宁波市快速轨道交通线网规划》（2003 年 8 月版）、《宁波市城市快速轨道交通建设规划（2013—2020）（送审稿）》，3 号线呈南北走向，南起鄞州区陈婆渡，经鄞州中心区、江东区、江北区、镇海新城，止于镇海区骆驼镇。沿线所经道路包括：广德湖南路（规划）、鄞州大道、天童南路、天童北路、中兴南路、中兴路、中兴路北延线（规划）、329 国道等。

　　线路起自鄞州中心区南部规划广德湖南路与宁姜公路交叉口北侧陈婆渡站，南侧接车辆段出入线。线路沿规划广德湖南路敷设，在茶桃公路口北侧设黄家村站；之后线路转向东，沿鄞州大道敷设，在宁南路口设鄞州大道站；线路继续向东，之后转入天童路向北行进，在泰康中路口设南部商务区站；在鄞县大道口设鄞县大道站与 5 号线 "T" 形换乘，站南侧设停车线；在四明路口设万达广场站；线路于嵩江中路转向东，在锦寓路口设锦寓路站；出站后转向北在麦德龙路口设麦德龙站；线路下穿杭甬高速和环城南路后，转至中兴路敷设，在兴宁路口设儿童乐园站，本站与 4 号线 "T" 形换乘并设置联络线；在中山东路南侧设樱花公园站与 1 号线 "L" 形换乘，同时设置联络线；在惊驾路口南侧，宁波体育中心东侧设体育馆站；在通途路口设明楼站与 6 号线 "T" 形换乘；线路继续沿中兴路敷设，在规划曙光路口设曙光路站；线路继续向北，下穿甬江沿规划中兴北路北沿线行进，在环城北路北侧设甬江北站与 2 号线 "T" 形换乘；在规划宝成路口北侧设宝成路站，站南侧设交叉渡线，提供一期线路折返条件；线路下穿线状庄桥军用机场，至外漕薛家村东侧设外漕村站与 5 号线"T"形换乘；线路继续北行，下穿北环东路后，沿 329 国道向北敷设，在文育路口设客运北站，站后设折返线，提供小交路折返条件；在通和路口北侧设团桥站；在骆兴路口设骆兴站；在镇骆西路口设终点骆驼北站，车站南侧设交叉渡线，北侧接停车场出入线。

全线共设 20 座车站，其中换乘站 6 座，分别为 5 号线（鄞县大道、外漕村）、4 号线（儿童乐园）、1 号线（樱花公园）、6 号线（明楼）、2 号线（甬江北）。车站分布及站间距详见表 10.1。其中一期工程陈婆渡—甬江北段全长约 16.83 km，约占线路全长的 65.16%，设站 14 座，在姜山设车辆段 1 座。具体见图 10.1。

表 10.1　3 号线车站分布和站间距离表

序号	车站名称	中心里程	站间距/m	车站站台型式	附　注
1	陈婆渡	AK2＋395		14（岛式）	起点站
			990		
2	黄家村	AK3＋385		14（岛式）	
			1 085		
3	鄞州大道	AK4＋470		14（岛式）	
			1 345		
4	南部商务区	AK5＋815		14（岛式）	
			1 445		
5	鄞县大道	AK7＋260		17（岛式）	与 5 号线换乘
			835		
6	万达广场	AK8＋095		14（岛式）	
			1 200		
7	锦寓路	AK9＋295		14（岛式）	
			1 230		
8	麦德龙	AK10＋525		14（岛式）	
			1 900		
9	儿童乐园	AK12＋425		17（岛式）	与 4 号线换乘
			1 336.77		
10	樱花公园	AK13＋761.77		17（岛式）	与 1 号线换乘
			953.23		
11	体育馆	AK14＋715		14（岛式）	
			840		
12	明楼	AK15＋555		17（岛式）	与 6 号线换乘
			1 160		
13	曙光路	AK16＋715		14（岛式）	
			1 952.07		
14	甬江北	AK18＋667.07		16（岛式）	与 2 号线换乘，一期终点站
			1 227.93		
15	宝成路	AK19＋895		14（岛式）	
			1 350		
16	外漕村	AK21＋245		17（岛式）	与 5 号线换乘
			2 620		
17	客运北	AK23＋865		14（岛式）	
			1 230		
18	团桥	AK25＋095		14（岛式）	
			1 380		
19	骆兴	AK26＋475		14（岛式）	
			1 330		
20	骆驼北	AK27＋805		14（岛式）	终点站

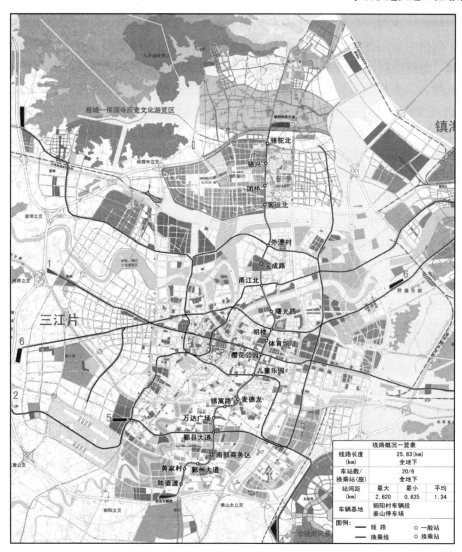

图 10.1　宁波市轨道交通示意图及 3 号线地理位置图

10.2　自然地理条件

1. 地形地貌

宁波轨道交通 3 号线一期工程沿南北城市发展中轴布置，南起鄞州区陈婆渡，经鄞州中心区、江东区、江北区、镇海新城，止于镇海区骆驼镇，沿线穿越鄞州、江东、江北和镇海四个行政区。沿线地貌类型属于滨海淤积和冲湖积平原，地势开阔较平坦。

2. 气象条件

工作区属北亚热带季风气候区，温暖很湿润，雨量充沛，光照强，四季分明。冬季受蒙古高压控制，盛行西北风，以晴冷干燥天气为主，是本区低温少雨季节；春末夏初为过渡时期，副热带季风开始影响本区，气旋活动频繁，冷暖空气交替，空气很湿润，阴雨绵绵，习称"梅雨季"；夏秋 7—9 月间，受太平洋副热带高压控制，天气晴热少雨，且常有热带风暴侵入，带来大风大暴雨等灾害性天气。根据宁波市气象站自 1971—2005 年共计 35 年来的气象资料统计，气象特征如下：

① 气温：年平均气温 16.6 ℃，极端最高气温 39.0 ℃（2003 年 7 月 17 日），极端最低气温 – 6.6 ℃（1977 年 1 月 31 日），最热月平均气温 27.9 ℃（7 月），最冷月平均气温 5.4 ℃（1 月）。

② 降水量：多年平均降水量 1 305.3 mm，年最大降水量 1 625.6 mm（1997 年），年最小降水量 797.3 mm（1979 年），年平均降雨天数 150.9 d，最大连续降雨天数 18 d，雨量达 251.3 mm（1990 年 8 月 30 日—9 月 16 日）。

③ 蒸发量：多年平均蒸发量 1 458.4 mm，月最大蒸发量 293.0 mm（1971 年 7 月），月最小蒸发量 33.9 mm（1990 年 2 月）。

④ 积雪：历年最大积雪深度 14.0 cm（1977 年 1 月 30 日）。

⑤ 风向：全年主导风向为西北向，频率 10%，夏季主导风向以东南偏东为主，冬季主导风向以西北为主。

⑥ 风速：夏季平均风速（7、8、9 月）4.8 m/s，冬季平均风速（12、1、2 月）5.8 m/s，历年瞬时最大风速 > 40.0 m/s（1981 年 9 月 1 日，1986 年 8 月 28 日，1988 年 8 月 7 日），最大台风十分钟平均风速 34.3 m/s（东风，1988 年 8 月 8 日）。

⑦ 雷暴：年平均雷暴日数 27.5 d，年最多雷暴日数 44 d（1980 年），年最小雷暴日数 8 d（1978 年）。

⑧ 酸雨：随着经济社会的快速发展和城市化进程的快速推进，尤其是宁波临港重化工业和能源基地的特色定位，市区酸雨污染日趋严重，酸雨率居高不下。2001 年至今，酸雨率已经从 73.1% 上升到 97.9%；2005 年之后，全市区域几乎均为重酸雨区；自 2008 年以后，由单一的硫酸污染型特征转变表现出硫酸与硝酸混合污染型特征。根据宁波市环境公报，对 2005—2011 年市区酸雨 pH 和酸雨率统计，结果见表 10.2。

表 10.2　宁波市酸雨 pH 和酸雨率

项目	2005 年	2006 年	2007 年	2008 年	2009 年	2010 年	2011 年
pH	4.26	4.27	4.32	4.42	4.11 ~ 4.65	4.09 ~ 4.54	4.58
酸雨率/%	96.7	95.5	96.9	97.9	96.3	94.7	92.1
评价	重酸雨区	重酸雨区	重酸雨区	重酸雨区	重酸雨区	重酸雨区	重酸雨区
备注	重酸雨区分级标准限值 4.5						

本区灾害性天气主要为强冷空气、热带风暴和台风，影响本地区的强冷空气月份为 11 月至翌年 4 月，平均每年 2 ~ 4 次，24 h 内一般降温 7 ~ 9 ℃，最多达 12 ~ 14 ℃，多出现降雨和 8 级以上偏北大风；热带风暴和台风是影响宁波的主要灾害性天气之一，当它袭来

时，常伴随狂风、暴雨等。据 1949—2009 年 60 年间的统计资料表明，影响本区的热带风暴有 200 个，平均每年为 4 个。影响最多的年份是 1959 年和 1960 年，均为 8 个，影响最少的年份是 1996 年，几乎不受热带风暴影响。热带风暴和台风发生在每年的 5～11 月，主要集中在 7～9 月，占总数的 80%。8 月份是热带风暴和台风活动的高峰期，约为 70 个，占总数的 35%。本区受热带风暴和台风影响最早的是 5 月 19 日（6103 号台风），结束最迟的是 11 月 18 日（6721 号台风）。

根据宁波市水文站网站发布信息，2010 年全市年降水量为 1 733 mm，台风有 4 个；2011 年全市年降水量为 1 384 mm，台风（包括热带风暴）有 2 个；2012 年全市年降水量为 2 104 mm，台风（包括热带风暴）有 4 个；2013 年 10 月 8 日强台风"菲特"和弱冷空气共同影响，宁波市平均降雨量达到了 359 mm，其中海曙区降雨量累计达到了 407 mm米，余姚降雨量 489 mm。

3. 区域水文

场区位于宁波平原。宁波平原属甬江水系，甬江由奉化江及姚江在宁波城区三江口汇合而成，流向东偏北，在镇海口入海。

姚江主源为梁弄溪，属平原型河流，河床平坦，水面比降小于 0.01‰，河宽 50～150 m，最宽处 250 m，中水位 0.93 m（1985 年国家高程），平均水深 5 m 左右。姚江系杭甬运河（四级航道）的重要河道。余姚站姚江最高洪水位 2.49 m。

甬江主源为姚江、奉化江，二江在宁波市三江口汇合后称甬江。甬江河段全长 25.6 km。甬江为感潮河，年径流量约 40 亿 m^3，潮水可顶托至鄞江、萧镇及西坞等地。由于姚江大闸的阻挡，姚江的潮水只能抵达姚江大闸。宁波站历年最高潮水位 2.903 m（1985 国家基准），历年最低潮水位 −1.657 m，平均高潮位 1.213 m，平均低潮位 −0.487 m。

宁波平原河渠密布，每平方公里面积内河渠长度在 2.5～4.0 km，河渠宽度在 15～50 m，线路附近主要为横塘河、铜盆闸河、汗江河及少量无名河等。河水位一般低于地面 0.5～1.2 m，水深 3.0～3.5 m，局部水深可达 6.0 m。河渠互相连通，与甬江、奉化江及姚江有水闸控制。

10.3 区域地质条件

1. 区域地质构造

印支运动以后，浙东南地区处于陆缘活动阶段，由于太平洋板块持续不断地向欧亚板块俯冲，此阶段地壳运动以差异性断块运动为主，表现为多期次剧烈的断块运动及大规模的多旋回岩浆活动，形成大量规模不等、深浅不一、方向各异、性质不同的断裂构造以及众多的断陷盆地。

宁波市轨道交通 3 号线工程拟建场地位于宁波断陷向斜盆地中部，区域构造单元属华南加里东褶皱系浙东南褶皱带，丽水—宁波隆起带中的新昌—定海断隆带。地质构造形迹以断裂为主，褶皱次之，不同展布方向和不同切割深度的断裂相互交织，形成了本区特有的网格状构造格局，并控制了区内的地质作用和地震活动。近场区内有北东走向的余姚－丽水断裂（F_8）、奉化—丽水断裂（F_9）和岱山—黄岩断裂（F_{11}），北北东走向的镇海—宁海断裂（F_{10}），北西走向的长兴－奉化断裂（F_{16}）和东西向的昌化—普陀断裂（F_{23}）。此外，还发育一些规模较小的次级断层，北东向的宁波－小港断层（f_2）、北西向的宁波－余姚断层（f_4）、宁波－邱隘断层（f_5）通过了宁波轨道交通 3 号线路，其中仅北北东走向的镇海—宁海断裂北段为晚更新世早期活动断裂，其他均为不活动断裂。对近场区地震活动特征和地震构造研究表明，近场区具备发生 5～6 级地震的地震活动背景和构造背景。区域构造体系见图 10.2。

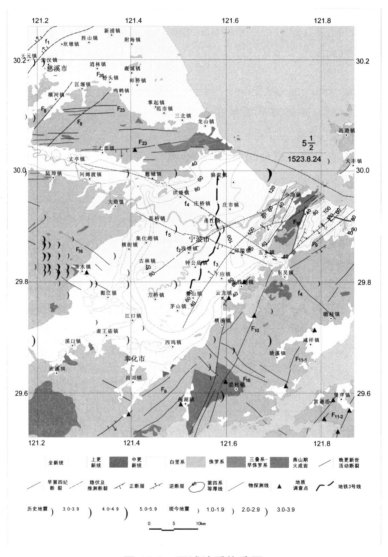

图 10.2　区域地质构造图

F_8 余姚—丽水断裂；F_9 奉化—丽水断裂；F_{10} 镇海—宁海断裂；F_{11} 岱山—黄岩断裂；F_{16} 长兴—奉化断裂；
F_{23} 昌化—普陀断裂；f_1 长河盆地边界断层；f_2 宁波—小港断层；f_3 算山—曹隘断层；
f_4 宁波—余姚断层；f_5 宁波—邱隘断层

（1）余姚—丽水断裂（F_8）

余姚—丽水断裂是浙东较为醒目的一条断裂构造，由福建向北经嵊州过余姚，潜入杭州湾水域。总体走向约 30°，省内长达 350 km，断裂卫星影像显示清晰，为平行排列之线状影像。航磁反映为正负异常分界，其中北段跳动频繁。地表为一系列北东、北北东向大致平行或斜列的仰冲断裂，组成宽达 15 ~ 25 km 的断裂带。沿断裂分布了许多白垩纪断陷盆地，断裂直接构成盆地的边界，并控制了盆地的形成和发展，对白垩纪乃至第四纪地层沉积厚度有明显控制作用。该断裂属中更新世（Q_2）断裂。

（2）奉化—丽水断裂（F_9）

奉化—丽水断裂整体走向为北东 45° ~ 60°，沿大碶盆地与宁波盆地东南边界经奉化、天台、仙居盆地达丽水碧湖镇，过龙泉、庆元西进入福建境内，全长约 350 km。该断裂控制了舟山群岛的西边界，成为宁波盆地及大碶盆地的东南边界，并控制了天台盆地、仙居盆地等一系列盆地，显示该断裂自第四纪以来有一定的活动。新第三系玄武岩沿断裂展布，产状也发生明显变化。近场区断裂基岩区出露段分布于宁波盆地东缘和大碶盆地西南角的新路水库到嘉溪村一带，新路水库向北东到北仑港码头，断裂隐伏于第四纪堆积物之下，埋藏深度 40 ~ 80 m 不等。在近场区内为中更新世（Q_2）断裂。

（3）镇海—宁海断裂（F_{10}）

镇海—宁海断裂（F_{10}）北起自镇海，往南经奉化、宁海终止临海一带，总体走向 20° ~ 30°，全长大于 100 km，由数条 20° ~ 30° 左行斜断裂层构成断裂主体。布格重力异常和航磁异常在断裂两侧有明显的变化。近场区内断裂北起育王山东侧，经东钱湖东侧一直向南延伸。根据宁波活断层资料，该断裂在大碶盆地西侧分为东西两支，其中西支出露地表，为中更新世（Q_2）断裂，东支隐伏于大碶盆地西缘，根据物探和钻探资料结果为晚更新世（Q_3）活动断层。

（4）岱山—黄岩断裂（F_{11}）

岱山—黄岩断裂（F_{11}）北起自岱山岛北端，横贯岱山岛、舟山本岛后，基本沿浙江沿海经象山、三门湾在乐清湖雾伸入乐清湾，全长大于 100 km，总体走向 20° ~ 30°。该断裂带近场区内仅有两个分支断层柴桥—伍佰畽断层（F_{11-1}）及咸痒—黄避岙断层（F_{11-2}）出露。

近场区内柴桥—伍佰畽断层（F_{11-1}）的最新活动时期为中更新世，其后未见活动，为不活动断裂；近场区内咸痒—黄避岙断层（F_{11-2}）的最新活动时期为中更新世，其后未见活动，为不活动断裂。

（5）长兴—奉化断裂（F_{16}）

长兴—奉化断裂北西起自长兴煤山，向东南经湖州、盐官、上虞、奉化后潜入象山港，总体走向 310° ~ 340°，由多条 30 ~ 50 km 断层段斜列、平行或断续出现构成断裂主体，在卫星影像上线性清晰，湖州西北和上虞东南段成为低山与丘陵平原间的分界线，断层三角面发育，杭嘉湖平原则隐伏于第四纪沉积中。最新活动年代应为中更新世（Q_2）。

（6）昌化—普陀断裂（F₂₃）

昌化—普陀断裂（F_{23}）横跨浙江省北部，断裂西起昌化以西，向东经太阳镇、于潜、高坎、临安，到杭州南后被第四系覆盖，在上虞小越复出。物探资料证明断层向东延伸可能与普陀东西向断裂相接，由宽 20～30 km 的断裂组成断裂带，总体走向近东西。该断裂位于场地北部，测量结果表明近场区范围内该断裂为不活动断裂。该断裂距离工程线路最近距离约 19.1 km。最新活动年代应为中更新世（Q_2）。

次级断层有：宁波—小港断层（f_2）、北西向的宁波—余姚断层（f_4）、宁波—邱隘断层（f_5）。

（7）宁波—小港断层（f₂）

宁波—小港断层大部分隐伏于宁波盆地之下，地表出露在小港西南的东庙山到小港一带的侏罗系凝灰岩山包内，断层带走向 45°～50°，为一条逆断层。断层在现代地貌上略有显示，从宏观上看，断层走向与甬江走向基本一致。活动年代为中更新世中期。

（8）算山—曹隘断层（f₃）

算山—曹隘断层南起姜山镇，向北经潘火桥、姜家陇至白石庙以西。总体走向北东，南段走向 40°，北段走向 75°，倾向南东，倾角 65°～82°，总长度 28 km，活动年代为中更新世。

（9）宁波—余姚断层（f₄）

宁波—余姚断层（f_4）断层东起宁波瞻歧，向西北经宁波盆地延伸至余姚附近，全长 70 km 左右，走向 295°，倾向北东或南西，倾角 65°，是中更新有过活动的断层。

（10）宁波—邱隘断层（f₅）

宁波—邱隘断层（f_5）东起邱隘镇东，经宁波延伸到余姚岐阳附近，长约 30 km，走向 295°，倾向南西，倾角 65°，断层在地貌上控制了姚江谷地的南部边界，断层以南为侏罗纪基岩山区，以北为姚江河谷。为晚更新世以来不活动的断裂。

根据地震安评报告：余姚—丽水断裂（F_8）、奉化—丽水断裂（F_9）、镇海—宁海断裂（F_{10}）、岱山—黄岩断裂（F_{11}）、长兴—奉化断裂（F_{16}）、昌化—普陀断裂（F_{23}）均未通过宁波轨道交通 3 号线路，近场区内北东向的宁波—小港断层（f_2）、北西向的宁波—余姚断层（f_4）、宁波—邱隘断层（f_5）通过了宁波轨道交通 3 号线路KC302 标段，未通过 KC301 标段。由于这些断层为不活动断层，且上述断层通过本场地处第四纪覆盖层厚度大于 80 m，根据《铁路工程抗震设计规范》（GB 50111）和《建筑抗震设计规范》（GB 50011）中的相关条文，可不考虑这些断层错动对拟建工程的影响。

2. 区域地震活动

近场区历史上发生 $M \geq 3.5$ 级有感和破坏性地震 29 次，最大地震为 1523 年 8 月 24 日镇海海滨的 5.5 级地震。1970 年以来，区域台网记录到近场区 $M_L \geq 1.0$ 级地震 309 次，其中发生在宁波皎口水库的有 289 次，其他地区仅有 20 次，皎口水库发生的最大地震为 1994 年的 4.7 级地震，现今小震也时有发生。历史上中、强地震对场地的影响烈度最大为Ⅶ度，近场区的地震大体沿北北东向的镇海—宁海断裂带和北西向长兴-奉化断裂带分布，近场区存在发生 5~6 级地震的地震活动背景。因此，工作区地震具有强度弱、频度低，且以弱震、微震为主的特点，区域稳定性较好，详见表 10.3 ~ 表 10.5 及图 10.3。

表 10.3　近场区 $M \geqslant 4$ 级地震目录

地震日期 （年　月　日）	地震时间 （时 分 秒）	震中位置		定位 精度	震源深度 /km	震级 M	地　点
		φ/°N	λ/°E				
1520　12　—	—	29.6	121.6	3	—	4	鄞州—象山
1523　08　24	—	30.0	121.7	3		5.5	镇海海滨
1715　02　17	—	30.0	121.7	3		4	镇海海滨
1799　—	—	29.7	121.7	3		4	宁波象山
1910　06　05	09 33 —	29.7	121.2	2		4.6	奉化—嵊州

注："—"表示无资料。

表 10.4　近场区 1970 年以来 $M_L \geqslant 2.0$ 级地震目录（不含皎口水库地震）

地震日期 （年　月　日）	地震时间 （时 分 秒）	震中位置		定位 精度	震源深度 /km	震级 M_L	地　点
		φ/°N	λ/°E				
1977　11　05	02 38 —	30.20	121.22		—	3.6	慈溪
1983　03　11	04 39 —	29.82	121.40		—	2.1	鄞州横街镇
1984　07　06	12 55 —	29.85	121.37		16	2.8	鄞州横街镇
1987　02　16	08 30 —	30.00	121.18		—	2.5	余姚梁辉
1993　09　04	20 59 —	29.68	121.62		—	2.4	鄞州横溪镇
1998　10　07	08 25 32	29.80	121.33	1	—	2.0	鄞州章水
1999　07　30	04 33 22	29.80	121.32	1	—	2.0	鄞州章水
2000　02　20	02 52 02	29.70	121.58	1	14	2.0	鄞州横溪镇
2000　03　30	21 49 48	29.65	121.57	1	10	2.4	奉化裘村镇

注："—"表示无资料

表 10.5　宁波皎口水库地震目录（$M_L \geqslant 3.0$）

地震日期 （年　月　日）	地震时间 （时 分 秒）	震中位置		定位 精度	震源深度 /km	震级 M_L	地　点
		φ/°N	λ/°E				
1993 02　26	06 50 —	29.83	121.27	1	—	3.5	皎口水库
1993 02　26	12 13 —	29.87	121.22	1	13	3.9	皎口水库
1993 03　01	12 00 —	29.83	121.25	1	—	3.0	皎口水库
1993 03　04	06 59 —	29.88	121.22	1	—	3.4	皎口水库
1993 08　03	12 42 —	29.87	121.22	1	—	3.5	皎口水库
1993 08　27	14 39 —	29.88	121.22	1	—	3.2	皎口水库
1993 10　24	08 48 —	29.83	121.27	1	—	3.2	皎口水库

续表

地震日期 （年 月 日）	地震时间 （时 分 秒）	震中位置		定位 精度	震源深度 /km	震级 M_L	地 点
		$\varphi/°N$	$\lambda/°E$				
1994 09 07	11 53 —	29.82	121.25	1	15	4.7	皎口水库
1994 09 07	14 32 —	29.82	121.27	1	—	3.0	皎口水库
1995 02 05	03 00 04	29.83	121.23	1	—	3.1	皎口水库
2009 09 10	20 21 00	29.85	121.23	1	5	3.1	皎口水库
2009 09 12	08 21 00	29.85	121.23	1	7	3.3	皎口水库
2009 09 24	11 08 39	29.85	121.23	1	8	3.0	皎口水库
2009 10 09	05 34 05	29.85	121.22	1	9	3.3	皎口水库

注："—"表示无资料。

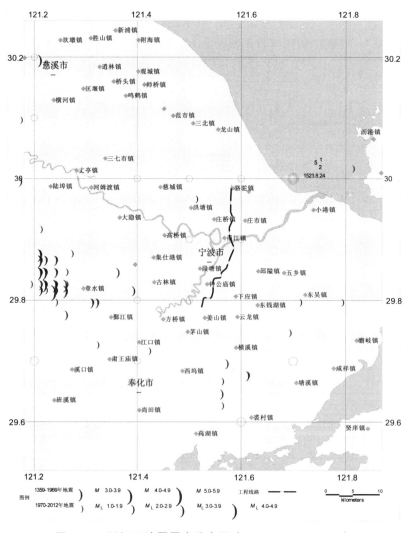

图 10.3 近场区地震震中分布图（1359—2012.4.30）

拟建场区距区域深大断裂较远，地震强度弱、频度低，属于相对稳定区，只要采取合理的抗震设防措施，是适宜本工程建设的。

10.4　宁波轨道交通工程 3 号线工程地质层组划分

1.　地层概况

拟建场地属浙江省岩石地层区划东南地层区，前第四纪地层单一，主要为白垩系（K_{1f}）紫红色粉砂岩和局部分布的燕山晚期喷出岩玄武岩，第四纪地层发育，厚度较大，且层位较稳定，厚度 55～100 m，从中更新世至全新世地层发育齐全。主要成因类型有河流相、河湖相及海相等。

场地表部除河道等局部地段外，一般均分布有厚度 0.5～2.0 m 的硬壳层或人工填土；场地中上部主要以海相淤泥质黏土或淤泥等软土为主，局部夹厚度不大的冲海相粉土、砂土（在镇海等处厚度较大）；场地中部在宁波市区局部地段主要分布有可塑～硬塑状粉质黏土（⑤₁层硬土层）和⑤₄层海相软塑状粉质黏土，其余地段则主要为海相软塑状粉质黏土为主；场地下部以性质较好、厚度较大的可塑～硬塑状粉质黏土层和砂土、碎石土层为主。

宁波平原第四系厚度 50～110 m 不等，成因类型较多，土体类型较复杂，性质差异较大，地层从中更新世至全新世一般均有发育，主要成因有河流相、河湖相及海相等，总的特点是：

① 沉积物粗细韵律变化明显，具多旋回性，总趋势为：自老到新粒度变细。每一个地层组（段）岩性都具有下部粗（以中细砂、粉细砂为主）、上部细（以黏性土为主）的韵律变化特点。每一个时代为一个沉积旋回，整个第四纪沉积物是多个沉积旋回的叠合，沉积物粒度变化的总趋势是随着沉积时代的推进粒度由粗变细，反映了侵蚀基准面的振荡性持续上升。

② 沉积物的沉积环境由陆相向海相过渡。中更新世早期以洪积为主，中更新世晚期至晚更新世早期以冲积、冲湖积为主，晚更新世晚期则以海陆交互相沉积为主，全新世则以海相沉积为主。

③ 沉积物的物性变化。土层自下而上由硬塑向流塑变化，这与沉积时间早晚及成因有关，老地层沉积时间早，上覆土层厚，利于脱水固结，成为力学性质较好的土层，反之土层内含水率大、孔隙比高，土的力学性质就差。砂性土自下而上由密实向松散变化，这是由于上覆地层的厚度增加而被压密。

2.　分层原则及主要工程地质层

勘察前同时根据《宁波市轨道交通岩土工程勘察技术细则》以及宁波轨道交通 1 号线、2 号线以及宁波地区邻近工程的相关经验，确定分层基本原则如下：

① 通过对测区地层的沉积年代、沉积相和古地理环境分析，将其有相同沉积年代的地层划分为同一工程地质层，用①，②，…，⑤等表示。

② 在同一工程地质层中，对成因类型相同、岩性、结构和构造特征及物理力学性质基本相似的土层，划分工程地质亚层，用①$_1$、②$_1$、…、⑤$_1$等表示。

③ 对同一工程地质亚层中，物理力学性质相差较大的土层，用①$_{2a}$、②$_{2b}$、…，等表示。

④ 遵循宁波市的习惯土层层号，保持③、④、⑤、⑥等层原特性和编号不变。

各时代第四纪地层的分布情况详见表 10.6。

表 10.6　主要工程地质层（组）划分一览表

成因时代	层号	亚层	厚度/m/	岩性特征简述
mlQ		①$_1$	0.6～3.1	填土：杂色，由碎块石、黏性土等组成，市区道路及村庄分布
al‐lQ$_4^3$	①	①$_2$	0.5～1.8	黏土：灰黄色，可塑，下部渐变成软塑，厚层状构造
mQ$_4^3$		①$_3$	0.8～4.9	淤泥质黏土：灰色，流塑，厚层状，局部为淤泥
mQ$_4^2$	②	②$_1$	0.5～1.5	黏土：灰色，软塑，厚层状，含半腐化植物碎屑，局部分布
		②$_{2a}$	1.5～9.6	淤泥、淤泥质黏土：灰色，流塑，厚层状～似鳞片状构造
		②$_{2b}$	3.4～12.8	淤泥质黏土：灰色，流塑，鳞片状构造
mQ$_4^1$	④	④$_1$	2.0～17.5	淤泥质黏土：灰色，流塑，鳞片状，黏塑性好
		④$_2$	1.9～13.9	黏土：灰色，软塑，细鳞片状构造，局部含较多植物碎屑
al‐lQ$_3^2$	⑤	⑤$_1$	0.7～14.7	粉质黏土：灰绿色、灰黄色、灰褐色，可塑，局部硬塑
		⑤$_2$	1.0～15.0	粉质黏土：灰黄色、灰褐色，可塑
		⑤$_3$	0.9～10.7	黏质粉土：灰黄色，中密，很湿，厚层状
mQ$_3^2$		⑤$_4$	2.4～13.9	黏土：灰色，软塑，厚层～薄层状构造，局部为粉质黏土
al‐mQ$_3^2$		⑤$_5$	0.9～10.7	黏质粉土：灰色，中密，很湿，厚层状
alQ$_3^2$		⑤$_{5a}$	1～3.0	中砂：灰色，中密，很湿，砂质不均
		⑤$_6$	0.9～1.9	粗砂、砾砂：灰色，中密，很湿，砂质不均
mQ$_3^2$	⑥	⑥$_2$	2.2～15.3	粉质黏土：灰色，软塑，薄层状构造，黏塑性较好
		⑥$_3$	1.5～11.0	黏土：灰褐色，软塑～可塑，厚层状构造
al‐lQ$_3^1$	⑦	⑦$_1$	0.8～8.5	粉质黏土：灰绿色，灰蓝色，可塑～硬塑，厚层状
alQ$_3^1$	⑧	⑧$_1$	2.0～13.2	粉砂：浅灰色，中密，饱和，厚层状构造。一般上部为含黏性土粉砂，往下渐变为粉砂、细砂
al‐mQ$_3^1$		⑧$_2$	1.9～6.3	粉质黏土：灰色，软塑为主，局部可塑，厚层状构造
alQ$_3^1$		⑧$_3$	3.0～14.2	砾砂、圆砾：灰褐色，中密～密实
al‐lQ$_2^2$	⑨	⑨$_1$	1.4～9.9	黏土、粉质黏土：灰绿色，可塑～硬塑，厚层状构造
alQ$_2^2$		⑨$_{1a}$	1.3～6.9	细砂：浅灰色，中密～密实，饱和，厚层状构造，砂质较纯
alQ$_2^2$		⑨$_2$	1.1～13.2	砾石：灰紫色、灰白色，饱和，密实，厚层状
allQ$_2^1$	⑩	⑩$_1$	4.8～9.5	含碎砾粉质黏土：灰紫色、灰白色，硬塑，局部可塑，厚层状，土质不均，局部含较多碎砾石或粗砂

10.5　KC301 标初步勘察阶段岩土工程勘察报告

10.5.1　工程概况及周边环境

1．工程概况

KC301 标段为宁波轨道交通 3 号线的一个标段，范围为陈婆渡站、陈婆渡站—黄家村站区间、黄家村站、黄家村站—鄞州大道站区间、鄞州大道站、鄞州大道站—南部商务区站区间、南部商务区站、南部商务区站—鄞县大道站区间、鄞县大道站、鄞县大道站—万达广场站区间、万达广场站、万达广场站—锦寓路站区间、姜山车辆段及出入线段，包括 6 个车站、6 个区间、1 条出入段线和 1 个车辆段 14 个工点。

3 号线轨道交通线路敷设方式均为地下线，土建施工涉及多种工法和基础形式，如明挖法、盾构法、天然基础、桩基础等。本次勘察为初步勘察阶段，本初勘报告内容主要包括 6 个车站和 6 个区间。

根据 2013 年 3 月 7 日广州地铁设计研究院有限公司提供的宁波市轨道交通 3 号线工程勘察场地地形图、线路图、纵断面图、建筑总平面图，宁波市轨道交通 3 号线工程 KC301 标段共设 6 座地下二层车站，其中鄞县大道站与 5 号线为换乘站，施工采用明挖法的主要为 6 个车站和 1 个陈婆渡站—黄家村站区间，基坑主体宽度一般在 20 ~ 24 m，长度 160 ~ 535 m，深度 16 ~ 17.5 m，具有长度长、宽度窄、开挖深度深、周边环境复杂等特点。有关车站性质详见表 10.7。

表 10.7　KC301 标段车站概况一览表

序号	工点编号	车站名称		工程类别	底板标高/m	中心里程	长度/m（平面图丈量）	施工方法
1	S1	陈婆渡站		地下两层	−13.780 ~ −14.540	AK2 + 385	482	明挖法
2	S2	黄家村站		地下两层	−14.196 ~ −14.616	AK3 + 353	320	明挖法
3	S3	鄞州大道站		地下两层	−13.258 ~ −13.698	AK4 + 704	197	明挖法
4	S4	南部商务区站		地下两层	−13.830 ~ −14.470	AK5 + 880	510	明挖法
5	S5	鄞县大道站	3 号线	地下两层	−13.274 ~ −13.694	AK7 + 312	226	明挖法
			5 号线	地下三层			160	明挖法
6	S6	万达广场站		地下两层	−12.790 ~ −13.490	AK8 + 040	272	明挖法

宁波市轨道交通 3 号线工程 KC301 标段共涉及 6 个区间段，均为地下方案。其中陈婆渡站—黄家村站区间隧道拟采用明挖法施工外，其他 5 个区间隧道均采用盾构法施工工艺，采用预制管片拼装。各区间长度及基本施工方法详见表 10.8。

表 10.8　KC301 标段区间概况表

序号	工点编号	区间段名称	工程类别	底板标高/m	长度/m（平面图丈量）	施工方法
1	Q1	陈婆渡站—黄家村站区间	地下	−13.780 ~ −16.340	535	明挖法
2	Q2	黄家村站—鄞州大道站区间	地下	−13.698 ~ −20.448	1 165	盾构法
3	Q3	鄞州大道站—南部商务区站区间	地下	−13.258 ~ −15.598	660	盾构法
4	Q4	南部商务区站—鄞县大道站区间	地下	−13.694 ~ −22.00	1 170	盾构法
5	Q5	鄞县大道站—万达广场站区间	地下	−13.274 ~ −14.074	440	盾构法
6	Q6	万达广场站—锦寓路站区间	地下	−13.490 ~ −19.700	1 035	盾构法

2. 场地及周边环境条件

宁波市轨道交通 3 号线 KC301 标段工程线路基本走向为南北走向，南起鄞州区陈婆渡，经鄞州中心区。沿线所经道路包括：广德湖南路（规划）、鄞州大道、天童南路、天童北路。

本标段站点及区间场地环境现状简要介绍如下：

① 陈婆渡站：车站位于规划广德湖南路与宁姜公路交叉口北侧，广德湖南路西侧绿化带内。站位处现状为农田用地，周边规划为居住、居住商业混合用地。

② 陈婆渡站—黄家村站区间：沿规划路路侧敷设，区间穿横塘河、前北（前周）村、农田及其他小型河道。

③ 黄家村站：车站位于规划广德湖南路与茶桃公路交叉口北侧，广德湖南路西侧绿化带内。现状车站南侧为高塘桥村，西北侧为黄家村，周边规划以居住用地为主，兼有部分科研教育用地。

④ 黄家村站—鄞州大道站区间：区间沿规划路出发向北，转至鄞州大道向东敷设，下穿农田、铜盆闸河、鄞州大道。

⑤ 鄞州大道站：车站位于鄞州大道与宁南路交叉口，现状车站西北地块为香堤水岸小区，西南侧为鄞州区社会福利中心，周边规划以居住用地为主，同时分布有医疗卫生用地及交通设施用地。

⑥ 鄞州大道站—南部商务区站区间：基本沿规划路（现状鄞州大道）敷设，转至天童南路，转弯部分下穿地块。

⑦ 南部商务区站：车站位于天童南路与泰康中路交叉口，地处鄞州商务中心区腹地，现状周边已建成较多高层写字楼，周边规划以金融商业用地为主，外围分布有部分居住、公园用地。

⑧ 南部商务区站—鄞县大道站区间：基本沿天童南路敷设，需要拆复吉祥桥。

⑨ 鄞县大道站：车站位于天童路与鄞县大道交叉口，现状车站西南侧为鄞州区政府，西北侧为华茂外国语学校，东北侧为南苑环球酒店等商业大楼，东南侧为广博国贸中心、鄞州区总商会、鄞州区建设局等行政办公区。车站南侧规划以行政办公用地为主，西北侧

以科研教育用地为主，东北侧以商业用地为主。

⑩ 鄞县大道站—万达广场站区间：基本沿天童南路敷设，过贸城中路转入地块一侧穿行。

⑪ 万达广场站：车站位于天童北路与四明路交叉口，现状车站西侧为新都美地、都市森林等大型小区，东侧为凯旋明天酒店、小城花园小区，西南侧为万达广场，东南侧为四明小区、格兰云天小区。车站东侧及西南侧规划以商业用地为主，西北侧及东南侧规划以居住用地为主。

⑫ 万达广场站—锦寓路站区间：区间基本沿天童南路西侧绿化带敷设、向东转至嵩江中路。

3. 地下障碍物

根据本次勘探初步调查了解，黄家村站及其以南的陈婆渡站~黄家村站区间、陈婆渡站场地多为农田和村庄 1~3 层民宅，地下无重要障碍物。

黄家村站以北至线路终点主要地下重要障碍物为桥梁下的桩基础：

① 黄家村站—鄞州大道站区间地下主要障碍物为接近鄞州大道上的两处桥梁，分别为鄞州大道与山堰路交汇路处的三益桥、与宁南南路交汇路处的萧皋桥，桥梁基础均为钻孔灌注桩。

② 鄞州大道站—南部商务区站区间地下主要障碍物为天童路西的双女桥，桥梁本身采用的是浅基础，桥梁基础为钻孔灌注桩。

③ 南部商务区站—鄞县大道站区间地下主要障碍物为天童路上的吉祥桥，桥梁基础为钻孔灌注桩。

④ 鄞县大道站—万达广场站区间地下主要障碍物为天童路上的汪董桥，桥梁基础为钻孔灌注桩。

⑤ 万达广场站—锦寓路站区间地下主要障碍物为天童路西到鄞州工商行政管理局 K8 + 750 处的桥梁，桥梁基础为钻孔灌注桩。

线路基本沿城市主干道及次干道地下通行，两侧多为农田、厂房、居民住宅小区、商业大厦等，沿线建筑物众多，地下管线密布，纵横交错，地下管线分布复杂，施工时应充分重视。后期勘察阶段需对管线、老基础等地下障碍物做专项调查。

10.5.2 勘察依据、勘察目的及勘察等级

1. 勘察依据

勘察依据主要是相关轨道交通工程招投标文件以及相关国家、行业及地方性规范。

2. 勘察目的

初步查明 KC301 标段 6 个车站和 6 个区间的工程地质条件、水文地质条件，分析评

价地基基础形式和施工方法的适宜性，预测可能出现的岩土工程问题，提供初步设计所需的岩土参数，提出复杂或特殊地段岩土治理的初步建议。

① 搜集带地形图的拟建线路平面图、线路纵断面图、施工工法等有关设计文件及可行性研究勘察报告、沿线地下设施分布图。

② 初步查明沿线地质构造、岩土类型及分布、岩土物理力学性质、地下水埋藏条件，进行工程地质分区。

③ 初步查明特殊性岩土的类型、成因、分布、规模、工程性质，分析其对工程的危害程度。软土需查明其分布范围、厚度、固结状态、富水性和震陷特征；砂层（包括软土中对固结排水和强度改善有作用的砂土层）要查明其分布、厚度，透水性、液化特征等；查明膨胀性岩土的膨胀性，崩解性岩土的崩解性等。

④ 初步查明沿线场地不良地质作用的类型、成因、分布、规模、工程性质，预测其发展趋势，分析其对工程的危害程度。

⑤ 初步查明沿线地表水的水位、流量、水质、河湖淤积物的分布，以及地表水与地下水的补排关系。

⑥ 初步查明地下水类型、补给、径流、排泄条件，历史最高水位，地下水动态和变化规律。

⑦ 对抗震设防烈度≥6度的场地，应初步评价场地和地基的地震效应。

⑧ 评价场地稳定性和工程适宜性。

⑨ 初步评价水和土对建筑材料的腐蚀性。

⑩ 对可能采取的地基基础类型、地下工程开挖与支护方案、地下水控制方案进行初步分析评价。

⑪ 对环境风险等级较高的工程周边环境，分析可能出现的工程问题，提出预防措施的建议。

⑫ 初步勘察阶段除提供地基土常规指标外，尚须结合工点性质提供的特殊参数，见表10.9。

表 10.9 初步勘察提供的特殊参数表

工点性质	盾构法区间	地下车站、明挖法区间
其他参数	渗透系数、无侧限抗压强度、三轴 UU、CU 指标	渗透系数、静止侧压力系数、无侧限抗压强度、三轴 CU 指标、桩基设计参数

地下车站与区间工程，还应满足：

① 初步划分车站、区间隧道的围岩分级和岩土施工工程分级。

② 根据车站、区间隧道的结构形式及埋置深度，结合岩土工程条件，提供初步设计所需的岩土参数，提出地基基础方案的初步建议。

③ 每个水文地质单元选择代表性地段进行水文地质试验，提供水文地质参数，必要时设置地下水位长期观测孔。

④ 初步查明沿线浅层气的分布特征、成分，评价其对工程的影响。

⑤ 针对车站、区间隧道的施工方法，结合岩土工程条件，分析基坑支护、围岩开挖支护、盾构设备选型、岩土加固与开挖、地下水控制等可能遇到的岩土工程问题，提出处理措施的初步建议。

⑥ 提供设计要求深度范围内的地温资料。

3. 勘察等级的确定

（1）工程重要性等级

本次勘察范围为 KC301 标段 6 个地下车站和 6 个地下区间，按国家标准《城市轨道交通岩土工程勘察规范》（GB 50307）的规定，工程意义和社会影响重大，破坏后果很严重。拟建工程车站主体和区间的重要性等级为一级。

（2）场地等级

工程沿线地形较为平坦，地貌类型单一，为平原地貌；但岩土种类较多，岩性多变，浅部分布的特殊性岩土为软土，属于对建筑抗震不利地段，地下水位高，且有潜水、承压水等多种类型，按《市政工程勘察规范》（CJJ56）判断场地分类为Ⅱ类，根据《城市轨道交通岩土工程勘察规范》（GB 50307）确定场地等级为一级场地（复杂场地），依据《岩土工程勘察规范》（GB 50021），确定场地等级为二级场地（中等复杂场地）。

（3）地基等级

拟建场地岩土种类较多，均一性较差，性质变化较大，且广泛分布有软弱的淤泥质土和淤泥等特殊岩土，按照《岩土工程勘察规范》（GB 50021）判断地基等级属中等复杂地基。

（4）工程周边环境风险等级

陈婆渡站由于主要场地多为农田和市政重要道路（宁姜公路），周边环境与工程相互影响很大，破坏后果严重，属二级环境风险；陈婆渡站—黄家村站区间、黄家村站、黄家村站—鄞州大道站区间场地多为农田、村庄 1～3 层民宅、市政重要道路，穿越多条河流，周边环境与工程相互影响很大，破坏后果很严重，属一级环境风险；鄞州大道站、鄞州大道站—南部商务区站区间、南部商务区站、南部商务区站—鄞县大道站区间、鄞县大道站、鄞县大道站—万达广场站区间、万达广场站、万达广场站—锦寓路站区间沿线建筑物密布，市政道路车流量大，地下管线分布密集，周边环境与工程相互影响很大，破坏后果很严重，属一级环境风险。

（5）岩土工程勘察等级

综合建（构）筑物工程重要性等级、场地等级、地基等级和工程周边环境风险等级，按国家标准《城市轨道交通岩土工程勘察规范》（GB 50307）规定，确定拟建的宁波市轨道交通 3 号线工程勘察 KC301 标段岩土工程勘察等级属甲级。

10.5.3 勘察方案布置

1. 勘察手段

根据《城市轨道交通岩土工程勘察规范》（GB 50307）和国标《岩土工程勘察规范》（GB 50021）及其他相关勘察规范要求，并结合设计提出的技术要求，本次初勘采用传统的现场钻探取样、水文地质试验、工程物探（波速试验、电阻率测试）、原位测试（静力触探试验、扁铲侧胀试验、十字板剪切试验、标准贯入试验、圆锥动力触探试验）、地温观测和室内试验相结合的综合勘探方法，以合理的勘察工作量、先进的勘察手段和工艺，及时、准确、全面地获取本工程场地内的各项岩土技术参数，以满足设计的需要。

2. 工作量布置

勘探孔布置包括平面布置、孔类型的确定及勘探孔深度的确定三个方面：

（1）勘探孔平面布置原则

① 根据本标段沿线场地的工程地质条件、依据《城市轨道交通岩土工程勘察规范》（GB 50307）及1号线一期、2号线一期、1号线二期的勘察经验进行布孔，局部地层条件变化大的地段适当加密。

② 地下线勘探孔均在结构两侧沿线路方向交错布置，布置在结构轮廓线外侧3～5 m的位置。

③ 地下车站按招标文件"不少于4个勘探孔"的技术要求，明挖区间按招标文件"不少于3个勘探孔"的技术要求，地下车站及明挖区勘探孔孔间距按60～100 m布置。

④ 盾构区间勘探孔间距100～200 m，且不少于3个勘探孔。

除以上布置原则勘探孔尽量利用已有勘察资料外，陈婆渡站引用工可勘探孔ZK2号孔，鄞县大道站引用工可勘探孔ZK6号孔，万达广场—锦寓路区间利用工可勘探孔ZK8-A号孔。

（2）勘探孔性质的确定

勘探孔原则上全部考虑为控制性勘探孔。其中以取土样钻孔为主，布置1/3～1/4静力触探孔。并辅以扁铲侧胀试验、十字板剪切试验、波速测试、电阻率测试、标准贯入试验、动力触探试验等原位测试及地温测试孔和抽水试验孔，但均作为辅助的勘探施工手段利用，不统计在控制性勘探孔及一般性勘探孔内。其中波速测试、电阻率测试、波速测试、标准贯入试验、动力触探试验等原位试验均在取土样钻孔内进行，扁铲侧胀试验、十字板剪切试验均在取土样钻孔或静探孔边进行。

具体根据场地条件及地层条件分析，结合各种施工手段对地层的适宜性分析如下：

① 地下车站及明挖区间。

初勘阶段勘探孔均按控制性勘探孔布置，故KC301标段陈婆渡站、陈婆渡站—黄家村站明挖区间、黄家村站、鄞州大道站、南部商务区站、鄞县大道站、万达广场站初勘勘探孔全部布置为控制性兼取土样钻孔。鄞县大道站勘探孔平面布置图见图10.4。南部商务区站—鄞县大道站区间勘探孔平面布置图见图10.5。

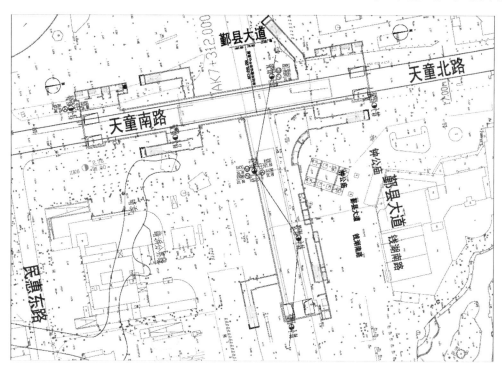

图 10.4　宁波轨道交通 3 号线鄞县大道站勘探孔平面布置图（初勘）

② 盾构区间。

初勘阶段勘探孔均按控制性勘探孔布置，本标段地下区间取土样钻孔与静力触探孔的比例一般为 1：1～2：1。如静力触探孔深度不足时，变更为钻孔。

③ 波速试验孔初勘期间除鄞县大道站考虑与换乘的 5 号线车站布置 2 个外，其他工点各布置 1 个。

④ 电阻率测试孔初勘期间除鄞县大道站考虑与换乘的 5 号线车站布置 2 个外，其他工点各布置 1 个。

⑤ 十字板剪切试验孔初勘按各工点布置 1 个为原则。

⑥ 扁铲侧胀试验本标段初勘按各工点布置 1 个为原则。

⑦ 地温观测孔本标段共布置 2 个，观测周期为 1 年，1 个布置在黄家村站—鄞州大道站区间、1 个布置在万达广场站—锦寓路站区间。

⑧ 初勘期间合计布置 1 个多孔抽水试验孔（带 2 个观测孔，观测孔 1 和观测孔 2 距离主孔分别为 5 m、15 m），具体布置在黄家村站，试验目的层为⑤$_6$层砾砂承压含水层；布置 4 个单孔抽水试验孔，其中鄞县大道站试验目的层为⑤$_6$层砾砂承压含水层、南部商务区站试验目的层为⑧$_3$层圆砾承压含水层和⑤$_{5a}$层中砂承压含水层、万达广场站试验目的层为⑤$_3$层粉土承压含水层；每个抽水试验孔结束后，同时进行承压水观测试验，观测周期为 1 年。

⑨ 每个工点布置 2 个查明覆盖层厚度的孔，孔深要求至风化基岩 1～3 m 或大于 80 m。并在每个工点选择其中一个深孔进行全孔岩芯保留。

图 10.5　宁波轨道交通 3 号线南部商务区站—鄞县大道站区间勘探孔平面布置图（初勘）

（3）勘探孔深的确定

勘探孔深度的确定主要依据《城市轨道交通岩土工程勘察规范》（GB 50307）、线路埋深、沿线工程地质条件、国家现行有关规范：

① 地下车站及明挖区间。

孔深原则：控制性勘探孔进入结构底板以下不应小于 30 m，并满足基坑工程的坑底变形验算和围护系统稳定性计算的要求，且不小于 3.0 倍基坑深度；一般性勘探孔进入结构底板以下不应小于 20 m，并满足基坑工程的坑底变形验算和围护系统稳定性计算的要求，且不小于 2.5 倍基坑深度；对于地下车站，孔深还必须满足桩基设计要求。

布置深度：根据工可勘察资料，本次初勘陈婆渡站、黄家村站、鄞州大道站、南部商务区站、鄞县大道站初勘合计 5 个工点以及陈婆渡站—黄家村站明挖区间全部采用控制性钻孔，进入中等风化基岩 3～5 m，预计孔深为 70 m；万达广场站控制性孔要求打穿拟采用的桩基持力层⑧层及下部压缩层⑨层，进入⑩层 2～3 m，预计孔深为 70 m。

本次初勘陈婆渡站、黄家村站、鄞州大道站、南部商务区站、鄞县大道站因所有的钻孔均要求进入中等风化基岩，完全能查明场地覆盖层厚度，故本次初勘在万达广场站布置 2 个查明覆盖层厚度的孔，孔深大于 80 m。

② 盾构区间。

孔深原则：盾构法施工地段，控制性勘探孔进入结构底板以下不应小于 30 m；一般性勘探孔进入结构底板以下不应小于 20 m，江上勘探孔适当加深。

布置深度：初勘阶段勘探孔全部按控制性孔考虑。按线路纵断面图 KC301 标段 2 个盾构最深的区间为黄家村站—鄞州大道站区间、南部商务区站—鄞县大道站区间勘探孔平面布置图见图 10.5，结构底最深 21～25 m，以上 2 个区间控制性勘探孔孔深确定为 50～55 m；鄞州大道站—南部商务区站区间、鄞县大道站—万达广场站区间、万达广场站—锦寓路站区间结构底最深不超过 20 m，以上 3 个区间控制性勘探孔孔深确定为 50 m；所有 5 个盾构区间每个工点布置 2 个查明覆盖层厚度孔，孔深钻入风化基岩 1～3 m 或大于 80 m。

③ 其他。

a. 波速测试孔孔深按《城市轨道交通岩土工程勘察规范》（GB 50307）要求测试至基底下深度大于 20 m，故波速测试孔孔深在各工点位置为 50 m。

b. 电阻率测试孔孔深为 35 m。

c. 十字板剪切试验做至结构底板以下，一般孔深 30～35 m，以揭穿上部软土为原则，遇硬土可终止试验。

d. 扁铲侧胀试验深度从地面以下至车站底板以下 5～10 m，一般孔深 30～35 m。

e. 地温观测孔孔深为 25 m。

f. 多孔抽水试验孔在黄家村站⑤₆层砾砂中进行抽水，孔深约 40 m；单孔抽水试验在陈婆渡站、鄞州大道站、万达广场站⑤₆层砾砂、⑤₅层粉土中进行抽水，孔深约 40 m，在鄞县大道站的含水层⑧层中进行抽水，孔深约 60 m。具体位置和深度可根据勘探揭露的承压含水层变化情况确定。

（4）水、土、岩石试样的采取

原状样：在黏性土和粉土中采取。在车站和明挖区间维护结构以上约 40 m 以内取样间距为 1.5～2.0 m，其余范围取样间距为 2.0～3.0 m；对地下区间的取样孔，在隧道顶点以上 0.5D 至隧道底以下 0.5D 的范围内应连续取样或加密取样（D 为隧道直径），一般在地下 10～30 m 范围以内取样间距为 1.5～2.0 m，其余范围取样间距为 2.0～3.0 m。土层厚度大于 8 m 时，可按上、中、下取 3 组样品。对于厚度大于 0.5 m 小于 2 m 的土层，必须重点取样。纯净的砂取扰动样。

扰动样：砂土及碎石土取扰动样，取样间距 1.5～3.0 m。在砂层、混合土、残积土进行标贯试验时，利用标贯试验采取的扰动土样测定土的颗粒组成。隧道范围内的碎石土和砂土应测定颗粒级配，粉土应测定黏粒含量。

水样：① 潜水：采取潜水试样，每个工点潜水 1 组（每组 2 瓶，1 000 mL/瓶做简分析，500 mL/瓶加大理石粉），特别注意浅部填土层中的地下水；② 承压水：在抽水试验孔中分层采取承压水试样，每层承压水取 3 组（按抽水试验的 3 个落程，每一个落程取 1 组，每组 2 瓶，1 000 mL/瓶作简分析，500 mL/瓶加大理石粉）；③ 地表水：在沿线遇有较大的横塘河、口江河、三桥河时，取水样进行水的腐蚀性分析。

岩样：按天然容重、单轴饱和抗压强度等每层采取 6 组，要求除万达广场站和万达广场站—锦寓路站区间 2 个工点外，其余 11 个工点每个工点采集 20 组岩样，3 块为 1 组，且每块长度不小于 10 cm，直径不小于 75 mm。强风化基岩难以采集标准岩样时，可选择代表性岩块做饱和条件下的点荷载试验。

（5）原位测试

本次勘察采取静力触探试验、标准贯入试验、圆锥动力触探试验、十字板剪切试验、扁铲侧胀试验、波速测试、电阻率测试等原位测试手段。

（6）水文地质试验

本次勘察主要采取抽水试验、承压水水位观测等水文地质试验。

（7）长期地温观测

观测地下 0.5 m，1 m，2 m，3 m，5 m，6 m，7 m，8 m，10 m，15 m，20 m，25 m 地段地温。埋设后三天开始测读地层温度数据，观测周期为每周至少一次，观测时间不少于 1 年。

（8）室内试验

室内试验执行《岩土工程勘察规范》（GB 50021）第 11 章的规定，土工试验一般按《土工试验方法标准》（GB/T 50123）执行其他适用的规定执行。

① 原状土样。

所有原状土样均作常规测试，目的是取得不同土层的定量的物理力学性质指标，测定或计算土的含水率（w）、重度（γ）、比重（G）、孔隙比（e）、液限（ω_L）、塑限（ω_P）、塑性指数（I_P）、液性指数（I_L）、压缩系数（α）（最大压力大于自重压力和附加压力之和）、压缩模量（E_s）和直剪固结快剪指标（c、φ）等，扰动样进行颗粒分析试验。

除在所有原状土样均作常规测试外，还加测一部分特殊试验项目，如三轴不固结不排水抗剪强度（UU）、三轴固结不排水抗剪强度（CU）、渗透系数、固结系数、次固结系数、双向基床系数、静止侧压力系数、泊松比、前期固结压力、回弹指数及固结历时曲线、无侧限抗压强度、有机质等，每一主要土层各项特殊试验测试数量均不小于 6 个。

a. 三轴剪切试验：三轴抗剪强度试验主要在车站开挖围护结构影响范围（①层、②层、④层、⑤层、⑥层约 40 m）的土层进行三轴 CU、UU 剪切试验。

b. 室内渗透试验为满足渗流计算和基坑人工降低地下水位的设计参数，在桩基持力层⑧层车站开挖围护结构影响范围（①层、②层、④层、⑤层、⑥层、⑦层）的土层进行渗透试验（水平向 k_h 和垂直向 k_v）。

c. 室内固结试验为查明土层的固结速度，对被动土进行加固处理提供设计参数，车站开挖围护结构影响范围（①层、②层、④层、⑤层、⑥层约 40 m 以浅）的土层进行固结试验及次固结试验（水平向 C_h 和垂直向 C_v）。

d. 高压固结试验对勘探范围内的所有地层进行高压固结试验，用于提供前期固结压力、回弹指数、固结历时曲线、次固结系数。

e. 无侧限抗压强度试验用于饱和软黏性土地基强度计算、施工期稳定性验算，为车站基坑开挖、支护施工所涉及的饱和软黏性土进行无侧限抗压强度试验，并计算其灵敏度。车站开挖围护结构影响范围（①层、②层、④层、⑤层、⑥层约 40 m 以浅）。

f. 静止侧压力系数 K_0 试验和泊松比。

g. 在桩基持力层⑧层车站开挖围护结构影响范围（①层、②层、④层、⑤层、⑥层、⑦层）的土层进行静止侧压力试验以提供静止侧压力系数 K_0 值和泊松比 μ。

h. 对车站开挖围护结构影响范围（①层、②层、④层、⑤层、⑥层、⑦层）的土层提供水平向 K_h 和垂直向 K_v 基床系数。

i. 土的腐蚀性试验对拟建场地内土层取地下水位以上的土样（主要为①₂ 层）进行酸碱度试验及易溶盐试验，用于评价土对混凝土的腐蚀性（放在详勘进行）。

j. 有机质含量：主要在①层、②层饱和淤泥质土中进行测试，采用灼矢量法。

② 扰动样：砂土、粉土、砂质黏性土、砾质黏性土应做颗粒分析试验，不得漏测黏粒含量。颗粒分析试验应提供不均匀系数、曲率系数等参数，并提供有代表性的颗粒大小分布曲线。明挖地段、盾构穿越地段的黏性土应进行颗粒分析试验，统计粉粒、黏粒含量。

③ 水样：水样进行简分析 + 侵蚀 CO_2 试验，为地下水对混凝土结构的腐蚀性判断提供依据。

④ 岩样：岩样进行天然密度、饱和单轴极限抗压强度、天然单轴极限抗压强度测试。

10.5.4 水文及水文地质条件

1. 地表水

宁波平原河渠密布，每平方千米面积内河渠长度在 2.5～4.0 km，河渠宽度在 15～50 m，线路附近主要为横塘河、铜盆闸河、汗江河及少量无名河等。河水位一般低于地面 0.5～1.2 m，水深 3.0～3.5 m，局部水深可达 6.0 m。河渠都互相连通，与甬江、奉化江及姚江有水闸控制。KC301 标段沿线涉及的河流详见表 10.10。

表 10.10 线路经过河道、水域情况一览表

名　　称	里程/m	河宽/m	河深/m	浮泥厚/m
横塘河	K2＋620～652	32	2.5～3.0	0.5
横塘河支流 1	K2＋795～840	17	2.5～3.0	0.5
横塘河支流 2	K3＋011～026	15	2.5～2.5	0.5
横塘河支流 3	K3＋257～269	12	2.5～2.5	0.5
铜盆闸河	K3＋704～749	45	2.5～3.0	0.7
三益河	K4＋125～144	30	5.0～6.0	0.7
汗江河	K4＋570～614	44	5.0～6.0	0.7
汗江河	K5＋315～330	105	2.5～3.0	0.5
汗江河	K6＋790～836	44	3.0	0.5
称钩漕河	K8＋580～770		2.5～3.0	0.5

2. 地下水

（1）孔隙潜水

松散岩类孔隙潜水主要赋存于场区表部填土和浅部黏土、淤泥质土层中。表部填土富水性、透水性及渗透性均较好，地表水联系密切，主要接受地表水、管道渗漏水和大气降水的补给。由于表部杂填土岩性的不均匀性，岩性以砖块、碎石为主时，富水性、透水性及渗透性均较好；当岩性以黏性土混杂砖块碎石为主时，富水性、透水性及渗透性相对又稍差，对基坑施工影响较大。

赋存于表部黏土、淤泥质黏土层中的孔隙潜水，富水性及透水性均较差，渗透系数在 $5.0 \times 10^{-6} \sim 4.07 \times 10^{-7}$ cm/s，水量贫乏，主要接受大气降水的竖向入渗补给和地表水的侧向入渗补给，多以蒸发方式排泄。水位受气候条件等影响，季节性变化明显，潜水位变幅一般在 0.5～1.0 m。勘察期间测得各勘探孔潜水位埋深为 0.3～3.5 m，潜水最低水位按本次勘察实测水位向下 1.0 m。

（2）孔隙承压水

根据本区钻探资料及附近水文地质孔资料，KC301 标站和区间场地埋藏分布有第 I 含

水层组（Q_3）和第Ⅱ含水层组（Q_2）两层孔隙承压含水层，其中第Ⅰ含水层组又分为$Ⅰ_1$和$Ⅰ_2$承压水。

① $Ⅰ_1$层孔隙承压水。

第$Ⅰ_1$层孔隙承压水主要赋存于⑤$_3$层粉土、⑤$_5$层粉土、⑤$_6$层砾砂或⑤$_{5a}$层中砂，含水层厚 2.0 ~ 4.0 m。

其中⑤$_3$层粉土、⑤$_5$层粉土，透水性较差，涌水量小，单井涌水量一般小于 50 m³/d，渗透系数在 3.05×10^{-5} ~ 3.34×10^{-5} cm/s，水位埋深在 2.72 m 左右，水质为咸水，为微承压含水层。

⑤$_{5a}$层中砂，透水性好，涌水量大，单井涌水量 50 ~ 100 m³/d，渗透系数在 2.80×10^{-3} ~ 3.10×10^{-3} cm/s，水位埋深在 2.55 m 左右，水质为咸水。

⑤$_6$层砾砂透水性好，涌水量大，单井涌水量 100 ~ 200 m³/d，局部黏性土含量较高，透水性一般，渗透系数在 1.81×10^{-2} ~ 4.26×10^{-3} cm/s，水位埋深在 1.8 ~ 2.0 m，水质为咸水。

② $Ⅰ_2$层孔隙承压水。

第$Ⅰ_2$层孔隙承压水赋存于⑧层砂土中，透水性好，渗透系数为 1.81 ~ 2.07×10^{-2} cm/s，水量丰富，单井开采量 1 500 ~ 1 800 m³/d，系市区地下水主要开采层之一，水温为 19.5 ~ 20.0 ℃，水质为微咸水，静止水位埋深一般为 5.0 ~ 5.5 m，因受长期高强度开采的影响，目前已形成区域水位降落漏斗，并且随季节而变化，一般冬季用水量减少，水位相对较高，与本工程关系较为密切。

③ Ⅱ层孔隙承压水。

第Ⅱ层孔隙承压水赋存于⑨$_2$层圆砾、卵石层中，透水性较好，水量较大，单井开采量一般为 1 000 ~ 1 500 m³/d，是市区主要淡水开采层之一，水温为 20.5 ~ 21.0 ℃，原始水位略高于第Ⅰ含水层，因长期开采，目前亦已形成区域降落漏斗，动水位埋深一般为 10 ~ 20 m。

④ 基岩裂隙水。

基岩裂隙水分布于宁波平原底部，含水层组由下白垩统方岩组含膏盐粉砂岩夹砂砾岩组成，地下水渗流途径主要为沿岩土交界面和基岩节理面入渗，地下水赋存主要受岩性、构造、地貌、气候及风化强度等因素控制，富水性极不均一，主要接受大气降水的入渗补给，地下循环途径短，径流速度快，季节性变化明显。水质以微咸水、咸水为多，硫酸盐含量高，主要为 $SO_4 \cdot Cl$-$Ca \cdot Na$ 型水，单井涌水量 100 ~ 1 000 m³/d。

3. 设计水位建议

本工程主要为地下工程，场地地下水位埋深浅，孔隙潜水位埋深一般在地面下 0.3 ~ 3.5 m，由于地下工程埋深大，地下水位高，根据当地经验，车站和明挖区间抗浮设防水位可取室外地坪下 0.5 m 或 50 年一遇的防洪设计水位 2.80 m（1985 国家高程基准），设计时按不利条件选用。

各含水层水头详见表 10.11。其中⑤$_{5a}$层中砂和⑤$_6$层砾砂为同一含水层，⑧$_1$层、⑧$_3$层为同一含水层，⑤$_3$层和⑤$_5$层粉土由于局部连通，故其也可按同一含水层考虑。在本次勘察期间测量的各承压含水层水头标高见表 10.11。

表 10.11　各含水层承压水测压水头标高

含水层层号	含水层岩性	分布范围	水头标高/m
⑤₃	黏质粉土	鄞县大道站及其以北线路局部	0.59
⑤₅	黏质粉土	鄞县大道站及其以北线路局部	0.59
⑤₅ₐ	中　砂	鄞县大道站以南至南部商务区	0.70
⑤₆	砾　砂	南部商务区以南基本分布	−0.29～−0.30
⑧	砾砂、圆砾	全线基本分布	−2.03

4. 抽水试验成果

为较准确的了解承压含水层的渗透性，本次报告利用在黄家村站完成的 1 个 S2CC1 号单孔抽水试验（带 2 个观测孔，观测孔 1 距离主孔 6 m，观测孔 2 距离主孔 15.4 m）；鄞州大道站完成的 S3CC1 号单孔抽水试验，试验承压含水层均为⑤₆层砾砂承压水；天童南路南部商务区站—鄞县大道站区间完成了 S4CC1 和 S4CC2 两个单孔抽水试验，S4CC1 孔试验承压含水层为⑧₃层圆砾承压水，S4CC2 试验承压含水层为⑤₅ₐ层粉土承压水；万达广场站 S6CC1 号单孔抽水试验，试验承压含水层均为⑤₃层黏质粉土承压水。

采用 3 个落程抽水试验，试验方法采用稳定流，现场试验方法按原地质矿产部《水文地质手册》中的钻孔单孔抽水试验要求进行，稳定时间大于 6 h。抽水试验成果按原地质矿产部《水文地质手册》中各有关计算参数和公式进行计算，单孔计算公式如式（10.1）、式（10.2）：

$$R = 10 S_w \sqrt{k} \tag{10.1}$$

$$k = \frac{0.366Q}{m S_w} \lg \frac{R}{r_w} \tag{10.2}$$

带 2 个观测孔计算公式如下：

$$\lg R = \frac{S_1 \lg r_2 - S_2 \lg r_1}{S_2 - S_1} \tag{10.3}$$

$$k = \frac{0.366Q}{m(S_1 - S_2)} \lg \frac{r_2}{r_1} \tag{10.4}$$

式中　R——抽水井影响半径，m；

S_w——抽水孔水位下降值，m；

S_1——观测孔 1 水位下降值，m；

S_2——观测孔 2 水位下降值，m；

k——渗透系数，m/d；

m——含水层层厚，m；

r_w——抽水井半径，本次抽水井半径 0.054 m；

r_1——观测孔 1 至抽水井中心的距离，m；

r_2——观测孔 2 至抽水井中心的距离，m；

Q——抽水井的涌水量，m^3/d。

抽水试验计算结果详见表 10.12。

表 10.12 抽水试验成果一览表

层号	孔号	含水层位置 /m	含水层厚度 m/m	钻孔半径 r_w/m	稳定流量 Q/（t/d）	抽水降深 S_w/m	抽水井影响半径 R/m	渗透系数 k/(cm/s)	单位涌水量 /[L/(s·m)]
⑤₆	S2CC1	37.7～39.6	1.9	0.054	157.92	14.15	505	1.73×10^{-2}	0.129
					197.68	19.52	555	1.81×10^{-2}	0.111
⑤₆	S3CC1	37.4～39.5	2.1	0.054	39.26	6.22	119.30	4.26×10^{-3}	0.073
					71.52	11.59	228.91	4.52×10^{-3}	0.071
					98.64	16.22	324.61	4.64×10^{-3}	0.070
⑧₃	S4CC1	52.9～56.0	3.1	0.054	241.68	5.83	246.70	2.07×10^{-2}	0.48
					402.00	10.74	446.84	2.00×10^{-2}	0.43
					542.40	16.73	661.79	1.81×10^{-2}	0.38
⑤₅ₐ	S4CC2	33.1～35.0	1.9	0.054	28.13	7.34	115.00	2.80×10^{-3}	0.044
					47.04	12.87	204.24	2.90×10^{-3}	0.042
					68.64	18.83	305.68	3.10×10^{-3}	0.042
⑤₃	S6CC1	25.4～28.6	3.2	0.054	0.54	4.70	7.93	3.30×10^{-5}	0.001 3
					0.78	7.31	12.41	3.34×10^{-5}	0.001 2
					0.99	10.78	17.51	3.05×10^{-5}	0.001 0

5. 水（土）对建筑材料的腐蚀性

① 地表水。

本次勘察在横塘河、铜盆闸河、口江河、三桥河、称钩漕河等河流内共采集了 6 组地表水水样，进行了常规分析和侵蚀性 CO_2 测试，根据水质分析成果，场地地表水为低矿化度淡水。

按照《岩土工程勘察规范》（GB 50021）进行判定，在 Ⅱ 类环境类型影响下，场地地表水在长期浸水和干湿交替条件下对混凝土结构具微腐蚀性；但受地层渗透影响下横塘河、口江河、三桥河地表水对混凝土结构具微腐蚀性，铜盆闸河地表水对混凝土结构具弱腐蚀性（其水样侵蚀 CO_2 达 15.40 mg/L）、称钩漕河地表水对混凝土结构具强腐蚀性（其水样侵蚀 CO_2 达 71.06 mg/L）；地表水对钢筋混凝土结构中的钢筋具微腐蚀性。

按照《混凝土结构耐久性设计规范》（GB/T 50476）进行判定：地表水承台混凝土结

构和桩基混凝土结构环境作用类型均为一般环境，作用等级为 I-C。

② 孔隙潜水。

本次勘察采集了 12 组潜水水样（每个工点 1 组），进行了常规分析和侵蚀性 CO_2 测试。根据水分析成果，场地内孔隙潜水一般为低矿化度淡水，水化学类型在鄞县大道站以南地下水以 $HCO_3 \cdot Cl$-$Ca \cdot Na$、$SO_4 \cdot HCO_3$-$Na \cdot Ca$ 型为主，鄞县大道站及其以北地下水以 HCO_3-Ca 型为主。

按照《岩土工程勘察规范》（GB 50021）进行判定，在 Ⅱ 类环境类型影响下，场地孔隙潜水在长期浸水条件下对混凝土结构除黄家村—鄞州大道站区间 1 组 Q2CZ2 水样（其 SO_4^{2-} 达 1 800.0 mg/L）具弱腐蚀性外，其他地段均具微腐蚀性；浅部的孔隙潜水在干湿交替条件下对混凝土结构除黄家村站—鄞州大道站区间 1 组 Q2CZ2 水样（其 SO_4^{2-} 达 1 800.0 mg/L）具中等腐蚀性、鄞州大道站—南部商务区站区间 1 组 Q3CZ2 水样（其 SO_4^{2-} 达 340 mg/L）具弱腐蚀性外，其他地段均具微腐蚀性；浅部的孔隙潜水在长期浸水条件下对钢筋混凝土结构中的钢筋均具微腐蚀性，在干湿交替段除陈婆渡站—黄家村区间和南部商务区站具弱腐蚀性外，其他地段均具微腐蚀性。

按照《混凝土结构耐久性设计规范》（GB/T 50476）进行判定：孔隙潜水承台混凝土结构和桩基混凝土结构环境作用类型均为一般环境，作用等级为 I-C。

③ 孔隙承压水。

根据本次初勘进行的 S2CC1、S3CC1、S4CC1、S4CC2、S6CC1 合计 5 个抽水孔承压含水层水样水质分析成果，按照《岩土工程勘察规范》（GB 50021）进行判定进行判定，在 Ⅱ 类环境类型影响下：⑤$_3$、⑤$_5$ 层粉土承压水在长期浸水条件下对混凝土结构均具微腐蚀性，对钢筋混凝土结构中的钢筋均具微腐蚀性；⑤$_{5a}$ 层、⑤$_6$ 层孔隙承压水在长期浸水条件下对混凝土结构具微腐蚀性，对钢筋混凝土结构中的钢筋具微腐蚀性；⑧层孔隙承压水在长期浸水条件下对混凝土结构具微腐蚀性，但在受地层渗透影响下对混凝土结构具弱腐蚀性，对钢筋混凝土结构中的钢筋在长期浸水条件下具微腐蚀性。

按照《混凝土结构耐久性设计规范》（GB/T 50476）进行判定：孔隙承压水桩基混凝土结构环境作用类型为一般环境，作用等级为 I-A。

④ 基岩裂隙水。

根据区域地质资料，基岩裂隙水水质一般为淡水，按照《岩土工程勘察规范》（GB 50021）进行判定：在 Ⅱ 类环境类型影响下，对混凝土结构及钢筋混凝土结构中的钢筋一般具微腐蚀性，对钢结构具弱腐蚀性。

按照《混凝土结构耐久性设计规范》（GB/T 50476）进行判定：基岩裂隙水桩基混凝土结构环境作用类型为一般环境，作用等级为 I-A。

⑤ 地基土。

场地地下水位埋深浅，地基土基本位于地下水位以下或地下水位的变动范围及毛细水影响带，地基土对建筑材料的腐蚀性，与孔隙潜水的腐蚀性相近。地下水位以上的土层，根据轨道交通 2 号线南站的土化学试验成果分析，浅层土①$_2$ 层对混凝土结构具微腐蚀性，对钢筋混凝土结构中的钢筋具微腐蚀性。

6. 地下水对桩基设计与施工的影响

场地表部①₁层填土厚度局部较大，局部达 3 m 以上，其内的孔隙潜水透水性强，与地表水水力联系强，故一般在雨季时，造成场地孔隙潜水水位埋深极浅，且水量大，钻孔灌注桩施工时易造成场地地面下沉、机械设备倾斜等问题，对施工不利。故在此部位设计和施工时应采取适当的护壁措施。

场地对桩基有影响的地下承压水主要为⑤₅ₐ层中砂、⑤₆层砾砂以及⑧₃层圆砾，由于水头高度均在地表以下，地层的透水性很大，钻进到该层时会引起孔内水流失，导致孔内水位急剧下降，孔壁坍塌。在钻孔灌注桩施工过程中，只要孔内液面高度不低于地下水位标高，如在反循环钻进中，一般钻孔内的水位常常采用有压地下水头加 2 m，就不会对桩基设计和施工造成影响。遇到翻砂现象发生时，可提高钻孔内的水位和采用优质泥浆加以抑制，也可根据地下水位的高低安装不同高度的护筒，以调节钻孔内的水位，防止钻孔壁的坍塌。

10.5.5　场地工程地质条件

10.5.5.1　地形地貌

宁波市地处东海之滨，杭州湾南岸，地形上处在天台山脉及其支脉四明山向东北方向倾没入海的地段。地势自西南向东北倾斜，海拔 50 m 以上的山丘面积约占陆域面积的49.8%，最高峰为余姚市芦山乡的青虎湾岗，海拔 979 m。

拟建宁波轨道交通 3 号线工程 KC301 标段车站和区间沿南北城市发展中轴布置，南起鄞州区陈婆渡，经鄞州中心区。沿线地貌类型属于滨海淤积和冲湖积平原，地势开阔较平坦，高程在 1.79～3.83 m。

10.5.5.2　地基土的构成与特征

根据土层的沉积年代、沉积环境、岩性特征及物理力学性质，经勘察，根据本次勘察钻探及室内土工试验成果，结合重型圆锥动力触探及标准贯入试验资料，在勘探深度范围内，先按地层时代（即地层上下顺序及其沉积年代）划分，然后根据其成因及物理力学性质进一步划分。

根据上述对工程地质层的划分，从上自下进行分述如下：

（1）①₁层：杂填土 (mlQ)

杂色，以灰黄及灰褐色为主，松散～稍密，成分杂，主要由混凝土路面、碎块石、砖瓦片、黏性土及建筑垃圾等组成，局部混少量生活垃圾，大小混杂，均一性差。碎块石分选性差，粒径一般为 2～30 cm，部分大于 50 cm。

该层主要分布于市区道路、村庄道路、民房附近、厂房附近、村庄河堤等处，土质不均，厚度一般 0.7～3.0 m，道路旁及暗浜处厚度较大，一般可达 5.0～11.70 m。

（2）①$_2$层：黏土 (al-lQ$_4^3$)

灰黄色，可塑，下部渐变成软塑，厚层状构造，含有铁锰质斑点，有光泽，韧性高，干强度高，无摇振反应。岩性以黏土为主，局部相变为粉质黏土，农田及菜地内表部 0.2 m 左右为耕植土，含较多植物根茎。

该层场地基本均有分布，河流地段缺失，物理力学性质较好，俗称"硬壳层"。液性指数 $I_L = 0.66$，压缩系数 $\alpha_{0.1\sim0.2} = 0.64 \text{ MPa}^{-1}$，静探锥尖阻力 $q_c = 0.69 \text{ MPa}$，静探侧壁摩阻力 $f_s = 28.6 \text{ kPa}$，具高压缩性，顶板标高 −0.21～2.10 m，厚度较小，层厚为 0.4～2.2 m。

（3）①$_3$层：淤泥质黏土 (mQ$_4^3$)

灰色，流塑，厚层状构造，局部相变为淤泥或淤泥质粉质黏土，偶见半碳化物腐殖质，局部地段有机质含量较高，有光泽，韧性高，干强度高，无摇振反应。河道顶部一般分布有 0.2～0.8 m 厚淤泥层，河道回填前应予以清除。

该层场地内均有分布，层位稳定，物理力学性质差，液性指数 $I_L = 1.35$，压缩系数 $\alpha_{0.1\sim0.2} = 1.13 \text{ MPa}^{-1}$，静探锥尖阻力 $q_c = 0.32 \text{ MPa}$，静探侧壁摩阻力 $f_s = 8.6 \text{ kPa}$，具高压缩性，顶板标高 −1.01～1.01 m，厚度 0.9～4.3 m。

（4）②$_1$层：黏土 (mQ$_4^2$)

灰色，软塑，厚层状构造，含少量植物碎屑，有光泽，韧性高，干强度高，无摇振反应。

该层场地内大范围分布，物理力学性质差，液性指数 $I_L = 0.84$，压缩系数 $\alpha_{0.1\sim0.2} = 0.68 \text{ MPa}^{-1}$，静探锥尖阻力 $q_c = 0.39 \text{ MPa}$，静探侧壁摩阻力 $f_s = 13.6 \text{ kPa}$，具高压缩性，顶板标高 −3.25～−0.66 m，厚度较小，为 0.40～2.70 m。

（5）②$_{2a}$层：淤泥 (mQ$_4^2$)

灰色，流塑，厚层状，含少量贝壳碎屑，土质尚均匀，有光泽，韧性高，干强度高，无摇振反应。

该层场地内大范围分布，物理力学性质极差，液性指数 $I_L = 1.54$，压缩系数 $\alpha_{0.1\sim0.2} = 1.37 \text{ MPa}^{-1}$，静探锥尖阻力 $q_c = 0.27 \text{ MPa}$，静探侧壁摩阻力 $f_s = 5.8 \text{ kPa}$，具高压缩性，顶板标高 −4.60～−1.13 m，层厚 1.70～7.50 m。

（6）②$_{2b}$层：淤泥质黏土 (mQ$_4^2$)

灰色，流塑，厚层状，含少量贝壳碎屑，土质不均，有光泽，韧性高，干强度高，无摇振反应。岩性以淤泥质黏土为主，局部相变为淤泥或淤泥质粉质黏土。

该层场地内均有分布，层位较稳定，物理力学性质差，液性指数 $I_L = 1.37$，压缩系数 $\alpha_{0.1\sim0.2} = 1.00 \text{ MPa}^{-1}$，静探锥尖阻力 $q_c = 0.37 \text{ MPa}$，静探侧壁摩阻力 $f_s = 7.2 \text{ kPa}$，具高压缩性，顶板标高 −10.10～−1.64 m，层厚 3.70～12.60 m。

（7）③$_2$层：粉质黏土 (mQ$_4^1$)

灰色，流～软塑，鳞片状或厚层状构造，土质不均一，局部粉粒含量较高，夹较多粉土，含贝壳碎屑，土质较软，稍有光泽，韧性中等，干强度中等，无摇振反应。

该层场地内大范围分布，物理力学性质差，液性指数 $I_L = 1.10$，压缩系数 $\alpha_{0.1\sim0.2} = 0.44\ \text{MPa}^{-1}$，静探锥尖阻力 $q_c = 0.83\ \text{Pa}$，静探侧壁摩阻力 $f_s = 13.9\ \text{kPa}$，具中偏高压缩性，顶板标高 $-16.09 \sim -10.66\ \text{m}$，层厚 $1.30 \sim 9.00\ \text{m}$。

（8）④$_1$层：淤泥质粉质黏土(mQ$_4^1$)

灰色，流塑，鳞片状或厚层状构造，土质不均一，局部粉粒含量较高，含贝壳碎屑，土质较软，局部相变为淤泥质黏土。稍有光泽，韧性中等，干强度中等，无摇振反应。

该层场地内在鄞县大道站及其以南场地一般均有分布，鄞县大道站已北大范围分布，物理力学性质差，液性指数 $I_L = 1.18$，压缩系数 $\alpha_{0.1\sim0.2} = 0.75\ \text{MPa}^{-1}$，静探锥尖阻力 $q_c = 0.70\ \text{MPa}$，静探侧壁摩阻力 $f_s = 14.0\ \text{kPa}$，具高压缩性，顶板标高 $-22.34 \sim -11.12\ \text{m}$，层厚 $1.10 \sim 15.00\ \text{m}$。

（9）④$_2$层：黏土(mQ$_4^1$)

灰色，软~流塑，细鳞片状构造，土质均一，有光泽，韧性高，干强度高，无摇振反应。含少量半碳化物，黏塑性较好，岩性总体以黏土为主，局部相变为淤泥质黏土或粉质黏土。

该层场地内在鄞县大道站及其以南场地一般均有分布，鄞县大道站已北大范围分布，物理力学性质差，液性指数 $I_L = 0.93$，压缩系数 $\alpha_{0.1\sim0.2} = 0.86\ \text{MPa}^{-1}$，静探锥尖阻力 $q_c = 0.95\ \text{MPa}$，静探侧壁摩阻力 $f_s = 20.0\ \text{kPa}$，具高压缩性，顶板标高 $-32.28 \sim -12.31\ \text{m}$，层厚 $1.30 \sim 15.40\ \text{m}$。

（10）⑤$_1$层：粉质黏土(al-lQ$_3^2$)

灰绿色、灰黄色、灰褐色，可塑，局部硬塑，少数呈软塑状，厚层状构造，黏塑性较好，稍有光泽，韧性高，干强度高，无摇振反应，岩性总体以粉质黏土为主，局部为黏土。

该层场地内在鄞县大道站及其以北场地一般均有分布，鄞县大道站以南场地零星分布，物理力学性质较好，液性指数 $I_L = 0.51$，压缩系数 $\alpha_{0.1\sim0.2} = 0.29\ \text{MPa}^{-1}$，静探锥尖阻力 $q_c = 2.94\ \text{MPa}$，静探侧壁摩阻力 $f_s = 75.2\ \text{kPa}$，标准贯入试验实测锤击数平均值 $N = 15.0$ 击，具中等压缩性，顶板标高 $-35.54 \sim -11.78\ \text{m}$，层厚 $0.90 \sim 11.60\ \text{m}$。

（11）⑤$_{1a}$层：黏质粉土(al-lQ$_3^2$)

灰黄色、褐黄色，稍~中密，很湿，层状构造，层间夹少量黏性土薄层，无光泽反应，韧性软，干强度低，摇振反应迅速。

该层场地内在万达广场站及其以北场地零星分布，物理力学性质较好，天然孔隙比 $e = 0.819$，压缩系数 $\alpha_{0.1\sim0.2} = 0.27\ \text{MPa}^{-1}$，标准贯入试验实测锤击数平均值 $N = 17.6$ 击，具中等压缩性，顶板标高 $-20.75 \sim -14.37\ \text{m}$，层厚 $1.50 \sim 3.00\ \text{m}$。

（12）⑤$_2$层：粉质黏土(al-lQ$_3^2$)

灰黄色、褐黄色，软塑~可塑，层状构造，层间夹粉土薄膜，局部为黏土，黏塑性中等，稍有光泽，韧性中等，干强度中等，无摇振反应。

该层场地内在鄞县大道站及其以北场地大范围分布，鄞县大道站以南场地零星分布，物理力学性质较好，液性指数 $I_L = 0.79$，压缩系数 $\alpha_{0.1\sim0.2} = 0.32\ \mathrm{MPa^{-1}}$，静探锥尖阻力 $q_c = 1.77\ \mathrm{MPa}$，静探侧壁摩阻力 $f_s = 38.6\ \mathrm{kPa}$，具中等压缩性，顶板标高 $-31.57 \sim -15.38\ \mathrm{m}$，层厚 $1.20 \sim 8.30\ \mathrm{m}$。

（13）⑤₃层：黏质粉土 (al-lQ₃²)

灰黄色，棕黄色，中密，很湿，层状构造，粒含量较高，含较多粉细砂和黏性土薄层，无光泽反应，韧性低，干强度低，摇振反应。岩性以黏质粉土为主，局部相变为砂质粉土。

该层场地内在万达广场站及其以北场地零星分布，物理力学性质较好，天然孔隙比 $e = 0.794$，压缩系数 $\alpha_{0.1\sim0.2} = 0.29\ \mathrm{MPa^{-1}}$，静探锥尖阻力 $q_c = 5.06\ \mathrm{MPa}$，静探侧壁摩阻力 $f_s = 99.7\ \mathrm{kPa}$，标准贯入试验实测锤击数平均值 $N = 14.6$ 击，具中等压缩性，顶板标高 $-31.13 \sim -14.16\ \mathrm{m}$，层厚 $1.60 \sim 5.60\ \mathrm{m}$。

（14）⑤₄层：粉质黏土 (mQ₃²)

灰色、褐灰色，软塑，局部可塑，厚层状构造，黏塑性中等，稍有光泽，韧性中等，干强度中等，无摇振反应。局部地段岩性相差较大，局部粉粒含量较高相变为粉土。

该层场地内在鄞县大道站及其以北场地一般分布，鄞县大道站以南场地断续分布，物理力学性质较差，液性指数 $I_L = 1.00$，压缩系数 $\alpha_{0.1\sim0.2} = 0.41\ \mathrm{MPa^{-1}}$，静探锥尖阻力 $q_c = 1.56\ \mathrm{MPa}$，静探侧壁摩阻力 $f_s = 27.6\ \mathrm{kPa}$，具中偏高压缩性，顶板标高 $-34.74 \sim -17.31\ \mathrm{m}$，层厚 $0.70 \sim 14.30\ \mathrm{m}$。

（15）⑤₅层：黏质粉土 (al-mQ₃²)

灰色，中密，很湿，层状构造，粉粒含量较高，含较多粉细砂，局部夹较多黏性土薄层，无光泽反应，韧性低，干强度低，摇振反应迅速。岩性以砂质粉土为主，局部相变为黏质粉土。

该层场地内在鄞县大道站及其以北场地零星分布，物理力学性质较好，天然孔隙比 $e = 0.850$，压缩系数 $\alpha_{0.1\sim0.2} = 0.24\ \mathrm{MPa^{-1}}$，静探锥尖阻力 $q_c = 6.72\ \mathrm{MPa}$，静探侧壁摩阻力 $f_s = 86.9\ \mathrm{kPa}$，标准贯入试验实测锤击数平均值 $N = 22.7$ 击，具中高压缩性，顶板标高 $-36.12 \sim -30.84\ \mathrm{m}$，层厚 $0.90 \sim 4.90\ \mathrm{m}$。

（16）⑤₅ₐ层：中砂 (alQ₃²)

灰黄、灰褐色，中密，饱和，砂质不均，土质不均，局部含少量砾石。

该层场地内主要分布在南部商务区站和南部商务区站—鄞县大道站区间，其他地段零星分布，物理力学性质较好，静探锥尖阻力 $q_c = 10.38\ \mathrm{MPa}$，静探侧壁摩阻力 $f_s = 95.5\ \mathrm{kPa}$，标准贯入试验实测锤击数平均值 $N = 19.9$ 击，具低压缩性，顶板标高 $-39.07 \sim -27.96\ \mathrm{m}$，层厚 $1.30 \sim 6.50\ \mathrm{m}$。

（17）⑤₆层：砾砂 (alQ₃²)

灰黄、灰褐色，中密，饱和，砂质不均，砾石含量 25% ~ 50%，砾径一般 2 ~ 30 mm，大者达 50 mm 以上，呈次圆状，内充填大量中粗砂，局部含黏性土较多。土质不均，局部为含黏性土砾砂或圆砾。

该层场地内主要分布在南部商务区站以南基本均有分布，物理力学性质较好，静探锥尖阻力 $q_c = 21.23$ MPa，静探侧壁摩阻力 $f_s = 62.8$ kPa，重型圆锥动力触探试验实测锤击数平均值 $N_{63.5} = 17.2$ 击，具低压缩性，顶板标高 $-37.64 ~ -30.83$ m，层厚 0.50 ~ 4.40 m。

（18）⑥₂层：粉质黏土 (mQ₃²)

灰色，软塑，局部可塑，薄层状构造，土质不均一，局部夹粉土或粉砂，稍有光泽，韧性中等，干强度中等，无摇振反应，局部相变为黏土。

该层场地内一般均有分布，物理力学性质较差，液性指数 $I_L = 0.90$，压缩系数 $\alpha_{0.1~0.2} = 0.40$ MPa⁻¹，静探锥尖阻力 $q_c = 1.64$ MPa，静探侧壁摩阻力 $f_s = 24.3$ kPa，具中偏高压缩性，顶板标高 $-40.37 ~ -27.68$ m，层厚 1.90 ~ 17.10 m。

（19）⑥₃层：粉质黏土 (mQ₃²)

灰色，可塑，厚层状构造，局部粉粒含量较高，夹大量粉土团块或薄层，含少量植物残骸，土质不均，稍有光泽，韧性中等，干强度中等，无摇振反应，局部相变为黏土。

该层场地大范围分布，物理力学性质一般，液性指数 $I_L = 0.76$，压缩系数 $\alpha_{0.1~0.2} = 0.27$ MPa⁻¹，静探锥尖阻力 $q_c = 2.75$ MPa，静探侧壁摩阻力 $f_s = 48.0$ kPa，具中等压缩性，顶板标高 $-46.45 ~ -35.37$ m，层厚 1.80 ~ 13.60 m。

（20）⑦₁层：粉质黏土 (al-lQ₃¹)

灰绿色、灰蓝色，可塑，厚层状，土质不均，局部粉粒含量较高，稍有光泽，韧性中等，干强度中等，无摇振反应。

该层场地内主要分布鄞县大道站，其他部位零星分布，物理力学性质较好，液性指数 $I_L = 0.41$，压缩系数 $\alpha_{0.1~0.2} = 0.22$ MPa⁻¹，静探锥尖阻力 $q_c = 3.42$ MPa，静探侧壁摩阻力 $f_s = 55.8$ kPa，具中等压缩性，顶板标高 $-51.65 ~ -41.31$ m，层厚 1.00 ~ 10.90 m。

（21）⑧₁层：中砂 (alQ₃¹)

浅灰色，中密 ~ 密实，饱和，厚层状构造，土质欠均匀，上细下粗，局部为细砂，局部地段含较多黏性土团块。

该层场地内零星分布，物理力学性质较好，静探锥尖阻力 $q_c = 10.21$ MPa，静探侧壁摩阻力 $f_s = 127.2$ kPa，标准贯入试验实测锤击数平均值 $N = 30.7$ 击，具低压缩性，顶板标高 $-51.32 ~ -43.98$ m，层厚 0.50 ~ 3.50 m。

（22）⑧₃层：砾砂、圆砾 (alQ₃¹)

灰色、灰褐色，中密 ~ 密实，饱和，厚层状构造，土质不均，圆砾砾径 0.2 ~ 2 cm，大者可达 3 ~ 10 cm，含量 30% ~ 60%，局部含量高处可达 70%，圆状 ~ 次圆状，充填砂及黏性土。

该层线路内大部分地区有分布，物理力学性质好，重型圆锥动力触探试验实测锤击数平均值 $N_{63.5} = 20.1$ 击，具低压缩性，顶板标高 $-54.26 ~ -43.67$ m，揭露层厚 $1.50 ~ 7.20$ m。

（23）⑨₁层：粉质黏土 (al-lQ₂²)

杂色，以灰绿色、灰蓝色为主，可塑 ~ 硬塑，厚层状构造，以粉质黏土为主，局部为黏土，局部粉粒含量较高，稍具光泽，韧性中等，干强度中等，无摇振反应。

该层场地内分布较广泛，物理力学性质较好，液性指数 $I_L = 0.53$，压缩系数 $\alpha_{0.1~0.2} = 0.26$ MPa^{-1}，标准贯入试验实测锤击数平均值 $N = 24.5$ 击，具中等压缩性，顶板标高 $-67.61 ~ -47.69$ m，层厚 $0.70 ~ 10.10$ m。

（24）⑨₁ₐ层：中砂 (alQ₂²)

浅灰绿色，密实，饱和，厚层状构造，土质欠均匀，含少量砾石。

该层场地内断续分布，物理力学性质较好，标准贯入试验实测锤击数平均值 $N = 35.1$ 击，具低压缩性，顶板标高 $-70.32 ~ -50.13$ m，层厚 $0.70 ~ 10.20$ m。

（25）⑨₂层：砾砂 (alQ₂²)

浅灰色、灰褐色，中密 ~ 密实，饱和，厚层状构造，砂质不均，上细下粗，局部夹较多黏性土条纹及薄层，相变为粉质黏土。

该层场地内断续分布，物理力学性质好，重型圆锥动力触探试验实测锤击数平均值 $N_{63.5} = 30.0$ 击，具低压缩性，顶板标高 $-63.31 ~ -54.74$ m，揭露层厚 $0.80 ~ 9.40$ m。

（26）⑩₁层：粉质黏土 (al-lQ₂¹)

褐黄、灰紫、灰黄色、砖红色，颜色较杂，可塑 ~ 硬塑，厚层状构造，以粉质黏土为主，局部为黏土，局部含 $0.5 ~ 2.0$ cm 碎砾石，次棱角状，母岩呈全-强风化状，土质不均，稍有光泽，韧性中等，干强度中等，无摇振反应。

该层分布于基岩上部，场地内断续分布，液性指数 $I_L = 0.31$，压缩系数 $\alpha_{0.1~0.2} = 0.22$ MPa^{-1}，物理力学性质好，顶板标高 $-72.21 ~ -53.70$ m，层厚 $5.1 ~ 14.80$ m。

（27）⑩₂层：含黏性土碎石 (alQ₂¹)

灰紫色、灰黄色为主，饱和，密实，厚层状，砾石径 $0.5 ~ 5.0$ cm 为主，含量 50% ~ 70%，土质不均，局部黏性土含量较高，砂以中粗砂为主。

该层分布于基岩顶，场地内局部分布，物理力学性质好，重型圆锥动力触探试验实测锤击数平均值 $N_{63.5} = 25.8$ 击，顶板标高 $-80.66 ~ -55.29$ m，揭露厚度 $1.30 ~ 1.80$ m。

（28）⑫₁全风化粉砂岩 (K₁f)

灰紫色、紫红色、黄褐色，泥质胶结，厚层状构造，岩石风化剧烈，原岩结构基本被破坏，岩石风化成粉质黏土，手捏即碎，遇水易崩解，质不均。属级软岩，岩石基本质量等级为 V 类。

该层在黄家村站以北第四系下部一般均有分布，黄家村以南部分相变为砂砾岩，物理力学性质好，液性指数 $I_L = 0.50$ ，压缩系数 $\alpha_{0.1\sim0.2} = 0.29$ MPa^{-1} ，重型圆锥动力触探试验实测锤击数平均值 $N_{63.5} = 35.0$ 击，具低压缩性，顶板标高 $-77.69 \sim -60.82$ m，揭露厚度 $0.70 \sim 12.50$ m。

（29）⑫$_{1a}$ 全风化砂砾岩 (K$_{1f}$)

灰紫色、紫红色、黄褐色，泥质胶结，厚层状构造，岩石风化剧烈，原岩结构基本被破坏，岩石风化成含砾砂粉质黏土，手捏即碎，遇水易崩解，土质不均，局部夹强风化碎块。属极软岩，岩石基本质量等级为 V 类。

该层主要分布在陈婆渡站、陈婆渡站—黄家村站区间以及黄家村站，黄家村站以北零星分布，物理力学性质好，具低压缩性，顶板标高 $-65.64 \sim -50.87$ m，揭露厚度 $0.50 \sim 5.10$ m。

（30）⑫$_2$ 强风化粉砂岩 (K$_{1f}$)

灰紫色、紫红色，粉砂结构，泥质胶结，厚层状构造，岩石风化强烈，节理裂隙发育，岩芯呈碎块状、块状，锤击易碎。属极软岩，岩石天然抗压强度建议值为 3.0 MPa，岩石基本质量等级为 V 类。

该层分布于中风化粉砂岩上部，场地内基本均有分布，物理力学性质好，重型圆锥动力触探试验实测锤击数平均值 $N_{63.5} = 50.4$ 击，顶板标高 $-81.96 \sim -62.02$ m，揭露厚度 $0.30 \sim 5.40$ m。

（31）⑫$_{2a}$ 强风化砂砾岩 (K$_{1f}$)

灰紫色、紫红色，砂砾结构，泥质胶结，厚层状构造，岩石风化强烈，节理裂隙发育，岩芯呈碎块状、块状，锤击易碎。属极软岩，岩石基本质量等级为 V 类。

该层主要分布在陈婆渡站、陈婆渡站—黄家村站区间以及黄家村站，黄家村站以北零星分布，物理力学性质好，重型圆锥动力触探试验实测锤击数平均值 $N_{63.5} = 50.6$ 击，顶板标高 $-68.34 \sim -52.57$ m，揭露厚度 $0.70 \sim 8.30$ m。

（32）⑫$_3$ 中风化粉砂岩 (K$_{1f}$)

紫红色，粉砂质结构，泥质胶结，厚层状构造，节理裂隙稍发育，岩性较完整，岩芯呈短柱状或碎块状，锤击声哑，易刻痕，节长 $5 \sim 30$ cm，个别达 50 cm 以上，RQD = $10\% \sim 85\%$，局部为泥（砂）质粉砂岩、含砾砂岩。属软岩，岩石单轴饱和抗压强度建议值为 10.0 MPa，岩石单轴天然抗压强度建议值为 14.0 MPa，岩石基本质量等级为 V 类。根据本次钻探揭露本岩层内无洞穴、无临空面、无破碎岩体和软弱岩层。

该层埋深大，物理力学性质好，未揭穿，顶板标高 $-82.36 \sim -63.02$ m，本次钻入最大深度 6.70 m。

（33）⑫$_{3a}$ 中风化砂砾岩 (K$_{1f}$)

紫红色，砂砾结构，泥质胶结，厚层状构造，节理裂隙稍发育，岩性较完整，岩芯呈短柱状或碎块状，锤击声哑，易刻痕，节长 $5 \sim 30$ cm，个别达 50 cm 以上，RQD = $10\% \sim 80\%$。

属较软岩，岩石单轴饱和抗压强度建议值为 25.0 MPa，岩石单轴天然抗压强度建议值为 36.0 MPa，岩石基本质量等级为 V 类。根据本次钻探揭露本岩层内无洞穴、无临空面、无破碎岩体和软弱岩层。

该层主要分布在陈婆渡站、陈婆渡站—黄家村站区间以及黄家村站，黄家村站以北零星分布，物理力学性质好，未揭穿，顶板标高 –69.34 ~ –54.47 m，本次钻入最大深度 7.90 m。

10.5.5.3　抗震设防烈度、场地土类型及场地类别

根据 1∶400 万《中国地震动参数区划图》（GB 18306）及《宁波市地震动峰值加速度区划图》（GB 18306），宁波市轨道交通 3 号线工程 KC301 标段车站和区间建筑场地设防水准为 50 年超越概率 10% 的地震动峰值加速度为 0.05g（场地抗震设防烈度为 6 度），设计地震分组为第一组，属对建筑抗震不利地段。

根据钻孔揭示资料，并结合区域地质资料分析，万达广场站以南地段覆盖层厚度小于 80 m，万达广场站及万达广场站—锦寓路站区间地段大于 80 m，初步划分万达广场站以南地段建筑场地类别为 III 类，设计地震分组为第一组，特征周期值为 0.45 s；万达广场站及万达广场站—锦寓路站区间地段建筑场地类别为 IV 类，设计地震分组为第一组，特征周期值为 0.65 s。

根据本次初勘勘察报告钻孔波速试验成果，按《铁路工程抗震设计规范》（GB 50111）中的相关公式进行计算，其中等效剪切波速值 V_{se} 计算深度取地面下 25 m，并不得小于基础底面以下 10 m，初步划分万达广场站及其南地段建筑场地类别为 IV 类，特征周期分区为一区，地震动反应谱特征周期值为 0.65 s；万达广场站—锦寓路站区间地段为 III 类，特征周期分区为一区，地震动反应谱特征周期值为 0.45 s。

按《建筑工程抗震设防分类标准》（GB 50223）的规定，本工程车站和区间抗震设防分类为重点设防类（乙类）。

根据场地土层剪切波速值，场地中浅部岩性为流塑状的淤泥质土或软黏土，土层剪切波速值 $V_s \leqslant 150$ m/s，场地土类型为软弱场地土。

场地中部分布的岩性为可塑 ~ 硬型状或稍 ~ 中密状粉土，土层剪切波速值 $150 < V_s \leqslant 250$ m/s，场地土类型为中软土。

场地中深部分布的岩性为可塑 ~ 硬型状、中密 ~ 密实状砂土和砾石以及风化状基岩，土层剪切波速值 $250 < V_s \leqslant 500$ m/s，场地土类型为中硬土。

场地深部分布的中风化基岩，土层剪切波速值 $V_s > 500$ m/s，场地土类型为岩石。

KC301 标段车站和区间场地 25 m 以浅层不饱和砂土、砂质粉土分布，故 KC301 标段车站和区间拟建场地为不液化场地。依据《岩土工程勘察规范》（GB 50021）第 5.7.11 条条文说明及宁波地区经验，宁波市区浅部土层等效剪切波速大于 90 m/s，在抗震设防烈度为 7 度时 KC301 标段车站和区间可不考虑软土震陷影响。

10.5.5.4　特殊岩土与不良地质

拟建场地位于宁波平原区，地形平坦开阔，河岸稳定，场区内及其附近目前不存在对工程安全有影响的岩溶、滑坡、泥石流、崩塌、地下洞穴、地面塌陷和地裂缝等不良地质作用。本工程的主要不良地质作用为场区软土层较厚且变化大、区域地面沉降和浅层天然气等。软土地基强度低、稳定性差，易产生不均匀沉降和变形过大等问题。

（1）地面沉降

滨海城市地面沉降造成的整体环境变化莫过于海水面相对上升，由于地面不断下降，江潮水位相对上升，致使市区防潮汛能力和排水效能逐年下降，同时对地面建筑物，尤其是采用浅基础建筑物的稳定性和深基坑的抗浮能力产生了一定的影响。

根据 2011 年宁波市地质环境公报地面沉降等值线图，KC301 标段车站和区间由南向北至鄞州中心城区段地面沉降渐大，范围在地面沉降 0 mm 以外及 0～100 mm 范围。

根据宁波市总体规划，2008 年底，市区现有地下水开采井已全部关闭，地下水开采引发区域地面沉降速率将递减，宁波市区域地面沉降对本工程总体影响不大。

（2）浅层天然气

根据宁波市 1：5 万《工程地质图及说明书》及场地附近工程地质勘察报告，市区地下有害气体主要是浅层天然气。根据已完成的《宁波市轨道交通 2 号线一期工程勘察 KC211 标段天然气专项勘察报告》基本查明宁波市区地下沼气多呈囊状，其分布极不均匀，连续性很差，沼气随地下水的径流而缓慢富集；赋存特点是含气层连通性差、贮气空间较小，富气性差异大，气压差异大。浅层天然气赋存深度一般在 10～15 m，局部 15～21 m，而车站和明挖区间一般采用明挖法施工，设计的地下连续墙深度在 30～40 m，故在其作业过程中也是对浅层天然气释放过程，而且一般成槽开挖时间较长，浅层天然气对车站的影响较小。对区间隧道施工时如不考虑浅层气释放，必须加强防治措施。

本次勘察在施工南部商务区—鄞县大道站区间 Q4CJ3 号静探孔时，发现有地下沼气喷出，持续约半个多小时，并伴以水夹泥砂涌入开挖探坑（见图 10.6）。地下天然气对盾构区间施工影响较大，下一阶段详细勘察在本区域需重点查明。

（3）软土

拟建场地属典型的软土地区，广泛分布厚层状软土，其具"天然含水率高，压缩性高，灵敏度高、触变性高、流变性高、强度低，透水性低"等五高二低的特点。拟建场地软土层由①₃层灰色淤泥质黏土、②层灰色淤泥质黏土、③₂层灰色粉质黏土、④₁层灰色淤泥质粉质黏土和④₂层灰色黏土组成。大面积厚层软土分布对本工程建设会带来一系列岩土工程问题，主要表现为：

① 由于软土广泛分布，过量开采地下水引发的区域性地面沉降现已成为宁波市的区域地质灾害，将可能导致地铁结构长期处于沉降状态，最终可能使管片之间裂隙加大发生漏水、渗水，甚至造成灾害性事故。

图 10.6 Q3CJ3 号孔地下沼气喷出夹带的泥砂

② 车站基坑开挖时，为保证坑壁稳定、周围建（构）筑物、地下管线安全采取的支护结构费用较大，施工风险也随之增大。

③ 软土所能提供的桩侧摩阻力较小，势必会增加桩数或加大桩长，从而增大工程造价。

（4）人工填土

鄞州大道、天童南路、天童北路等均有填土分布，填土厚度较大多为 1.5 ~ 3.5 m，局部厚度达 7.5 m 左右，尤其以鄞州大道站附近被填埋的古河道处为甚。填土成分杂，主要由碎块石、砖瓦片、黏性土、建筑垃圾等组成，局部混少量生活垃圾，碎块石大小混杂，均一性差。碎块石直径一般为 5 ~ 15 cm，大者大于 30 cm，一般上部碎石含量高，下部黏性土含量高。表部在机动车道上以混凝土为主，在非机动车道以沥青混凝土为主，人行道表部为大理石地砖或普通地砖。填土下部结构松散，均一性差，渗透性大，在车站深基坑开挖时需做好隔水、排水措施，同时由于填土夹杂块石（粒径为 20 ~ 50 cm），会给车站围护结构施工带来一定不利影响。

（5）可液化土层

根据本次勘察，拟建 KC301 标段车站和区间沿线 20 m 深度范围内无饱和的砂土、砂质粉土存在。场地为不液化场地。

（6）其他

拟建场地位于宁波平原区，根据以往勘察经验，场地内其他不良地质作用主要为：地下障碍物、明（暗）浜塘及河岸失稳等。

地下障碍物：线路基本沿城市主干道及次干道地下通行，两侧多为农田、厂房、居民住宅小区、商业大厦等，沿线建筑物众多，地下管线密布，纵横交错，地下管线分布复杂，设计施工时应充分重视。由于勘探区为宁波老城区，主要道路经过多次拓宽改造，地下障碍物较多，主要为建筑物老基础、地下人防工程和桩基等。由于地下障碍物分布复杂，设计、施工时应充分重视。后期勘察阶段需对管线、老基础等地下障碍物做专项调查。

明（暗）浜塘：随着宁波城市化过程不断深入，除现有河浜外，不少明浜已陆续填埋变为暗浜。根据本次勘探方法采用查阅70年代1∶1 000古地形图钻探成果综合分析，在勘探孔平面图上初步划分了几处暗浜的位置，暗浜深度有的接近10.0 m左右，其填充物以生活垃圾、淤泥、碎石、块石等为主，对轨道交通地下车站基坑开挖及隧道施工存在不利影响。暗浜对车站部分施工影响较大，下一阶段详细勘察需重点查明。

河岸：宁波地区河网密布，河道纵横交错，每平方千米面积内河渠长度在2.5～4.0 km之间。宁波城区河道均进行过人工护岸，且调查中未见塌岸、滑坡等不良地质现象，河岸稳定性较好。河床下部为含腐殖质较高的淤泥或淤泥质黏土（局部河底分布有碎块石），土质较软，工程性质差，对稳定性不利。河（鱼）塘内水下淤泥厚度一般为0.5～1.0 m。

10.5.6 岩土工程分析与评价

10.5.6.1 物理力学指标、原位测试指标、热物理指标参数统计分析

根据室内试验成果、原位测试成果（包括标贯、动探、静力触探、十字板、扁铲侧胀、地温、电阻率以及波速测试成果）以及物理力学指标和对盾构施工范围内的各地层热物理参数进行分层统计分析，可为初步设计提供所需参数。

10.5.6.2 场地稳定性和建筑适宜性

拟建场地位于宁波平原中部，地形平坦开阔，场区内及其附近目前不存在对工程安全有影响的岩溶、滑坡、泥石流、崩塌、地下洞穴、地面塌陷和地裂缝等不良地质作用。本工程的主要不良工程地质问题为场区软土层较厚且变化大和区域地面沉降等问题。尤其是软土地基的强度低、稳定性差和不均匀沉降及变形大等问题，但这些问题可以通过软基处理或桩基加以解决。

从现有地质资料分析，尚未发现有较大的区域性断裂从本场地通过，因此，场地本身不具备发生中、强破坏性地震的构造条件，属于较稳定地块。场地稳定性较好，适宜建筑。

10.5.6.3 工程地质分区、隧道围岩分级和岩土施工工程分级

场地地处宁波冲湖积平原，地貌类型单一。根据钻探结果，除⑤层硬土层顶板起伏较大外，沿线地层分布比较稳定，同一层地基土的工程性质变化不大，故本次勘察不进行工程地质分区。

根据《城市轨道交通岩土工程勘察规范》（GB 50307），对车站基坑开挖、围护及端头井处涉及的隧道围岩分级与岩土施工工程分级，本次5个地下盾构区间隧道围岩分类均为Ⅵ类。

10.5.6.4　天然地基分析与持力层的选择

勘察表明，场地 14.5 ~ 35.8 m 均为全新世淤泥、淤泥质软土层，物理力学性质差，具有高含水率，孔隙比大，强度低，渗透性弱，流变性和触变性等特点。表部①₂ 层（硬壳层）粉质黏土性质相对较好，其地基土承载力标准值为 60 ~ 70 kPa，厚度较小，平均厚度 1.3 m，可作为轻型小跨度且沉降变形要求不高的建筑物的浅基础持力层，基础宜浅埋，并应进行下卧层强度和变形量验算，同时由于天然地基基础沉降变形量较大，设计时应加强上部结构的强度。

综合场区本次勘察成果，地表下勘探深度范围内，由浅至深各地基土可归纳为"硬壳→极软→较硬→较软→硬→坚硬"的六元结构特征，现分述如下：

①"硬壳"——系指表层灰黄色黏土层，土质尚好，但层厚较薄，仅可作为低层轻型附属建筑物的天然地基持力层。

②"极软"——系指上部海相沉积的高压缩性土，天然强度低，沉降变形大，是浅基础地基主要压缩层，为场区内浅部软土层。

③"较硬"——系指中上部陆相沉积的中等压缩性土，物理力学性质尚好，埋藏适中，分布较稳定，顶板标高和层厚变化较大，是宁波地区多层住宅和基坑支护等建筑物良好的中长桩桩基持力层。

④"较软"——系指中下部海相沉积的中等偏高压缩性土，土层物理力学性质较差，是⑤层桩基基础的主要压缩层，为区内深部软弱土层。

⑤"硬"——系指深部陆相沉积的中等或中等偏低压缩性土，顶板埋藏较深，均有一定层厚，土层物理力学性质好，强度高，是一般高层和荷载要求较高建筑物良好的桩基持力层。

⑥"坚硬"——系指深部的基岩，顶板埋藏较深，土层物理力学性质好，强度高，是一般高层和荷载要求较高建筑物良好的桩基持力层。

根据本次勘察时所取得的高压固结试验成果及宁波地区的勘察经验分析，本区浅部软土（①₂、①₃、②、③、④层）在目前自然状态下已完成固结，属于正常固结土，⑤₄、⑥₂、⑥₃层为正常固结土，⑤₁、⑤₁ₐ、⑤₂、⑤₃、⑤₅、⑤₆ 及⑦层属于轻度超固结土，⑧、⑨、⑩层均属于超固结土。

根据地基土的岩性特征、埋藏条件及物理力学性质指标和原位测试成果等，按照浙江省《建筑地基基础设计规范》（DB33/1001）和国标《建筑地基基础设计规范》（GB 50007）查表及采用原位测试成果计算，并结合本地区的建筑经验，初步确定各土层的地基土承载力特征值，具体见表 10.13。

表 10.13　地基土参数及承载力特征值一览表

层号	岩性名称	固结快剪 标准值		压缩试验 平均值		标贯（动探）实测击数 $N(N_{63.5})$	地基土承载力特征值 f_{ak} /kPa
		内摩擦角 φ_c /(°)	黏聚力 c_c /kPa	$\alpha_{0.1\text{-}0.2}$ /MPa^{-1}	$E_{s0.1\text{-}0.2}$ /MPa		
①₂	黏　土	11.4	27.5	0.64	3.08		60~70
①₃	淤泥质黏土	8.1	14.4	1.13	1.95		45
②₁	黏　土	11.7	16.1	0.68	3.13		60
②₂ₐ	淤　泥	7.5	14.0	1.37	1.90		40
②₂ᵦ	淤泥质黏土	8.5	14.8	1.0	2.24		50
③₂	粉质黏土	11.9	17.1	0.44	4.26		70~80
④₁	淤泥质粉质黏土	10.3	16.1	0.75	2.71		65~75
④₂	黏　土	11.5	17.5	0.86	2.59		70~80
⑤₁	粉质黏土	16.0	36.8	0.29	6.16	15.0	180~190
⑤₁ₐ	黏质粉土	*27.5	*16.0	0.27	6.82	17.6	170~180
⑤₂	粉质黏土	13.9	29.6	0.32	5.59		150~160
⑤₃	黏质粉土	29.5	11.5	0.29	7.23	14.6	170~190
⑤₄	粉质黏土	13.6	26.7	0.41	4.41		120~140
⑤₅	黏质粉土	28.0	17.6	0.24	7.49	22.7	180~190
⑤₅ₐ	中　砂	*30.0	*11.0	0.17	9.36	19.9	210~230
⑤₆	砾　砂	*33.0	*8.0		*$E_0=38$	（17.2）	250~280
⑥₂	粉质黏土	13.8	27.7	0.40	4.53		130~150
⑥₃	粉质黏土	16.1	27.7	0.27	6.11		140~150
⑦₁	粉质黏土	17.8	36.0	0.22	6.66		190~200
⑧₁	中　砂	*30.0	*10.0		*$E_0=25$	30.7	220~240
⑧₃	砾砂、圆砾	*33.0	*8.0		*$E_0=43$	（20.1）	260~300
⑨₁	粉质黏土			0.26	6.76		200~220
⑨₁ₐ	中　砂				*$E_0=35$	35.1	240~250
⑨₂	砾　砂				*$E_0=50$	（30.0）	300~330
⑩₁	粉质黏土			0.22	7.61		240~250
⑩₂	含黏性土碎石				*$E_0=50$	（25.8）	320~350
⑫₁	全风化粉砂岩			0.29	6.73	（35.0）	220
⑫₁ₐ	全风化砂砾岩					（42.7）	220
⑫₂	强风化粉砂岩					（50.4）	300~330
⑫₂ₐ	强风化砂砾岩					（50.6）	300~350
⑫₃	中等风化粉砂岩						800~1 000
⑫₃ₐ	中等风化砂砾岩						1 000~1 200

注：表中剪切指标 φ、c 值为峰值抗剪强度标准值，砂土剪切指标按经验值提供，压缩试验指标为平
　　均值或经验值，标注*按经验值提供。

10.5.6.5　桩基工程分析与评价

1. 桩基方案的选择与分析

车站及明挖区间桩型的选择主要根据场地工程地质条件、施工区周边环境条件和建筑物的特性。地下车站及明挖区间建筑物荷载较小，但基坑开挖深度大，场地地下水位埋深浅，孔隙潜水水位一般在地面下 0.3～3.5 m，由于地下工程埋深大，地下水位高，浮力较大，可考虑设抗浮桩。考虑到车站场地两侧为密集居民住宅区和商业区，环境条件对施工要求极高，且施工区地下管线密集，为避免打入桩施工对居民生活和周边环境影响，建议桩型采用钻孔灌注桩。根据拟建场区地基土分布特征，场地内性质较好、可作为车站桩基持力层的主要是以下土层：⑦₁可塑～硬塑粉质黏土层、⑧₁中密～密实中砂层、⑧₃中密～密实圆砾层、⑨₁可塑～硬塑粉质黏土层和⑨₁ₐ密实中砂层。具体各区车站桩基的桩长、桩径、桩基持力层宜根据设计结构荷载和沉降要求及地层分布情况等综合确定。

根据本工程结构对荷载和沉降方面的要求及地层埋藏分布情况，具体各区段桩基的桩长、桩径、桩基持力层宜根据结构荷载和沉降要求及地层分布情况等综合确定。

2. 桩基承载力参数的确定、承载力估算

根据地基土的岩性特征、埋藏条件及物理力学指标，参照《浙江省建筑地基基础设计规范》（DB 33/1001）和《建筑桩基技术规范》（JGJ 94）等，并结合本地区的建筑经验，综合确定各土层的预制桩、钻孔灌注桩的极限端阻力标准值及极限侧阻力标准值、抗拔系数，水泥搅拌桩的极限侧阻力标准值，见表 10.14，并按照《建筑桩基技术规范》（JGJ 94）中的公式进行单桩抗拔承载力估算，见表 10.15。同时结合当地建筑经验，提供桩基持力层及下卧压缩层在不同压力阶段相应的压缩模量。

表 10.14　地基土桩基承载力参数确定表

层序	土层名称	土的状态	预制桩		钻孔灌注桩		水泥搅拌桩极限侧阻力标准值 $q_{s,k}$ /kPa	抗拔承载力系数 λ
			极限侧阻力标准值 q_{sk} /kPa	极限端阻力标准值 q_{pk} /kPa	极限侧阻力标准值 q_{sk} /kPa	极限端阻力标准值 q_{pk} /kPa		
①₂	黏　土	$I_L = 0.66$	25		22		13	0.75
①₃	淤泥质黏土	$I_L = 1.35$	15		13		10	0.65
②₁	黏　土	$I_L = 0.84$	20		18		12	0.70
②₂ₐ	淤　泥	$I_L = 1.54$	14		12		8	0.65
②₂ᵦ	淤泥质黏土	$I_L = 1.37$	16		14		10	0.70
③₂	粉质黏土	$I_L = 1.10$	30		27			0.65
④₁	淤泥质粉质黏土	$I_L = 1.18$	21		19			0.70
④₂	黏　土	$I_L = 0.93$	25		22			0.80

续表

层序	土层名称	土的状态	预制桩		钻孔灌注桩		水泥搅拌桩极限侧阻力标准值 $q_{s,k}$/kPa	抗拔承载力系数 λ
			极限侧阻力标准值 q_{sk}/kPa	极限端阻力标准值 q_{pk}/kPa	极限侧阻力标准值 q_{sk}/kPa	极限端阻力标准值 q_{pk}/kPa		
⑤₁	粉质黏土	$I_L = 0.51$	60~70	2 000~2 400	55~65	750~950		0.75
⑤₁ₐ	黏质粉土	$e = 0.819$	50~60	2 300~2 500	45~55	750~850		0.65
⑤₂	粉质黏土	$I_L = 0.79$	55~65	1 600~2 000	50~60	700~800		0.75
⑤₃	黏质粉土	$e = 0.794$	50~60	2 200~2 500	45~55	800~900		0.65
⑤₄	粉质黏土	$I_L = 1.00$	40~45		35~40			0.80
⑤₅	黏质粉土	$e = 0.850$	50~60		45~55			0.65
⑤₅ₐ	中 砂	$N = 19.9$	65~75	4 000~4 500	60~70	1 500~1 800		0.60
⑤₆	砾 砂	$N_{63.5} = 17.2$	80~90	5 500~6 000	70~80	2 000~2 300		0.55
⑥₂	粉质黏土	$I_L = 0.90$	45~55		40~50			0.75
⑥₃	粉质黏土	$I_L = 0.76$	50~60		45~55			0.80
⑦₁	粉质黏土	$I_L = 0.41$	60~70	2 500~3 200	50~60	900~1 200		0.75
⑧₁	中 砂	$N = 30.7$	70~80	5 000	65~72	2 000		0.60
⑧₃	砾砂、圆砾	$N_{63.5} = 20.1$	100~120	7000~8 000	90~110	2 300~2 600		0.50
⑨₁	粉质黏土	$I_L = 0.53$	65~70	2 800~3 000	60~65	1 200~1 500		0.75
⑨₁ₐ	中 砂	$N = 35.1$	75~80	5 500	70~75	2 200		0.60
⑨₂	砾 砂	$N_{63.5} = 30.0$	100~110	7 000~8 500	90~100	2 300~3 000		0.50
⑩₁	粉质黏土	$I_L = 0.31$	70~75	3 000~3 200	65~70	1 300~1 500		0.75
⑩₂	含黏性土碎石	$N_{63.5} = 25.8$	110~120		100~110	3 000~3 500		0.50
⑫₁	全风化粉砂岩	$N_{63.5} = 35.0$			60~75			
⑫₁ₐ	全风化砂砾岩	$N_{63.5} = 42.7$			60~75			
⑫₂	强风化粉砂岩				80~100	1 500~2 000		
⑫₂ₐ	强风化砂砾岩				80~100	1 500~2 000		
⑫₃	中等风化粉砂岩				110~120	2 000~3 000		
⑫₃ₐ	中等风化砂砾岩				120~140	2 500~3 500		

注：⑫₃中风化粉砂岩岩石单轴饱和抗压强度建议值为 10.0 MPa，⑫₃ₐ中风化砂砾岩岩石单轴饱和抗压强度建议值为 25.0 MPa。

表 10.15   单桩竖向承载力和抗拔力特征值估算表

桩型	桩径 /mm	依据 孔号	桩端 持力 层层 号	桩顶 标高 /m	桩底 标高 /m	有效 桩长 /m	单桩极限 承载力标 准值 Q_{uk} /kN	单桩竖向 承载力特 征值 R_a /kN	单桩抗拔 力特征值 U_k /kN	桩重 /kN	总单桩 抗拔力 R'_a /kN	位置
钻孔灌注桩	φ800	S1CZ3	⑧₃	−14.50	−46.50	32.0	4 002	2 001	974	241	1 215	陈婆渡站
		S2CZ5	⑧₃	−15.00	−46.50	31.5	4 190	2 095	1 014	238	1 252	黄家村站
		S3CZ4	⑨₁	−14.00	−53.0	39.0	4 566	2 283	1 418	293	1 711	鄞州大道站
		S4CZ8	⑧₁	−15.50	−47.50	32.0	4 235	2 117	1 131	241	1 372	南部商务区站
		S5CZ1	⑧₃	−15.0	−51.0	36.0	5 456	2 728	1 507	271	1 778	鄞州大道站
		S5CZ7	⑦₁	−15.0	−47.5	33.0	3 821	1 910	1 261	248	1 509	
		S6CZ3	⑦₁	−14.00	−49.0	35.0	4 943	2 471	1 696	263	1 959	万达广场站
钻孔灌注桩	φ1 000	S1CZ3	⑧₃	−14.50	−46.50	32.0	5 396	2 698	1 218	376	1 594	陈婆渡站
		S2CZ5	⑧₃	−15.00	−46.50	31.5	5 630	2 815	1 267	371	1 638	黄家村站
		S3CZ4	⑨₁	−14.00	−53.0	39.0	5 908	2 954	1 767	459	2 226	鄞州大道站
		S4CZ8	⑧₁	−15.50	−47.50	32.0	5 608	2 804	1 414	376	1 790	南部商务区站
		S5CZ1	⑧₃	−15.0	−51.0	36.0	7 212	3 606	1 884	423	2 307	鄞州大道站
		S5CZ7	⑦₁	−15.0	−47.5	33.0	4 933	2 466	1 577	388	1 965	
		S6CZ3	⑦₁	−14.00	−49.0	35.0	6 336	3 168	2 120	412	2 532	万达广场站

3. 桩基沉降计算参数

① 每层各级压力下的压缩模量可根据 e-p 曲线计算而得，计算公式根据国标《土工试验方法标准》（GB/T 50123）第 14.18 条：

$$E_s = \frac{1+e_0}{\alpha_v}$$ （10.5）

式中 E_s——某压力范围内的压缩模量，MPa；

α_v——某压力范围内的压缩系数，其中

$$\alpha_v = \frac{e_i - e_{i+1}}{p_{i+1} - p_i}$$ （10.6）

② 根据铁二院研究成果，圆砾压缩模量与重型圆锥动力触探成果有如下关系：

$$E_0 = 4.48 N_{63.5}^{0.7664}$$ （10.7）

根据上述公式，并结合当地建筑经验，本次提供桩基持力层及下卧压缩层在不同压力阶段相应的压缩模量，详见表 10.16。

表 10.16　桩基持力层及下卧压缩层的压缩模量建议值　　单位：MPa

层　号	压缩模量 E_{si}		
	$E_{s2\sim4}$	$E_{s4\sim6}$	$E_{s6\sim8}$
⑦₁	10.3	15.5	20.0
⑧₁	15.0	20.0	25.0
⑧₃	$E_0 = 45$		
⑨₁	11.3	16.5	25.5
⑨₁ₐ	15.0	25.0	30.0
⑨₂	$E_0 = 50$		
⑩₁	13.5	19.5	25.0
⑩₂	$E_0 = 50$		

4. 沉（成）桩对周边环境的分析

陈婆渡站周边为少量居民区或厂房，施工环境条件较好，桩基施工周边环境影响不大；其他地下车站均位于中心城区，场地两侧为密集居民住宅区和商业区，环境条件对施工要求极高，且施工区地下管线密集，采用钻孔灌注桩对周边环境有一定影响，应加强施工管理，特别是泥浆排放问题。

5. 桩侧负摩阻力分析

根据地方标准《宁波市建筑桩基设计与施工细则》（2001 甬 DBJ02-12）第 4.1.8 条规定，宁波市各类建筑桩基一般可不考虑软土负摩阻力的影响。故本标段车站和区间可不考虑软土负摩阻力的影响。但其所指的是软土在自重应力作用下对桩基产生的负摩阻力，因此，在特定条件下，例如桩基邻近有大面积堆载等可能引起软土沉降时，可按有关规范考虑由此引起的桩侧负摩阻力对桩基承载力的影响。

10.5.6.6　基坑工程分析与评价

根据设计方案，本工程 6 个车站和 1 个明挖区间基坑拟采用明挖顺作法施工，根据沿线纵断面图和工程地质剖面图，拟建地铁车站基坑轨面埋深 16.0～17.5 m。基坑周边地下管线纵横交错，建筑物密集，周围环境复杂，地下水水位高，对施工影响较大，基坑破坏后果很严重。因此，本工程基坑工程安全等级为一级。

1. 基坑开挖涉及土层分析

本工程 6 个车站和陈婆渡站—黄家村站明挖区间基坑开挖深度范围内地层主要为①₁、①₂、①₃、②₁、②₂ₐ、②₂ᵦ、③₂、④₁、④₂、⑤₁等。表层填土结构松散，富水性和透水性较好；②₂层强度略高，土层渗透性较差；下部的灰色淤泥质土、黏性土天然含水率大，渗透性弱，抗剪强度很低，土层开挖后稳定性差。由地质情况及场地环境条件可见，沿线软土分布厚度大、范围广，基坑必须采取支护措施。根据场地软土的分布厚度大小可以分为：万达广场站以南的基坑设计涉及的软土分布厚度大，范围广，万达广场站基坑涉及的软土分布厚度相对不大。

① 万达广场以南的基坑：陈婆渡站、陈婆渡站—黄家村站明挖区间、黄家村站、鄞州大道站、南部商务区站、鄞县大道站合计 6 个工点场地下基底及预计的围护结构深度 32～35 m 范围内基本为软土，平均厚度达 20～35 m，局部达 38 m，⑤$_1$ 层基本缺失或分布厚度薄，对基坑变形影响较大。

② 万达广场基坑：场地下一般涉及淤泥质土或软黏土，平均厚度达 15.7～20.9 m，基坑底基本为软土，基坑底至预计的围护结构深度 32～35 m 范围内⑤层基本分布。

2. 基坑围护参数

根据初步勘察取得的各种岩土测试成果，结合宁波地区施工经验，提供基坑开挖支护与降水设计所需的岩土参数，具体见表基坑支护设计参数建议值表（表 10.17）。

3. 基坑围护方案的建议

深基坑开挖支护的重点是控制施工过程基坑内工作的正常进行和基坑周围环境不被破坏。根据轨道交通 1 号线和 2 号线工程已开挖的几个同类型的车站基坑，深基坑开挖支护均采用地下连续墙。地下连续墙优点：接头防水效果较好，整体刚度大，对周围环境影响小；适用于软弱地层和建筑设施密集城市市区的深基坑；接头构造有刚性和柔性两种类型，并有多种形式；可作永久性主体结构；施工方法可采用逆筑法或半逆筑法；施工时振动小，噪音低，非常适合在城市施工，特别适合于软土地区深基坑的开挖；可以紧贴原有建筑物施工地下连续墙；占地少，可以充分利用建筑红线以内有限的地面和空间，充分发挥投资效益。地下连续墙缺点：水下钢筋混凝土浇注施工艺较复杂，造价较高；在一些特殊的地质条件下（如很软的淤泥质土，含漂石的冲积层和超硬岩石等），施工难度很大；地下连续墙如果用作临时的挡土结构，比其他方法的费用要高些。根据场地工程地质条件，建议采用 800 mm 地下连续墙围护，主体结构开挖时，设置 4～5 层钢支撑水平对撑于连续墙上，以保证施工和周围建筑物的安全。

车站地下二层通道及二层出入口、风道及二层风井等，基坑支护方案可采用钻孔灌注桩加内支撑体系或地下连续墙加内支撑两种方案，以地下连续墙为佳；地下一层出入口、风道等基坑支护方案可采用 SMW 工法或钻孔灌注桩 + 搅拌桩止水帷幕作为围护结构。

4. 基坑岩土工程问题分析

（1）基坑抗浮设计措施

① 抗浮设计水位建议。

场地地下水位埋深浅，勘察期间测得潜水位埋深一般在地面下，勘察期间测得各勘探

表10.17 基坑支护设计参数建议表

层号	岩性名称	w/%	γ/(kN/m³)	e_0	$a_{0.1-0.2}$/MPa⁻¹	$E_{s0.1-0.2}$/MPa	K_0	μ	基床K_v/(MPa/m)	基床K_h/(MPa/m)	渗透$k_v\times10^{-7}$/(cm/s)	渗透$k_h\times10^{-7}$/(cm/s)	固结$C_{v0.1-0.2}\times10^{-3}$/(cm/s)	固结$C_{h0.1-0.2}\times10^{-3}$/(cm/s)	回弹E_s/MPa	C_c	直剪φ/(°)	直剪c/kPa	φ_{uu}/(°)	c_{uu}/kPa	φ_{cu}/(°)	c_{cu}/kPa	φ'_{cu}/(°)	c'_{cu}/kPa	十字板C_u/kPa	十字板S_t	q_u/kPa	无侧限S_t	m/(MN/m⁴)建议值
①₁	杂填土																25.0	5.0											
①₂	黏土	39.2	18.4	1.078	0.64	3.08	0.60	0.33	10.0	10.5	1.53	2.67	1.36	5.15	13.4	0.334	11.4	27.4	0.2	24.3	17.7	10.0	24.3	8.0	25.5	2.8	46.1	1.8	2.5
①₃	淤泥质黏土	49.8	17.3	1.374	1.13	1.95	0.74	0.42	4.2	4.5	2.00	3.26	0.32	0.44	9.9	0.440	8.1	14.4	0.1	14.0	13.9	8.5	23.0	5.1	15.3	3.4	18.1	2.0	1.5
②₁	黏土	41.3	18.2	1.163	0.68	3.13	0.65	0.39	5.5	6.0	0.91	1.47	0.62	0.71	12.0	0.372	11.7	16.1	0.1	20.0	14.5	16.4	23.4	10.2	24.0	3.5	31.5	1.5	2.0
②₂ₐ	淤泥	55.6	16.7	1.581	1.37	1.90	0.75	0.43	4.5	4.9	1.92	2.62	0.40	0.48	8.6	0.071	7.5	14.0	0.0	10.7	13.0	7.8	22.8	4.3	13.5	3.3	18.0	4.0	1.0
②₂ᵦ	淤泥质黏土	46.1	17.5	1.292	1.0	2.24	0.70	0.42	5.0	5.2	1.94	3.07	0.52	0.78	11.1	0.054	8.5	14.8	0.1	14.7	13.6	8.7	25.3	5.0	17.0	3.1	19.7	2.6	1.5
③₁	粉质黏土	31.5	18.7	0.914	0.44	4.26	0.55	0.37	8.0	8.5	7.20	9.02	1.70	3.88	12.0	0.223	11.9	17.1	0.2	25.0	18.8	10.0	29.8	8.0	27.5	3.2	57.8	2.3	2.2
③₂	淤泥质粉质黏土	38.3	17.8	1.090	0.75	2.71	0.60	0.40	7.0	7.5	2.50	3.92	1.15	1.42	11.5	0.377	10.3	16.1	0.2	19.9	15.5	8.2	24.2	5.4	27.5	3.2	28.2	2.8	2.0
④₁	黏土	44.7	17.3	1.311	0.86	2.59	0.57	0.39	8.2	8.5	1.65	2.68	1.32	0.96	11.8	0.485	11.5	17.5	0.3	25.4	13.8	18.1	23.1	10.5	33.4	3.1	36.5	2.8	2.2
④₂	粉质黏土	29.2	19.5	0.819	0.29	6.16	0.42	0.30	19.8	20.0	2.27	4.33	3.71	5.50	20.9	0.272	16.0	36.8	1.0	50.0	19.0	26.0	28.5	15.3			62.5	2.3	6.0
⑤₁	黏质粉土	29.8	19.4	0.819	0.27	6.82	0.45	0.31	13.4	13.9	$3.05\times10^{-5}\sim3.34\times10^{-5}$						27.5	16.0	0.50	40.0									5.5
⑤₁ₐ	粉质黏土	31.4	19.2	0.852	0.32	5.59	0.45	0.31	15.0	15.6	3.00	4.90	8.50	8.65	20.0	0.316	13.9	29.6	0.8	15.0									5.0
⑤₂	粉质黏土	27.6	19.3	0.794	0.29	7.23	0.45	0.31	14.0	14.5	$3.05\times10^{-5}\sim3.34\times10^{-5}$						29.5	11.5	0.5	40.0	19.0	25.0	21.2	18.5					5.0
⑤₃	黏质粉土	34.7	18.9	0.938	0.41	4.41	0.50	0.33	11.7	13.3	2.09	2.27	4.05	5.26	19.2	0.232	13.6	26.7	0.5	30.0									4.0
⑤₄	粉质黏土	31.7	19.3	0.850	0.24	7.49	0.45	0.31	22.6	26.1	$3.05\times10^{-5}\sim3.34\times10^{-5}$		9.22	7.64	24.7	0.239	28.0	17.6	0.8	45.0	15.9	21.0	22.4	30.5					5.5
⑤₅	黏质粉土	19.9	20.2	0.586	0.17	9.36											30.0	11.0											6.5
⑤₃ₐ	中砂	14.6	20.6								$2.80\times10^{-3}\sim3.10\times10^{-3}$						33.0	8.0											7.0
⑤₆	砾砂										$1.73\times10^{-2}\sim4.26\times10^{-3}$																		
⑥₂	粉质黏土	34.4	18.8	0.951	0.40	4.53	0.50	0.33	13.3	14.0	2.22	3.34	3.64	3.71	19.7	0.336	13.8	27.7									44.7	1.7	4.5
⑥₃	粉质黏土	29.0	19.3	0.807	0.27	6.11	0.48	0.32	14.0	14.6	3.05	2.54	6.63	6.37	30.3	0.225	16.1	27.7									51.8	2.3	5.0
⑦₁	粉质黏土	24.5	20.2	0.685	0.22	6.66					2.00	3.00					17.8	36.0									60.8	3.1	6.0
⑧₁	中砂	24.5	19.9								$1.81\times10^{-2}\sim2.07\times10^{-2}$						30.0	10.0											
⑧₃	砾砂	16.0	20.6														33.0	8.0											

注：a. 比例系数 m 提供为建议值，供参考，设计时可根据经验选用；
b. 固快和三轴试验提供建议值为标准值（峰值强度），设计时可根据经验适当折减。

孔潜水位埋深为 0.3～3.5 m，由于地下工程埋深大，地下水位高，浮力较大，应考虑设抗浮桩。根据当地经验，车站和明挖区间抗浮设防水位可取室外地坪下 0.5 m 或 50 年一遇的防洪设计水位 2.80 m（1985 国家高程基准），设计时按不利条件选用。

② 基坑抗浮设计措施。

基坑工程如结构自重不能抵抗地下水浮力，常用的几种抗浮措施是：降水抗浮、配重抗浮、摩擦桩抗浮。

a. 降水抗浮。

在降水井内抽水使地下水位降至底板以下从而消除水的浮力，达到保证构筑物稳定的目的，其关键问题是反滤层的设计。当土的颗粒较细时应采取可靠措施防止土粒随地下水进入反滤层，引起反滤层堵塞而失去作用。降水抗浮的优点是局部彻底消除了水的浮力，构筑物的设计可按无地下水时考虑。降水抗浮的缺点为：

● 维护成本很高，特别是使用周期较长的地下构筑物；

● 可靠性差，长期降水，土中的颗粒难免进入反滤层，一旦反滤层被堵塞，水位将很难降至底板以下；

● 长期降水将对该区域地下水环境造成很大影响，甚至影响周边建筑物的安全。

b. 配重抗浮。

在结构底板上施作超重混凝土（一般是用钢渣混凝土）或增加车站覆土层厚度以增强构筑物自重达到抗浮目的。这种处理方式简单，投入使用后管理成本较低。但近来有资料显示，地铁中的杂散电流会对钢渣混凝土造成较大侵蚀，无法满足结构使用 100 年的设计要求；另外，钢渣混凝土价格也很高。增加车站覆土厚度，并增加压顶梁。在采用超重混凝土配重抗浮时，地下结构基槽深度必然要加深，给整个工程的受力体系增加难度，同时整体围护结构费用相应提高。

c. 抗浮桩。

桩基工程均是比较成熟的工艺，桩身的耐久性较长，受力较大，受地下水侵蚀较小，完全能够满足抗浮的需要。

由于地铁使用期限为 100 年，从技术可行的角度，降水抗浮不能满足使用期限的要求，钢渣混凝土不能满足地铁车站杂散电流的要求，技术可靠性较差，不能满足技术要求，而摩擦桩能满足地铁抗浮的需求。建议 KC301 标段 6 个车站基坑和 1 个明挖区间基坑采用抗浮桩，桩型宜采用钻孔灌注桩。并进行各车站及明挖区间单桩承载力及单桩抗拔承载力估算。

（2）抗渗稳定性

勘探表明，场地内分布的⑤₃层、⑤₅层、⑤₅ₐ层、⑤₆层、⑧层承压含水层局部厚度较大，水量较大，水位较高，深基坑开挖过程中有发生坑底突涌或流砂的可能。根据场地水文地质条件，当基底之下某深处有承压含水层时，基坑底抗渗流稳定性可按《建筑地基基础设计规范》（GB 50007）附录 W 第 W.0.1 式进行验算：计算时抗渗流稳定性系数≥1.1 不发生突涌。

$$\frac{\gamma_{m}(t+\Delta t)}{P_{w}} \geqslant 1.1 \qquad (10.8)$$

式中　γ_{m}——透水层以上土的饱和重度，kN/m³；

　　　　$t+\Delta t$——透水层顶面距基坑底面的深度，kN/m³；

　　　　P_{w}——含水层水压力，kPa，水的重度，取 10 kN/m³。

宁波市轨道交通 3 号线工程 KC301 标段选取车站内典型钻孔进行估算，进而判断其基坑突涌是否发生。计算结果详见表 10.18（⑧₁ 层、⑧₃ 层承压水位标高取 −2.0 m，⑤₃ 层和⑤₅ 层承压水水位标高取 0.5 m、⑤₅ₐ 层和⑤₆ 层承压水水位标高取 −0.30 m，水的重度 γ_{0} 取 10 kN/m³）。

表 10.18　各含水层承压水基坑突涌可能性估算表

地点	参考钻孔	含水层位	承压水位埋深/m	含水层顶板埋深/m	基坑深度/m	$t+\Delta t$/m	$\gamma_{m}(t+\Delta t)$/(kN/m²)	P_{w}/kPa	抗渗流稳定性系数	是否突涌
陈婆渡站	S1CZ5	⑤₆	1.98	36.60	16.0	20.6	370.8	346.2	1.07	是
	S1CZ5	⑧₃	3.68	47.0	16.0	31.0	595.8	433.2	1.37	否
黄家村站	S2CZ6	⑤₆	2.40	35.0	17.0	18.0	324.0	326.0	0.99	是
	S2CZ6	⑧₃	3.91	47.5	17.0	30.5	549.0	435.9	1.26	否
鄞州大道站	S3CZ1	⑤₆	3.88	36.4	17.0	19.4	349.2	325.2	1.07	是
	S3CZ1	⑧₃	4.50	50.3	17.0	33.3	599.4	458.0	1.31	否
南部商务区站	S4CZ4	⑤₆	2.80	35.6	16.0	19.6	352.8	328.0	1.07	是
	S4CZ1	⑧₃	4.93	50.1	16.0	34.1	613.8	451.7	1.36	否
鄞州大道站	S5CZ3	⑤₅	2.01	34.5	16.0	18.5	333.0	324.9	1.02	是
	S5CZ3	⑧₁	4.51	50.5	16.0	34.5	621.0	459.9	1.35	否
万达广场站	S6CZ4	⑤₃	2.56	27.3	16.0	11.3	203.4	247.4	0.82	是
	S6CZ2	⑤₆	2.21	35.0	16.0	19.0	342.0	327.9	1.04	是

估算结果表明，基坑开挖过程中，《建筑地基基础设计规范》（GB 50007）深部 I₂ 层（赋存于⑧层）承压水不发生基坑突涌。I₁ 层（赋存于⑤₃ 层、⑤₅ 层、⑤₅ₐ 层、⑤₆ 层）承压水基坑开挖过程中会发生基坑突涌。

（3）基坑降水、排水措施

在城市中深基坑降水总会引起地面产生一定的沉降，影响邻近建筑物和管线。最好的办法是采用止水帷幕，将坑外地下水位保持原状，仅在坑内降水。经估算赋存于⑧层承压水不发生基坑突涌，故不需对⑧层降压抽水。赋存于⑤₁ₐ 层、⑤₃ 和⑤₅ 层粉土的承压水虽会发生基坑突涌，但地下连续墙设计深度可以将⑤₁ₐ 层、⑤₃ 和⑤₅ 层粉土隔断，而且围护结构以内土层以黏性土层为主、渗透性差、水量小，且⑤₁ₐ 层、⑤₃ 和⑤₅ 层粉土大多以透镜体状分布，分布范围不大，故基坑开挖前如车站下有⑤₁ₐ 层、⑤₃ 和⑤₅ 层粉土，一般不用降压抽水。至于基坑降水，由于浅部软土渗透性差，根据 1、2 号线施工经验，建议采用疏干井的方法，降水后坑内水位位于开挖面 1 m 以下。按《建筑地基基础设计规范》（GB 50007）赋存于⑤$_{5a}$层和⑤$_6$层的承压水会发生基坑突涌，但考虑地方规范《浙江省工程建设岩土工程察规范》（DB33/T 1065）13.3.4 第 2 条，安全系数 K 可以介于 1.05 ~ 1.1，故建议对抗渗流稳定性系数大于 1.05 的车站基坑可不进行降压抽水，但对抗渗流稳定性系数小于 1.05 的车站基坑建议开挖时进行降压抽水。

附属设施若采用排桩加水平内支撑支护体系，可在支护桩外围打 1 ~ 2 排互相搭接的高压水泥旋喷桩幕墙作为隔水墙，以阻止地表水和地下水进入基坑，基坑周围可沿坑壁外侧开挖明沟，以截留地表水并使之排出场外。

（4）基底加固处理及消除基底回弹措施

由于场地基坑开挖涉及的浅部①$_3$、②$_{2a}$、②$_{2b}$、③$_2$、④$_1$、④$_2$层为淤泥类土或软黏土，具有"高含水率、高压缩性、高灵敏度、高触变、高流变以及低渗透性和低强度等"五高二低的特性，在动力作用下，土体结构较易破坏，使强度骤然降低，基坑开挖后，土体的回弹会对基坑支护结构、周围邻近已有建筑物、地下管线等产生不利影响，时空效应明显，且坑底基本位于②$_{2b}$、③$_2$、④$_1$层灰色软土中，基坑开挖时应尽量减少对坑底的扰动，作到快速开挖、快速支撑、快速封底等措施，减少流变引起的变形。坑底土需采取适当的加固措施，处理方法一般可采用三轴水泥搅拌桩进行抽条加固，基坑底以上软土进行弱加固，基底软土进行强加固。

（5）基坑施工注意事项

① 导墙是控制地下连续墙各项指标的基准，它起着支护槽口土体、承受地面荷载和稳定泥浆液面的作用，本工程车站局部填土层厚度较大，导墙开挖易坍塌，建议对填土厚度较大地段导墙施工前可通过地表注浆进行地基加固及防渗堵漏。但对靠近河流且存在暗浜的鄞州大道站西侧三益河附近（勘察表明 S3CZ1 孔填土厚度达 6.5 m），填土成分杂，土质较松散，地下水位埋深浅，局部地段块石较大，与其边上河道地表水联系非常密切，建议施工前应对附近地表水进行围堰隔断填土内地下水和地表水的联系，对暗浜内块石大的填土采用小颗粒的填土进行换填。

② 陈婆渡站—黄家村站明挖区间、黄家村站基坑，基坑开挖范围及附近有横塘河及其支流（见图 10.7 ~ 图 10.10），尤其是陈婆渡站—黄家村站明挖区间 K2 + 620—K3 + 030 段内有较长部位断续坐落在河道内，若不进行处理将会严重影响地下连续墙的正常施工。在施工前建议采用两头围堰的形式先将河水全部疏干的措施，具体地下连续墙施工时，应根据施工需要并结合各阶段施工特点，采取不同的方法分期、分段进行处理；尽量避免大面积开挖换填和硬化处理，以便节约成本和缩短工期。

③ 由于场地浅部软土具有高灵敏度、高压缩性，易缩径，且成槽过程中⑤$_{1a}$层、⑤$_3$层和⑤$_3$层粉土易发生坍塌的特点，针对此地质条件地下连续墙施工时应引起重视，施工时注意调整泥浆性能，防止塌孔，严格控制垂直度。必要时可进行试成槽。

图 10.7　Q1 区间基坑涉及的横塘河

图 10.8　Q1 区间基坑涉及的横塘河支流

图 10.9　S2 车站基坑涉及的横塘河支流

图 10.10　鄞州大道站基坑西边的三益河

④ 基坑开挖范围内的①$_3$、②$_1$、②$_{2a}$、②$_{2b}$、③$_2$、④$_1$层淤泥类土及软黏土具有明显触变、流变特性，在动力作用下土体结构极易破坏，且土体开挖时会有一定的回弹，设计施工时应加以注意。

⑤ 地铁车站一般靠顶板覆土、结构自重及周边围护结构侧壁摩阻力等来进行抗浮。当上述措施不足以与地下水浮力相抵时，一般考虑设置抗拔桩来进行抗浮。另外，为确保地铁车站在施工及使用阶段的安全，根据施工及运营等不同阶段的受力情况，各车站按需设置中间立柱桩。抗拔桩或立柱桩桩长、桩基持力层可根据结构特点、受荷大小、变形控制要求等综合确定。根据当地工程经验，抗拔桩或立柱桩桩型一般采用钻孔灌注桩。

⑥ KC301 标段黄家村站—鄞州大道站区间、鄞州大道站—南部商务区站区间、南部商务区站—鄞县大道站区间、鄞县大道站—万达广场站区间、万达广场站—锦寓路站区间合计 5 个地下隧道区间均为双线，均采用盾构法施工工艺，采用预制管片拼装。两线中心间距一般在 15～17 m，隧道底板埋深 16.0～25.0 m。线路上及线路两侧建筑物较密集，地下管线分布复杂，且结构线内存在桩基等地下障碍物，部分现有建筑物距隧道结构线很近，周围环境较复杂，地下水水位高，对施工影响较大。因此，本工程盾构工程安全等级为一级。

10.5.6.7 区间隧道施工方案的分析与评价

1. 盾构法隧道涉及土层的分析

本次初勘 KC301 标段 5 个盾构隧道所穿越的土层主要为②$_{2b}$层灰色淤泥质黏土、③$_2$层灰色粉质黏土、④$_1$层灰色淤泥质粉质黏土、④$_2$层灰色黏土、⑤$_1$层黄色黏质粉土、⑤$_{1a}$层黄色黏质粉土、⑤$_2$层黄色粉质黏土、⑤$_3$层黄色黏质粉土、⑤$_4$层灰色粉质黏土层，其中在鄞县大道站以南的黄家村站—鄞州大道站区间、鄞州大道站—南部商务区站区间、南部商务区站—鄞县大道站区间 3 个区间主要是在②$_{2b}$层灰色淤泥质黏土、③$_2$层灰色粉质黏土、④$_1$层灰色淤泥质粉质黏土、④$_2$层灰色黏土等软土中穿越，盾构推进较容易；在鄞县大道站以北的鄞县大道站—万达广场站区间、万达广场站—锦寓路站区间 2 个区间在灰色软土和黄色硬土软硬交界处穿越，穿越阻力较大。本次初勘 KC301 标段 5 个盾构隧道所穿越涉及的土层详见表 10.19。

表 10.19　各盾构隧道区间穿越涉及的土层一览表

工点编号	穿越涉及土层
Q2	②$_{2b}$、③$_2$、④$_1$、④$_2$
Q3	②$_{2a}$、②$_{2b}$、③$_2$、④$_1$
Q4	②$_{2b}$、③$_2$、④$_1$、④$_2$
Q5	②$_{2b}$、③$_2$、④$_1$、④$_2$、⑤$_1$
Q6	②$_{2b}$、③$_2$、④$_1$、④$_2$、⑤$_1$、⑤$_{1a}$、⑤$_2$、⑤$_3$、⑤$_4$

各土层的特点如下：

① ②$_{2b}$层灰色淤泥质黏土、③$_2$层灰色粉质黏土、④$_1$层灰色淤泥质粉质黏土、④$_2$层灰色黏土等各土层含水率高，孔隙比大，渗透性差，呈流～软塑状，且具有压缩性高，强度低等工程力学性质特点。在外力作用下易扰动且强度降低，盾构掘进中不仅保持土压平衡极为困难，而且往往会出现前期沉降及盾构通过后沉降长期不收敛。

② ⑤$_{1a}$层、⑤$_3$层灰黄色粉土呈稍～中密状态，渗透性较好，局部分布，盾构施工过程中，在动水头作用下易发生流砂、涌水及涌土现象，因此需做好止水工作。

③ ⑤$_1$层及⑤$_2$层硬土层为软～可塑状粉质黏土，具较高黏性，易黏着盾构设备或造成管路堵塞致使刀盘空转、槽口及出土管道堵塞，导致地层隆起、沉降。

④ 本区间盾构掘进开挖面较长段处在软硬不同性质的地层上，有可能因软弱层排土过多，造成地层下沉使盾构在线路方向上产生偏离，因此施工作业时须控制出土量防止盾构倾斜，随时保持盾构的稳定性。

⑤ 勘察期间南部商务区站—鄞县大道站区间局部（Q4CJ3 孔）发现有浅层沼气溢出，本区间施工时应注意含有的沼气对掘进的不利影响。

⑥ 拟建线路下穿河流较多，需注意地表水与地下水的水力联系，分析施工过程突水的可能。

⑦ 为控制隧道纵向不均匀沉降的影响，应注意盾构工作井、地铁车站、隧道区间连接处及隧道底部土层及土性特征突变处差异沉降。

⑧ 隧道施工时应进行土体变形和地面沉降监测，并进行地面建筑物（构筑物）及地下管线等的变形监测工作。

2. 盾构法隧道设计岩土参数

根据初步勘察取得的各种岩土测试成果，结合宁波地区施工经验，提供盾构隧道施工时涉及的地层岩土参数，具体见盾构法设计参数一览表（表 10.20）。

3. 盾构法隧道施工方案分析

（1）盾构法隧道施工

KC301 标段 5 个隧道区间地下水埋藏浅，盾构隧道在软土层掘进过程中，土体自稳能力较差，当土体因隧道掘进施工引起的内部应力重分布时，发生的土体变形反应较为迅速；在软硬不同土性中掘进时，易因软土层排土较多使线路方向产生偏离；在硬土层中掘进时，由于硬土层的高黏性易使设备堵塞，导致地层隆起、沉降；盾构掘进中遇中密粉土时，顶进阻力大，施工设备所受扭矩大，需采取加泡沫的方法降低土体强度。

根据区间隧道的横断面尺寸、埋深及掘进施工过程中的土体性质，结合场地水文地质条件和施工环境，拟建区间隧道宜选择密封型盾构进行施工。针对密封型盾构以及本次采用单圆盾构的设计特点，有以下 3 种成熟的施工工艺可供选择（详见表 10.21）。

根据表 10.21 不同的盾构施工工艺的特点分析，以及上海地铁施工经验和施工场地环境（主要在市中心道路），考虑到本标段盾构区间主要在软土中推进，本标段地下区间隧道宜采用土压平衡式施工方式，在轴线控制、管片拼装、衬砌防水、地表沉降等方面严格控制。

（2）盾构进出洞

洞口段：根据 5 个盾构区间端头隧道埋深一般在 10～12 m，均位于淤泥质土中，盾构始发及终到时，需要凿除盾构井围护结构，从而使开挖面处于暴露状态。软弱地层中盾构施工，盾构始发和到达井的端头加固是工程成败的关键，为了保证盾构始发、终到的安全，需要对盾构井端头进行软基加固处理。建议采用深层搅拌桩与压密劈裂注浆相结合的办法对隧道周边、进洞端、出洞端进行地基加固，加固范围、深度和强度等应通过各类稳定性验算后综合确定。

盾构出洞时应防止盾构旋转、上飘。盾构出洞时，正面加固土体强度较高，由于盾构与地层间无摩擦力，盾构易旋转，应加强对盾构姿态的测量，如发现盾构有较大的转角，可以采用大刀盘正反转的措施进行调整。盾构刚出洞推进速度宜慢，大刀盘切削土体中可加水降低盾构正面压力，防止盾构上飘，加强后盾支撑观测。

（3）盾构法隧道底软基加固

本标段 5 个盾构区间隧道底大部分位于软土及软弱土层的地段，因土层具有含水率高、

表 10.20　盾构法隧道设计参数一览表

层号	岩性名称	静止侧压力系数 K_0	泊松比 μ	基床系数 垂直 K_v /(MPa·m)	基床系数 水平 K_h /(MPa·m)	渗透系数 垂直 $k_v\times10^{-7}$ /(cm/s)	渗透系数 水平 $k_h\times10^{-7}$ /(cm/s)	固结系数 垂直 $C_{v0.1-0.2}\times10^{-3}$ /(cm²/s)	固结系数 水平 $C_{h0.1-0.2}\times10^{-3}$ /(cm²/s)	次固结试验 垂直 $C_\alpha(C_v)_{0.1-0.2}\times10^{-3}$ /(cm²/s)	次固结试验 水平 $C_\alpha(C_h)_{0.1-0.2}\times10^{-3}$ /(cm²/s)	回弹模量 E_s /MPa	压缩指数 C_c	直剪固快 内摩擦角 φ_c /(°)	直剪固快 粘聚力 C_c /kPa	三轴快剪 内摩擦角 φ_{qu} /(°)	三轴快剪 粘聚力 c'_{qu} /kPa	三轴固快 总应力 内摩擦角 φ_{cu} /(°)	三轴固快 总应力 粘聚力 c_{cu} /kPa	三轴固快 有效应力 内摩擦角 φ'_{cu} /(°)	三轴固快 有效应力 粘聚力 c'_{cu} /kPa	十字板剪切 原状土 C_u /kPa	十字板剪切 灵敏度 S_t	无侧限抗压 原状土 q_u /kPa	无侧限抗压 灵敏度 S_t	比例系数 m 建议值 /(MN/m⁴)
①₁	素填土		0.33											25.0	5.0											
①₂	粘土	0.60	0.42	10.0	10.5	1.53	2.67	1.36	5.15	2.80	2.26	13.4	0.334	11.4	27.5	0.2	24.3	17.7	10.0	24.3	8.0	25.5	2.8	46.1	1.8	2.5
①₃	淤泥质粘土	0.74	0.39	4.2	4.5	2.00	3.26	0.32	0.44	9.81	10.07	9.9	0.440	8.1	14.4	0.1	14.0	13.9	8.5	23.0	5.1	15.3	3.4	18.1	2.0	1.5
②₁	粘土	0.65	0.43	5.5	6.0	0.91	1.47	0.62	0.71	6.04	8.67	12.0	0.372	11.7	16.1	0.1	20.0	14.5	16.4	23.4	10.2	24.0	3.5	31.5	1.5	2.0
②₂ₐ	淤泥	0.75	0.42	4.5	4.9	1.92	2.62	0.40	0.48	11.52	11.52	8.6	0.071	7.5	14.0	0.0	10.7	13.0	7.8	22.8	4.3	13.5	3.3	18.0	4.0	1.0
②₂ᵦ	淤泥质粘土	0.70	0.37	5.0	5.2	1.94	3.07	0.52	0.78	10.41	11.32	11.1	0.054	8.5	14.8	0.1	14.7	13.6	8.7	25.3	5.0	17.0	3.1	19.7	2.6	1.5
③₂	粉质粘土	0.55	0.40	8.0	8.5	7.20	9.02	1.70	3.88	6.29	3.88	12.0	0.223	11.9	17.1	0.2	25.0	18.8	10.0	29.8	8.0	27.5	3.2	57.8	2.3	2.2
④₁	淤泥质粉质粘土	0.60	0.39	7.0	7.5	2.50	3.92	1.15	1.42	7.34	7.21	11.5	0.377	10.3	16.1	0.2	19.9	15.5	8.2	24.2	5.4	27.5	3.2	28.2	2.8	2.0
④₂	粘土	0.57	0.39	8.2	8.5	1.65	2.68	1.32	0.96	8.70	11.35	11.8	0.485	11.5	17.5	0.3	25.4	13.8	18.1	23.1	10.5	33.4	3.1	36.5	2.8	2.2
⑤₁	粉质粘土	0.42	0.30	19.8	20.0	2.27	4.33	3.71	5.50	2.10	2.65	20.9	0.272	16.0	36.8	1.0	50.0	19.0	26.0	28.5	15.3			62.5	2.3	6.0
⑤₁ₐ	粘质粉土	0.45	0.31	13.4	13.9	$3.05\times10^{-5}\sim3.34\times10^{-5}$	$3.05\times10^{-5}\sim3.34\times10^{-5}$							27.5	16.0	0.50	40.0									5.5
⑤₂	粘质粉土	0.45	0.31	15.0	15.6	3.00	4.90	8.50	8.65	4.45	3.61	20.0	0.316	13.9	29.6	0.8	15.0	19.0	25.0	21.2	18.5					5.0
⑤₃	粘质粉土	0.45	0.31	14.0	14.5	$3.05\times10^{-5}\sim3.34\times10^{-5}$	$3.05\times10^{-5}\sim3.34\times10^{-5}$							29.5	11.5	0.5	40.0									5.0
⑤₄	粉质粘土	0.50	0.33	11.7	13.3	2.09	2.27	4.05	5.26	5.20	4.95	19.2	0.232	13.6	26.7	0.5	30.0	15.9	21.0	22.4	30.5			44.7	1.7	4.0
⑤₅	粘质粘土	0.45	0.31	22.6	26.1	$3.05\times10^{-5}\sim3.34\times10^{-5}$	$3.05\times10^{-5}\sim3.34\times10^{-5}$	9.22	7.64			24.7	0.239	28.0	17.6	0.8	45.0									5.5
⑤₅ₐ	中砂					$2.80\times10^{-3}\sim3.10\times10^{-3}$	$2.80\times10^{-3}\sim3.10\times10^{-3}$							30.0	11.0											6.5
⑤₆	砾砂					$1.73\times10^{-2}\sim4.26\times10^{-3}$	$1.73\times10^{-2}\sim4.26\times10^{-3}$							33.0	8.0											7.0
⑥₂	粉质粘土	0.50	0.33	13.3	14.0	2.22	3.34	3.64	3.71	4.02	5.52	19.7	0.336	13.8	27.7	0.4	32.8	18.7	25.2	28.4	12.7			51.8	2.3	4.5
⑥₃	粉质粘土	0.48	0.32	14.0	14.6	3.05	2.54	6.63	6.37	2.96	4.04	30.3	0.225	16.1	27.7	0.5	35.0	16.1						60.8	3.1	5.0
⑦₁	粉质粘土					2.00	3.00							17.8	36.0											6.0
⑧₁	中砂					$1.81\times10^{-2}\sim2.07\times10^{-2}$								30.0	10.0											
⑧₃	砾砂													33.0	8.0											

注：a. 比例系数 m 提供为建议值，供参考，设计时可根据经验酌情增减；

b. 固块和三轴试验建议指标提供标准值（峰值强度），设计时可根据经验酌情增减。

孔隙比大、渗透性差、呈流塑状，且压缩性高、强度低、触变性及蠕变性强等工程力学性质特点，在振动作用下可能发生较大沉降，影响后期的运营。为减少该段地层对隧道结构的不利作用，除在隧道管片的设计上采用柔性接头，增加隧道在纵向上的变形能力外，还考虑采用对隧道底板软弱土层进行加固处理。处理方案宜采用注浆法，进行洞内处理。对隧道采取跟踪注浆的方式，通过注浆对隧道沉降进行控制和调整。在管片底部预留注浆孔，预埋钢管，利用袖阀钢管进行注浆。

表 10.21　密封型盾构施工工艺类型一览表

序号	工艺类型	施工主要特点	适应性	不利条件
1	土压平衡式	1. 对称削土密封式或泥土加压式。盾构前端有一个全断面切削刀盘，在它后面有一个贮留削土体的密封舱。在其中心处或下方装有长筒形的螺旋输送机 2. 切削刀盘用于切削土体，同时将切削下来的土体搅拌混合，以改善土体的流动性 3. 密封舱用于存贮刀盘切削下来的土体，并加以搅拌使其成为不透水的、具有适当流动性的塑流体 4. 可通过设置塑流体注入器向密封舱、刀盘和输送机内注入添加剂	1. 可根据土层性质及工作面的稳定性，调整刀盘 2. 当盾构推进全断面有不同土层时，其中黏性土能与渗透性较强的砂土、粉土进行搅拌，有利于砂土、粉土层的抗渗漏 3. 可及时对开挖面进行密封，维持开挖面的稳定，并有利于土体排出 4. 对内摩擦角大、流动性差的土体，可适时注入流塑剂，提高土体的流动性	1. 不适用于较大承压水头的土层 2. 在高水头压力条件下，对稳定开挖面土体，防止地面沉降避免土体流失等方面较难达到理想的控制
2	泥水加压式	1. 总体构造与土压平衡相似 2. 密封舱内充满特殊配制的压力泥浆，刀盘浸没在泥浆中工作 3. 在掘进中由泥浆压力支护开挖面，在停止掘进时由刀盘面板支护开挖面 4. 在不透水的黏性土层，泥浆压力应保持大于围岩（土）的主动土压力；对于渗透大的砂性土，泥浆压力应大于地下水压力 0.2 MPa 5. 渣土在密封舱内与泥浆混合后，用排泥泵及管道输送到地面	1. 适用于透水性强的砂土层 2. 泥浆通过处理系统可重复利用 3. 可通过检测数据来计算实际排土量，从而保证盾构推进量和控制地面沉降量	1. 应配置特殊的泥浆 2. 须有一套泥浆处理系数 3. 在进、排泥浆管上应分别设流量计及比重计 4. 严格控制排渣量，当超量排土时，易引起地面沉降量 5. 与土压力平衡盾构相比，设备较为复杂
3	混合式	1. 是一种集气压式、土压平衡式、泥水加压式于一体的综合新型盾构 2. 根据掘进土层特点，来调整不同的施工工艺及推进方式	1. 对地层的适用性强	1. 设备体积较大，构造复杂 2. 国产化率低，设备费用高

10.5.6.8　旁通道及泵站

本次初步设计没有在区间布置旁通道及泵站。根据 1 号线和 2 号线的施工经验，旁通道及泵站一般布置在隧道中段，且上方地面较空旷，无建筑物部位，故此次分析，KC301 标段联络通道施工涉及到的地层为③₂层灰色粉质黏土、④₁层灰色淤泥质粉质黏土、④₂层灰色黏土、⑤₁层黄色粉质黏土、⑤₁ₐ层黄色黏质粉土、⑤₂层黄色粉质黏土，适宜采用冷冻法施工。

联络通道所处地层地质条件较差，为保证联络通道、泵房及施工的安全，减少对区间隧道的影响，建议采用冷冻法施工，冷冻效果好坏直接关系到工程成败。由于旁通道施工期间盾构隧道结构、旁通道初期支护和二次衬砌结构受力体系不断发生变化（冻胀、开挖、支护及冻融），而冻融体与管片、联络通道与盾构隧道之间均为刚性接头，极易造成结合面开裂引起涌水、涌砂，造成地面建筑物及管线损坏，严重者可能造成盾构隧道被淹，酿成大的安全事故。因此，联络通道采用冷冻法施工时须严格执行相关技术要求，并且加强监测工作作好信息化施工。

由于在冻结法施工过程中冻土的力学性质发生了剧烈的变化，这种变化对施工安全、周围环境、主体隧道等都将产生一定的影响，若旁通道施工不当，可能造成极大的工程事故和危害。因此，冻结法施工过程中需注意：

① 在旁通道冻结施工中，土体的冻胀是不可避免的，在冻胀过程中必然产生一定的冻胀力，可能会对隧道及周围环境产生影响，造成隧道一侧接缝张开，管片明显的变形与错位。

② 土体开挖过程中冻结帷幕设计临界面导致旁通道内易产生管涌、流砂。

③ 在强制解冻的情况下，新混凝土结构后的土体已恢复为低强度、饱和状态，割断冻结管时泥水易从环形间隙中渗漏，严重时可能引发管片变形，导致地表变形过大、建筑物发生倒塌、地下管线变形甚至断裂。

因此，冻结法施工时应采取必要措施（如钻孔充填、取芯、预留孔套管拔除法、设置卸压孔或通过在隧道内设预应力支架、注浆等措施）来控制冻胀量和冻胀压力，确保冻结施工安全；同时要综合管片结霜及监测温度等多种因素对开挖条件进行判断，保证开挖构筑安全，并及时进行支护，减小冻土蠕变变形。

10.5.6.9　盾构法施工的地面沉降预测和防治分析

实践表明，盾构施工多少都会引起地面沉降，即使采用目前先进的盾构技术，要完全消除地面沉降也是不大可能的，地面沉降量达到某种程度就会危及周围的地下管线和建筑物。因此，清楚地掌握沿线地下管线和建筑物的构造、形式等已有建（构）筑物的性质同时，应对地面沉降量和影响范围进行预测，并采取相应的预防措施。重点是在施工中通过现场反馈资料，及时修正防治对策和措施，对相同工程条件下的地面沉降量进行估算、评价。

（1）地面沉降的预测分析

引起地面沉降的基本原因，是盾构掘进时所引起的土层损失和隧道周围地层受到扰动或剪切破坏的再固结，前者大部分在施工期间表现出来，而后者的变形延续时间较长。

（2）引起土层损失的主要因素分析

① 开挖面土体移动。当盾构掘进时，若开挖面受到的支护力小于地层的原始应力，则开挖面土体向盾构内移动，引起土层损失和地面沉降。反之，当支护力大于原始应力时，则开挖面土体向上向前移动，引起负土层损失和地面隆起。

② 当盾构在暂停推进或由于千斤顶可能漏油回缩引起盾构后退时，使开挖面坍塌，引起土层损失。

③ 盾尾后面的建筑间隙未能及时、有效地进行充填，从而使周围土体挤入建筑间隙，引起土层损失。对于本拟建场地，由于盾构推进土层均为饱和软弱黏性土或稍密状含黏性土粉砂及粉土，土体自稳能力差，往往是引起土层损失的主要因素。

④ 盾构在曲线推进和修正蛇行时的超挖和扰动所引起的土层损失。

⑤ 在土压力作用下，隧道变形或沉降也会引起地层损失。

⑥ 施工中因操作失误，而引起开挖面坍塌或者前方地质条件骤变，而使开挖面土体急剧流动或崩塌所造成不正常的地层损失等。

隧道周围土层受到盾构掘进的扰动后，便在隧道周围形成超孔隙水压力区，随着盾构离开，土体表面应力释放，超孔隙水压力逐渐消失，引起土层固结变形及次固结变形，从而带来地面沉降。

（3）盾构施工地面沉降的阶段

施工阶段的地面沉降大致发生在 5 个阶段即盾构到达前、盾构到达时、盾构通过后、管片脱出盾尾及长期变形。关于各个阶段地面沉降的预测，目前工程界未有统一的有效计算公式，一般可结合前一施工阶段的地面沉降实测资料进行反馈推求。

（4）地面沉降的防治措施

减少地面沉降最好的办法是对盾构施工参数优化，这是防治地面沉降的基本措施，具体为：

① 保持开挖面的稳定性。

当盾构掘进时，若开挖面受到的支护力小于土层的原始应力，则开挖面土体向盾构内移动，引起土层损失和地面沉降；反之，当支护力大于原始应力时，则开挖面土体向上向前移动，引起负土层损失和地面隆起。由于本工程位于中山路下，重要建筑物较多，地下管线密布，施工时应控制开挖面压力与地层压力基本相同，保持开挖面稳定。

② 及时、有效、足量地充填衬砌背后的建筑间隙，必要时还可通过在管片上的注浆孔进行二次加固注浆。

③ 严格控制盾构施工中的偏差量，盾构施工偏差大，不但影响地下铁路线路、限界等使用要求，还会过多扰动地层而导致地面沉降量的增加。

（5）盾构穿越建筑物时的保护技术

盾构法施工无一例外地都将产生或多或少的地面沉降，在不同程度上影响隧道沿线地面建筑物和地下管线的安全，应予以适当的保护。具体应根据盾构施工影响范围、程度、建（构）筑物的位置、性质及沉降变形的控制要求等综合确定。其中，盾构施工的影响范围，一方面可根据土层损失、隧道埋深、隧道尺寸及盾构类型和地层情况进行估算和预防；另一方面，也可用地面建筑物基底压力扩散确定对隧道的影响范围并事先采用措施预防。

需要说明的是盾构施工中除容易发生地面沉降问题，同样需要防止地面隆起问题，出现地面隆起的主要原因是盾构推进速度过大，因此需要合理选择盾构的推进速度。

10.5.6.10　地下障碍物对盾构施工的影响

由于场地为鄞州中心区，多数路面经过多次拓宽改造，地下障碍较多，其中对盾构施工影响较大的地下障碍物为地下桩基和局部分布的暗浜回填物等。由于地下障碍分布复杂，设计、施工时应充分重视。本次初步勘察调查了对盾构施工影响较大的地下障碍物详见表 10.22 及图 10.11。具体应进行专门的障碍物调查。

表 10.22　对盾构施工影响较大的地下障碍物

编号	区间	构筑物名称	基础情况	对盾构影响及处理方法建议
1	黄家村站—鄞州大道站区间	K4＋135 三益桥	钻孔灌注桩	下穿，需拔桩
2		K4＋600 萧皋桥	钻孔灌注桩	下穿，需拔桩
3	鄞州大道站—南部商务区站区间	K5＋330 双女桥	双女桥初步了解未打桩，但其边有自来水管梁采用的钻孔灌注桩基础	下穿，需拔桩
4	南部商务区站—鄞县大道站区间	K6＋800 吉祥桥	钻孔灌注桩	下穿，需拔桩
5	鄞县大道—万达广场站区间	K7＋820 汪董桥	钻孔灌注桩	下穿，需拔桩
6	万达广场站—锦寓路区间	K8＋750 无名桥	钻孔灌注桩	下穿，需拔桩

（a）K4＋135 三益桥　　　　　　　　　　　（b）K4＋600 萧皋桥

（c）K5＋330 双女桥及自来水管梁

（d）K6＋800 吉祥桥　　　　　　　　　　（e）K8＋750 无名桥

图 10.11　对盾构构施工影响段大的地下障碍物

10.5.6.11　盾构施工的环境保护

施工前，对工作井周围及隧道轴线沿途建筑物、构筑物进行调查；采用低噪音设备，音源配置合理或采用隔音设备；防止振动；防止水质污染；采取有效技术措施，控制地表下沉，尽量减少对沿线建筑物的影响。对沿线居民、厂家单位等事先讲明情况，争取多方面的理解和支持。

10.5.7　工程施工与环境的相互影响

地铁工程具有难度大、工期长、费用高以及对周围环境的影响大等问题，其中的环境保护问题已经成为重中之重。同时，保护邻近建筑（或管道）的安全并保证其正常使用具有重大的经济效益和社会效益。

（1）场地周边环境对地下车站建设的影响

KC301 标段场地由于主要在鄞州中心区周边高层建筑密集，周边建筑物对地铁施工影响较大，应提高基坑设计安全等级和加强支护措施。在基坑开挖时，通过布设在以上

建筑物内的沉降、倾斜监测点，监测建筑物的变形值，该变形值不得超过相应规范的允许值。

鄞州大道、天童路下，地下管线密布，纵横交错，如 DN1000 雨水、DN300 污水、DN500 饮水、DN80/110 天然气、600×400 电力和电信等，对地铁施工影响大，施工前应予以迁移或有效保护。

（2）基坑开挖对周边环境影响分析

车站采用明挖顺作法施工，深大基坑开挖施工对周边环境的影响主要为沉降和位移，引起周边建筑物和道路产生沉降、开裂和倾斜，地下管线发生侧移、沉降和开裂等。工程施工开挖将产生大量渣土，且渣土以软土为主，渣土的堆放地点、堆放高度和坡率等，应纳入施工设计内容，以避免弃渣不合理堆放在暴雨期诱发滑坡等次生灾害。

（3）基坑工程中的环境保护

对于基坑周围环境的保护，可采取如选用刚度大的围护结构，进行基坑内外的地基加固以提高土体的抗变形能力，对基坑近旁的建筑物和构筑物进行地基加固或地基处理，基坑与建筑物间设置隔断桩或隔断墙以及注浆保护，过少量注浆影响变形传播的途径等措施。

另外，时空效应法是为解决深基坑整体稳定和坑周地层位移控制问题而提出的方法，即在基坑施工过程中，每个开挖步骤的开挖空间几何尺寸、围护墙无支撑暴露面积和时间等施工参数对基坑变形具有明显的相关性。考虑时空效应的施工步骤的主要特点是：根据基坑规模、几何尺寸、围护墙体及支撑结构体系的布置、基坑地基加固和施工条件，按照"分层、分块、对称、平衡、限时"的原则确定施工方案，并注意软土层开挖坡度。

（4）基坑降水

为减少井点降水对周围建（构）筑造成的影响和危害，通常采取下列措施：

① 采用全封闭形的挡土墙或其他的密封措施，如地下连续墙、灌注桩＋止水帷幕等，将井点设置在坑内，井管深度不超过挡土墙的深度，仅将坑内水位降低，而坑外的水位将维持在原来的水位。

② 井点降水区域随着降水时间的延长，向外、向下扩张，若在两排井点的当中，基坑很快形成降水曲面，坑外降水曲面扩张较慢。因此，当井点设置较深时，随着降水时间的延长，可以适当地控制抽水量和抽吸设备真空度。当水位观察井的水位达到设计控制值时，调整设备使抽水量和抽吸真空度降低，达到控制坑外降水曲面的目的。

10.5.8　结论与建议

1. 结　论

本次勘察严格按照现行有关规范及委托要求执行，达到了预期目的，可作为宁波市轨道交通 3 号线工程勘察 KC301 标段初步勘察阶段的工程地质依据。初勘阶段初步查明了拟建场地勘探深度以及浅层地基土的构成、分布特征、物理力学性质等，场地本身不具备发生中、强破坏性地震的构造条件，属于较稳定地块。场地地形平坦开阔，河岸稳定性较好，无滑坡、崩坍等地质灾害分布，区域地面沉降影响不大，场地稳定，适宜本工程建筑。

2. 建 议

① 建议地下车站主体结构基坑支护采用地下连续墙加多道内支撑方案，地下连续墙入土深度、宽度和强度等应通过各类稳定性验算后综合确定。

② 地铁车站及明挖基坑宜根据抗浮和施工运营需要设置抗拔桩或中间立柱桩。根据拟建场区地基土分布特征，场地内性质较好、可作为桩基持力层的主要是以下土层：⑦$_1$可塑粉质黏土层、⑧$_1$中密～密实粉砂层、⑧$_3$中密～密实砾砂层、⑨$_1$可塑～硬塑粉质黏土层和⑨$_{1a}$密实粉砂层。具体各区间车站桩基的桩长、桩径、桩基持力层宜根据设计结构荷载和沉降要求及地层分布情况等综合确定。

③ 场地基坑开挖涉及的浅部淤泥类土或软黏土，基坑开挖时应尽量减少对坑底的扰动，做到快速开挖、快速支撑、快速封底等措施，减少流变引起的变形。坑底土需采取适当的加固措施，处理方法一般可采用三轴水泥搅拌桩进行抽条加固，基坑底以上软土进行弱加固，基底软土进行强加固。

④ 本工程车站局部填土层厚度较大，导墙开挖易坍塌，建议对填土厚度较大地段导墙施工前可通过地表注浆进行地基加固及防渗堵漏。但对靠近河流且存在暗浜的鄞州大道站西侧三益河附近（勘察时 S3CZ1 孔填土厚度达 6.5 m），填土成分杂，土质较松散，地下水位埋深浅，局部地段块石较大，与其边上河道地表水联系非常密切，建议施工前应对附近地表水进行围堰隔断填土内地下水和地表水的联系，对暗浜内块石大的填土采用小颗粒的填土进行换填。

⑤ 陈婆渡站—黄家村站明挖区间、黄家村站基坑，基坑开挖范围及附近有横塘河及其支流，尤其是陈婆渡站—黄家村站明挖区间 K2＋620—K3＋030 段内有较长部位断续坐落在河道内，在施工前建议采用两头围堰的形式先将河水全部疏干的措施。具体地下连续墙施工时，应根据施工需要并结合各阶段施工特点，采取不同的方法分期、分段进行处理；尽量避免大面积开挖换填和硬化处理，以便节约成本和缩短工期。

⑥ 由于地下工程埋深大，地下水位高，浮力较大，应考虑设抗浮桩。根据当地经验，车站和明挖区间抗浮设防水位可取室外地坪下 0.5 m 或 50 年一遇的防洪设计水位 2.80 m（1985 国家高程基准），设计时按不利条件选用。

⑦ 陈婆渡站、陈婆渡站—黄家村站明挖区间、黄家村站、鄞州大道站、南部商务区站，由于基坑下存在⑤$_{5a}$层和⑤$_6$层承压水，对抗渗流稳定性系数小于 1.05 的车站基坑建议开挖时进行降压抽水；而在鄞县大道站、万达广场站其下虽也分布⑤$_{1a}$层、⑤$_3$层、⑤$_5$层粉土承压水，但由于其水量微弱，且地下连续墙设计深度可以将⑤$_{1a}$层、⑤$_3$层、⑤$_5$层粉土隔断，而且围护结构以内土层以黏性土层为主，渗透性差、水量小，故基坑开挖前如

车站地面下 35 m 范围有⑤$_{1a}$层、⑤$_3$层、⑤$_5$层粉土，一般不用降压抽水，建议进行坑内疏干降水，降水后坑内水位位于开挖面 1 m 以下。

⑧ 本工程除陈婆渡站—黄家村站区间地下区间采用明挖法施工，剩余的 5 个地下区间拟采用盾构法施工，一般可采用改进的加泥式土压平衡式盾构。在各区间线路纵断面最低点一般需设置一个旁通道（兼泵站），通常采用冰冻法来进行旁通道开挖。

⑨ 盾构隧道设计时须注意以下主要问题：淤泥类土及软黏土的流变和触变；盾构穿越的⑤硬土层需注意该土层具高黏性，易黏着盾构设备或造成管路堵塞致使刀盘空转、槽口及出土管道堵塞，导致地层隆起、沉降；⑤$_{1a}$和⑤$_3$粉土的流砂现象等。

⑩ 地下区间隧道宜选择密封型盾构进行施工，盾构采用土压平衡式盾构施工方式；地下隧道盾构施工前应清除或避开盾构施工范围内所有地下障碍物。地下障碍物主要有地下桩基、桥基等。由于地下障碍分布复杂，设计、施工时应充分重视。

⑪ 本工程建设可能引发的环境工程地质问题主要有以下几个：施工对周围已有建（构）筑物和地下管线的影响；基坑开挖降、排水产生的附加地面沉降问题；预制桩挤土效应、施工振动和噪声等；灌注桩泥浆污染，施工产生大量渣土的堆放问题，施工过程中振动、噪声、扬尘、废污水等的污染问题。

⑫ 本工程地下线路较长，地下车站较多，施工开挖将产生大量渣土，且渣土以软土为主，渣土的堆放地点、堆放高度和坡率等，应严格按设计要求进行，以避免弃渣在暴雨期诱发滑坡、塌方的产生。

⑬ 盾构施工会引起地面沉降，应对地面沉降量和影响范围进行预测。同时在施工中通过现场反馈资料，及时修正防治对策和措施。

⑭ 场地地震动峰值加速度及抗震设防烈度宜根据《宁波市轨道交通 3 号线工程场地地震安全性评价报告》确定。

3. 下一阶段工作建议

详勘阶段需做以下工作：建议下一阶段提前布置旁通道的热物理指标测定等一系列的工作；详勘工作按工点详细查明地基土分布规律及其工程特征，尤其是地层变异较大处，详勘时应加密勘探孔，以查明其分布规律；同时对初步划分的暗浜进一步详细查明其分布范围；详细勘察需进行拆复桥梁地段，建议按桥梁基础进行布孔勘探，并按桥梁规范提供相关的地基土承载力和桩基承载力参数；进一步查明新近沉积土层的分布、工程特性以及对隧道设计、施工的不利影响，并提出评价和处理方案。详细查明暗浜分布范围；按工点详细查明线路沿线地层的工程地质特性，结合设计施工方法的要求，提供出设计、施工所需的岩土参数；详细查明车站开挖所影响深度的地层的渗透性；按工点提供详细准确的基坑设计参数；对本次初勘阶段在南部商务区—鄞县大道站区间 Q4CJ3 孔发现浅层气的发育情况进行详细查明。

10.6　KC301 标鄞县大道站详勘阶段岩土工程勘察报告

10.6.1　工程概况及周边环境

1. 工程概况

鄞县大道站位于鄞县大道与天童路交叉口，为地下车站，本站为地铁 3 号线与 5 号线的 T 型换乘站，其中 3 号线车站沿天童路南北向设置，横跨鄞县大道，5 号线车站沿鄞县大道东西向布置。车站周边现状以行政办公、商业、居住、绿地、学校用地为主，路口东南角为广博大厦，路口东北角为南苑环球酒店，路口西北角为华茂外国语学校，路口西南角为绿地及鄞州区政府。

鄞县大道站（3 号线）为地下二层岛式车站，车站有效站台中心里程为 YCK9+029.00，车站起点里程为 YCK8+942.60，终点里程为 YCK9+152.20，总长 209.6 m，标准段净宽 21.3 m，车站共设 4 个出入口，2 组风亭，1 组冷却塔，其中 2 号出入口与 1 号风亭合建，6 号出入口与 4 号风亭合建，车站标准段基坑开挖深度约 16.5 m，端头井开挖深度约 18.3 m，换乘节点开挖深度为 25.5 m，附属结构开挖深度约 10 m；鄞县大道站（5 号线）为地下三层岛式车站，车站全长 157.45 m，标准段净宽 21.3 m，共设 2 个出入口，3 组风亭，5 号出入口与 2 号风亭合建，车站标准段开挖深度约 24.3 m，端头井开挖深度约 25.5 m，出入口段开挖深度约 10 m，风亭组段开挖深度约 16.3 m。车站两端均为盾构接收，3 号线与 5 号线部分同期实施。

车站主体基坑拟采用地下连续墙 + 内支撑作为基坑的围护结构，采用明挖顺作法施工。鄞县大道站（3 号线）车站主体结构拟采用 ϕ800 mm 地下连续墙进行围护，标准段围护深度 36 m，端头井围护深度 38 m，标准段基坑深度方向设置六道支撑，第一道采用钢筋混凝土支撑，其余为 ϕ609 钢支撑，端头井再增加一道支撑；鄞县大道站（5 号线）车站主体结构拟采用 ϕ1 000 mm 地下连续墙进行围护，标准段围护深度 51.5 m，端头井围护深度 54.3 m，标准段基坑深度方向设置九道支撑，第一、六道采用钢筋混凝土支撑，其余为 ϕ609 钢支撑，端头井再增加一道支撑；3 号线与 5 号线换乘节点沿基坑方向设置十道支撑，第一、六道采用钢筋混凝土支撑，其余为 ϕ609 钢支撑。车站侧墙开洞范围内底板下设置抗拔桩，均为钻孔灌注桩，桩径 800 mm，有效桩长为坑底以下约 35 m。

3 号线车站出入口、风亭及 5 号线车站出入口等一层附属结构拟采用 SMW 工法桩作为围护结构，5 号线风亭等附属二层结构拟采用 ϕ800 钻孔灌注桩排桩作为围护结构。

2. 场地及周边环境

鄞县大道站位于鄞县大道与天童路交叉口下方，本站为地铁 3 号线与 5 号线的 T 形换乘站，其中 3 号线车站沿天童路南北向设置，横跨鄞县大道，5 号线车站沿鄞县大道东西向布置。车站周边现状以行政办公、商业、居住、绿地、学校用地为主，路口东南角为广博大厦，路口东北角为南苑环球酒店，路口西北角为华茂外国语学校，路口西南角为绿地及鄞州区政府。

3. 地下障碍物

鄞县大道站位于鄞县大道与天童路交叉口下方，车站主体结构范围内地下管线密布，纵横交错，地下管线分布复杂，设计施工时应充分重视。沿天童南路的重要管线如下：路口东侧一根 10 kV 电力管，埋深 5~6 m。沿鄞县大道的重要管线如下：路口南侧一根直径 1 100 mm 污水管，埋深约 3 m，跨路口处管底埋深约 6.8 m；路口南侧一根军用通信管，管中埋深约 1 m；路口北侧一根直径 800 mm 污水管，管内底埋深约 3.5 m；路口北侧一根直径 900 mm 雨水管，管底埋深约 2.8 m。施工期间需对以上管线进行改移。

另外车站出入口距广博大厦、南苑环球酒店地下室桩基较近，车站施工期间应采取措施进行保护。

10.6.2　勘察依据、勘察目的及勘察等级

1. 勘察依据

勘察依据主要是相关轨道交通工程招投标文件以及相关国家、行业及地方性规范。

2. 勘察目的与任务

本次勘察为详细勘察阶段。勘察目的是详细查明鄞县大道站的工程地质、水文地质条件，并作出定量或定性评价，对不良地质、特殊地质提出治理措施，为施工图设计提供详细的地基土特性指标和岩土设计参数，并作出分析、评价和建议，且满足施工要求。需解决的主要技术问题具体如下：

① 详细查明拟建车站的区域地质、水文地质及工程地质条件，并应对拟建车站的工程地质、水文地质条件进行评价；详细查明车站范围内的不良地质、特殊地质的性质、特征、范围，应重点查清车站范围内是否存在沼气，并应提出对不良地质的治理措施，为设计提供地质依据。

② 详细查明拟建车站河湖淤积物的发育及分布、明（暗）浜、古河道分布、古建筑遗址，并结合工程要求提出分析评价。

③ 对场地地震效应作出评价：根据已有地震资料及规范规定，提供拟建场区的场地类别、地基土类型、抗震设防烈度、设计地震加速度、地震动反应谱特征周期等；并对拟建车站地基土液化可能性进行判定，为设计采取必要的抗液化措施提供依据；对工程沿线软土地基的震陷进行判定。

④ 确定拟建车站岩土施工工程分级（采用列表形式岩土施工工程分级划分）。

⑤ 详细查明拟建车站水文地质条件，包括地下水类型、埋藏条件及腐蚀性，提供相关土层特别是砂土、粉性土的渗透性指标，查明承压水的水头埋深、变化，为施工降水设计提供所需的水文地质参数。

⑥ 查明车站处各土层土壤电阻率。

⑦ 根据既有资料并结合拟建构（建）筑物的特征，提供基坑围护结构、降水和基坑开挖设计和施工所需的有关技术参数（如固结快剪峰值强度指标、渗透系数、静止侧压力系数、三轴 CU、UU 试验强度指标、基床系数、无侧限抗压强度、十字板抗剪强度、基坑回弹计算参数、地基承载力、桩基设计参数、推荐持力层、承载力估算、比例系数 m 值等），提出适宜的技术措施及合理的工程建议，满足施工图设计的要求。

⑧ 查明车站及附属基坑周边地层分布及有关不良地质，评价其对基坑施工可能产生的各种影响，并提出相应的防治措施。评价基坑开挖的稳定性，对拟用的围护设计方案和施工提出合理的建议。

3. 勘察等级的确定

（1）工程重要性等级

鄞县大道站为地下站，属车站主体，工程破坏的后果很严重，工程重要性等级为一级。

（2）场地复杂程度等级

场地属于滨海淤积和冲湖积平原，地貌类型单一，抗震设防烈度为 6 度，场地浅部软土层厚度大，根据《建筑抗震设计规范》（GB 50011）场地属建筑抗震不利地段。根据《城市轨道交通岩土工程勘察规范》（GB 50307）确定场地复杂程度等级为一级（复杂场地）；根据《岩土工程勘察规范》（GB 50021）确定场地复杂程度等级为二级（中等复杂场地）；根据《软土地区岩土工程勘察规程》（JGJ 83）确定场地属可以建设的一般场地，场地复杂程度为中等复杂场地；根据《宁波市轨道交通岩土工程勘察技术细则》确定场地复杂程度等级为中等复杂场地。根据上述相关规范及 1 号线和 2 号线专家评审意见，综合分析判定场地复杂程度等级为二级（中等复杂类型）。

（3）地基复杂程度等级

拟建场地岩土种类较多，均一性较差，性质变化较大，且广泛分布有软弱的淤泥质土和淤泥等特殊性岩土，按照《岩土工程勘察规范》（GB 50021）判断，地基复杂程度等级为二级（中等复杂）。

（4）工程周边环境风险等级

鄞县大道站位于重要城市主干道路下，沿线建筑物密布，市政道路车流量大，地下管线分布密集，周边环境与工程相互影响大，破坏后果严重，属二级环境风险。

（5）岩土工程勘察等级

综合建（构）筑物工程重要性等级、场地复杂程度等级、地基复杂程度等级和工程周边环境风险等级，按《城市轨道交通岩土工程勘察规范》（GB 50307）规定，确定拟建的鄞县大道站岩土工程勘察等级属甲级。

10.6.3 勘察方案布置

1. 勘察手段

根据《城市轨道交通岩土工程勘察规范》（GB 50307）和国标《岩土工程勘察规范》（GB 50021）及其他相关勘察规范要求，并结合设计提出的技术要求，本次详勘采用传统的现场钻探取样、水文地质试验、工程物探（波速试验、电阻率测试）、原位测试（静力触探试验、扁铲侧胀试验、十字板剪切试验、标准贯入试验、圆锥动力触探试验）、地温观测和室内试验相结合的综合勘探方法，以合理的勘察工作量、先进的勘察手段和工艺，及时、准确、全面地获取本工程场地内的各项岩土技术参数，以满足设计的需要。

2. 勘探孔平面布置

（1）勘探点平面布置原则

本工程安全等级为一级，场地为中等复杂场地，岩土工程勘察等级为甲级，勘探孔布置按中等复杂场地布置，局部地层条件变化大的地段适当加密，详见表 10.23。

表 10.23　勘探点平面布置原则

工程性质	平面位置	孔　距
地下车站主体	◇ 勘探点按结构轮廓线左、右线布置两条勘探线 ◇ 布置在结构轮廓线外侧 3～5 m ◇ 勘探孔移动距离不应大于 5 m	勘探孔间距 25～35 m（投影间距），地层变化大及不良地质发育地段，钻孔宜加密
地下车站附属结构	◇ 每个出入口布置不少于 2 个以上勘探孔，勘探点按结构轮廓线左右交叉布置 ◇ 布置在结构轮廓线外侧 3～5 m ◇ 勘探孔移动距离不应大于 5 m	勘探孔间距 25～35 m，地层变化大及不良地质发育地段，钻孔宜加密

勘探孔布置时利用了初勘孔 5 个，包括 S5XZ2、S5XZ3、S5XZ4、S5XZ5、S5XZ6，另外 S5CZ1、S5CZ7 位于车站范围以外，仅作为地层参考。

受场地条件限制而不能在原位施工的勘探孔可适当调整孔位，孔位移动一般不宜大于 3 m。施工条件非常困难而移动距离较大时须报现场监理，由项目负责和现场监理工程师现场确定。

（2）勘探孔的性质及数量

本车站详勘共布置钻孔 32 个，静探孔 12 个，其中控制性孔 25 个，一般性孔 19 个，控制性孔占勘探孔总孔数 1/2 以上。控制性孔基本为取土样钻孔，一般性孔以取土标贯孔和静力触探孔为主，其中取土样钻孔共 26 个，占勘探孔总孔数（钻孔 + 静探之和）1/2 以上。其中车站主体结构及 5 号线风亭因受场地地层限制，均布置为钻孔，并选择 6 个孔为取土标贯孔，其余均为取土样钻孔；每个车站出入口等附属设施一般布置 1 个控制性钻孔，其他为静力触探孔；布置 4 个波速试验孔，利用初勘 2 个波速试验孔（S5CV1、S5CV2）；布置 2 个土壤电阻率测试孔，利用初勘 2 个土壤电阻率测试孔（S5CD1、S5CD2）；布置 4 个扁铲侧胀试验孔，利用初勘 2 个扁铲侧胀试验孔（S5CB1、S5CB2）；布置 4 个十字板现场剪切试验孔，利用初勘 2 个十字板现场剪切试验孔（S5CS1、S5CS2）；本车站布置 1 个 S5XC1 单孔抽水试验孔（⑧层承压含水层）和 S5XY1 长期观测孔（⑧层承压含水层）1 个。

（3）勘探孔深的确定

勘探孔深度的确定主要依据《城市轨道交通岩土工程勘察规范》（GB 50307）、车站基坑埋深、场地工程地质条件及国家现行有关规范确定。

① 地下车站主体结构：控制性孔进入结构底板以下不少于 25 m，且孔深满足抗拔桩和中柱桩的设计要求，一般性孔进入结构底板以下不少于 15 m，同时满足 2.5～3.0 倍基坑开挖深度要求。

根据设计提资，鄞县大道站 3 号线车站主体结构标准段埋深 16.5 m，桩基（工程桩、抗拔桩、立柱桩）形式为 ϕ800 钻孔灌注桩，有效桩长为 35 m，预计的桩尖埋深 $35+16.5+2$（承台厚度）$=53.5$ m（见图 10.12）。根据初勘资料，桩尖基本落在场地下部性质较好的⑦$_1$层、⑧层、⑨层，一般性勘探孔按规范进入"大直径桩端下不小于 5 m"为原则，即 $53.5+5=58.5$ m，确定设计孔深为 60.0 m；控制性勘探孔应满足沉降计算要求为原则，根据地区经验一般在桩端下 15 m 能满足沉降计算要求，确定设计孔深为 70.0 m。

鄞县大道站 5 号线车站主体结构标准段埋深 24.3 m。桩基（工程桩、抗拔桩、立柱桩）形式为 ϕ800 钻孔灌注桩，有效桩长为 35 m，预计的桩尖埋深 $35+24.3+2$（承台厚度）$=61.3$ m。根据初勘资料，故本车站设计一般性勘探孔进入中风化层 3 m 以上，预计深度为 75.0 m；控制性勘探孔进入中风化层 5 m 以上，预计孔深 75.0～80.0 m。

端头井处勘探孔均按控制性孔考虑。

② 车站出入口：勘探孔深度按"开挖深度 2～3 倍"原则，一般性勘探孔设计孔深 35～40 m，控制性勘探孔设计孔深 45 m；对设有风亭的出入口勘探孔深度考虑加深，一般性勘探孔设计孔深 55 m，控制性勘探孔设计孔深 60 m，其中 5 号线风亭为二层结构，故一般性勘探孔设计孔深 60 m，控制性勘探孔设计孔深 70 m。

静力触探孔一般至设计深度，对于风亭处孔应以最大能力贯入，无法达到设计要求或难以施工时，报现场监理同意后改为钻孔施工。

③ 十字板剪切试验：试验深度至结构底板以下，并揭穿上部软土，遇硬土层可终止试验，设计深度 30 m。

④ 扁铲侧胀试验：试验深度至结构底板以下 5～10 m，并考虑端头井围护结构范围，设计深度为 40 m。

⑤ 波速测试：深度不小于 50 m。

⑥ 电阻率测试：测试至结构底板以下，设计深度为 35 m。

（4）水、土、岩石试样的采取

为保证各类样品的质量，满足工程设计需要，原状土样的质量等级基本达到 I 级试样标准，满足试验要求。针对场地内的地层特征和工程的重要性，不同的地层采用不同的取样工具和取样方法，其中软土采用薄壁取土器压入法取土样，砂土采用专用环刀取砂器锤击法采取，一般黏性土采用 HY 型上提活阀式取土器连续压入法或锤击法采取，硬土层采用回转上提活阀式取土器采取。原状土样取出后及时蜡封，并贴好土样标签装入防震箱，分批送往实验室测试，在贮存和运输过程中采取了防震、防晒、防水等措施。

原状样：在黏性土和粉土中采取，其中车站围护结构以上约 40 m 以内取样间距为 1.0~2.0 m，土层厚度小时取小值，土层厚度大时取大值（如②$_{2b}$、④$_2$ 层），其余范围取样间距为 2.0~3.0 m；在地下车站端头井盾构进出洞隧道顶点以上 0.5D（盾构直径）至隧道底以下（有泵站处为泵站结构板底以下）0.5D 的范围内应加密取样，并对所取土样拍摄彩色照片；土层厚度大于 8 m 时，可按上、中、下取 3 组样品；对于厚度大于 0.5 m 小于 2 m 的土层，必须取样。纯净的砂取扰动样。

扰动样：砂土及碎石土采取扰动样，取样间距 1.5~3.0 m。在砂层、混合土、残积土进行标准贯入试验时，利用标贯试验采取的扰动土样测定土的颗粒组成。

水样：采取潜水试样 2 组（每组 2 瓶，1 000 mL/瓶做简分析，500 mL/瓶加大理石粉），利用初勘 1 组地下水；采取⑧层承压水水样 1 组。

（5）原位测试

本次勘察采取静力触探试验、标准贯入试验、圆锥动力触探试验、十字板剪切试验、扁铲侧胀试验、波速测试、电阻率测试等原位测试手段。

（6）孔内地下水位的观测

所有钻孔开挖后及时记录初见水位及观测日期，12 h 后观测稳定水位并记录观测日期。

（7）室内试验

室内试验执行《岩土工程勘察规范》（GB 50021）第 11 章的规定，土工试验按《土工试验方法标准》（GB/T 50123）及其他适用的规定执行。

① 土样。

所有原状土样均作常规测试，目的是取得不同土层的定量的物理力学性质指标，测定或计算土的含水率（w）、重度（γ）、比重（G）、孔隙比（e）、液限（ω_L）、塑限（ω_P）、塑性指数（I_P）、液性指数（I_L）、压缩系数（α）（最大压力大于自重压力和附加压力之和）、压缩模量（E_s）和直剪固结快剪指标（c、φ）等，扰动样进行颗粒分析试验。

原状土样除进行常规测试外，按设计及规范要求对部分土样增加部分特殊试验项目的测试，如三轴不固结不排水抗剪强度（UU）、三轴固结不排水抗剪强度（CU）、渗透系数、固结系数、次固结系数、双向基床系数、静止侧压力系数、泊松比、前期固结压力、回弹指数及固结历时曲线、无侧限抗压强度、有机质等。

主要层位每层常规测试项目统计不少于 10 个，特殊试验项目统计一般不少于 3 个。

a. 三轴剪切试验。

为满足基坑开挖边坡稳定性验算，在车站开挖及围护结构影响范围内（约 50 m）的土层进行三轴 CU、UU 剪切试验。

b. 室内渗透试验。

为满足渗流计算需要和提供基坑人工降低地下水位的设计参数，在车站开挖及围护结构影响范围内（约 50 m）的土层进行渗透试验（水平向 k_h 和垂直向 k_v）。

c. 室内固结试验。

为查明土层的固结速度，为被动土进行加固处理提供设计参数，在车站开挖影响范围内（约 50 m）的土层进行固结试验及次固结试验（水平向 C_h 和垂直向 C_v）。

d. 高压固结试验。

对车站勘探范围内的所有地层进行高压固结试验，提供前期固结压力、压缩指数、固结历时曲线，并在基底以下压缩层范围内（重点在基坑底涉及土层②$_{2b}$ 层、③$_2$ 层、④$_1$ 层、④$_2$ 层）进行回弹再压缩试验，提供回弹指数、回弹模量。

e. 无侧限抗压强度试验。

用于饱和软黏性土地基强度计算和施工期稳定性验算，对车站基坑开挖、支护施工所涉及的饱和软黏性土进行无侧限抗压强度试验，并计算其灵敏度。

f. 静止侧压力系数 K_0 试验。

为车站基坑开挖及围护结构所涉及的（约 50 m）的土层进行静止侧压力试验，提供静止侧压力系数 K_0 值和泊松比 ν。

g. 基床系数试验。

对车站基坑开挖影响范围、地下车站端头井、盾构进出洞口内（约 50 m）的土层提供水平向 K_h 和垂直向 K_v 基床系数。

h. 有机质含量：为评价水泥搅拌桩处理地基的适宜性，在浅部饱和淤泥质土中进行测试，采用灼失量法。

i. 热物理指标：为获取盾构施工范围内的各地层热物理参数，本站主要在端头井钻孔中基坑开挖深度及隧道底 3 倍洞径范围内土层中按每层选择 1~2 个土样进行热物理指标试验，主要提供导热系数、比热容及导温系数。

② 扰动样。

砂土、粉土、砂质黏性土、砾质黏性土应做颗粒分析试验，包括黏粒含量。颗粒分析试验应提供不均匀系数、曲率系数等参数，并提供有代表性的颗粒大小分布曲线。

③ 水样。

水样进行简分析 + 侵蚀 CO_2 试验，为地下水对混凝土结构的腐蚀性判断提供依据。

（7）其他

对所有钻孔均进行了有效封孔，并对全孔岩芯进行拍照留存。

勘探孔平面布置图见图 10.12。

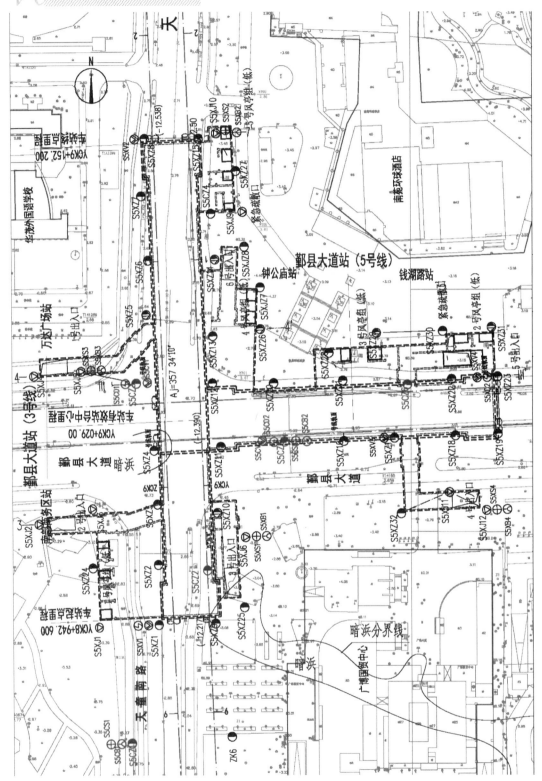

图 10.12　轨道交通工程 3 号线鄞县大道站详勘勘探孔平面布置图

10.6.4 水文及水文地质条件

1. 地表水

宁波平原河渠密布，每平方千米面积内河渠长度在 2.5 ~ 4.0 km，河渠宽度在 15 ~ 50 m，河水位一般低于地面 0.5 ~ 1.2 m，水深 3.0 ~ 3.5 m，局部水深可达 6.0 m。河渠都互相连通，与甬江、奉化江及姚江有水闸控制。鄞县大道站附近地表水为汗江河，东距 1 号出入口约 25 m，北距 2 号出入口 40 ~ 60 m，河宽 15 ~ 30 m，河水位一般低于地面下 2.0 ~ 2.5 m，河深 3.0 ~ 4.0 m，浮泥厚 0.7 m。因其距地下车站有一定距离，对地下车站基坑开挖影响较小。但在雨季河水位上升时，可能会沿着表层人工填土渗透，向基坑内倒灌，在基坑围护设计时仍需引起重视。

2. 地下水

（1）孔隙潜水

松散岩类孔隙潜水主要赋存于场区表部杂填土和浅部黏土、淤泥质土层中。表部填土富水性、透水性及渗透性均较好，与地表水水力联系较密切，主要接受地表水、管道渗漏水和大气降水的补给。由于表部杂填土岩性的不均匀性，当岩性以碎石、块石及砖块为主时，富水性、透水性及渗透性均较好。

赋存于表部黏土、淤泥质黏土层中的孔隙潜水，渗透系数介于 8.64×10^{-5} ~ 4.32×10^{-4} m/d，近于不透水，富水性差，水量贫乏，主要接受大气降水的竖向入渗补给和地表水的侧向入渗补给，勘察期间测得的勘探孔潜水位埋深为 0.5 ~ 2.0 m，标高为 0.82 ~ 2.19 m，潜水最低水位按本次勘察实测蒸发方式排泄。水位受气候条件等影响，季节性变化明显，潜水位变幅一般在 1.0 m 左右。勘察期水位向下 1.0 m。

（2）孔隙承压水

根据场地钻探及附近水文地质孔资料，本车站场地埋藏分布有第 I 含水层组（Q_3）和第 II 含水层组（Q_2）两层孔隙承压含水层，其中第 I 含水层组又分为 I_1 和 I_2 承压水。

① I_1 层孔隙承压水。

第 I_1 层孔隙承压水主要赋存于⑤₅（含⑤₃层），其余零星分布于⑥₂ₐ层中，含水介质主要为黏质粉土，含水层厚 1.4 ~ 9.0 m 不等，因粉土中常夹黏性土薄层，渗透系数介于 8.64×10^{-3} ~ 4.32×10^{-2} m/d，属微 ~ 弱透水，涌水量较小，测压水位埋深在 2.0 m 左右。

② I_2 层孔隙承压水。

第 I_2 层孔隙承压水赋存于⑧₃层砾砂中，其他零星赋存于⑦₁ₐ层粉土中，渗透系数介于 2.42 ~ 17.88 m/d，属中等 ~ 强透水，水量丰富，单井开采量 1 500 ~ 1 800 m³/d，水温为 19.5 ~ 20.0 ℃，水质为微咸水，测压水位埋深一般为 5.0 ~ 5.5 m，1965—1987 年系宁波市区地下水主要开采层之一，2003 年后已禁止开采。

③ II 层孔隙承压水。

第 II 层孔隙承压水赋存于⑨₁ₐ层粉砂、⑨₂层砾砂层中，透水性较好，水量较大，单井

开采量一般为 1 000 ~ 1 500 m³/d，是市区主要淡水开采层之一，水温为 20.5 ~ 21.0 ℃，原始水位略高于第Ⅰ含水层，测压水位埋深一般为 10 ~ 20 m。

（3）基岩裂隙水

基岩裂隙水分布于宁波平原底部，含水层组由下白垩统方岩组粉砂岩夹砂砾岩组成，地下水主要沿岩土交界面和基岩节理面入渗，地下水赋存主要受岩性、构造、地貌、气候及风化强度等因素控制，因其岩性泥质含量较高，岩石单层厚度大，构造裂隙不发育，主要为风化裂隙水，水量贫乏，水质一般为淡水，主要为 HCO_3-$Ca \cdot Na$ 型水。

3. 设计水位建议

本工程主要为地下工程，场地地下水位埋藏浅，孔隙潜水位埋深一般在地面下 0.5 ~ 2.0 m，由于地下工程埋深大，地下水位高，根据当地经验，车站明挖基坑抗浮设防水位可取室外地坪下 0.5 m 或 50 年一遇的防洪设计水位 2.80 m（1985 国家高程基准），设计时按不利条件选用。

根据本次详勘及初勘水文地质试验时实测的各含水层水头标高详见表 10.24。

表 10.24　各含水层承压水测压水头标高

岩层层号	含水层层号	含水层岩性	分布范围	水头标高/m
⑤₅（含⑤₃）	I_1	黏质粉土	车站范围基本有分布	0.47
⑦₁ₐ	I_2	砂质粉土	局部分布	− 2.52
⑧₃	I_2	砾砂	车站范围局部有分布	− 2.03

4. 抽水试验成果

为较准确的了解承压含水层的渗透性，本次详细勘察阶段对⑤₅层及⑦₁ₐ层承压水分别进行了注水试验和单孔抽水试验，同时利用了初勘阶段在天童南路南部商务区站—鄞县大道站区间完成了 S4CC1 单孔抽水试验，试验层为⑧₃层砾砂承压水。

（1）单孔抽水试验

现场抽水试验方法按原地质矿产部《水文地质手册》中的钻孔单孔抽水试验要求进行，采用 3 个落程的稳定流方法，稳定时间大于 6 h。抽水试验成果按原地质矿产部《水文地质手册》中各有关计算参数和公式进行计算，单孔计算公式见前文所述式（10.1）、式（10.2）。

抽水试验计算结果详见表 10.25。

（2）钻孔注水试验

因⑤₅层承压含水层富含黏性土，在先对其进行单孔抽水试验时，水位降深不大，而水量很小接近枯竭，无法反映水位降深与涌水量的关系，故改为钻孔注水试验。

表 10.25　抽水试验成果一览表

层号	孔号	含水层位置/m	含水层厚度m/m	抽水井半径 r_w/m	稳定流量 Q/(t/d)	抽水降深 S_w/m	抽水井影响半径 R/m	渗透系数 k/(cm/s)	单位涌水量/[L/(s·m)]
⑦$_{1a}$	S5XC2	50.0~51.8	1.8	0.054	36.84	6.75	131.00	$4.3×10^{-3}$	0.06
					44.40	10.90	186.60	$3.4×10^{-3}$	0.05
					52.80	16.30	253.50	$2.8×10^{-3}$	0.04
⑧$_3$	S4CC1	52.9~56.0	3.1	0.054	241.68	5.83	246.70	$2.07×10^{-2}$	0.48
					402.00	10.74	446.84	$2.00×10^{-2}$	0.43
					542.40	16.73	661.79	$1.81×10^{-2}$	0.38

试验方法采用常水头形成稳定水位和常量的注入量（Q），以此数据计算含水层的渗透系数 k 值。注水试验成果按原地质矿产部《水文地质手册》中有关计算参数和公式进行计算，计算公式如式（10.7）：

$$k = \frac{0.366Q}{l \cdot S} \cdot \lg \frac{2l}{r} \qquad (10.9)$$

式中　k——试段的渗透系数，m/d；

　　　r——过滤器半径，m，次为 $\frac{0.115}{2}$ m；

　　　l——过滤器长度，m，本次为 3.0 m；

　　　Q——稳定注水量，m^3/d，本次为 1.32 m^3/d；

　　　S——注水水头高度，m，本次为 2.6 m（静止水位 2.0m + 井管高 0.6 m）。

经计算⑤$_5$ 层黏质粉土承压含水层的渗透系数 k 为 $1.80×10^{-5}$ cm/s。

5. 水（土）对建筑材料的腐蚀性

（1）地表水

根据初勘阶段采集的汻江河水质分析成果，场地地表水为低矿化度淡水。按照《岩土工程勘察规范》（GB 50021）进行判定，场地环境类型为Ⅱ类，地表水对混凝土结构具微腐蚀性，对钢筋混凝土结构中的钢筋在长期浸水条件下具微腐蚀性，在干湿交替段一般具微腐蚀性。

（2）孔隙潜水

本次勘察在场地 S5XZ6、S5XZ14、S5XZ17 孔采集了 3 组潜水水样，并利用了初勘 1 组潜水水样。根据水分析成果，场地内孔隙潜水为低矿化度淡水，水化学类型以 HCO_3-Ca 型和 HCO_3·SO_4-Ca 型为主。按照《岩土工程勘察规范》（GB 50021）进行判定，场地环境类型为Ⅱ类，浅部孔隙潜水在长期浸水段和干湿交替段对混凝土结构均具微腐蚀性，对

钢筋混凝土结构中的钢筋均具微腐蚀性，考虑地层渗透（弱透水层）影响时对混凝土结构具弱腐蚀性。

（3）孔隙承压水

根据本次详勘在 S5XC1、S5XC2 孔采取的⑤$_5$、⑦$_{1a}$层及本标段初勘在 S4CC1 所采取的⑧$_3$层承压水水样的水质分析成果，按照《岩土工程勘察规范》（GB 50021）进行判定，在长期浸水条件下，⑤$_5$、⑦$_{1a}$层孔隙承压水对混凝土结构均具微腐蚀性，对钢筋混凝土结构中的钢筋均具微腐蚀性，⑧$_3$层孔隙承压水对混凝土结构具弱腐蚀性，对钢筋混凝土结构中的钢筋具微腐蚀性。

（4）基岩裂隙水

根据区域地质资料，基岩裂隙水水质一般为淡水，按照《岩土工程勘察规范》（GB 50021）进行判定，在Ⅱ类环境类型影响下，对混凝土结构及钢筋混凝土结构中的钢筋具微腐蚀性。

（5）地基土

场地地下水位埋深浅，地基土基本位于地下水位以下或地下水位的变动范围及毛细水影响带，地基土对建筑材料的腐蚀性，与地基土所处位置的地下水的腐蚀性相近。参考本标段姜山车辆段详勘所取土样的化学试验成果分析，地下水位以上的土层（①$_2$层）对混凝土结构具微腐蚀性，对钢筋混凝土结构中的钢筋具微腐蚀性。

6. 地下水对桩基设计和施工的影响

场地表部①$_1$层填土厚度普遍较大，赋存其内的孔隙潜水透水性较强，与地表水水力联系较密切，当在雨季时，特别是强降雨条件下易造成场地孔隙潜水水位埋深极浅，且水量大，钻孔灌注桩施工时易造成孔壁坍塌、场地地面下沉、机械设备倾斜等问题，对施工不利，施工时应采取适当的护壁措施。

场地内对桩基有影响的地下承压水主要为赋存于⑤$_5$层粉土及⑧$_3$层砾砂的承压含水层，其中⑤$_5$层渗透性一般，对桩基施工影响较小，而⑧$_3$层因地层的透水性很大，而其水头高度在地表以下，当钻进到该层时会引起孔内泥浆水流失，导致孔内水位急剧下降，孔壁坍塌。因此在钻孔灌注桩施工过程中，应保持孔内液面高度不低于地下水位标高，如在反循环钻进中，一般钻孔内的水位常常采用有压地下水头加 2 m，就不会对桩基设计和施工造成影响。遇到翻砂现象发生时，可提高钻孔内的水位和采用优质泥浆加以抑制，也可根据地下水位的高低安装不同高度的护筒，以调节钻孔内的水位，防止钻孔壁的坍塌。

10.6.5 场地工程地质条件

10.6.5.1 地形地貌

鄞县大道站（3 号线及 5 号线）位于鄞县大道与天童南路交叉口下方，其中 3 号线车站沿天童南路中偏东呈南北向设置，5 号线车站沿鄞县大道中偏北呈东西向布置，二者呈"T"字形相交。天童南路为双向 4 车道，道路红线宽度为 37 m，鄞县大道为双向 6 车道，道路红线宽度为 50 m，地貌类型属于滨海冲湖积平原，地势开阔较平坦，高程一般为 2.5 ~ 3.0 m，局部达 3.5 ~ 4.2 m。

10.6.5.2　地基土的构成与特征

本次勘察沿用宁波地区 1、2 号线地层分层习惯为依据，首先根据地层时代（即地层上下顺序及其沉积年代）划分工程地质层组，相同沉积年代为同一工程地质层组，以圆圈内阿拉伯数字表示；亚层依据成因类型、岩性、结构构造和物理力学性质进行划分；浅部土层侧重于物理力学性质指标进行划分。鄞县大道站按以上分层标准，同时结合野外钻探资料，将勘探深度范围内的地基土划分为 11 个工程地质层，并细分为 28 个工程地质亚层。

根据上述对工程地质层的划分，从上自下进行分述如下：

（1）①$_1$ 层：杂填土 (mlQ)

杂色，稍密，成分组成复杂，主要由混凝土面、地面瓷砖、沥青路面、碎块石、黏性土及碎砖块等建筑垃圾组成，大小混杂，均一性差。碎块石分选性差，粒径一般为 5 ~ 30 cm，个别大于 30 cm，呈棱角状。

该层场地内均有分布，土质均一性差，厚薄不一，顶板标高 2.37 ~ 4.25 m，层厚一般为 1.0 ~ 3.0 m，局部达 3.2 ~ 4.9 m，平均厚度 2.0 m。

（2）①$_2$ 层：黏土 (al-lQ$_4^3$)

灰黄色，可塑，一般往下渐变成软塑，厚层状构造，含氧化铁锰质斑点，偶为粉质黏土，黏塑性较好，土质较均匀，土面有光泽，韧性高，干强度高，无摇振反应。

该层场地内多有分布，仅 S5CZ2、S5XJZ8、S5XZ4、S5XZ9、S5XZ14、S5XZ25、S5XZ28 孔因暗浜或人工挖除而缺失，物理力学性质尚好，俗称"硬壳层"，具高压缩性，液性指数 $I_L = 0.71$，压缩系数 $\alpha_{0.1\sim0.2} = 0.73\ \text{MPa}^{-1}$，静探锥尖阻力 $q_c = 0.42\ \text{MPa}$，静探侧壁摩阻力 $f_s = 17.0\ \text{kPa}$，顶板标高 – 0.07 ~ 1.85 m，层厚较薄，为 0.4 ~ 1.8 m，平均厚度 1.0 m。

（3）①$_3$ 层：淤泥质黏土 (mQ$_4^3$)

灰色，流塑，厚层状构造，黏塑性好，局部相变为淤泥质粉质黏土或淤泥，局部含少量植物残骸及有机质条纹，土质较均匀，土面有光泽，韧性高，干强度高，无摇振反应。

该层场地内均有分布，层位稳定，物理力学性质差，具高压缩性，液性指数 $I_L = 1.28$，压缩系数 $\alpha_{0.1\sim0.2} = 0.93\ \text{MPa}^{-1}$，静探锥尖阻力 $q_c = 0.22\ \text{MPa}$，静探侧壁摩阻力 $f_s = 6.8\ \text{kPa}$，顶板标高 – 2.04 ~ 0.65 m，层厚 0.7 ~ 3.2 m，平均厚度 2.2 m。

（4）②$_1$ 层：黏土 (mQ$_4^2$)

灰色，软塑，厚层状，偶为粉质黏土，土质均匀，土面有光泽，韧性高，干强度高，无摇振反应。

该层场地内主要分布于鄞县大道站（3 号线）南侧，物理力学性质较差，具高压缩性，液性指数 $I_L = 0.88$，压缩系数 $\alpha_{0.1 \sim 0.2} = 0.81\,\text{MPa}^{-1}$，静探锥尖阻力 $q_c = 0.29\,\text{MPa}$，静探侧壁摩阻力 $f_s = 11.9\,\text{kPa}$，顶板标高 $-1.98 \sim -1.15\,\text{m}$，层厚 $0.8 \sim 1.9\,\text{m}$，平均厚度 $1.2\,\text{m}$。

（5）②$_{2a}$ 层：淤泥 (mQ_4^2)

灰色，流塑，厚层状~鳞片状，含少量贝壳及植物碎屑，局部为淤泥质黏土，土质均匀、细腻，土面有光泽，韧性高，干强度高，无摇振反应。

该层场地内均有分布，物理力学性质极差，具高压缩性，天然含水率一般大于 50%，液性指数 $I_L = 1.50$，压缩系数 $\alpha_{0.1 \sim 0.2} = 1.16\,\text{MPa}^{-1}$，静探锥尖阻力 $q_c = 0.35\,\text{MPa}$，静探侧壁摩阻力 $f_s = 7.3\,\text{kPa}$，顶板标高 $-3.38 \sim -1.98\,\text{m}$，层厚 $2.9 \sim 8.3\,\text{m}$，平均厚度 $5.4\,\text{m}$。

（6）②$_{2b}$ 层：淤泥质黏土 (mQ_4^2)

灰色，流塑，鳞片状，底部夹少量粉砂条纹及团块，局部相变为淤泥质粉质黏土，土质较均匀，土面有光泽，韧性高，干强度高，无摇振反应。

该层场地内均有分布，层位稳定，物理力学性质差，具高压缩性，液性指数 $I_L = 1.25$，压缩系数 $\alpha_{0.1 \sim 0.2} = 0.82\,\text{MPa}^{-1}$，静探锥尖阻力 $q_c = 0.55\,\text{MPa}$，静探侧壁摩阻力 $f_s = 10.3\,\text{kPa}$，顶板标高 $-11.40 \sim -5.64\,\text{m}$，层厚 $1.0 \sim 9.8\,\text{m}$，平均厚度 $5.2\,\text{m}$。

（7）③$_2$ 层：粉质黏土 (al-mQ_4^1)

灰色，流~软塑，似鳞片状或厚层状构造，局部粉粒含量较高，常混粉砂团块，含贝壳碎屑，局部为淤泥质粉质黏土，土质不均匀，土面稍有光泽，韧性中等，干强度中等，局部具轻微摇振反应。

该层场地内基本有分布，物理力学性质较差，具高压缩性，液性指数 $I_L = 1.07$，压缩系数 $\alpha_{0.1 \sim 0.2} = 0.52\,\text{MPa}^{-1}$，静探锥尖阻力 $q_c = 0.78\,\text{MPa}$，静探侧壁摩阻力 $f_s = 15.5\,\text{kPa}$，顶板标高 $-16.5 \sim -10.9\,\text{m}$，层厚 $0.5 \sim 5.3\,\text{m}$，平均厚度 $2.6\,\text{m}$。

（8）④$_1$ 层：淤泥质粉质黏土 (mQ_4^1)

灰色，流塑，鳞片状构造，局部混粉砂团块，局部相变为粉质黏土，土质不均匀，土面稍有光泽，韧性中等，干强度中等，无摇振反应。

该层场地内分布较广泛，物理力学性质较差，具高压缩性，液性指数 $I_L = 1.18$，压缩系数 $\alpha_{0.1 \sim 0.2} = 0.69\,\text{MPa}^{-1}$，静探锥尖阻力 $q_c = 0.76\,\text{MPa}$，静探侧壁摩阻力 $f_s = 12.9\,\text{kPa}$，顶板标高 $-19.07 \sim -12.45\,\text{m}$，层厚 $0.9 \sim 7.8\,\text{m}$，平均厚度 $3.8\,\text{m}$。

（9）④$_2$ 层：黏土 (mQ_4^1)

灰色，软塑，局部呈流塑，细鳞片状构造，含少量半碳化物，局部为淤泥质黏土，偶为粉质黏土，土质均匀，土面有光泽，韧性高，干强度高，无摇振反应。

该层场地内主要分布于鄞县大道站（3 号线）北侧及鄞县大道站（5 号线）东侧，物理力学性质较差，具高压缩性，液性指数 $I_L = 0.94$，压缩系数 $\alpha_{0.1 \sim 0.2} = 0.98\,\text{MPa}^{-1}$，静探锥

尖阻力 $q_c = 0.95$ MPa，静探侧壁摩阻力 $f_s = 18.3$ kPa，顶板标高 $-23.33 \sim -12.31$ m，层厚 $1.8 \sim 8.3$ m，平均厚度 4.4 m。

（10）⑤₁层：粉质黏土 $(al-lQ_3^2)$

以灰黄色为主，局部上部呈灰绿、灰褐色，可塑，局部呈硬塑，厚层状构造，含少量铁锰质斑块，岩性总体以粉质黏土为主，局部为黏土，土质较均匀，土面稍有光泽，韧性中等~高，干强度中等~高，无摇振反应。

该层场地内基本有分布，物理力学性质较好，具中等压缩性，液性指数 $I_L = 0.42$，压缩系数 $\alpha_{0.1 \sim 0.2} = 0.28$ MPa^{-1}，静探锥尖阻力 $q_c = 2.21$ MPa，静探侧壁摩阻力 $f_s = 72.6$ kPa，在鄞县大道站（3 号线）顶板埋深较平稳，而在鄞县大道站（5 号线）起伏变化较大，往东埋深变大，顶板标高 $-28.68 \sim -15.29$ m，层厚 $1.4 \sim 9.4$ m，平均厚度 4.8 m。

（11）⑤₁ₐ层：黏质粉土 $(al-lQ_3^2)$

灰黄色，稍~中密，很湿，厚层状构造，夹有黏性土薄层，土质不均匀，土面无光泽反应，韧性较低，干强度较低，摇振反应较迅速。

该层场地内零星分布于 S5CZ4、S5XJ4、S5XJ5、S5XJ9、S5XJ10 孔，物理力学性质较好，具中等压缩性，孔隙比 $e = 0.873$，压缩系数 $\alpha_{0.1 \sim 0.2} = 0.28$ MPa^{-1}，静探锥尖阻力 $q_c = 5.90$ MPa，静探侧壁摩阻力 $f_s = 144.1$ kPa，顶板标高 $-22.74 \sim -20.31$ m，层厚 $0.9 \sim 3.2$ m，平均厚度 1.7 m。

（12）⑤₂层：粉质黏土 $(al-lQ_3^2)$

灰黄、黄褐、褐黄色，软塑~可塑，似层状构造，层间夹较多粉土或粉砂薄层，含有铁锰质结核，偶为黏土，土质不均匀，土面稍有光泽，韧性中等，干强度中等，无摇振反应。

该层场地内广泛有分布，局部缺失，物理力学性质较好，具中等压缩性，液性指数 $I_L = 0.74$，压缩系数 $\alpha_{0.1 \sim 0.2} = 0.33$ MPa^{-1}，静探锥尖阻力 $q_c = 2.07$ MPa，静探侧壁摩阻力 $f_s = 57.5$ kPa，顶板埋深变化较大，顶板标高 $-30.27 \sim -16.00$ m，层厚 $2.4 \sim 13.6$ m，平均厚度 5.0 m。

（13）⑤₃层：黏质粉土 $(al-lQ_3^2)$

黄褐色，中密，湿~很湿，层状构造，局部夹有黏性土及粉砂薄层，渲染大量铁锰质，局部为砂质粉土，土质不均匀，土面无光泽反应，韧性较低，干强度较低，摇振反应较迅速。

该层场地内主要分布于鄞县大道站 3 号线与 5 号线交汇处及 1 号出入口处，物理力学性质较好，具中等压缩性，孔隙比 $e = 0.844$，压缩系数 $\alpha_{0.1 \sim 0.2} = 0.22$ MPa^{-1}，静探锥尖阻力 $q_c = 5.84$ MPa，静探侧壁摩阻力 $f_s = 110.1$ kPa，顶板标高 $-29.82 \sim -24.25$ m，层厚 $1.7 \sim 6.9$ m，平均厚度 3.6 m。

（14）⑤₄层：粉质黏土 (mQ_3^2)

灰色，软塑，局部呈流塑，厚层状构造，局部具层理，夹有粉砂薄层，局部粉粒含量较高，土质不均匀，土面稍有光泽，韧性中等，干强度中等，无摇振反应。

该层场地内广泛有分布，多缺失于有⑤₃层分布处，物理力学性质较差，具中等压缩性，液性指数 $I_L = 0.92$，压缩系数 $\alpha_{0.1 \sim 0.2} = 0.33 \, \text{MPa}^{-1}$，静探锥尖阻力 $q_c = 1.74 \, \text{MPa}$，静探侧壁摩阻力 $f_s = 37.5 \, \text{kPa}$，顶板标高 $-33.08 \sim -27.80 \, \text{m}$，层厚 $0.7 \sim 9.9 \, \text{m}$，平均厚度 $2.6 \, \text{m}$。

（15）⑤₅层：黏质粉土 (al-lQ₃²)

灰色，稍~中密，湿~很湿，层状构造，常夹黏性土薄层，局部为砂质粉土，局部混较多粉砂，土质不均匀，土面无光泽反应，韧性较低，干强度较低，摇振反应较迅速。

该层场地内基本有分布，物理力学性质一般，具中等压缩性，孔隙比 $e = 0.856$，压缩系数 $\alpha_{0.1 \sim 0.2} = 0.26 \, \text{MPa}^{-1}$，静探锥尖阻力 $q_c = 7.06 \, \text{MPa}$，静探侧壁摩阻力 $f_s = 92.4 \, \text{kPa}$，顶板标高 $-35.80 \sim -29.36 \, \text{m}$，层厚 $1.4 \sim 9.0 \, \text{m}$，平均厚度 $4.4 \, \text{m}$。

（16）⑥₂层：粉质黏土 (mQ₃²)

灰色，局部呈绿灰色，软塑，局部呈流塑，薄层状构造，局部层理不清，层面粉砂富集，偶为黏土，土质不均匀，土面稍有光泽，韧性中等，干强度中等，无摇振反应。

该层场地内基本有分布，物理力学性质较差，具中等压缩性，液性指数 $I_L = 0.89$，压缩系数 $\alpha_{0.1 \sim 0.2} = 0.36 \, \text{MPa}^{-1}$，静探锥尖阻力 $q_c = 1.81 \, \text{MPa}$，静探侧壁摩阻力 $f_s = 32.9 \, \text{kPa}$，顶板标高 $-40.52 \sim -34.38 \, \text{m}$，层厚 $2.2 \sim 8.4 \, \text{m}$，平均厚度 $5.1 \, \text{m}$。

（17）⑥₂ₐ层：黏质粉土 (al-mQ₃²)

绿灰、灰色，中密，湿，厚层状构造，夹少量黏性土薄层，局部为砂质粉土，土质不均匀，土面无光泽反应，韧性较低，干强度较低，摇振反应较迅速。

该层场地内主要分布于鄞县大道站（3 号线）东侧及鄞县大道站（5 号线），位于⑥₂层以下或与⑥₂层相变，物理力学性质一般，具中等压缩性，孔隙比 $e = 0.760$，压缩系数 $\alpha_{0.1 \sim 0.2} = 0.22 \, \text{MPa}^{-1}$，静探锥尖阻力 $q_c = 10.48 \, \text{MPa}$，静探侧壁摩阻力 $f_s = 76.6 \, \text{kPa}$，顶板标高 $-41.87 \sim -38.12 \, \text{m}$，层厚 $0.3 \sim 8.5 \, \text{m}$，平均厚度 $4.0 \, \text{m}$。

（18）⑥₃层：粉质黏土 (mQ₃²)

灰、绿灰色，软塑~可塑，厚层状构造，局部夹较多粉土或粉砂薄层，含少量植物残骸，土质不均匀，土面稍有光泽，韧性中等，干强度中等，无摇振反应。

该层场地内分布较广泛，局部因⑦₁层隆起而缺失，物理力学性质一般，具中等压缩性，液性指数 $I_L = 0.78$，压缩系数 $\alpha_{0.1 \sim 0.2} = 0.29 \, \text{MPa}^{-1}$，静探锥尖阻力 $q_c = 2.17 \, \text{MPa}$，静探侧壁摩阻力 $f_s = 54.5 \, \text{kPa}$，顶板标高 $-45.02 \sim -40.38 \, \text{m}$，层厚 $1.2 \sim 7.9 \, \text{m}$，平均厚度 $4.5 \, \text{m}$。

（19）⑦₁层：粉质黏土 (al-lQ₃¹)

灰绿、灰蓝色，可塑，局部呈硬塑，厚层状构造，局部粉粒含量较高，土质不均匀，土面稍有光泽，韧性中等，干强度中等，无摇振反应。

该层广泛分布于场地深部，局部缺失，物理力学性质较好，具中等压缩性，液性指数

$I_L = 0.39$，压缩系数 $\alpha_{0.1\sim0.2} = 0.22\ \text{MPa}^{-1}$，静探锥尖阻力 $q_c = 3.52\ \text{MPa}$，静探侧壁摩阻力 $f_s = 85.0\ \text{kPa}$，顶板标高 $-51.65 \sim -40.90\ \text{m}$，层厚 $0.6 \sim 14.8\ \text{m}$，平均厚度 $5.1\ \text{m}$。

（20）⑦$_{1a}$层：黏质粉土 (al-lQ$_3^1$)

灰绿、灰褐色，中密～密实，湿，厚层状构造，局部砂粒含量较高，相变为砂质粉土或粉砂，土质不均匀，土面无光泽反应，韧性低，干强度低，摇振反应迅速。

该层场地内局部分布，位于⑦$_1$层上部、中部、下部或与⑦$_1$层相变，物理力学性质较好，具中等压缩性，孔隙比 $e = 0.785$，压缩系数 $\alpha_{0.1\sim0.2} = 0.20\ \text{MPa}^{-1}$，静探锥尖阻力 $q_c = 8.01\ \text{MPa}$，静探侧壁摩阻力 $f_s = 143.0\ \text{kPa}$，顶板标高 $-49.58 \sim -44.40\ \text{m}$，层厚 $0.7 \sim 7.9\ \text{m}$，平均厚度 $2.9\ \text{m}$。

（21）⑧$_3$层：砾砂 (alQ$_3^1$)

灰、灰褐色，中密～密实，饱和，厚层状构造，砾石粒径 $0.2 \sim 2\ \text{cm}$，少量为卵石，粒径 $2.0 \sim 5.0\ \text{cm}$，呈次圆状，含量 $40\% \sim 50\%$ 不等，局部含量达 $50\% \sim 60\%$，相变为圆砾，余者为砂及黏性土充填，分选性差，土质不均匀。

该层分布于场地南侧，物理力学性质好，压缩性低，重型圆锥动力触探试验实测锤击数平均值 $N_{63.5} = 33.3$ 击，顶板标高 $-55.01 \sim -50.40\ \text{m}$，层厚 $0.6 \sim 4.5\ \text{m}$，平均厚度 $2.7\ \text{m}$。

（22）⑨$_1$层：粉质黏土 (al-lQ$_2^2$)

灰绿色，局部呈浅灰色，可塑，局部呈硬塑，厚层状构造，以粉质黏土为主，局部为黏土，局部粉粒含量较高，土面稍有光泽，韧性中等，干强度中等，无摇振反应。

该层广泛分布于场地深部，物理力学性质较好，具中等压缩性，液性指数 $I_L = 0.46$，压缩系数 $\alpha_{0.1\sim0.2} = 0.27\ \text{MPa}^{-1}$，顶板标高 $-58.39 \sim -50.40\ \text{m}$，揭露层厚 $0.6 \sim 11.2\ \text{m}$。

（23）⑨$_{1a}$层：粉砂 (alQ$_2^2$)

浅灰绿、灰褐色，密实，饱和，厚层状构造，以粉砂、细砂为主，偶为中砂，局部混少量圆砾及植物碎屑，局部混粉土团块，土质不均匀。

该层分布于场地深部，分布不连续，多分布于⑨$_1$层以下或呈透镜体分布于⑨$_1$层之中，物理力学性质较好，具中等偏低压缩性，标准贯入试验实测锤击数平均值 $N = 32.7$ 击，顶板标高 $-62.72 \sim -53.82\ \text{m}$，揭露层厚 $0.6 \sim 4.6\ \text{m}$。

（24）⑨$_2$层：砾砂 (alQ$_2^2$)

以灰色为主，密实，饱和，厚层状构造，砾石粒径 $0.2 \sim 2\ \text{cm}$，个别大于 $2.0\ \text{cm}$，呈次圆状～次棱角状，含量 $40\% \sim 50\%$ 不等，局部表现为圆砾，余者为砂，混少量黏性土，胶结紧密，土质不均匀。

该层分布于场地深部，在车站主体内多有揭露，物理力学性质好，压缩性低，重型圆锥动力触探试验实测锤击数平均值 $N_{63.5} = 33.8$ 击，顶板标高 $-63.32 \sim -58.00\ \text{m}$，揭露层厚 $1.3 \sim 5.9\ \text{m}$。

（25）⑩₁层：粉质黏土(al-lQ$_2^1$)

褐黄、砖红、灰绿色，色泽较杂，可塑为主，厚层状构造，以粉质黏土为主，局部表现为黏土，局部混少量砾石，呈次棱角状，母岩呈全-强风化状，土质不均匀，土面稍有光泽，韧性中等，干强度中等，无摇振反应。

该层分布于基岩上部，主要在鄞县大道站（3 号线）西侧及鄞县大道站（5 号线）东南侧有揭露，物理力学性质好，具中等压缩性，液性指数 $I_L = 0.36$，压缩系数 $\alpha_{0.1\sim0.2} = 0.23\ \text{MPa}^{-1}$，顶板标高 – 65.92 ～ – 63.02 m，层厚 1.1 ～ 8.1 m，平均厚度 3.7 m。

（26）⑫₁全风化粉砂岩(K$_{1f}$)

灰紫、紫红、黄褐色，泥质胶结，厚层状构造，岩石风化剧烈，原岩结构基本被破坏，岩石风化成粉质黏土夹砂土状，手捏即碎，遇水易崩解，质不均。属极软岩，岩体基本质量等级为Ⅴ。

该层主要在鄞县大道站（5 号线）及初勘孔中有揭露，物理力学性质好，压缩性较低，重型圆锥动力触探试验实测锤击数平均值 $N_{63.5} = 30.0$ 击，顶板标高 – 73.12 ～ – 63.50 m，揭露厚度 1.2 ～ 3.8 m。

（27）⑫₂强风化粉砂岩(K$_{1f}$)

灰紫色、紫红色，粉砂结构，泥质胶结，厚层状构造，岩石风化强烈，节理裂隙发育，岩芯呈碎块状、块状，锤击易碎。属极软岩，岩石天然抗压强度建议值为 3.0 MPa，岩体基本质量等级为Ⅴ。

该层主要在鄞县大道站（5 号线）及初勘孔中有揭露，物理力学性质好，重型圆锥动力触探试验实测锤击数平均值 $N_{63.5} = 40.6$ 击，顶板标高 – 74.62 ～ – 63.75 m，揭露厚度 0.4 ～ 5.4 m。

（28）⑫₃中等风化粉砂岩(K$_{1f}$)

紫红、灰紫色，粉砂质结构，泥质胶结，厚层状构造，节理裂隙稍发育，岩体较完整，岩芯呈短柱状或碎块状，柱长 5 ～ 30 cm，个别达 50 cm 以上，RQD = 20% ～ 60%。属软岩，岩体单轴饱和抗压强度建议值为 10.0 MPa，岩石单轴天然抗压强度建议值为 14.0 MPa，岩体基本质量等级为Ⅴ。根据本次钻探揭露本岩层内无洞穴、无临空面、无破碎岩体和软弱岩层。

该层主要在鄞县大道站（5 号线）及初勘孔中有揭露，未揭穿，物理力学性质好，顶板标高 – 78.11 ～ – 64.45 m，最大揭露厚度 5.4 m。

10.6.5.3　场地与地基的地震效应

（1）地震动参数

根据 1 : 400 万《中国地震动参数区划图》（GB 18306）及《宁波市地震动峰值加速度区划图》（GB 18306），宁波市轨道交通 3、5 号线鄞县大道站建筑场地设防水准为 50 年超越概率 10% 的地震动峰值加速度为 0.05g，根据《建筑抗震设计规范》（GB 50011）附录 A.0.9 条，本车站抗震设防烈度为 6 度，最终应以地震主管部门审查通过的地震安评报告为准。

按《建筑工程抗震设防分类标准》（GB 50223）的规定，本车站抗震设防分类为重点设防类（乙类）。

（2）建筑场地类别

勘察表明，本场地覆盖层厚度小于 80 m，根据本次勘察在 S5XZ1（S5XV1）、S5XZ8（S5XV2）、S5XZ17（S5XV3）、S5XZ23（S5XV4）号钻孔内进行的单孔波速测试结果及初勘 S5CZ3、S5CZ5 的波速测试资料，场地内各土层剪切波速测试成果见表 10.26。

表 10.26 土层剪切波速测试成果表

层号	岩土名称	测试项目	测试孔号						平均值
			S5CV1	S5CV2	S5XV1	S5XV2	S5XV3	S5XV4	
①₁	杂填土	平均剪切波速 V_s /(m/s)	105	100	105	110	110	105	106
①₂	黏　土	平均剪切波速 V_s /(m/s)	120	118	120	118	120	119	119
①₃	淤泥质黏土	平均剪切波速 V_s /(m/s)	101	101	94	103	104	103	101
②₁	黏　土	平均剪切波速 V_s /(m/s)			124				124
②₂ₐ	淤　泥	平均剪切波速 V_s /(m/s)	107	107	109	105	111	104	107
②₂ᵦ	淤泥质黏土	平均剪切波速 V_s /(m/s)	126	119	122	119	123	129	123
③₂	粉质黏土	平均剪切波速 V_s /(m/s)	164		168	155	166	168	164
④₁	淤泥质粉质黏土	平均剪切波速 V_s /(m/s)	144	141	148	143	143	139	143
④₂	黏　土	平均剪切波速 V_s /(m/s)					205	150	178
⑤₁	粉质黏土	平均剪切波速 V_s /(m/s)	217	205	214	230			217
⑤₂	粉质黏土	平均剪切波速 V_s /(m/s)	234		229	227	224	214	226
⑤₃	黏质粉土	平均剪切波速 V_s /(m/s)		213					213
⑤₄	粉质黏土	平均剪切波速 V_s /(m/s)	216	220	229	232	230		225
⑤₅	黏质粉土	平均剪切波速 V_s /(m/s)	227		244	243	235	235	237
⑥₂	粉质黏土	平均剪切波速 V_s /(m/s)	237	234	210	235		206	224
⑥₂ₐ	黏质粉土	平均剪切波速 V_s /(m/s)		237			243		240
⑥₃	粉质黏土	平均剪切波速 V_s /(m/s)	262	249	239		243		248
⑦₁	粉质黏土	平均剪切波速 V_s /(m/s)				253		269	261
⑦₁ₐ	黏质粉土	平均剪切波速 V_s /(m/s)				275			275

按《建筑抗震设计规范》（GB 50011）中的相关公式进行计算，等效剪切波速值 V_{se} 计算深度取地面下 20 m，计算的场地土层等效剪切波速 V_{se} 为 114.5 ~ 122.2 m/s，均小于 150 m/s，按 4.1.6 条判定：本工程建筑场地类别为Ⅲ类，设计地震分组为第一组，设计地震动反应谱特征周期为 0.45 s，详见表 10.27。

表 10.27　场地类别判别表

试验孔号	判别标准	计算深度/m	等效剪切波速值 V_{se} /(m/s)	覆盖层厚度/m	场地类别
S5CZ3		20	120.3	> 50，< 80	Ⅲ类
S5CZ5		20	114.5	> 50，< 80	Ⅲ类
S5XZ1	按《建筑抗震设计规范》（GB 50011）	20	121.0	> 50，< 80	Ⅲ类
S5XZ8		20	122.2	> 50，< 80	Ⅲ类
S5XZ17		20	122.0	> 50，< 80	Ⅲ类
S5XZ23		20	119.5	> 50，< 80	Ⅲ类

　　根据本次详勘钻孔波速测试成果及初勘波速测试资料，按《铁路工程抗震设计规范》（GB 50111）中的相关公式进行计算，其中等效剪切波速值 V_{se} 计算深度取地面下 25 m，并不得小于基础底面以下 10 m，划分 3、5 号线鄞县大道站建筑场地类别为Ⅳ类，特征周期分区为一区，地震动反应谱特征周期值为 0.65 s。详见表 10.28。

表 10.28　场地类别判别表

试验孔号	判别标准	计算深度取地面下 25 m，且不小于基础底下 10 m /m	基础底面埋深 /m	等效剪切波速值 V_{se} /(m/s)	场地类别
S5CZ3		36	3、5 号线换乘处 25.5	150.8	Ⅲ类
S5CZ5		35	5 号线标准段 24.3	138.2	Ⅳ类
S5XZ1	《铁路工程抗震设计规范》（GB 50111）	29	3 号线端头井 18.3	134.6	Ⅳ类
S5XZ8		29	3 号线端头井 18.3	142.8	Ⅳ类
S5XZ17		35	5 号线标准段 24.3	147.0	Ⅳ类
S5XZ23		36	5 号线端头井 25.5	137.7	Ⅳ类

　　根据上述两种规范判别，建筑场地的类别有所不同，主要原因是由于《建筑抗震设计规范》考虑了场地覆盖层的厚度，而《铁路工程抗震设计规范》没有考虑场地覆盖层的厚度，仅按等效剪切波速来判别场地类别。另因《铁路工程抗震设计规范》等效剪切波速计算深度不同导致场地类别不同。建议设计时根据所采用规范选择合适的场地类别。

　　根据场地土层剪切波速值，场地中浅部分布的①₁层杂填土、①₂层黏土、①₃层淤泥质粉质黏土、②₁层黏土、②₂a层淤泥、②₂b层淤泥质黏土、④₁层淤泥质黏土，岩性为流塑状的淤泥质土或软黏土，土层剪切波速值 $V_s \leqslant 150$ m/s，场地土类型为软弱场地土。

　　场地中部分布的③₂层粉质黏土、④₂层黏土、⑤₁层粉质黏土、⑤₂层粉质黏土、⑤₃层黏质粉质黏土、⑤₄层粉质黏土、⑤₅层黏质粉土、⑥₂层粉质黏土、⑥₂a层黏质粉土、⑥₃层粉质黏土，岩性为软塑～可塑状土层，土层剪切波速值$150 < V_s \leqslant 250$ m/s，场地土类型为中软土。

场地中深部分布的⑦$_1$层粉质黏土、⑦$_{1a}$层黏质粉土、⑧、⑨、⑩和⑫$_1$、⑫$_2$层全～强风化基岩，岩性为可塑状硬土层、中密～密实状粉土及砾石、风化状基岩，土层剪切波速值 $250 < V_s \leqslant 500$ m/s，场地土类型为中硬土。

场地深部分布的⑫$_3$层中风化基岩，土层剪切波速值 $V_s > 500$ m/s，场地土类型为软质岩石。

（3）建筑抗震地段

场地属于滨海淤积和冲湖积平原，地貌类型单一，场地浅部土质软弱，软土层厚度大，根据波速成果，按《建筑抗震设计规范》（GB 50011）和《软土地区岩土工程勘察规程》（JGJ 83）综合确定本场地属建筑抗震一般地段。

（4）地震液化

拟建鄞县大道站场地 25 m 以浅层不饱和砂土、粉土层分布，故鄞县大道站设计时可不考虑砂土液化的影响。

（5）软土的震陷

本车站浅部土层等效剪切波速为 114.5～122.2 m/s，均大于 90 m/s，依据《岩土工程勘察规范》（GB50021）第 5.7.11 条条文说明及宁波地区经验，在抗震设防烈度为 7 度时本车站可不考虑软土震陷的影响。

10.6.5.4　特殊性岩土与不良地质作用

拟建场地位于宁波平原区，地形平坦开阔，河岸稳定，场区内及其附近目前不存在对工程安全有影响的岩溶、滑坡、泥石流、崩塌、地下洞穴、地面塌陷和地裂缝等不良地质作用。本工程的主要不良地质作用为区域地面沉降、浅层天然气；特殊岩土主要为厚层软土和人工填土。

1. 特殊性岩土

（1）软　土

拟建场地属典型的软土地区，广泛分布厚层状软土，其具"天然含水率高、压缩性高、灵敏度高、触变性高、流变性高、强度低、透水性低"等特点。拟建场地软土层由①$_3$层灰色淤泥质黏土、②$_1$层黏土、②$_2$层灰色淤泥及淤泥质土、③$_2$层灰色粉质黏土、④$_1$层灰色淤泥质粉质黏土和④$_2$层灰色黏土组成，累积厚度 20～30 m，有机质含量 0.8%～2.8%，pH 6.8～7.0。大面积厚层软土分布对本工程建设会带来一系列岩土工程问题，主要表现为：

① 由于软土广泛分布，过量开采地下水引发的区域性地面沉降现已成为宁波市的区域地质灾害，将可能导致地铁结构长期处于沉降状态，最终可能使隧道管片之间裂隙加大发生漏水、渗水，甚至造成灾害性事故。

② 车站基坑开挖时，为保证坑壁稳定、周围建（构）筑物、地下管线安全采取的支护结构费用较大，施工风险也随之增大。

③ 软土所能提供的桩侧摩阻力较小，势必会增加桩数或加大桩长，从而增大工程造价。因此基坑开挖前应进行有效的围护，同时对坑底软土进行加固并设置桩基础。

（2）人工填土

本车站填土厚度较厚，一般为 1.0～3.0 m，局部达 3.2～4.9 m（为填埋的洼地或水塘）。填土组成成分复杂，主要由碎块石、黏性土及碎砖块等建筑垃圾组成，局部混少量生活垃圾，碎块石大小混杂，粒径一般 5～30 cm，大者大于 30 cm，均匀性差。一般上部碎块石含量高，下部黏性土含量高，表部为混凝土路面、沥青混凝土路面及大理石地砖或普通地砖。填土结构较松散，渗透性大，富水性较好，在车站深基坑开挖时会产生较大的涌水量，同时由于局部夹杂大块石，会给车站围护结构施工产生不利影响，导墙施工前可通过地表注浆进行地基加固及防渗堵漏。

2. 不良地质作用

地面沉降对轨道交通工程危害较大，过大的地面沉降会导致地铁隧道衬砌结构变形，这将极大地影响地铁隧道的正常运营。

根据 2011 年宁波市地质环境公报，宁波市地面沉降现状为：至 2011 年底，市区地面沉降漏斗被控制在北至庄桥、南抵姜山、东接梅墟、西达古林范围内，面积 346 km²。地面沉降监测中心累计沉降量 540.1 mm，年沉降速率从 1985 年的 35.3 mm/a，下降到 2011 年的 4.8 mm/a，地面沉降发展趋势得到有效控制。

滨海城市地面沉降造成的整体环境变化莫过于海水面相对上升，由于地面不断下降，江潮水位相对上升，致使市区防潮汛能力和排水效能逐年下降，同时对地面建筑物，尤其是采用浅基础建筑物的稳定性和深基坑的抗浮能力产生了一定的影响。

根据 2011 年宁波市地质环境公报地面沉降等值线图，KC301 标段鄞县大道站地面沉降在 0～50 mm 范围线内。根据宁波市总体规划，2008 年年底，市区现有地下水开采井已全部关闭，地下水开采引发区域地面沉降速率将递减，宁波市区域地面沉降对本工程总体影响不大。

基坑开挖产生的土体损失以及地铁营运期间动荷载的影响，亦有可能引起一定的地面沉降，设计与施工时应引起注意。

3. 浅层天然气

根据宁波市 1∶5 万《工程地质图及说明书》及场地附近工程地质勘察报告，市区地下有害气体主要是浅层天然气，生气层为淤泥、淤泥质土，贮气层为③层粉质黏土，呈蜂窝状，分布不连续，本次勘察钻孔中未发现明显浅层天然气。但局部地段还有可能有蜂窝状天然气分布，所以仍要引起重视，在施工过程中需加强监测。

4．其　他

拟建场地位于宁波平原区，根据以往勘察经验，场地内其他不良地质作用主要为暗浜塘。

随着宁波城市化过程不断深入，除现有河浜外，不少明浜已陆续填埋变为暗浜。根据本次勘探揭露的地层情况，同时查阅70年代1∶1万古地形图成果，综合分析，鄞县大道站（3号线）东南侧3号出入口旁有暗浜分布，且天童南路与鄞县大道站交叉口处S5XZ4因填土厚度大，原始地形可能为低洼。

10.6.6　岩土工程分析与评价

10.6.6.1　物理力学指标、原位测试指标、热物理指标参数统计分析

根据室内试验成果、原位测试成果（包括标贯、动探、静力触探、十字板、扁铲侧胀、地温、电阻率以及波速测试成果）以及物理力学指标和对盾构施工范围内的各地层热物理参数进行分层统计分析，可为施工图设计提供所需参数。

10.6.6.2　场地稳定性和建筑适宜性

拟建场地位于宁波平原中部，地形平坦开阔，场区内及其附近目前不存在对工程安全有影响的岩溶、滑坡、泥石流、崩塌、地下洞穴、地面塌陷和地裂缝等不良地质作用。本工程的主要不良工程地质问题为场区软土层较厚且变化大和区域地面沉降等问题。尤其是软土地基的强度低、稳定性差和不均匀沉降及变形大等问题，但这些问题可以通过软基处理或桩基加以解决。

从现有地质资料分析，尚未发现有较大的区域性断裂从本场地通过，因此，场地本身不具备发生中、强破坏性地震的构造条件。由此可见，场地属基本稳定场地，较适宜建筑。

10.6.6.3　工程地质评价

场地地处宁波冲湖积平原，地貌类型单一，第四纪地层发育，厚度较大，且层位较稳定，从中更新世至全新世地层发育齐全。主要成因类型有河流相、河湖相及海相等，从老到新是由一套陆相堆积—海陆交替堆积—海相堆积地层组成。

综合场区本次勘察成果，地表下勘探深度范围内，由浅至深各地基土可归纳为"硬壳→极软→较硬→较软→硬→坚硬"的六元结构特征，现分述如下：

①"硬壳"——系指表层①₂层灰黄色黏土层，土质尚好，但层厚较薄，仅可作为低层轻型附属建筑物的天然地基持力层。

②"极软"——系指①₃及②、③₂、④层组合而成的海相沉积的高压缩性土，天然强度低，沉降变形大，是浅基础地基主要压缩层，为场区内浅部软土层。

③"较硬"——系指⑤₁、⑤₂、⑤₃层陆相沉积的中等压缩性土，物理力学性质尚好，埋藏适中，分布较稳定，顶板标高和层厚变化较大，是宁波地区多层住宅和基坑支护等建筑物良好的中长桩桩基持力层。

④"较软"——系指⑤₄、⑤₅、⑥₂、⑥₂ₐ、⑥₃层海相及冲海相沉积的中等压缩性土，土层物理力学性质较差~一般，是⑤层桩基基础的主要压缩层，为区内中深部软弱土层。

⑤"硬"——系指深部⑦、⑧、⑨、⑩层组成的陆相沉积的中等及中等偏低压缩性土，顶板埋藏较深，具一定厚度，土层物理力学性质好，强度高，是一般高层和荷载要求较高建筑物良好的桩基持力层。

⑥"坚硬"——系指深部⑫层组成的基岩，顶板埋藏较深，土层物理力学性质好，强度高，是一般荷载要求较高建筑物良好的桩基持力层。

根据本次勘察时所取得的高压固结试验成果及宁波地区的勘察经验分析，本区浅部软土（①₂、①₃、②、③、④层）在目前自然状态下已完成固结，属于正常固结土，⑤₄、⑤₅、⑥₂、⑥₂ₐ、⑥₃层为正常固结土，⑤₁、⑤₂、⑤₃、⑦₁层属于轻度超固结土，⑧、⑨、⑩层均属于超固结土。

10.6.6.4　岩土施工工程分级

据鄞县大道站（3号线、5号线）车站基坑设计深度及围护深度，受其影响范围内的地层主要为①₁层杂填土、①₂层黏土、①₃层淤泥质黏土、②₁黏土、②₂ₐ层淤泥、②₂ᵦ层淤泥质黏土、③₂层粉质黏土、④₁层淤泥质粉质黏土、④₂层黏土、⑤₁层粉质黏土、⑤₂层粉质黏土、⑤₃层黏质粉土、⑤₄层粉质黏土、⑤₅层黏质粉土、⑥₂层黏质粉土、⑥₂ₐ层黏质粉土、⑥₃层黏质粉土、⑦₁层粉质黏土及⑦₁ₐ层黏质粉土，根据《城市轨道交通岩土工程勘察规范》（GB 50307）和《宁波市轨道交通岩土工程勘察技术细则》（2013甬SS-02），对车站基坑开挖及围护涉及的岩土施工工程分级详见表10.29。

表 10.29　地基土岩土施工工程分级一览表

层号	土层名称	岩土施工工程分级	
		等　级	分　类
①₁	杂填土	Ⅱ	普通土
①₂	黏　土	Ⅱ	普通土
①₃	淤泥质黏土	Ⅰ	松　土
②₁	黏　土	Ⅱ	普通土
②₂ₐ	淤　泥	Ⅰ	松　土
②₂ᵦ	淤泥质黏土	Ⅰ	松　土
③₂	粉质黏土	Ⅱ	普通土
④₁	淤泥质粉质黏土	Ⅰ	松　土

层号	土层名称	岩土施工工程分级	
		等　级	分　类
④₂	黏　土	Ⅱ	普通土
⑤₁	粉质黏土	Ⅱ	普通土
⑤₁ₐ	黏质粉土	Ⅱ	普通土
⑤₂	粉质黏土	Ⅱ	普通土
⑤₃	黏质粉土	Ⅱ	普通土
⑤₄	粉质黏土	Ⅱ	普通土
⑤₅	黏质粉土	Ⅱ	普通土
⑥₂	粉质黏土	Ⅱ	普通土
⑥₂ₐ	黏质粉土	Ⅱ	普通土
⑥₃	粉质黏土	Ⅱ	普通土
⑦₁	粉质黏土	Ⅱ	普通土
⑦₁ₐ	黏质粉土	Ⅱ	普通土
⑧₃	砾　砂	Ⅰ	松　土
⑨₁	粉质黏土	Ⅱ	普通土
⑨₁ₐ	粉　砂	Ⅰ	松　土
⑨₂	砾　砂	Ⅰ	松　土
⑩₁	粉质黏土	Ⅱ	普通土
⑫₁	全风化粉砂岩	Ⅲ	硬　土
⑫₂	强风化粉砂岩	Ⅲ	硬　土
⑫₃	中等风化粉砂岩	Ⅳ	软质岩

10.6.6.5　天然地基分析与持力层的选择

1. 天然地基分析与持力层的选择

勘察表明，场地 17.9～31.5 m，主要由①₃层淤泥质黏土、②₂ₐ层淤泥、②₂ᵦ层淤泥质黏土、④₁层淤泥质粉质黏土及③₂、④₂层软黏性土组成，累积厚度大，物理力学性质差，具有高含水率，孔隙比大，强度低，渗透性弱，流变性和触变性等特点。表部①₂层（硬壳层）黏土性质相对较好，其地基土承载力特征值为 65 kPa，但厚度较薄，平均厚度仅 1.0 m，仅可作为对沉降变形要求不高的轻型小跨度建筑物的浅基础持力层。

鄞县大道站（3 号线）主体结构标准段基坑深度 16.5 m，端头井处基坑深度 18.3 m，出入口、风亭等附属结构基坑深度 10 m，其基坑底板位于②$_{2b}$层淤泥质黏土、③$_2$层软黏性土中，因地铁车站需控制绝对沉降量，②$_{2a}$、②$_{2b}$及③$_2$层均不能直接作为明挖车站底板的天然地基持力层。鄞县大道站（5 号线）主体结构标准段基坑深度 24.3 m，端头井处基坑深度 25.5 m，其基坑底板位于④$_1$层淤泥质粉质黏土、④$_2$层黏土、⑤$_1$层粉质黏土中，⑤$_1$层性质较好，地基土承载力标准值为 190 kPa，可作为天然地基持力层，④$_1$、④$_2$层不宜直接作为浅基础持力层，应注意在④$_2$层与⑤$_1$层过渡段易产生不均匀沉降；5 号线车站出入口基坑深度 10 m，风亭基坑深度 16.3 m，其基坑底板位于②$_{2a}$层淤泥、②$_{2b}$层淤泥质黏土、③$_2$层软黏性土中，均不能直接选择作为浅基础持力层。3 号线与 5 号线换乘节点基坑深度 25.5 m，基坑底板位于⑤$_1$层粉质黏土中，可选作天然地基持力层。

2. 天然地基设计参数

根据地基土的岩性特征、埋藏条件及物理力学性质指标和原位测试成果等，按照浙江省《建筑地基基础设计规范》（DB 33/1001）和国标《建筑地基基础设计规范》（GB 50007）查表及采用原位测试成果计算，并结合本地区的建筑经验，综合确定各土层的地基土承载力特征值。

表 10.30　地基土参数及承载力特征值一览表

层号	岩性名称	固结快剪 标准值		压缩试验 平均值		标准贯入试验实测击数 N	重型圆锥动力触探试验实测击数 $N_{63.5}$	地基土承载力特征值 f_{ak}/kPa
		内摩擦角 φ_c/(°)	黏聚力 c_c/(kPa)	$\alpha_{0.1-0.2}$/MPa^{-1}	$E_{s0.1-0.2}$/MPa			
①$_2$	黏土	10.5	22.7	0.73	2.94	2.5		70
①$_3$	淤泥质黏土	8.6	17.3	0.93	2.39	1.0		50
②$_1$	黏土	10.5	21.8	0.81	2.71	(1.5)		60
②$_{2a}$	淤泥	8.0	15.7	1.16	2.07	1.0		40
②$_{2b}$	淤泥质黏土	9.5	18.2	0.82	2.56	1.2		50
③$_2$	粉质黏土	11.4	20.4	0.52	3.77	3.8		75
④$_1$	淤泥质粉质黏土	10.7	19.3	0.69	2.90	3.2		65
④$_2$	黏土	10.5	22.6	0.98	2.40	4.2		70
⑤$_1$	粉质黏土	16.2	41.7	0.28	6.35	19.2		190
⑤$_{1a}$	黏质粉土	(25.0)	(8.5)	(0.25)	(7.50)	(17.0)		170
⑤$_2$	粉质黏土	14.4	30.6	0.33	5.14	21.1		160
⑤$_3$	黏质粉土	27.8	9.1	0.22	8.00	22.3		180
⑤$_4$	粉质黏土	13.8	26.8	0.33	5.43	16.2		130
⑤$_5$	黏质粉土	26.4	19.0	0.26	6.99	22.1		190
⑥$_2$	粉质黏土	13.8	30.2	0.36	4.68	15.1		140

层号	岩性名称	固结快剪		压缩试验		标准贯入试验实测击数 N	重型圆锥动力触探试验实测击数 $N_{63.5}$	地基土承载力特征值 f_{ak}/kPa
		标准值		平均值				
		内摩擦角 φ_c/(°)	黏聚力 c_c/(kPa)	$\alpha_{0.1-0.2}$ /MPa^{-1}	$E_{s0.1-0.2}$ /MPa			
⑥$_{2a}$	黏质粉土	27.0	14.3	0.22	7.72	22.0		170
⑥$_3$	粉质黏土	15.0	28.1	0.29	6.06	20.0		160
⑦$_1$	粉质黏土	17.0	39.5	0.22	7.76	25.0		210
⑦$_{1a}$	黏质粉土	27.8	9.6	0.20	9.12	28.9		220
⑧$_3$	砾砂	(33.0)	(5.0)		($E_0=42$)		33.3	280
⑨$_1$	粉质黏土	16.1	37.1	0.27	6.30	28.2		220
⑨$_{1a}$	粉砂	28.9	12.7	0.20	8.50	32.7		250
⑨$_2$	砾砂	(38.0)	(7.5)		($E_0=50$)		33.8	320
⑩$_1$	粉质黏土	17.1	42.4	0.23	7.04		(35.0)	240
⑫$_1$	全风化粉砂岩						36.7	220
⑫$_2$	强风化粉砂岩						40.6	320
⑫$_3$	中等风化粉砂岩							1000

注：表中剪切指标 φ、c 值为峰值抗剪强度标准值，压缩试验指标为平均值或经验值，标注（ ）按经验值提供。

3. 地基处理方案的分析与评价

根据对天然地基的分析可以看出：场地下②$_{2a}$层淤泥、②$_{2b}$层淤泥质黏土、③$_2$层粉质黏土、④$_2$层黏土工程性能均较差，不能直接作为车站底板的天然地基持力层，建议对车站底板下软土地基进行坑底加固。根据 1、2 号线同类型地下车站的施工经验，建议采用抽条水泥搅拌桩加固。

10.6.6.6 桩基工程分析与评价

1. 桩基方案的选择与分析

根据 1、2 号线工程经验，建议鄞县大道站地下 2～3 层主体结构及 5 号线风亭基坑采用抗浮桩，为确保地铁车站在施工及使用阶段的安全，根据施工及运营等不同阶段的受力情况，车站可能需要设置中间立柱桩。地下车站位于城市主干道地下，四周建筑物较密集，周边环境条件对施工要求高，且施工区地下管线密集，为避免打入桩施工对居民生活和周边环境影响，建议桩型采用钻孔灌注桩。

根据设计提资，车站侧墙开洞范围内底板下设置抗拔桩，均为钻孔灌注桩，桩径 $\phi800$ mm，有效桩长为坑底以下约 35 m。鄞县大道站（3 号线）标准段基坑深度 16.5 m，端头井处基坑深度 18.3 m，5 号线风亭基坑深度 16.3 m，桩长约为地面下 52～53 m，桩端基本位于⑦₁、⑦₁ₐ及⑧₃层中，个别位于⑥₃层中（S5XZ3），一般能满足抗浮要求，若车站考虑设置立柱桩，为控制桩基沉降量，建议在⑦层埋深较大及厚度较薄处适当增加桩长，将桩端置于下伏⑧₃层或⑨₁层中；3 号线与 5 号线换乘节点基坑深度 25.5 m，鄞县大道站（5 号线）标准段基坑深度 24.3 m，端头井处基坑深度 25.5 m，桩长约为地面下 60～61 m，桩端位于⑨₁层及⑨₁ₐ层中，且桩端已进入持力层较大深度，能满足抗浮要求和设置立柱桩的荷载要求。

基坑各段抗浮桩及立柱桩的具体桩长、桩径、桩基持力层宜根据设计结构荷载和沉降要求及地层分布情况等综合确定。

2. 桩基承载力参数的确定

根据地基土的岩性特征、埋藏条件及物理力学指标，参照《浙江省建筑地基基础设计规范》（DB 33/1001）和《建筑桩基技术规范》（JGJ 94）等，并结合本地区的建筑经验，综合确定各土层的预制桩、钻孔灌注桩的极限端阻力标准值及极限侧阻力标准值、抗拔系数、水泥搅拌桩的极限侧阻力标准值详见表 10.31。

表 10.31　地基土桩基承载力参数确定表

| 层序 | 土层名称 | 土的状态 | 预制桩 | | 钻孔灌注桩 | | 水泥搅拌桩极限侧阻力标准值 $q_{s,k}$/kPa | 抗拔承载力系数 λ |
			极限侧阻力标准值 q_{sk}/kPa	极限端阻力标准值 q_{pk}/kPa	极限侧阻力标准值 q_{sk}/kPa	极限端阻力标准值 q_{pk}/kPa		
①₂	黏　土	$I_L=0.71$	25		23		13	0.75
①₃	淤泥质黏土	$I_L=1.28$	15		13		10	0.65
②₁	黏　土	$I_L=0.88$	20		18		12	0.70
②₂ₐ	淤　泥	$I_L=1.50$	14		12		8	0.65
②₂ᵦ	淤泥质黏土	$I_L=1.25$	16		14		10	0.65
③₂	粉质黏土	$I_L=1.07$	30		27			0.70
④₁	淤泥质粉质黏土	$I_L=1.18$	21		19			0.65
④₂	黏　土	$I_L=0.94$	25		22			0.75
⑤₁	粉质黏土	$I_L=0.42$	60	2 000	54	800		0.80
⑤₁ₐ	黏质粉土	$e=0.873$	50	2 300	45	750		0.65
⑤₂	粉质黏土	$I_L=0.74$	55	1 600	50	700		0.75
⑤₃	黏质粉土	$e=0.844$	60	2 500	54	900		0.65
⑤₄	粉质黏土	$I_L=0.92$	40		36			0.80

续表

层序	土层名称	土的状态	预制桩		钻孔灌注桩		水泥搅拌桩极限侧阻力标准值 $q_{s,k}$ /kPa	抗拔承载力系数 λ
			极限侧阻力标准值 q_{sk} /kPa	极限端阻力标准值 q_{pk} /kPa	极限侧阻力标准值 q_{sk} /kPa	极限端阻力标准值 q_{pk} /kPa		
⑤₅	黏质粉土	$e=0.856$	55		50			0.65
⑥₂	粉质黏土	$I_L=0.89$	50		45			0.75
⑥₂ₐ	黏质粉土	$e=0.760$	55	2 200	50	800		0.65
⑥₃	粉质黏土	$I_L=0.78$	55	850	50	350		0.75
⑦₁	粉质黏土	$I_L=0.39$	65	2 600	59	1 000		0.75
⑦₁ₐ	黏质粉土	$e=0.785$	60	2 500	54	900		0.65
⑧₃	砾砂	$N_{63.5}=33.3$	100	7 000	90	2 300		0.50
⑨₁	粉质黏土	$I_L=0.46$	70	2 800	63	1 200		0.80
⑨₁ₐ	粉砂	$N=32.7$	80	4 500	72	1 800		0.60
⑨₂	砾砂	$N_{63.5}=33.8$	110	7 600	100	2 500		0.50
⑩₁	粉质黏土	$I_L=0.36$	75	3 000	68	1 300		0.80

注：表中所列灌注桩的 q_{sk}、q_{pk} 值适用于桩径不大于 800 mm 的情况，当桩径较大时应按照相应规范要求作适当折减；建议进行试成桩以确定施工参数，并进行现场静载荷试验确定单桩承载力。

3. 单桩承载力估算

根据表10.31中推荐的桩基承载力参数，按照《建筑地基基础设计》（GB 50007）和《建筑桩基技术规范》（JGJ 94）中的公式进行单桩竖向承载力估算（未做尺寸效应系数修正），估算结果详见表10.32。其中地下车站桩顶标高为设计提供的纵断面图中读取，钢筋混凝土重度为 25 kN/m³，浮重度为 15 kN/m³。

表10.32 单桩竖向承载力估算表

桩型	桩径/mm	依据孔号	桩端持力层层号	桩顶标高/m	桩底标高/m	有效桩长/m	单桩极限承载力标准值 Q_{uk} /kN	单桩竖向承载力特征值 R_a /kN	单桩抗拔力特征值 U_k /kN	桩重/kN	总单桩抗拔力 R_a' /kN	位置
钻孔灌注桩	$\phi800$	S5XZ3	⑥₃	−13.9	−48.9	35.0	4 141	2 071	1 449	264	1 713	鄞县大道站（3号线）标准段
		S5XZ3	⑧₃	−13.9	−52.4	38.5	4 920	2 460	1 628	290	1 918	
		S5XZ14	⑦₁	−13.9	−48.9	35.0	4 781	2 391	1 573	264	1 837	
		S5XZ13	⑦₁ₐ	−13.9	−48.9	35.0	4 822	2 411	1 519	264	1 783	
		S5XZ1	⑥₃	−15.1	−50.1	35.0	4 005	2 002	1 425	264	1 689	鄞县大道站（3号线）端头井
		S5XZ1	⑧₃	−15.1	−52.1	37.0	5 435	2 717	1 538	279	1 817	

桩型	桩径/mm	依据孔号	桩端持力层层号	桩顶标高/m	桩底标高/m	有效桩长/m	单桩极限承载力标准值 Q_{uk}/kN	单桩竖向承载力特征值 R_a/kN	单桩抗拔力特征值 U_k/kN	桩重/kN	总单桩抗拔力 R'_a/kN	位置
钻孔灌注桩	$\phi800$	S5XZ15	⑦₁	−15.1	−50.1	35.0	4 579	2 290	1 523	264	1 787	
		S5XZ20	⑨₁	−21.3	−56.3	35.0	4 781	2 391	1 602	264	1 866	鄞县大道站（5号线）标准段
		S5XZ17	⑨₁ₐ	−21.3	−56.3	35.0	5 014	2 507	1 475	264	1 739	
		S5XZ23	⑨₁	−23.0	−58.0	35.0	5 031	2 516	1 636	264	1 900	鄞县大道站（5号线）端头井
		S5XZ19	⑨₁	−23.0	−58.0	35.0	4 810	2 405	1 559	264	1 823	
		S5XZ12	⑨₁ₐ	−23.0	−58.0	35.0	5 611	2 806	1 617	264	1 881	3号线与5号线换乘节点
		S5XZ11	⑨₁	−23.0	−58.0	35.0	5 328	2 664	1 586	264	1 850	
		S5XZ29	⑦₁	−13.7	−48.7	35.0	4 167	2 084	1 341	264	1 605	鄞县大道站（5号线）风亭
		S5XZ30	⑦₁ₐ	−13.7	−48.7	35.0	3 902	1 951	1 245	264	1 509	

4. 桩基沉降计算参数

根据前文所述公式（10.5）~式（10.7），并结合当地建筑经验，本次提供桩基持力层及下卧压缩层在不同压力阶段相应的压缩模量，详见表 10.33。

表 10.33　桩基持力层及下卧压缩层的压缩模量建议值　　　　单位：MPa

压力层号	压缩模量 E_{si}		
	$E_{s2\sim4}$	$E_{s4\sim6}$	$E_{s6\sim8}$
⑦₁	11.5	16.0	20.5
⑦₁ₐ	13.0	18.0	23.0
⑧₃	$E_0 = 45$		
⑨₁	12.0	16.5	24.5
⑨₁ₐ	15.0	22.0	30.0
⑨₂	$E_0 = 50$		
⑩₁	13.5	19.5	26.0
⑩₂	$E_0 = 50$		

5. 沉（成）桩可能性分析

根据场地地质条件及周边环境，鄞县大道站宜采用钻孔灌注桩作为桩基础形式，钻孔灌注桩为非挤土桩，对各类地层适宜性好，因而不存在沉桩困难问题。需要注意的是场地浅部软土在钻孔灌注桩施工时易产生缩径，特别是桩基施工范围内分布有多层粉土层以及⑧₃层砾砂、⑨₁ₐ层粉砂，在高压水力下易导致孔内塌孔，影响成桩质量及施工进度。因此桩基施工应采用先进的施工工艺和合适的泥浆比重，各道工序应连续进行，尤其是成孔与浇灌工序，以确保桩基施工质量。另外场地表部广泛分布的人工填土，对钻孔灌注桩施工有一定的影响，施工前应预先清除桩位处的人工填土及混凝土地坪，并下入钢护筒进行隔离，防止出现填土掉块而影响桩基施工及成桩质量。

6. 沉（成）桩对周边环境的分析

鄞县大道站位于鄞县大道与天童南路交叉口下方，车站周边现状以行政办公、商业、居住、绿地、学校用地为主，建筑物较为密集，道路交通繁忙，钻孔灌注桩施工时应考虑护壁泥浆的排放，并采取必要措施，减少对环境的污染。只要处理得当，一般不会对周围环境产生不良影响。

10.6.6.7 基坑工程分析与评价

根据设计方案，鄞县大道站基坑拟采用明挖顺作法施工，其中 3 号线标准段基坑深度16.5 m，端头井处基深度 18.3 m，出入口、风亭等附属结构基坑深度 10 m，5 号线标准段基坑深度 24.3 m，端头井处基坑深度 25.5 m，出入口基坑深度 10 m，风亭基坑深度 16.3 m，换乘节点基坑深度 25.5 m，基坑开挖深度大，基坑周边地下管线纵横交错，周围环境复杂，地下水水位高，对施工影响较大，基坑破坏后果很严重。因此，本工程主体结构基坑工程安全等级为一级，附属结构基坑工程安全等级为二级。

1. 基坑开挖涉及土层分析

鄞县大道站明挖基坑开挖深度范围内地层主要为①$_1$层杂填土、①$_2$层灰黄色黏土、①$_3$层灰色淤泥质黏土、②$_1$层灰色黏土、②$_{2a}$层灰色淤泥、②$_{2b}$层灰色淤泥质黏土、③$_2$层灰色粉质黏土、④$_1$层灰色淤泥质粉质黏土、④$_2$层灰色黏土及⑤$_1$层灰黄色粉质黏土。表层①$_1$层杂填土结构松散，富水性和透水性较好；①$_2$层强度略高，土层渗透性较差；下部的灰色淤泥质土、黏性土天然含水率大，渗透性弱，抗剪强度很低，土层开挖后稳定性差；⑤$_1$层性质较好，开挖后稳定性较好。基坑开挖大范围内以软土及软黏性土为主，地质条件差，而周边环境对基坑开挖边坡稳定性要求高，因此基坑必须采取支护措施。

2. 坑底下土体均匀性评价

鄞县大道站（3 号线）主体结构标准段及端头井基底位于②$_{2b}$层、③$_2$层中，③$_2$层粉质黏土本身土质不均匀，夹较多粉土，基底土体不均匀；出入口、风亭等附属结构基底位于②$_{2a}$层、②$_{2b}$层中，二者土体性质差异不大，土质较均匀，基底土体较均匀。

鄞县大道站（5 号线）主体结构标准段及端头井基底位于④$_1$层、④$_2$层、⑤$_1$层中，二者性质差异较大，其基底土体不均匀；出入口基底由深至浅分别位于②$_{2a}$~①$_1$层中，基底土体性质变化较大，土体不均匀，风亭位于②$_{2b}$层、③$_2$层中，基底土体不均匀。

3 号线与 5 号线换乘节点位于⑤$_1$层中，土体组成单一，基底土体较均匀。

3. 基坑围护参数

鄞县大道站（3号线）车站主体结构拟采用 ϕ800 mm 地下连续墙进行围护，围护结构深度 36 ~ 38 m，附属结构拟采用 SMW 工法桩作为围护结构；鄞县大道站（5号线）车站主体结构拟采用 ϕ1 000 mm 地下连续墙进行围护，围护深度 51.5 ~ 54.3 m，出入口拟采用 SMW 工法桩进行围护，风亭拟采用 ϕ800 mm 钻孔灌注桩进行围护。根据本次勘察各土层物理力学性质，并结合宁波地区施工经验，提供基坑支护与降水设计所需的岩土参数见表 10.34（表中直剪固快和三轴快剪的抗剪强度指标为峰值强度标准值）。

4. 基坑围护方案的建议

深基坑开挖支护的重点是控制施工过程基坑内工作的正常进行和基坑周围环境不被破坏。建议如下：

（1）车站主体结构深基坑围护方案

根据轨道交通1号线和2号线工程已开挖的几个同类型的车站基坑，地下2层及3层车站主体结构深基坑开挖支护均采用地下连续墙。

地下连续墙优点：接头防水效果较好，整体刚度大，对周围环境影响小；适用于软弱地层和建筑设施密集城市市区的深基坑；接头构造有刚性和柔性两种类型，并有多种形式；可作永久性主体结构；施工方法可采用逆筑法或半逆筑法；施工时振动小，噪音低，非常适于在城市施工，特别适合于软土地区深基坑的开挖；可以紧贴原有建筑物施工地下连续墙；占地少，可以充分利用建筑红线以内有限的地面和空间，充分发挥投资效益。

地下连续墙缺点：水下钢筋混凝土浇筑施工工艺较复杂，造价较高；在一些特殊的地质条件下（如很软的淤泥质土，含漂石的冲积层和超硬岩石等），施工难度很大；地下连续墙如果用作临时的挡土结构，比其他方法的费用要高些。

根据场地工程地质条件，鄞县大道站主体基坑建议采用地下连续墙+内支撑作为基坑的围护结构，各段基坑支撑道数及支撑类型应根据受力计算予以确定。地下墙与内衬墙应采用复合式结构形式，全包防水。

（2）车站出入口等附属结构基坑围护方案

3号线车站出入口、风亭及5号线车站出入口等附属结构为地下一层结构，基坑埋深约 10 m，5号线风亭为地下二层结构，基坑埋深约 16.3 m，基坑支护方案可采用钻孔灌注桩+搅拌桩止水帷幕或 SMW 工法桩作为围护结构。

① 钻孔灌注桩+搅拌桩止水帷幕：钻孔灌注桩作为围护结构承受水土压力，沿基坑深度方向设置一道混凝土支撑+二道 ϕ609 钢支撑，另加一道临时倒换钢支撑是深基坑开挖常用的一种围护形式，并在桩后采用高压旋喷桩止水帷幕。这样的结构形式较地下连续墙经济，缺点是单排高压旋喷桩止水效果差，基坑开挖一旦出现涌水易造成坑外地面和建筑物沉降，因此需采用不少于2排高压旋喷桩止水。根据工程实践，也可考虑在外侧布置一排三轴搅拌桩进行止水，较为经济。

表10.34 基坑支护设计参数建议表

层号	岩性名称	天然含水量 w/%	天然重度 γ/(kN/m³)	孔隙比 e₀	压缩系数 a$_{0.1-0.2}$/MPa⁻¹	压缩模量 E$_{s0.1-0.2}$/MPa	静止侧压力系数 K₀	泊松比 μ	基床系数垂直 K$_v$/(MPa/m)	基床系数水平 K$_h$/(MPa/m)	渗透系数垂直 K$_v$×10⁻⁷/(cm/s)	渗透系数水平 K$_h$×10⁻⁷/(cm/s)	固结系数垂直 C$_{v0.1-0.2}$×10⁻³/(cm/s)	固结系数水平 C$_{h0.1-0.2}$×10⁻³/(cm/s)	次固结系数垂直 C$_{v0.1-0.2}$×10⁻³	次固结系数水平 C$_{h0.1-0.2}$×10⁻³	回弹模量 E$_s$/MPa	压缩指数 C$_c$	直剪快内摩擦角 φ$_q$/(°)	直剪快粘聚力 c$_q$/kPa	三轴快剪内摩擦角 φ$_q$/(°)	三轴快剪粘聚力 c$_q$/kPa	三轴固快总应力内摩擦角 φ$_{cu}$/(°)	三轴固快总应力粘聚力 c$_{cu}$/kPa	三轴固快有效应力内摩擦角 φ′/(°)	三轴固快有效应力粘聚力 c′/kPa	十字板剪切原状土 C$_u$/kPa	十字板剪切灵敏度 S$_t$	无侧限抗压原状土 q$_u$/kPa	无侧限抗压灵敏度 S$_t$	比例系数 m/(MN/m⁴) 建议值
①$_1$	杂填土		19.0																25.0	5.0											
①$_3$	黏土	43.6	18.1	1.159	0.73	2.94	0.55	0.33	10.1	10.5	2.40	3.98	1.80	2.12	2.80	2.26	13.5	0.364	10.5	22.7	0.4	30.0	17.7	25.0	25.0	15.0	43.6	3.10	59.7	2.1	2.5
①$_3$	淤泥质黏土	46.9	17.6	1.302	0.93	2.39	0.65	0.42	4.8	5.0	2.05	3.13	0.64	0.77	9.48	9.71	10.2	0.466	8.6	17.3	0.1	14.0	18.8	8.5	25.0	5.1	21.0	3.20	16.2	1.7	1.5
②$_1$	黏土	39.3	18.1	1.109	0.81	2.71	0.60	0.39	7.6	7.5	1.11	2.56	0.51	0.54	6.85	8.96	12.0	0.352	10.5	21.8	0.2	22.4	15.5	14.0	23.5	13.0	29.1	3.27	31.5	1.5	2.0
②$_{2a}$	淤泥质黏土	52.0	17.0	1.502	1.16	2.07	0.70	0.43	4.5	4.5	3.62	4.86	0.42	0.61	11.47	11.74	9.2	0.506	8.0	15.7	0.0	12.2	13.0	7.8	22.1	4.3	18.3	3.17	19.6	2.6	1.0
②$_{2b}$	淤泥质黏土	40.1	18.0	1.148	0.82	2.56	0.65	0.42	5.5	5.5	3.54	5.32	0.80	0.90	9.54	11.81	10.7	0.387	9.5	18.2	0.1	15.9	13.5	8.5	22.5	4.5	23.1	2.91	27.3	2.4	1.5
③$_1$	粉质黏土	32.9	18.7	0.936	0.52	3.77	0.50	0.37	9.2	9.5	4.79	5.16	3.16	4.50	4.87	5.44	17.7	0.257	11.4	20.4	0.3	23.5	18.2	10.2	29.5	5.5	26.7	3.10	36.8	2.0	2.2
③$_2$	淤泥质粉质黏土	36.4	18.2	1.032	0.69	2.90	0.55	0.40	7.4	7.5	2.58	4.00	0.80	1.03	8.95	8.66	13.5	0.375	10.7	19.3	0.2	20.5	15.8	8.8	26.6	5.2	30.6	2.87	29.2	2.8	2.0
④$_1$	黏土	49.0	17.1	1.402	0.98	2.40	0.50	0.39	9.7	10.0	1.75	2.98	1.51	1.90	7.35	10.49	14.2	0.437	10.5	22.6	0.3	28.5	13.0	16.5	22.7	10.0	32.4	3.19	41.9	2.6	2.2
④$_2$	黏土	29.5	19.5	0.803	0.28	6.35	0.40	0.30	20.5	25.0	2.71	4.62	4.73	5.90	2.27	2.57	20.2	0.274	16.2	41.7	0.8	45.0	20.0	25.0	25.5	21.0	155		67.0	1.4	5.0
⑤$_1$	粉质黏土	30.6	18.9	0.873	0.25	7.50	0.35	0.25	19.9	27.0	5.24	8.07	7.95	7.06	3.42	3.70	30.0	0.213	25.0	8.5	1.0	35.0	25.0	20.0	30.0	10.0					5.5
⑤$_{1a}$	黏质粉土	30.3	19.3	0.839	0.33	5.14	0.40	0.28	19.0	22.0	5.37	5.97	5.86	7.16	2.40	2.85	20.0	0.304	14.4	30.6	0.5	40.0	22.0	23.0	25.0	18.5					5.0
⑤$_2$	粉质黏土	30.9	19.2	0.844	0.22	8.00	0.35	0.23	23.9	28.0	9.27	17.34	8.86	8.73	3.00	2.92	35.0	0.161	27.8	9.1	1.2	33.0	28.0	18.0	32.0	9.0					5.5
⑤$_3$	黏质粉土	32.2	19.0	0.896	0.33	5.43	0.45	0.32	16.3	16.5	2.86	4.28	4.01	5.33	3.67	4.49	19.8	0.297	13.8	26.8	0.4	25.0	16.0	22.0	22.5	18.0					4.0
⑤$_4$	粉质黏土	31.2	19.1	0.856	0.26	6.99	0.40	0.25	23.2	20.5	3.29	5.76	8.10	7.70	2.98	3.17	33.7	0.206	26.4	19.0	0.8	30.0	22.0	21.0	25.0	11.0					5.5
⑤$_4$	黏质粉土	33.1	19.0	0.898	0.36	4.68	0.44	0.31	16.2	17.0	2.22	2.90	5.13	6.00	3.74	4.75	23.4	0.353	13.8	30.2	0.5	34.5	14.0	18.0	24.0	12.0					4.5
⑥$_1$	粉质黏土	27.6	19.7	0.760	0.22	7.72	0.35	0.26	20.0	21.0	4.00	5.00	7.50	8.00	3.20	3.50	30.0	0.200	27.0	14.3	0.6	35.0	24.0	15.0	28.0	10.0					5.5
⑥$_{2a}$	黏质粉土	28.7	19.4	0.808	0.29	6.06	0.40	0.29	11.2	12.3	3.98	4.25	6.52	6.24	3.07	3.57	28.3	0.214	15.0	28.1	1.0	40.0	18.8	26.5	31.3	7.5					5.0
⑥$_3$	粉质黏土	25.5	19.8	0.722	0.22	7.76																									6.0
⑦$_1$	粉质黏土	28.3	19.5	0.785	0.20	9.12													17.0	39.5											5.5
⑦$_{1a}$	黏质粉土																		27.8	9.6											
⑧$_3$	砾砂												1 810.00～2 070.00						33.0	5.0											

注：a. 比例系数 m 提供为建议值，供参考，设计时可根据经验选用；
b. 固结和三轴试验指标提供建议值为标准值（峰值强度），设计时可根据经验适当折减，设计选用的土层有扰动，设计选用的参数宜适当折减；
c. 主体基坑结构开挖会对附属结构地块的土层有扰动，设计选用的参数宜适当折减。

② SMW 工法桩是指将土与水泥浆搅拌后形成搅拌桩墙体，在墙体中插入高强度劲性芯材（一般为 H 型钢）使之与搅拌桩墙体形成复合挡土墙，起止水和挡土作用。SMW 工法作为一种新型的围护结构，具有以下特点：对周围环境影响小、止水性较好、施工速度快、造价低、环境污染小，但抗水平变形能力差于钻孔灌注桩 + 搅拌桩止水帷幕方案。当周边变形许可时，可用于地铁车站出入口通道基坑相对较浅部位。

根据附属结构基坑埋深及施工工艺比较，对于地下一层附属结构基坑建议采用 SMW 工法桩进行支护，地下二层附属结构基坑支护宜选择钻孔灌注桩 + 搅拌桩止水帷幕。

5. 基坑岩土工程问题分析

（1）承压水对基坑开挖的影响

勘探表明，鄞县大道站场地内主要分布有⑤$_5$层（含⑤$_3$层）、⑦$_{1a}$层、⑧$_3$层承压含水层，其中⑤$_5$层承压含水层普遍分布，厚度较大，水量较小，水位较高，⑦$_{1a}$层、⑧$_3$层承压含水层局部分布，水量较大，在车站主体及附属结构开挖过程中有发生坑底突涌或流砂的可能。根据场地水文地质条件，当基底之下某深处有承压含水层时，基坑底抗渗流稳定性可按《建筑地基基础设计规范》（GB 50007）附录 W 第 W.0.1 式进行验算，见前文所述公式（10.8），计算时抗渗流稳定性系数≥1.1 不发生突涌。

选取车站内典型钻孔进行估算，进而判断其基坑突涌是否发生。其中⑤$_5$层（含⑤$_3$层）承压水水位标高取 0.47 m，⑦$_{1a}$层承压水位标高取 –2.52 m，⑧$_3$层承压水位标高取 –2.03 m，水的重度 γ_0 取 10 kN/m³）。估算结果表明：基坑开挖过程中，深部⑧$_3$层承压水不会发生基坑坑底突涌，浅部⑤$_5$层（含⑤$_3$层）承压水在车站主体结构和 5 号线风亭处会发生基坑突涌，而在出入口等附属结构处不会发生基坑突涌，⑦$_{1a}$层承压水在 3 号线与 5 号线换乘节点处会发生基坑突涌。

（2）基坑的抗浮问题

① 抗浮设计水位建议。

场地地下水位埋深浅，勘察期间测得潜水位埋深为 0.5 ~ 2.0 m，由于地下工程埋深大，地下水位高，浮力较大，应考虑设抗浮桩。根据当地经验，车站和明挖区间抗浮设防水位可取室外地坪下 0.5 m 或 50 年一遇的防洪设计水位 2.80 m（1985 国家高程基准），设计时按不利条件选用。

② 基坑抗浮设计措施。

拟建车站主体结构基坑埋深较大，地面为主干道，地下车站地面无构筑物。地铁车站一般靠顶板覆土、结构自重及周边围护结构侧壁摩阻力等来进行抗浮，当上述措施不足以与地下水浮力相抵时，一般考虑设置抗拔桩来进行抗浮。根据 1、2 号线工程经验，建议鄞县大道站地下 2 ~ 3 层主体结构及 5 号线风亭（地下 2 层）基坑采用抗浮桩，桩型宜采用钻孔灌注桩。

车站风井上部有覆土，一般能满足抗浮要求；车站出入口通道设计时应根据具体抗浮要求考虑合适的抗浮措施。

（3）基坑降、排水措施

在城市中深基坑降水总会引起一定的地面沉降，影响邻近建筑物和管线。最好的办法是采用止水帷幕，将坑外地下水位保持原状，仅在坑内降水。经估算赋存于⑧层承压水不发生基坑突涌，故不需对⑧层降压抽水；赋存于⑤₅层（含⑤₃层）的承压水在车站主体结构和 5 号线风亭处会发生基坑突涌，⑤₅层及⑤₃层为黏质粉土，根据钻孔注水试验，其水量较小，⑦₁ₐ层承压水在 3 号线与 5 号线换乘节点处会发生基坑突涌，应对⑤₅层（含⑤₃层）及⑦₁ₐ层承压水采取适当的降水措施以确保基坑开挖安全。按抗渗流稳定性系数 1.1 反算，以最不利的 S5XZ12 孔为例，⑤层承压水水位宜降至地面下约 22.4 m（水头标高 −20.36 m）、⑦₁ₐ层承压水水位宜降至地面下约 8.6 m（水头标高 −6.06 m）位置才不会发生坑底突涌现象，施工时应以实测承压水位复核承压水是否突涌。至于基坑内降水，建议开挖前进行疏干降水，可采用真空管井降水，将坑内水位降至坑底以下 0.5 m。

附属设施若采用排桩加水平内支撑支护体系，由于场地表层填土渗透性较好，孔隙潜水与地表水的水力联系较为密切，因此基坑必须做好防水、隔水工作，可在支护桩外围打 1～2 排互相搭接的高压水泥旋喷桩幕墙作为隔水墙，基坑开挖时水主要为地表水和雨水，宜沿基坑内壁间隔适当距离设置集水井及与之连通的排水沟系统，随时将基坑内的地面水引入集水井后用泵排出坑外。同时建议进行地面硬化及设置坑外截水沟，防止地表水沿填土渗入基坑。

（4）基底加固处理及消除基底回弹措施

由于场地基坑开挖涉及的浅部土层①₃、②₁、②₂ₐ、②₂ᵦ、③₂、④₁、④₂层为淤泥类土或软黏土，具有高含水率、高压缩性、高触变、高流变以及低渗透性和低强度等特性，在动力作用下，土体结构较易破坏，使强度骤然降低，基坑开挖后，土体的回弹会对基坑支护结构、周围邻近已有建筑物、地下管线等产生不利影响，时空效应明显。对于坑底位于②₂ᵦ、③₂、④₁及④₂层灰色软土段的基坑，在基坑开挖时应尽量减少对坑底的扰动，做到快速开挖、快速支撑、快速封底等措施，减少流变引起的变形。坑底土需采取适当的加固措施，处理方法一般可采用水泥搅拌桩进行抽条加固。

（5）流砂、管涌

据勘察揭露，鄞县大道站（3 号线）主体结构基坑坑底主要为③₂层粉质黏土，其土质不均匀，混较多粉土或粉砂团块，在饱水状态下，③₂层极易坍塌变形，稳定性差。基坑开挖中，若不采取降水措施或降水效果不好，该层土在水头差的作用下，可能会产生流砂或管涌现象，可在坑内进行疏干降水后开挖，坑外围护墙接缝处采用高压旋喷桩止水处理。

（6）基坑边坡变形问题

鉴于基坑围护范围土层基本由淤泥质土及软黏土组成，淤泥质土在动力作用下土体强度极易降低，发生塌滑。当土体原有应力状态发生变化后，墙后土体势必向基坑方向发生位移，而且变形历时较长。为控制基坑围护体及墙后土体发生过大的水平及垂直向位移，在确保围护体强度、足够的入土深度的同时，应采取设置多道内支撑措施进行预防。采用钢支撑时，应采取多次施加预应力，可明显减少水平位移。

（7）基坑施工时应注意的问题

① 导墙是控制地下连续墙各项指标的基准，它起着支护槽口土体，承受地面荷载和稳定泥浆液面的作用，本工程车站局部填土层厚度较大，导墙开挖易坍塌，对填土厚度较大地段导墙，建议施工前可通过地表注浆进行地基加固及防渗堵漏，对填土内的大块石采用小直径颗粒进行换填。

② 由于场地浅部软土具高灵敏度、高压缩性，易缩径，针对此地质条件地下连续墙施工时应引起重视，施工时注意调整泥浆性能，防止塌孔，严格控制垂直度。必要时可进行试成槽。

③ 地下连续墙施工应重视接头的处理，如处理不当，易造成基坑的渗漏点，可在两幅墙之间墙外侧采用高压旋喷桩止水措施。

④ 基坑开挖范围内的①$_3$、②$_1$、②$_{2a}$、②$_{2b}$、③$_2$、④$_1$、④$_2$层淤泥类土及软黏土具有明显触变、流变特性，在动力作用下土体结构极易破坏，且土体开挖时会有一定的回弹，设计时应注意土体回弹会对基坑支护结构、周围邻近已有建筑物、地下管线等产生不利影响。

⑤ 基坑开挖造成的水平位移应严格控制：根据宁波地铁 1 号线资料，车站采用地下连续墙围护，明挖顺筑法基坑开挖后水平位移一般可达 7 ~ 8 cm，基坑边有建筑物、重要管线，应增加支撑道数，并加大围护结构入土深度等。采用钢支撑时，采取多次施加预应力可明显减少水平位移。

⑥ 为确保地铁车站在施工及使用阶段的安全，根据施工及运营等不同阶段的受力情况，各车站按需可设置中间立柱桩。抗拔桩或立柱桩桩长、桩基持力层可根据结构特点、受荷大小、变形控制要求等综合确定。根据当地工程经验，抗拔桩或立柱桩桩型一般采用钻孔灌注桩。

⑦ 当出入口选择 SMW 工法桩进行支护时，应预先清除表部块石等障碍物，以确保顺利施工和施工质量。

⑧ 对基坑下承压水采取降水措施时，应完全隔断与坑外承压水的联系，否则将导致地面沉降，影响周边管线破裂、建筑物开裂，甚至将导致坑边土体产生过大位移，影响基坑施工。

⑨ 基坑开挖时应加强支护结构及坑边土体水平位移、沉降的监测，同时也要做好对周边建筑物、管线的监测，及时反馈，做到信息化施工。

10.6.7　工程施工与环境的相互影响

地铁工程具有施工难度大、工期长、费用高以及对周围环境的影响大等问题，其中的环境保护问题已经成为重中之重。同时，保护邻近建筑（或管道）的安全并保证其正常使用具有重大的经济效益和社会效益。

1. 场地周边环境对地下车站建设的影响

鄞县大道站位于城市交通主干道上，车流量大，车辆的动荷载对基坑的影响较大，应提高基坑设计安全等级和加强支护措施。车站西北角、西南角为绿地、广场，地面相对空旷，场地东南角为广博大厦，为高层商务办公楼，29 层，有 1 层地下室，东北角为南苑环球酒店，42 层，有 2 层地下室。特别是 4 号出入口及 5 号风亭组靠近现有地下室边界，距离 16～18 m，基坑开挖时对其影响较大。在基坑开挖时，通过布设在以上建筑物内的沉降、倾斜监测点，监测建筑物的变形值，该变形值不得超过相应规范的允许值。鄞县大道地下管线密布，纵横交错，重要的管线有电力管、军用通信管、污水管、雨水管等，埋深 2.8～6.8 m 不等，且多穿越鄞县大道与天童南路，对地铁施工影响大，施工前应予以迁移。

2. 基坑开挖对周边环境影响分析

鄞县大道站深大基坑开挖施工对周边环境的影响主要为沉降和位移，引起周边建筑物和道路产生沉降、开裂和倾斜，地下管线发生侧移、沉降和开裂等。工程施工开挖将产生大量渣土，且渣土以软土为主，渣土的堆放地点、堆放高度和坡率等，应纳入施工设计内容，以避免在强降雨时因弃渣不合理堆放而诱发滑坡等次生灾害。

（1）基坑工程中的环境保护

对于基坑周围环境的保护，可采取如选用刚度大的围护结构，进行基坑内外的地基加固以提高土体的抗变形能力，对基坑近旁的建筑物和构筑物进行地基加固或地基处理，在基坑与建筑物间设置隔断桩或隔断墙以及注浆保护，通过少量注浆影响变形传播的途径等措施。

另外，时空效应法是为解决深基坑整体稳定和坑周地层位移控制问题而提出的方法，即在基坑施工过程中，每个开挖步骤的开挖空间几何尺寸、围护墙无支撑暴露面积和时间等施工参数对基坑变形具有明显的相关性。考虑时空效应的施工步骤的主要特点是：根据基坑规模、几何尺寸、围护墙体及支撑结构体系的布置、基坑地基加固和施工条件，按照"分层、分块、对称、平衡、限时"的原则确定施工方案，并注意软土层开挖坡度。

（2）基坑降水

为减少井点降水对周围建（构）筑造成的影响和危害，通常采取下列措施：

① 采用全封闭形的挡土墙或其他的密封措施，如地下连续墙、灌注桩＋止水帷幕等，将井点设置在坑内，井管深度不超过挡土墙的深度，仅将坑内水位降低，而坑外的水位将维持在原来的水位。

② 井点降水区域随着降水时间的延长，向外、向下扩张，若在两排井点的当中，基坑很快形成降水曲面，坑外降水曲面扩张较慢。因此，当井点设置较深时，随着降水时间的延长，可以适当地控制抽水量和抽吸设备真空度。当水位观测井的水位达到设计控制值时，调整设备使抽水量和抽吸真空度降低，达到控制坑外降水曲面的目的。

10.6.8 结论与建议

1. 结 论

① 本次勘察严格按照现行有关规范及委托要求执行，达到了预期目的，可作为宁波市轨道交通3号线一期工程勘察 KC301 标段鄞县大道站施工图设计阶段的工程地质依据。

② 本次勘探查明了拟建场地勘探深度以浅的地基土的构成、分布特征、物理力学性质等，将地基土划分为 11 个工程地质层，28 个工程地质亚层。

③ 鄞县大道站建筑场地设防水准 50 年超越概率 10% 的地震动峰值加速度为 0.05 g，抗震设防烈度为 6 度，最终以地震主管部门审查通过的地震安评报告为准，设计地震分组为第一组，属建筑抗震一般地段，工程抗震设防分类为重点设防类（乙类）。

④ 按《建筑抗震设计规范》（GB 50011）判定：3、5 号线鄞县大道站建筑场地类别为Ⅲ类；按《铁路工程抗震设计规范》（GB 50111）判定：3、5 号线鄞县大道站建筑场地类别为Ⅳ类。建议地下建筑按地铁行业规范将本工程建筑场地类别判定为Ⅳ类，地面附属设施可按建筑抗震设计规范将本工程建筑场地类别判定为Ⅲ类。设计可根据所采用规范选择合适的场地类别。

⑤ 场地在 7 度地震条件下可不考虑砂土地震液化和软土震陷的影响。

⑥ 场地内主要障碍物为密集分布的地下管线，施工前应予以迁移。

⑦ 勘探期间测得潜水位埋深 0.5～2.0 m，标高为 0.82～2.19 m。水位受季节及气候条件等影响，但动态变化不大，潜水位变幅一般在 1.0 m 左右。对工程影响较大的主要承压水含水层有⑤$_5$层粉土（含⑤$_3$层）、⑦$_{1a}$层粉土及⑧$_3$层砾砂，根据本次详勘抽水试验的初步成果及初勘资料，⑤$_5$层粉土（含⑤$_3$层）承压水水头标高 0.47 m，⑦$_{1a}$层粉土承压水水头标高 −2.52 m，⑧$_3$层砾砂承压水水头标高 −2.03 m。

⑧ 在Ⅱ类环境类型影响下：场地地表水在长期浸水和干湿交替条件下对混凝土结构具微腐蚀性，对钢筋混凝土结构中的钢筋均具微腐蚀性；浅部的孔隙潜水在干湿交替和长期浸水条件下对混凝土结构均具微腐蚀性，对钢筋混凝土结构中的钢筋均具微腐蚀性，考虑地层渗透（弱透水层）影响时对混凝土结构具弱腐蚀性；在长期浸水条件下，⑤$_5$、⑦$_{1a}$层孔隙承压水对混凝土结构均具微腐蚀性，对钢筋混凝土结构中的钢筋均具微腐蚀性，⑧$_3$层孔隙承压水对混凝土结构具弱腐蚀性，对钢筋混凝土结构中的钢筋具微腐蚀性。

地下水位以下的地基土对建筑材料的腐蚀性与所处位置地下水类同，地下水位以上的地基土对混凝土结构具微腐蚀性，对钢筋混凝土结构中的钢筋具微腐蚀性。

⑨ 场地地形平坦开阔，河岸稳定性较好，无滑坡、崩塌等地质灾害分布，区域地面沉降影响不大，场地基本稳定，较适宜本工程建筑。

2. 建 议

① 根据勘察结果，鄞县大道站基坑开挖直接涉及的土层开挖后稳定性差，⑤$_1$层性质较好，土层开挖后较稳定。根据工程重要性、场地地质条件及场地四周环境综合分析，基

坑必须采取支护措施,宜根据基坑开挖深度从经济技术角度分别考虑支护措施。对地下 2 ~ 3 层的车站主体结构基坑支护应采用地下连续墙加多道内支撑方案,支撑道数、支撑类型宜根据受力分析和稳定性验算确定;附属二层地下结构（5 号线风亭）可采用钻孔灌注桩 + 搅拌桩止水帷幕进行支护,其余附属一层地下结构可考虑选择 SMW 工法进行支护。围护体（排桩或地下连续墙）入土深度、宽度和强度等应通过各类稳定性验算后综合确定。

② 本车站基坑底部大部分土层性质差,局部位于软硬相交处,对建筑物沉降变形不利,因此需对软土坑底进行加固处理,处理方法一般可采用水泥搅拌桩进行抽条加固。

③ 导墙是控制地下连续墙各项指标的基准,场地局部填土厚度大,地下水位埋深浅,局部地段块石较大,导墙施工前可通过地表注浆进行地基加固及防渗堵漏;填土、浅部软土成槽过程易产生坍塌,地下连续墙施工时注意调整泥浆性能,防止塌孔,严格控制垂直度。

④ 由于地下工程埋深大,地下水位高,浮力较大,应考虑设抗浮桩根据当地经验,车站抗浮设防水位可取室外地坪下 0.5 m 或 50 年一遇的防洪设计水位 2.80 m（1985 国家高程基准）,设计时按不利条件选用。

⑤ 建议场地防洪水位取 3.15 m,具体应根据防洪影响评价报告为准。

⑥ 估算结果表明,深部⑧$_3$层承压水不会发生基坑坑底突涌,浅部⑤$_5$层（含⑤$_3$层）承压水在车站主体结构和 5 号线风亭处会发生基坑突涌,而在出入口等附属结构处不会发生基坑突涌。根据现场抽水试验的结果,水量不大,可适当采取降水措施以确保基坑开挖安全。

⑦ 深基坑开挖应做好防水、止水措施,基坑周围设截排水沟,对排桩加水平内支撑支护方案,应在支护桩外围设隔水幕墙。

⑧ 基坑挖土应做到分区分层均匀开挖,并注意开挖坡度,防止土体侧向位移造成工程桩倾斜偏位甚至断裂。同时,基坑开挖时禁止在基坑周边堆土,挖土应及时清运;在基坑开挖过程中应尽量减少对坑底的扰动,做到快速开挖、快速支撑、快速封底等措施,减少流变引起的变形,土方开挖完成后应立即对基坑进行封闭,防止水浸和暴露,并应及时进行地下结构的施工。必须注意基坑周围的堆土高度和加强现场观测工作,同时对基坑及周边建（构）筑物进行监测,以防因基坑开挖、堆土和降水等而造成支护结构失稳和对邻近建（构）筑产生破坏,做到信息化施工。同时对一些异常情况采取必要的工程措施确保工程安全。

⑨ 主体基坑结构开挖会对附属结构地段的土层有扰动,可能存在明显的扰动影响,设计及施工时应予以注意。

⑩ 鉴于本工程的重要性,且工程地质条件较为复杂,应进行单桩竖向抗压力及抗拔静载荷试验,以便取得较为准确合理的桩基设计参数。

⑪ 本工程建设可能引发的环境工程地质问题主要有以下几个:施工对周围已有建（构）筑物和地下管线的影响,基坑开挖降、排水产生的附加地面沉降问题,灌注桩泥浆污染,施工产生大量渣土的堆放问题,施工过程中振动、噪声、扬尘、废污水等的污染问题。

⑫ 根据有关规范,土的水平比例系数 m 应根据单桩水平静载荷试验确定,本次勘察中提供的参数仅供参考,设计可根据场地工程地质条件和自己经验取值。

10.7　KC301标南部商务区站—鄞县大道站区间详勘阶段岩土工程勘察报告

10.7.1　工程概况及周边环境

1．工程概况

南部商务区站—鄞县大道站区间线路出南部商务区站后，线路沿天童南路敷设，侧穿吉祥桥，在鄞县大道与天童南路路口进入鄞县大道站。区间起讫里程为 YCK7＋791.800—YCK8＋942.600，区间线路总长 1 150.800 m，最小曲线半径 800 m，线间距 12～17 m，盾构直径为 6.2 m。隧道顶部埋深 9.6～18.2 m，底板埋深 15.7～22.6 m，线路最小纵坡 2‰，最大纵坡 25‰。区间在里程 YCK8＋280.000 处设置带泵房的联络通道一座，顶板埋深约 17.3 m，底板埋深约 23.5 m。

本区间沿线建（构）筑物主要有奥克斯大厦、吉祥桥、鄞州区建设局办公楼及鄞州区设计院等。区间拟采用盾构法施工；联络通道与泵站结合设置处拟采用地面深层搅拌桩加固＋矿山法开挖施工。

2．场地及周边环境

南部商务区站—鄞县大道站区间线路出南部商务区站后，线路沿天童南路敷设，侧穿吉祥桥，在鄞县大道与天童南路路口进入鄞县大道站。本区间沿线建（构）筑物主要有奥克斯大厦、吉祥桥、鄞州区建设局办公楼、鄞州区设计院、广博大厦等。

3．地下障碍物

南部商务区站—鄞县大道站区间位于天童南路上，沿线地下管线密布，纵横交错，地下管线分布复杂，如饮水、电信及天然气、污水、雨水管等，施工时应充分重视。

根据设计总平面图及其内文字说明，南部商务区站—鄞县大道站区间沿线地下障碍物主要风险源为 YCK8＋100 桥和吉祥桥，本地下盾构区间下穿 YCK8＋100 桥、侧穿吉祥桥。YCK8＋100 桥采用 200 mm × 200 mm 的预制方桩，桩长约 6.0 m，桩底标高－9.5 m；吉祥桥桥台采用 φ800 mm 钻孔灌注桩基础，桩长约 35.5 m、38.5 m，桩底标高约－33.1m、－35.1m；桥墩采用 φ800 mm 钻孔灌注桩基础，桩长约 39.5 m，桩底标高约－37.1 m，台后采用 φ500 粉喷桩进行加固，桩长约 10.5 m，桩底标高－9.5 m，桩基距区间盾构外边缘仅 1.2 m。具体情况详见《宁波市轨道交通 3 号线工程管线探查资料》和《宁波市轨道交通 3 号线工程地下障碍物探查成果报告》，设计施工时应充分重视，需要在区间盾构施工期间采取措施进行保护或者改迁。

10.7.2 勘察依据、勘察目的及勘察等级

1. 勘察依据

勘察依据主要是相关轨道交通工程招投标文件以及相关国家、行业以及地方性规范。

2. 勘察目的与任务

本次勘察为详细勘察阶段。勘察目的是详细查明拟建南部商务区站—鄞县大道站区间沿线的工程地质、水文地质条件，并作出定量或定性评价，对不良地质、特殊地质提出治理措施，为施工图设计提供详细的地基土特性指标和岩土设计参数，并作出分析、评价和建议，且满足施工要求。需解决的主要技术问题具体如下：

① 详细查明拟建区间的区域地质、水文地质及工程地质条件，重点查明盾构隧道经过的土层中是否存在不良地质问题，并分析其对工程设计施工可能产生的不利影响和潜在威胁，提供预处理方案，并为防治工程的设计和施工提供计算参数和必要的资料。

② 详细查明拟建区间河湖淤积物的发育及分布、明（暗）浜、古河道分布、古建筑遗址，并结合工程要求提出分析评价。

③ 对场地地震效应作出评价：根据已有地震资料及规范规定，提供拟建场区的场地类别、地基土类型、抗震设防烈度、设计地震加速度、地震动反应谱特征周期等；并对拟建区间地基土液化可能性进行判定，为设计采取必要的抗液化措施提供依据；并对工程沿线软土地基的震陷进行判定。

④ 确定并提供拟建区间地基土隧道围岩分类和岩土施工分级。

⑤ 详细查明拟建区间水文地质条件，包括地下水类型、埋藏条件及腐蚀性，提供相关土层特别是砂土、粉性土的渗透性指标，对于区间联络通道，重点查明通道所处部位地层和承压水分布情况，对通道土体加固措施提出建议和作出相应评价。

⑥ 查明区间的各土层土壤电阻率。

⑦ 详细查明高灵敏度、高塑性的软土层及强透水性的松散粉性土、砂土层的分布、性质，评价上述地基土对隧道盾构施工时可能产生的各种影响，并提出相应的防治措施。

⑧ 提供设计所需的有关参数（渗透系数、静止侧压力系数、无侧限抗压强度、三轴UU试验强度、次固结系数、地层抗力系数、不均匀系数及 d_{70}，测定地下水的 pH、氯离子、硫酸根离子的含量等），提出适宜的技术措施及合理的工程建议，满足施工图设计的要求。

3. 勘察等级的确定

（1）工程重要性等级

南部商务区站—鄞县大道站区间为地下盾构区间，工程破坏的后果很严重，工程重要性等级为一级。

（2）场地复杂程度等级

场地属于滨海冲湖积平原，地貌类型单一，抗震设防烈度为6度，场地浅部软土层厚度大，根据《建筑抗震设计规范》（GB 50011）场地属建筑抗震不利地段，根据《软土地区岩土工程勘察规程》（JGJ 83）6.2.1条，场地土层的剪切波速均大于90 m/s，确定场地属可以建设的一般场地，场地复杂程度为中等复杂场地。根据《城市轨道交通岩土工程勘察规范》（GB 50307）确定场地复杂程度等级为一级（复杂场地）；根据《岩土工程勘察规范》（GB 50021）确定场地复杂程度等级为二级（中等复杂场地）；根据《宁波市轨道交通岩土工程勘察技术细则》确定场地复杂程度等级为中等复杂场地。根据上述相关规范及3号线专家评审意见，综合分析判定场地建筑类别为一般场地，场地复杂程度等级为二级（中等复杂类型）。

（3）地基等级

拟建场地岩土种类较多，均一性较差，性质变化较大，且广泛分布有软弱的淤泥质土和淤泥等特殊性岩土，按照《岩土工程勘察规范》（GB 50021）判断，地基等级属中等复杂地基。

（4）工程周边环境风险等级

南部商务区站—鄞县大道站区间主要在重要城市主干道路下，市政道路车流量大，地下管线分布密集，且局部要穿越河流，周边环境与工程相互影响大，破坏后果严重，属二级环境风险。

（5）岩土工程勘察等级

综合建（构）筑物工程重要性等级、场地等级、地基等级和工程周边环境风险等级，按《城市轨道交通岩土工程勘察规范》（GB 50307）规定，确定拟建的宁波市轨道交通3号线一期工程勘察KC301标段南部商务区站—鄞县大道站区间岩土工程勘察等级属甲级。

10.7.3 勘察方案布置

1. 勘察手段

根据《城市轨道交通岩土工程勘察规范》（GB 50307）和国标《岩土工程勘察规范》（GB 50021）及其他相关勘察规范要求，并结合设计提出的技术要求，本次详勘采用传统的现场钻探取样、水文地质试验、工程物探（波速试验、电阻率测试）、原位测试（静力触探试验、扁铲侧胀试验、十字板剪切试验、标准贯入试验、圆锥动力触探试验）、地温观测和室内试验相结合的综合勘探方法，以合理的勘察工作量、先进的勘察手段和工艺，及时、准确、全面地获取本工程场地内的各项岩土技术参数，以满足设计的需要。

2. 勘探孔平面布置

（1）勘探点平面布置原则

勘探点平面布置原则见表 10.35，勘探点点平面布置图见图 10.13。

表 10.35　勘探点平面布置原则

工程性质	平面位置	孔　距
地下区间	◇ 布置在结构轮廓线外侧 3～5 m 交叉布置 ◇ 勘探孔移动距离不应大于 5 m	勘探孔投影间距 35～50 m，地层变化大及不良地质发育地段，钻孔宜加密
YCK8＋280.000 联络通道	◇ 结构轮廓线外侧 3～5 m 左、右线各布置 1 个勘探孔 ◇ 勘探孔移动距离不应大于 5 m	

勘探孔布置时应充分考虑利用了初勘孔。

在场地条件限制不能原位施工的勘探孔可适当调整，孔位移动一般不大于 5 m，施工条件非常困难、移动距离较大时须报现场监理，由项目负责和现场监理工程师现场确定，但相邻勘探孔间距不能超过 50 m。

（2）勘探孔的性质及数量

① 按以上原则结合初勘勘探孔，本区间合计 15 个控制性孔、8 个一般性孔，控制性孔占勘探孔总孔数 1/2 以上。本区间布置的勘探孔均为取土样钻孔、取土标贯孔和原位测试孔。其中取土样钻孔合计 12 个，取土标贯孔合计 3 个，静力触探孔合计 8 个，取土样钻孔占勘探孔总孔数（钻孔＋静探之和）1/2 以上。

② 布置 2 个波速试验孔，利用初勘 1 个波速试验孔（Q4CV1）。

③ 布置 1 个土壤电阻率测试孔，利用初勘 1 个土壤电阻率测试孔（Q4CD1）。

④ 布置 2 个扁铲侧胀试验孔，利用初勘 2 个扁铲侧胀试验孔（Q4CB1、S5CB1）。

⑤ 布置 2 个十字板现场剪切试验孔，利用初勘 2 个十字板现场剪切试验孔（Q4CS1、S5CS1）。

⑥ 利用初勘⑤$_{5a}$ 层粉砂层单孔抽水试验孔（S4CC2）、⑤$_6$ 层砾砂层单孔抽水试验孔（S3CC1、S4XC1）和长期观测孔（S3CY1）及⑧$_3$ 层砾砂层单孔抽水试验孔（S4CC1）。

（3）勘探孔深的确定

勘探孔深度的确定主要依据《城市轨道交通岩土工程勘察规范》（GB 50307）、线路埋深、沿线工程地质条件及国家现行有关规范。

地下区间：南部商务区站—鄞县大道站区间控制性勘探孔深度不小于隧道底以下 3 倍隧道直径，同时满足底板下不小于 20 m，一般性勘探孔深度不小于隧道底以下 2 倍隧道直径，根据设计提资，纵断面量测结构底板埋深 15.7～22.6 m，故此本区间设计一般性勘探孔孔深为 45.0 m，控制性孔孔深 55.0 m。一般性勘探孔全部为采用静力触探孔，控制性孔全部为钻孔。

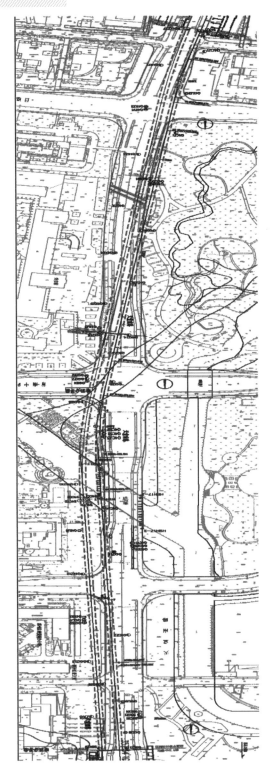

图 10.13　南部商务区站—鄞县大道站区间勘探点平面布置图

YCK8 + 280.000 联络通道及泵房：勘探孔深度应不小于拟建联络通道或需加固端头结构埋深的 2.5 倍，并探明下伏承压含水层情况，本次布置的 2 个控制性孔深度应揭穿⑧层砂层，故设计孔深为 70.0 m，2 个控制性孔全部为取土孔。

其他：静力触探孔至设计深度为 45.0 m；十字板剪切试验做至结构底板以下，一般孔深 25～35 m，以揭穿上部软土为原则，遇硬土可终止试验；扁铲侧胀试验深度从地面至结构线底板以下 5～10 m，设计孔深约 35 m；波速试验深度不小于 50m；电阻率测试进入结构底板以下，设计深度为 35 m。

（4）水、土、岩石试样的采取

为保证各类样品的质量，满足工程设计需要，原状土样的质量等级基本达到 I 级试样标准，满足试验要求。针对场地内的地层特征和工程的重要性，不同的地层采用不同的取样工具和取样方法。软土采用薄壁取土器压入法取土样，砂土采用专用环刀取砂器锤击法采取。一般黏性土采用 HY 型上提活阀式取土器连续压入法或锤击法采取，硬土层采用回转上提活阀式取土器采取。原状土样取出后及时蜡封，并贴好土样标签装入防震箱，分批送往实验室测试，在贮存和运输过程中采取了防震、防晒、防水等措施。

原状样：在黏性土和粉土中采取。对于地下区间隧道，5～20 m 范围内取样间距为 1.0～1.5 m，其余范围取样间距为 2.0～3.0 m；对于联络通道及泵房处的勘探孔（如 Q4XZ14 和 Q4XZ15 孔），11.0～30.0 m 范围内取样间距为 1.0～1.5 m，其余范围取样间距为 2.0～3.0 m。区间隧道及旁通道处的取样孔，在隧道顶点以上 0.5D（盾构直径）至隧道底以下（有泵站处为泵站结构板底以下）0.5D 的范围内应连续取样或加密取样，并对旁通道处所取土样拍摄彩色照片。土层厚度大于 8 m 时，可按上、中、下取 3 组样品。对于厚度大于 0.5 m 小于 2 m 的土层，必须取样。纯净的砂取扰动样。

扰动样：砂土及碎石土取扰动样，取样间距 1.5～3.0 m。在砂层、混合土、残积土进行标贯试验时，利用标贯试验采取的扰动土样测定土的颗粒组成。

水样：采取潜水试样 1 组（每组 2 瓶，1 000 mL/瓶做简分析，500 mL/瓶加大理石粉），利用初勘 1 组地下水；初勘在 Q4CZ4 处三桥河处已取 1 组地表水样，本次详勘对该处地表水不再取水样；初勘已对⑤$_{5a}$层粉砂承压含水层取了 3 组水样进行化验分析、初勘及详勘对⑤$_6$层砾砂承压含水层取了 6 组水样进行化验分析、初勘对⑧层砾砂承压含水层取了 3 组水样进行化验分析，本区间详勘对以上 3 层承压含水层不再取水样分析。

（5）原位测试

本次勘察采取静力触探试验、标准贯入试验、圆锥动力触探试验、十字板剪切试验、扁铲侧胀试验、波速测试、电阻率测试等原位测试手段。

（6）室内试验

室内试验执行《岩土工程勘察规范》（GB 50021）第 11 章的规定，土工试验一般按《土工试验方法标准》（GB/T 50123），以及其他适用的规定执行。

① 原状样。

所有原状土样均作常规测试，目的是取得不同土层的定量的物理力学性质指标，测定或计算土的含水率（w）、重度（γ）、比重（G）、孔隙比（e）、液限（ω_L）、塑限（ω_P）、塑性指数（I_P）、液性指数（I_L）、压缩系数（α）（最大压力大于自重压力和附加压力之和）、压缩模量（E_s）和直剪固结快剪指标（c、φ）等，扰动样进行颗粒分析试验。

所有原状土样均作常规测试外，还加测一部分特殊试验项目，如三轴不固结不排水抗剪强度（UU）、渗透系数、固结系数、次固结系数、双向基床系数、静止侧压力系数、泊松比、前期固结压力、无侧限抗压强度、有机质等。要求常规样品数每层不少于 10 件，特殊试验样品数每层每项一般不少于 3 件。

a. 三轴剪切试验。

三轴抗剪强度试验主要在盾构区间影响范围（①层、②层、③层、④层、⑤层及⑥层）的土层进行三轴 UU 剪切试验。

b. 室内渗透试验。

为满足渗流计算和基坑人工降低地下水位的设计参数，在盾构区间影响范围（①层、②层、③层、④层、⑤层及⑥层）的土层进行渗透试验（水平向 k_h 和垂直向 k_v）。

c. 室内固结试验。

为查明土层的固结速度，对被动土进行加固处理提供设计参数，在（①层、②层、③层、④层、⑤层及⑥层）的土层进行固结试验及次固结试验（水平向 C_h 和垂直向 C_v）。

d. 高压固结试验。

对勘探范围内的所有地层进行高压固结试验，用于提供前期固结压力。

e. 无侧限抗压强度试验。

用于饱和软黏性土地基强度计算，施工期稳定性验算，主要在①层、②层、③层、④层、⑤层及⑥层进行，并计算其灵敏度。

f. 静止侧压力系数 K_0 试验。

主要在①层、②层、③层、④层、⑤层及⑥层土中进行静止侧压力试验以提供静止侧压力系数 K_0 值和泊松比 μ。

g. 基床系数试验。

主要在①层、②层、③层、④层、⑤层及⑥层土层中提供水平向 K_h 和垂直向 K_v 基床系数。

h. 有机质含量：主要在饱和淤泥质土中进行测试，采用灼失量试验法。

i. 热物理指标：为获取盾构施工范围内的各地层热物理参数，本区间主要在联络通道钻孔中结构上下 6 m 范围内土层中按每层选择 3 个土样进行热物理指标试验，主要提供导热系数、比热容及导温系数。

② 扰动样。

砂土、粉土、砂质黏性土、砾质黏性土应做颗粒分析试验，不得漏测黏粒含量。颗粒分析试验应提供不均匀系数、曲率系数等参数，并提供有代表性的颗粒大小分布曲线。

③ 水样。

水样进行简分析 + 侵蚀 CO_2 试验，为地下水对混凝土结构的腐蚀性判断提供依据。

（7）其他

对所有钻孔进行有效封孔，并对全孔岩芯进行拍照。

10.7.4 水文及水文地质条件

1. 地表水

宁波平原河渠密布，每平方千米面积内河渠长度在 2.5～4.0 km，河渠宽度在 15～50 m，线路附近主要为横塘河、铜盆闸河、汗江河及少量无名河等。河水位一般低于地面 0.5～1.2 m，水深 3.0～3.5 m，局部水深可达 6.0 m。河渠都互相联通，与甬江、奉化江及姚江有水闸控制。南部商务区站—鄞县大道站区间沿线地表水主要是首南中路北侧的三桥河，河宽 28～35 m，河水位一般低于地面 0.5～1.5 m，河道深 2.5～3.0 m。本工程斜穿三桥河，河底下穿越长度约 45 m，三桥河河道详情见表 10.36。

表 10.36　河道、水域情况一览表

名　　称	里程/m	河宽/m	河深/m	浮泥厚/m
三桥河	YCK8＋478—YCK8＋520	29	2.5～3.0	0.5

2. 地下水

（1）孔隙潜水

松散岩类孔隙潜水主要赋存于场区表部填土和浅部黏土、淤泥质土层中。赋存于表部填土中的孔隙潜水，由于其岩性的不均匀性，岩性以砖块碎石为主，其富水性、透水性及渗透性均较好，地表水联系密切，主要接受地表水、管道渗漏水和大气降水的补给。

赋存于表部黏土、淤泥质土层中的孔隙潜水，富水性及透水性均较差，渗透系数在 5.0×10^{-6}～4.07×10^{-7} cm/s，水量贫乏，主要接受大气降水的竖向入渗补给和地表水的侧向入渗补给，多以蒸发方式排泄。水位受气候条件等影响，季节性变化明显，潜水位变幅一般在 1.0 m 左右。勘察期间测得各勘探孔潜水位埋深为 0.9～2.4 m，相应标高 0.44～2.16 m，潜水最低水位按本次勘察实测水位向下 1.0 m。

（2）孔隙承压水

根据本区钻探资料及附近水文地质孔资料，本区间场地埋藏分布有第 I 含水层组（Q_3）和第 II 含水层组（Q_2）两层孔隙承压含水层，其中第 I 含水层组又分为 I_1 和 I_2 承压水。

① I_1 层孔隙承压水。

第 I_1 层孔隙承压水主要赋存于⑤₃层粉土、⑤₅层粉土、⑤₆层砾砂或⑤₅ₐ层粉砂、中砂，含水层厚 2.0～4.0 m。

其中⑤₃层粉土、⑤₅层粉土，透水性较差，涌水量小，单井涌水量一般小于 50 m³/d，渗透系数在 3.05×10^{-5}～3.34×10^{-5} cm/s，测压水位埋深在 2.72 m 左右，水质为咸水，为微承压含水层。

⑤$_{5a}$层粉砂、中砂，透水性好，涌水量大，单井涌水量 50～100 m³/d，渗透系数在 2.80×10^{-3}～3.10×10^{-3} cm/s，测压水位埋深在 2.55 m 左右，水质为咸水。

⑤$_6$层砾砂透水性好，涌水量大，单井涌水量 100～200 m³/d，局部黏性土含量较高，透水性一般，渗透系数在 1.81×10^{-2}～4.26×10^{-3} cm/s，测压水位埋深在 1.8～2.0 m，水质为咸水。

② I$_2$层孔隙承压水。

第 I$_2$层孔隙承压水赋存于⑧层砂土中，透水性好，渗透系数约 1.81×10^{-2}～2.07×10^{-2} cm/s，水量丰富，单井开采量 1 500～1 800 m³/d，，水温为 19.5～20.0 ℃，水质为微咸水，测压水位埋深一般为 5.0～5.5 m，1965—1987 年系宁波市区地下水主要开采层之一，2003 年后已禁止开采。

③ Ⅱ层孔隙承压水。

第Ⅱ层孔隙承压水赋存于⑨$_2$层砾砂、圆砾、卵石层中，透水性较好，水量较大，单井开采量一般为 1 000～1 500 m³/d，是市区主要淡水开采层之一，水温为 20.5～21.0 ℃，原始水位略高于第Ⅰ含水层，测压水位埋深一般为 10～20 m，1965—1987 年系宁波市区地下水主要开采层之一，2003 年后已禁止开采。

（3）基岩裂隙水

基岩裂隙水分布于宁波平原底部，含水层组由下白垩统方岩组粉砂岩夹砂砾岩组成，地下水渗流途径主要为沿岩土交界面和基岩节理面入渗，地下水赋存主要受岩性、构造、地貌、气候及风化强度等因素控制，因其岩性泥质含量较高，岩石单层厚度大，构造裂隙不发育，主要为风化裂隙水，水量贫乏，水质一般为淡水，主要为 HCO$_3$-Ca·Na 型水。

3. 设计水位建议

本工程主要为地下工程，场地地下水位埋藏浅，孔隙潜水位埋深一般在地面下 0.9～2.4 m。

各含水层水位详见表 10.37。其中⑤$_{5a}$层中砂和⑤$_6$层砾砂为同一含水层，⑧$_1$层、⑧$_3$层为同一含水层，⑤$_3$层和⑤$_5$层粉土由于局部连通，故其也可按同一含水层考虑。在本次勘察期间测量的各承压含水层水位标高见表 10.37。

表 10.37　各含水层承压水测压水头标高表

层号	含水层层号	含水层岩性	分布范围	水位标高/m
⑤$_3$	I$_1$	黏质粉土	主要在靠近鄞县大道站局部分布	0.59
⑤$_5$	I$_1$	黏质粉土	主要在靠近鄞县大道站局部分布	0.59
⑤$_{5a}$	I$_1$	粉砂、中砂	主要在区间 Q4XZ3 孔以北侧分布	0.70
⑤$_6$	I$_1$	砾　砂	主要在区间 Q4XZ3 孔以南分布	−0.30
⑧	I$_2$	粉砂、砾砂	区间范围内均有分布	−2.03

4. 抽水试验成果

由于本区间初勘时已完成 S4CC1 及 S4CC2 两个抽水试验孔，本次详勘未布置抽水试验孔。

采用 3 个落程抽水试验，试验方法采用稳定流，现场试验方法按原地质矿产部《水文地质手册》中的钻孔单孔抽水试验要求进行，稳定时间大于 6 h。抽水试验成果按原地质矿产部《水文地质手册》中各有关计算参数和公式进行计算，见前文所述式（10.1）、式（10.4）。

根据本区间初勘完成的 S4CC1 及 S4CC2 抽水试验孔，同时利用了黄家村站、州大道站、南部商务区站及万达广场站完成的 S2CC1、S3CC1、S4XC1 及 S6CC1 抽水试验资料，计算结果详见表 10.38。

表 10.38 抽水试验成果一览表

层号	孔号	含水层位置/m	含水层厚度 m/m	测压水位埋深/m	稳定流量 Q/(t/d)	抽水降深 S_w/m	抽水井影响半径 R/m	渗透系数 k/(cm/s)	单位涌水量 /[L/(s·m)]
⑤₃	S6CC1	25.4~28.6	3.2	2.72	0.54	4.70	7.93	3.30×10^{-5}	0.0 013
					0.78	7.31	12.41	3.34×10^{-5}	0.0 012
					0.99	10.78	17.51	3.05×10^{-5}	0.0 010
⑤₆	S2CC1	37.7~39.6	1.9	2.00	157.92	14.15	505	1.73×10^{-2}	0.129
					197.68	19.52	555	1.81×10^{-2}	0.111
⑤₆	S3CC1	37.4~39.5	2.1	1.80	39.26	6.22	119.30	4.26×10^{-3}	0.073
					71.52	11.59	228.91	4.52×10^{-3}	0.071
					98.64	16.22	324.61	4.64×10^{-3}	0.070
⑤₆	S4XC1	36.8~39.0	2.2	4.05	68.64	6.45	164	7.50×10^{-3}	0.123
					78.72	10.50	228	5.50×10^{-3}	0.087
					94.56	15.10	305	4.70×10^{-3}	0.072
⑤₅ₐ	S4CC2	33.1~35.0	1.9	2.55	28.13	7.34	115.00	2.80×10^{-3}	0.044
					47.04	12.87	204.24	2.90×10^{-3}	0.042
					68.64	18.83	305.68	3.10×10^{-3}	0.042
⑧₃	S4CC1	52.9~56.0	3.1	5.53	241.68	5.83	246.70	2.07×10^{-2}	0.48
					402.00	10.74	446.84	2.00×10^{-2}	0.43
					542.40	16.73	661.79	1.81×10^{-2}	0.38

注：本次抽水井井管半径均为 0.054 m。

5. 水（土）对建筑材料的腐蚀性

（1）地表水

根据初勘阶段采集的三桥河水质分析成果，场地地表水为低矿化度淡水。按照《岩土工程勘察规范》（GB 50021）进行判定，场地环境类型为Ⅱ类，地表水对混凝土结构具微腐蚀性，对钢筋混凝土结构中的钢筋在长期浸水条件下具微腐蚀性，在干湿交替段具微腐蚀性。

（2）孔隙潜水

本次勘察在场地 Q4XJ6 孔采集了 1 组潜水水样，并利用了初勘 1 组潜水水样。根据水分析成果，场地内孔隙潜水一般为低矿化度淡水，水化学类型以 SO_4-Na·Ca 型和 Cl·HCO_3-Na·Ca 型为主。按照《岩土工程勘察规范》（GB 50021）进行判定，场地环境类型为Ⅱ类，浅部的孔隙潜水对混凝土结构具弱腐蚀性，对钢筋混凝土结构中的钢筋在长期浸水段具微腐蚀性，在干湿交替段具弱腐蚀性。

（3）孔隙承压水

根据初勘进行的 S2CC1、S3CC1、S4CC1、S4CC2 及 S6CC1 合计 5 个抽水孔及详勘进行的 S4CX1 抽水孔承压含水层水样水质分析成果，按照《岩土工程勘察规范》（GB 50021）进行判定，在Ⅱ类环境类型影响下：⑤₃、⑤₅层粉土承压水在长期浸水条件下对混凝土结构均具微腐蚀性，对钢筋混凝土结构中的钢筋均具微腐蚀性；⑤$_{5a}$、⑤₆层孔隙承压水在长期浸水条件下对混凝土结构具微腐蚀性，对钢筋混凝土结构中的钢筋具微腐蚀性；⑧层孔隙承压水对混凝土结构具弱腐蚀性，对钢筋混凝土结构中的钢筋在长期浸水条件下具微腐蚀性。

（4）基岩裂隙水

根据区域地质资料，基岩裂隙水水质一般为淡水，按照《岩土工程勘察规范》（GB 50021）进行判定，在Ⅱ类环境类型影响下：对混凝土结构及钢筋混凝土结构中的钢筋具微腐蚀性。由于本区间基岩埋深达 63.4～73.6 m，隧道底板距离基岩面有⑥、⑨、⑩等厚度约 50 m 的黏性土隔水层，故隧道建设可以不考虑基岩裂隙水的影响。

（5）地基土

场地地下水位埋深浅，地基土基本位于地下水位以下或地下水位的变动范围及毛细水影响带，地基土对建筑材料的腐蚀性，与地基土所处位置的地下水的腐蚀性相近。

10.7.5 场地工程地质条件

10.7.5.1 地形地貌

宁波市轨道交通 3 号线南部商务区站—鄞县大道站区间线路出南部商务区站后，沿天童南路敷设，侧穿吉祥桥，在鄞县大道与天童南路路口进入鄞县大道站。地貌类型属于滨海冲湖积平原，地势开阔较平坦，高程在 2.49～3.83 m。

10.7.5.2 地基土的构成与特征

本次勘察沿用宁波地区 1、2 号线地层分层习惯为依据，首先根据地层时代（即地层上下顺序及其沉积年代）划分工程地质层组，相同沉积年代为同一工程地质层组，以圆圈内阿拉伯数字表示；亚层依据成因类型、岩性、结构构造和物理力学性质进行划分；浅部土层侧重于物理力学性质指标进行划分。鄞州大道站按以上分层标准，同时结合野外钻探资料，将勘探深度范围内的地基土划分为 11 个工程地质层，并细分为 28 个工程地质亚层。

根据上述对工程地质层的划分，从上自下进行分述如下：

（1）①$_1$ 层：杂填土（mlQ）

杂色，松散 ~ 稍密，成分杂，主要由混凝土、石板或沥青路面、碎块石、黏性土、建筑垃圾等组成，大小混杂，均一性差。碎块石分选性差，径一般为 2 ~ 10 cm，个别大于 50 cm。

该层场地内除河塘处缺失外，其他部位均有分布，土质均一性差，厚薄不一，顶板标高 2.49 ~ 3.83 m，层厚一般为 1.20 ~ 4.90 m，平均厚度 2.38 m。

（2）①$_2$ 层：黏土（al-lQ$_4^3$）

灰褐色、灰黄色，软塑 ~ 可塑，一般上硬下软渐变成软塑，厚层状构造，黏塑性较好，土面有光泽，韧性中等 ~ 高，干强度中等 ~ 高，无摇振反应。岩性以黏土为主，局部相变为粉质黏土。

该层场地一般均有分布，局部河塘及暗浜处缺失。物理力学性质尚好，俗称"硬壳层"，具高压缩性，液性指数 $I_L = 0.64$，压缩系数 $\alpha_{0.1 \sim 0.2} = 0.65$ MPa^{-1}，静探锥尖阻力 $q_c = 0.46$ MPa，静探侧壁摩阻力 $f_s = 23.8$ kPa，顶板标高 -0.23 ~ 1.74 m，层厚较薄，为 0.50 ~ 1.90 m，平均厚度 0.91 m。

（3）①$_3$ 层：淤泥质黏土（mQ$_4^3$）

灰色，流塑，厚层状构造，黏塑性好，局部相变为淤泥质粉质黏土，局部含少量有机质条纹，土面稍具光泽，韧性中等，干强度中等，无摇振反应。

该层场地内基本均有分布，局部暗浜处缺失。层位较稳定，物理力学性质差，具高压缩性，液性指数 $I_L = 1.30$，压缩系数 $\alpha_{0.1 \sim 0.2} = 0.94$ MPa^{-1}，静探锥尖阻力 $q_c = 0.25$ MPa，静探侧壁摩阻力 $f_s = 7.2$ kPa，顶板标高 -2.04 ~ 1.11 m，层厚 0.70 ~ 3.10 m，平均厚度 1.71 m。

（4）②$_1$ 层：黏土（mQ$_4^2$）

灰色，软塑，厚层状，土质尚均匀，土面有光泽，韧性高，干强度高，无摇振反应。

该层场地内分布较广泛，局部缺失。层位较稳定，物理力学性质差，具高压缩性，液性指数 $I_L = 0.92$，压缩系数 $\alpha_{0.1 \sim 0.2} = 0.69$ MPa^{-1}，静探锥尖阻力 $q_c = 0.42$ MPa，静探侧壁摩阻力 $f_s = 14.0$ kPa，顶板标高 -3.25 ~ -0.54 m，层厚 0.50 ~ 2.70 m，平均厚度 1.08 m。

（5）②$_{2a}$层：淤泥(mQ$_4^2$)

灰色，流塑，厚层状，含少量贝壳碎屑，土质尚均匀，有光泽，韧性高，干强度高，无摇振反应。

该层场地内分布较广泛，局部缺失，物理力学性质极差，具高压缩性，液性指数 $I_L = 1.55$，压缩系数 $\alpha_{0.1\sim0.2} = 1.21\ \mathrm{MPa}^{-1}$，静探锥尖阻力 $q_c = 0.34\ \mathrm{MPa}$，静探侧壁摩阻力 $f_s = 7.00\ \mathrm{kPa}$，顶板标高 $-3.95 \sim -1.04\ \mathrm{m}$，层厚 $1.60 \sim 8.40\ \mathrm{m}$，平均厚度 $4.22\ \mathrm{m}$。

（6）②$_{2b}$层：淤泥质黏土(mQ$_4^2$)

灰色，流塑，厚层状，含少量贝壳碎屑，土质不均，有光泽，韧性高，干强度高，无摇振反应。局部相变为淤泥质粉质黏土。

该层场地内均有分布，层位较稳定，物理力学性质差，具高压缩性，液性指数 $I_L = 1.34$，压缩系数 $\alpha_{0.1\sim0.2} = 0.92\ \mathrm{MPa}^{-1}$，静探锥尖阻力 $q_c = 0.51\ \mathrm{MPa}$，静探侧壁摩阻力 $f_s = 9.90\ \mathrm{kPa}$，顶板标高 $-10.56 \sim -1.64\ \mathrm{m}$，层厚 $4.00 \sim 12.80\ \mathrm{m}$，平均厚度 $8.26\ \mathrm{m}$。

（7）③$_2$层：粉质黏土(mQ$_4^1$)

灰色，流~软塑，鳞片状或厚层状构造，土质不均一，局部粉粒含量较高，夹较多粉土，含贝壳碎屑，土质较软，稍有光泽，韧性中等，干强度中等，无摇振反应。

该层场地内基本均有分布，物理力学性质较差，具中偏高压缩性，液性指数 $I_L = 1.08$，压缩系数 $\alpha_{0.1\sim0.2} = 0.45\ \mathrm{MPa}^{-1}$，静探锥尖阻力 $q_c = 1.05\ \mathrm{MPa}$，静探侧壁摩阻力 $f_s = 17.4\ \mathrm{kPa}$，顶板标高 $-16.33 \sim -10.00\ \mathrm{m}$，层厚 $1.50 \sim 9.90\ \mathrm{m}$，平均厚度 $4.26\ \mathrm{m}$。

（8）④$_1$层：淤泥质粉质黏土(mQ$_4^1$)

灰色，流塑，鳞片状或厚层状构造，土质不均一，局部粉粒含量较高，含贝壳碎屑，土质较软，局部相变为淤泥质黏土。稍有光泽，韧性中等，干强度中等，无摇振反应。

该层场地内基本均有分布，局部缺失。物理力学性质较差，具高压缩性，液性指数 $I_L = 1.15$，压缩系数 $\alpha_{0.1\sim0.2} = 0.76\ \mathrm{MPa}^{-1}$，静探锥尖阻力 $q_c = 0.90\ \mathrm{MPa}$，静探侧壁摩阻力 $f_s = 15.4\ \mathrm{kPa}$，顶板标高 $-22.73 \sim -13.74\ \mathrm{m}$，层厚 $1.40 \sim 10.50\ \mathrm{m}$，平均厚度 $4.05\ \mathrm{m}$。

（9）④$_2$层：黏土(mQ$_4^1$)

灰色，软塑，细鳞片状构造，土质均一，有光泽，韧性高，干强度高，无摇振反应。含少量半碳化物，黏塑性较好，岩性总体以黏土为主，局部相变为淤泥质黏土或粉质黏土。

该层场地内基本均有分布，物理力学性质较差，具高压缩性，液性指数 $I_L = 0.93$，压缩系数 $\alpha_{0.1\sim0.2} = 0.91\ \mathrm{MPa}^{-1}$，静探锥尖阻力 $q_c = 1.08\ \mathrm{MPa}$，静探侧壁摩阻力 $f_s = 21.4\ \mathrm{kPa}$，顶板标高 $-30.45 \sim -18.46\ \mathrm{m}$，层厚 $1.80 \sim 14.80\ \mathrm{m}$，平均厚度 $6.82\ \mathrm{m}$。

（10）⑤$_1$层：粉质黏土(al-lQ$_3^2$)

灰绿色、灰黄色、灰褐色，可塑，局部硬塑，少数呈软塑状，厚层状构造，黏塑性较好，稍有光泽，韧性中等，干强度中等，无摇振反应，岩性总体以粉质黏土为主，局部为黏土。

该层场地内基本均有分布，物理力学性质较好，具中等压缩性，液性指数 $I_L = 0.35$，压缩系数 $\alpha_{0.1\sim0.2} = 0.28\ \text{MPa}^{-1}$，静探锥尖阻力 $q_c = 2.79\ \text{MPa}$，静探侧壁摩阻力 $f_s = 84.9\ \text{kPa}$，顶板标高 $-33.35 \sim -19.35\ \text{m}$，层厚 $1.50 \sim 9.10\ \text{m}$，平均厚度 $4.42\ \text{m}$。

（11）⑤₂层：粉质黏土 (al-lQ₃²)

灰黄色、褐黄色，软塑~可塑，层状构造，层间夹粉土薄膜，局部为黏土，黏塑性中等，稍有光泽，韧性中等，干强度中等，无摇振反应。

该层场地内在靠近鄞县大道站附近局部分布，揭露的孔号为 Q4CZ6、Q4CZ8、Q4XJ8、Q4XJ9、Q4XZ13、S5CZ1、S5XZ1 及 S5XZ9，物理力学性质较好，具中等压缩性，液性指数 $I_L = 0.67$，压缩系数 $\alpha_{0.1\sim0.2} = 0.35\ \text{MPa}^{-1}$，静探锥尖阻力 $q_c = 2.56\ \text{MPa}$，静探侧壁摩阻力 $f_s = 55.5\ \text{kPa}$，顶板标高 $-31.57 \sim -24.45\ \text{m}$，层厚 $2.70 \sim 6.90\ \text{m}$，平均厚度 $4.32\ \text{m}$。

（12）⑤₃层：黏质粉土 (al-lQ₃²)

灰黄色，棕黄色，中密，很湿，层状构造，粒含量较高，含较多粉细砂和黏性土薄层，无光泽反应，韧性低，干强度低，摇振反应。岩性以黏质粉土为主，局部相变为砂质粉土。

该层场地内在靠近鄞县大道站附近零星分布，揭露的孔号为 Q4XJ9 及 S5CZ1，物理力学性质较好，具中等压缩性，天然孔隙比 $e = 0.844$，压缩系数 $\alpha_{0.1\sim0.2} = 0.22\ \text{MPa}^{-1}$，静探锥尖阻力 $q_c = 3.82\ \text{MPa}$，静探侧壁摩阻力 $f_s = 113.1\ \text{kPa}$，顶板标高 $-31.13 \sim -30.50\ \text{m}$，层厚 $1.60 \sim 1.90\ \text{m}$，平均厚度 $1.75\ \text{m}$。

（13）⑤₄层：粉质黏土 (mQ₃²)

灰色、褐灰色，软塑，局部可塑，厚层状构造，黏塑性中等，稍有光泽，韧性中等，干强度中等，无摇振反应。局部粉粒含量较高相变为粉土。

该层场地内在靠近鄞县大道站附近局部分布，揭露的孔号为 Q4CZ5、Q4CZ6、Q4XJ6、Q4XJ9、Q4XZ11、Q4XZ12、Q4XZ13、S5CZ1、S5XZ1 及 S5XZ9，物理力学性质较差，具中偏高压缩性，液性指数 $I_L = 0.94$，压缩系数 $\alpha_{0.1\sim0.2} = 0.35\ \text{MPa}^{-1}$，静探锥尖阻力 $q_c = 1.80\ \text{MPa}$，静探侧壁摩阻力 $f_s = 34.7\ \text{kPa}$，顶板标高 $-33.08 \sim -28.44\ \text{m}$，层厚 $0.70 \sim 4.40\ \text{m}$，平均厚度 $1.87\ \text{m}$。

（14）⑤₅层：黏质粉土 (al-mQ₃²)

灰色，中密，很湿，层状构造，粉粒含量较高，含较多粉细砂，局部夹较多黏性土薄层，无光泽反应，韧性低，干强度低，摇振反应迅速。岩性以砂质粉土为主，局部相变为砂质粉土。

该层场地内在靠近鄞县大道站附近局部分布，揭露的孔号为 Q4XJ9、S5XZ1 及 S5XZ9，物理力学性质较好，具中高压缩性，天然孔隙比 $e = 0.852$，压缩系数 $\alpha_{0.1\sim0.2} = 0.27\ \text{MPa}^{-1}$，静探锥尖阻力 $q_c = 4.74\ \text{MPa}$，静探侧壁摩阻力 $f_s = 66.7\ \text{kPa}$，标准贯入试验实测锤击数平均值 $N = 23.3$ 击，顶板标高 $-35.30 \sim -30.65\ \text{m}$，层厚 $0.60 \sim 7.00\ \text{m}$，平均厚度 $4.09\ \text{m}$。

（15）⑤$_{5a}$层：粉砂（alQ$_3^2$）

灰黄、灰褐色，中密，饱和，砾径 0.2 ~ 1 cm，含量 10% ~ 20%，土质不均匀，局部为中砂或中砂夹圆砾。

该层场地内 Q4XZ3 孔以北基本均有分布，物理力学性质较好，具中等偏低压缩性，标贯试验实测锤击数平均值 N = 20.6 击，顶板标高 – 34.86 ~ – 27.96 m，层厚 0.90 ~ 7.80 m，平均厚度 3.47 m。

（16）⑤$_6$层：砾砂（alQ$_3^2$）

灰黄、灰褐色，中密，饱和，砂质不均，砾石含量 25% ~ 50%，砾径一般 2 ~ 30 mm，大者达 50 mm 以上，呈次圆状，内充填大量中粗砂，局部含黏性土较多。土质不均，局部为含黏性土砾砂或圆砾。

该层场地内主要分布在 Q4XZ3 孔以南，物理力学性质较好，具低压缩性，重型圆锥动力触探试验实测锤击数平均值 $N_{63.5}$ = 12.2 击，顶板标高 – 36.15 ~ – 33.25 m，层厚 1.60 ~ 4.90 m，平均厚度 2.14 m。

（17）⑥$_2$层：粉质黏土（mQ$_3^2$）

灰色，软塑，局部可塑，薄层状构造，土质不均一，局部夹粉土或粉砂，稍有光泽，韧性中等，干强度中等，无摇振反应，局部相变为黏土。

该层场地内一般均有分布，物理力学性质较差，具中偏高压缩性，液性指数 I_L = 0.88，压缩系数 $\alpha_{0.1~0.2}$ = 0.38 MPa^{-1}，静探锥尖阻力 q_c = 1.93 MPa，静探侧壁摩阻力 f_s = 39.80 kPa，顶板标高 – 39.79 ~ – 31.74 m，层厚 3.20 ~ 12.20 m，平均厚度 6.98 m。

（18）⑥$_3$层：粉质黏土（mQ$_3^2$）

灰色，软 ~ 可塑，厚层状构造，局部粉粒含量较高，夹大量粉土团块或薄层，含少量植物残骸，土质不均，稍有光泽，韧性中等，干强度中等，无摇振反应，局部相变为黏土。

该层场地内一般均有分布，物理力学性质一般，具中高压缩性，液性指数 I_L = 0.77，压缩系数 $\alpha_{0.1~0.2}$ = 0.28 MPa^{-1}，静探锥尖阻力 q_c = 2.13 MPa，静探侧壁摩阻力 f_s = 39.30 kPa，顶板标高 – 46.45 ~ – 40.84 m，层厚 2.60 ~ 8.00 m，平均厚度 5.86 m。

（19）⑦$_1$层：粉质黏土（al-lQ$_3^1$）

灰绿色、灰蓝色，可塑，厚层状，土质不均，局部粉粒含量较高，稍有光泽，韧性中等，干强度中等，无摇振反应。

该层场地内在靠近鄞县大道站附近零星分布，揭露的孔号为 S5CZ2 及 S5XZ9，物理力学性质较好，具中等压缩性，液性指数 I_L = 0.39，压缩系数 $\alpha_{0.1~0.2}$ = 0.22 MPa^{-1}，顶板标高 – 48.93 ~ – 48.00 m，层厚 2.10 ~ 3.70 m，平均厚度 2.90 m。

（20）⑧$_1$层：粉砂（alQ$_3^1$）

浅灰色，中密 ~ 密实，饱和，厚层状构造，土质欠均匀，上细下粗，局部为细砂，局部地段含较多黏性土团块。

该层场地内零星分布，揭露的孔号为 Q4CJ1、Q4CZ5、Q4XZ1、Q4XZ4 及 Q4XZ15，物理力学性质较好，具低压缩性，标准贯入试验实测锤击数平均值 $N = 25.6$ 击，顶板标高 $-49.88 \sim -46.61$ m，层厚 $1.20 \sim 3.00$ m，平均厚度 1.86 m。

（21）⑧₃层：砾砂 (alQ₃¹)

灰色、灰褐色，中密~密实，饱和，厚层状构造，土质不均，圆砾砾径 $0.2 \sim 2$ cm，大者可达 $3 \sim 10$ cm，含量 $30\% \sim 60\%$，局部含量高处可达 70%，圆状~次圆状，充填砂及黏性土。

该层场地内一般均有有分布，物理力学性质好，具低压缩性，重型圆锥动力触探试验实测锤击数平均值 $N_{63.5} = 29.9$ 击，顶板标高 $-52.63 \sim -48.60$ m，揭露层厚 $0.80 \sim 9.80$ m，平均厚度 3.11 m。

（22）⑨₁层：粉质黏土 (al-lQ₂²)

杂色，以灰绿色、灰蓝色为主，可~硬塑，厚层状构造，以粉质黏土为主，局部为黏土，局部粉粒含量较高，稍具光泽，韧性中等，干强度中等，无摇振反应。

该层场地内分布较广泛，物理力学性质较好，具中等压缩性，液性指数 $I_L = 0.63$，压缩系数 $\alpha_{0.1 \sim 0.2} = 0.26$ MPa^{-1}，顶板标高 $-58.40 \sim -51.18$ m，层厚 $0.70 \sim 7.50$ m，平均厚度 3.78 m。

（23）⑨₁ₐ层：粉砂 (alQ₂²)

浅灰绿色，密实，饱和，厚层状构造，土质欠均匀，含少量砾石，局部为中砂。

该层场地内断续分布，物理力学性质较好，具低压缩性，标准贯入试验实测锤击数平均值 $N = 28.4$ 击，顶板标高 $-60.43 \sim -51.11$ m，层厚 $0.80 \sim 5.60$ m，平均厚度 2.76 m。

（24）⑨₂层：砾砂、圆砾 (alQ₂²)

浅灰色、灰褐色，中密~密实，饱和，厚层状构造，砂质不均，上细下粗，局部夹较多黏性土条纹及薄层，相变为粉质黏土。

该层场地内断续分布，物理力学性质好，具低压缩性，重型圆锥动力触探试验实测锤击数平均值 $N_{63.5} = 33.6$ 击，顶板标高 $-61.78 \sim -56.74$ m，揭露层厚 $0.90 \sim 7.30$ m，平均厚度 3.93 m。

（25）⑩₁层：粉质黏土 (al-lQ₂¹)

褐黄、灰紫、灰黄色、砖红色，颜色较杂，可~硬塑，厚层状构造，以粉质黏土为主，局部为黏土，局部含 $0.5 \sim 2.0$ cm 碎砾石，次棱角状，母岩呈全~强风化状，土质不均，稍有光泽，韧性中等，干强度中等，无摇振反应。

该层分布于基岩上部，场地内断续分布，物理力学性质好，具中等偏低压缩性，液性指数 $I_L = 0.36$，压缩系数 $\alpha_{0.1 \sim 0.2} = 0.23$ MPa^{-1}，顶板标高 $-65.03 \sim -58.24$ m，层厚 $2.70 \sim 7.30$ m，平均厚度 4.64 m。

（26）⑫₁ 全风化粉砂岩 (K₁f)

灰紫色、紫红色、黄褐色，泥质胶结，厚层状构造，岩石风化剧烈，原岩结构基本被破坏，岩石风化成粉质黏土，手捏即碎，遇水易崩解，质不均。属极软岩，岩体基本质量等级为V类。

该层在场地仅深孔接露，具低压缩性，顶板标高 −69.56 ~ −59.97 m，揭露厚度 0.70 ~ 12.50 m，平均厚度 2.71 m。

（27）⑫₂ 强风化粉砂岩 (K₁f)

灰紫色、紫红色，粉砂结构，泥质胶结，厚层状构造，岩石风化强烈，节理裂隙发育，岩芯呈碎块状、块状，锤击易碎。属极软岩，岩石天然抗压强度建议值为 3.0 MPa，岩体基本质量等级为V类。

该层在场地仅深孔接露，顶板标高 −75.95 ~ −61.28 m，揭露厚度 0.60 ~ 3.00 m，平均厚度 1.65 m。

（28）⑫₃ 中风化粉砂岩 (K₁f)

紫红色，粉砂质结构，泥质胶结，厚层状构造，节理裂隙稍发育，岩性较破碎，岩芯呈短柱状或碎块状，锤击声哑，易刻痕，节长 5 ~ 30 cm，个别达 50 cm 以上，RQD = 10% ~ 80%。属软岩，岩石单轴饱和抗压强度建议值为 10.0 MPa，岩石单轴天然抗压强度建议值为 14.0 MPa，岩体基本质量等级为V类。根据本次钻探揭露本岩层内无洞穴、无临空面、无破碎岩体和软弱岩层。

该层在场地仅部分深孔接露，未揭穿，物理力学性质好，顶板标高 −71.17 ~ −62.38 m，本次钻入深度 1.50 ~ 6.70 m，平均钻入深度 3.55 m。

10.7.5.3　场地与地基的地震效应

1. 地震动参数

根据 1 : 400 万《中国地震动参数区划图》（GB 18306）及《宁波市地震动峰值加速度区划图》（GB 18306），宁波市轨道交通 3 号线一期工程 KC301 标段南部商务区站—鄞县大道站区间建筑场地设防水准为 50 年超越概率 10% 的地震动峰值加速度为 0.05 g，根据《建筑抗震设计规范》（GB 50011）附录 A.0.9 条，南部商务区站—鄞县大道站区间抗震设防烈度为 6 度，最终以地震主管部门审查通过的地震安评报告为准。

按《建筑工程抗震设防分类标准》（GB 50223）的规定，南部商务区站—鄞县大道站区间抗震设防分类为重点设防类（乙类）。

2. 建筑场地类别

勘察表明，本场地覆盖层厚度小于 80 m，根据本次勘察在 Q4XZ2（Q4XV1）、Q4XZ7（Q4XV2）号钻孔内进行的单孔波速测试资料，结合初勘 Q4CV1 波速测试资料，场地内各土层剪切波速测试成果见表 10.39。

表 10.39　土层剪切波速测试成果表

层号	岩土名称	测试项目	测试孔号			平均值
			Q4XV1	Q4XV2	Q4CV1	
①₁	杂填土	平均剪切波速 V_s/(m/s)	102	106	103	103.7
①₂	黏　土	平均剪切波速 V_s/(m/s)		120		120.0
①₃	淤泥质黏土	平均剪切波速 V_s/(m/s)	101	105	100	102.0
②₁	黏　土	平均剪切波速 V_s/(m/s)	118	125	120	121.0
②₂ₐ	淤　泥	平均剪切波速 V_s/(m/s)	103	105		104.0
②₂ᵦ	淤泥质黏土	平均剪切波速 V_s/(m/s)	122	119	121	120.7
③₂	粉质黏土	平均剪切波速 V_s/(m/s)	160	173	158	163.7
④₁	淤泥质粉质黏土	平均剪切波速 V_s/(m/s)	148	150	143	147.0
④₂	黏　土	平均剪切波速 V_s/(m/s)	206	208	197	203.7
⑤₁	粉质黏土	平均剪切波速 V_s/(m/s)	235	235	217	229.0
⑤₅ₐ	粉　砂	平均剪切波速 V_s/(m/s)	267	276	277	273.3
⑥₂	粉质黏土	平均剪切波速 V_s/(m/s)	237	240	240	239.0
⑥₃	粉质黏土	平均剪切波速 V_s/(m/s)	257	253	252	254.0

场地土层的等效剪切波速 V_{se} 分别为 118.4 m/s、122.1 m/s 及 119.0 m/s，均小于 150 m/s，因此根据《建筑抗震设计规范》（GB 50011）4.1.6 条判定：本工程建筑场地类别为Ⅲ类，设计地震分组为第一组，设计地震动反应谱特征周期为 0.45 s。详见表 10.40。

表 10.40　场地类别判别表

试验孔号	判别标准	计算深度/m	等效剪切波速值 V_{se}/(m/s)	覆盖层厚度/m	场地类别
Q4XZ2	按《建筑抗震设计规范》（GB 50011）	20	118.4	>50，<80	Ⅲ类
Q4XZ7		20	122.1	>50，<80	Ⅲ类
Q4CZ5		20	119.0	>50，<80	Ⅲ类

根据本次详勘钻孔波速测试成果结合初勘波速测试成果，按《铁路工程抗震设计规范》（GB 50111）中的相关公式进行计算，其中等效剪切波速值 V_{se} 计算深度取地面下 25 m，并不得小于基础底面以下 10 m，划分南部商务区站—鄞县大道站区间建筑场地类别为Ⅳ类，特征周期分区为一区，地震动反应谱特征周期值为 0.65 s。详见表 10.41。

表 10.41　场地类别判别表

试验孔号	判别标准	计算深度取地面下 25 m，且不小于基础底下 10 m /m	基础底面埋深 /m	等效剪切波速值 V_{se} /(m/s)	场地类别
Q4XZ2	《铁路工程抗震设计规范》（GB 50111）	29.0	19.0	130.5	Ⅳ 类
Q4XZ7		33.0	23.0	142.7	Ⅳ 类
Q4CZ5		34.0	24.0	148.3	Ⅳ 类

根据上述两种规范判别，建筑场地的类别有所不同。主要原因是由于《建筑抗震设计规范》考虑了场地覆盖层的厚度，而《铁路工程抗震设计规范》没有考虑场地覆盖层的厚度，仅按等效剪切波速来判别场地类别。建议设计时根据所采用规范选择合适的场地类别。

根据场地土层剪切波速值，场地中浅部分布的①₁层杂填土、①₂层黏土、①₃层淤泥质粉质黏土、②₁层黏土、②₂ₐ层淤泥、②₂ᵦ层淤泥质黏土、③₂层粉质黏土、④₁层淤泥质黏土，岩性为流塑状的淤泥质土或软黏土，土层剪切波速值 $V_s \leqslant 150$ m/s，场地土类型为软弱场地土。

场地中部分布的④₂层黏土、⑤₁层粉质黏土、⑤₂层粉质黏土、⑤₃层黏质粉土、⑤₄层粉质黏土、⑥₂层粉质黏土、⑥₃层粉质黏土，岩性为软~可塑状土层，土层剪切波速值 $150 < V_s \leqslant 250$ m/s，场地土类型为中软土。

场地中深部分布的⑤₅ₐ层粉砂、⑤₆层砾砂、⑧、⑨、⑩和⑫₁层全风化基岩，岩性为可塑状硬土层、中密~密实状砂土和砾石以及风化状基岩，土层剪切波速值 $250 < V_s \leqslant 500$ m/s，场地土类型为中硬土。

场地深部分布的⑫₃层中风化基岩，土层剪切波速值 $V_s > 500$ m/s，场地土类型为岩石。

3. 建筑抗震地段

场地属于滨海冲湖积平原，地貌类型单一，场地浅部土质软弱，软土层厚度大，根据波速成果，按《建筑抗震设计规范》（GB 50011）确定本场地属建筑抗震不利地段。

4. 地震液化

拟建南部商务区站—鄞县大道站区间场地 25 m 以浅层不饱和砂土、砂质粉土层分布，故本区间设计时可不考虑砂土液化的影响。

5. 软土震陷

依据《岩土工程勘察规范》（GB 50021）第 5.7.11 条文说明及宁波地区经验，场地浅部土层的等效剪切波速值 V_{sr} 均大于 90 m/s，在抗震设防烈度为 7 度时本区间可不考虑软土震陷的影响。

10.7.5.4　特殊岩土与不良地质作用

拟建场地位于宁波平原区，地形平坦开阔，河岸稳定，场区内及其附近目前不存在对工程安全有影响的岩溶、滑坡、泥石流、崩塌、地下洞穴、地面塌陷和地裂缝等不良地质作用。本工程的主要不良地质作用为区域地面沉降、浅层天然气；特殊岩土主要为厚层软土和人工填土。

1. 特殊岩土

（1）软土

拟建场地属典型的软土地区，广泛分布厚层状软土，其具"天然含水率高、压缩性高、触变性高、流变性高、强度低、透水性低"等特点。拟建场地软土层由①₃层灰色淤泥质黏土、②层灰色淤泥质黏土、③₂层灰色粉质黏土、④₁层灰色淤泥质粉质黏土和④₂层灰色黏土组成。大面积厚层软土分布对本工程建设会带来一系列岩土工程问题，主要表现为：

① 由于软土广泛分布，过量开采地下水引发的区域性地面沉降现已成为宁波市的区域地质灾害，将可能导致地铁结构长期处于沉降状态，最终可能使隧道管片之间裂隙加大发生漏水、渗水，甚至造成灾害性事故。

② 隧道盾构掘进施工时，为保证周边土体、周围建（构）筑物、地下管线安全采取的工程施工措施费用较大，施工风险也随之增大。

盾构施工中软土的主要防治措施为掘进中加强同步注浆和二次注浆的方法进行加固处理。

（2）人工填土

南部商务区站—鄞县大道站区间填土厚度较大，多为 1.2～4.9 m，尤其以首南中路及广博大厦附近被填埋的古河道处为甚。成分杂，主要由碎块石、砖瓦片、黏性土、建筑垃圾等组成，局部混少量生活垃圾，碎块石大小混杂，均一性差。碎块石直径一般 5～15 cm，大者大于 50 cm，一般上部碎石含量高，下部黏性土含量高。表部在机动车道上以混凝土为主，在非机动车道表部以沥青混凝土为主，人行道表部为大理石地砖或普通地砖。填土下部结构松散，均一性差，渗透性大，需做好隔水、排水措施，同时由于填土夹杂块石（粒径为 20～50 cm），会给车站围护结构施工带来一定不利影响，但对区间地下隧道施工不会产生影响。

2. 不良地质作用

（1）区域地面沉降

地面沉降对轨道交通工程危害较大，过大的地面沉降会导致地铁隧道衬砌结构变形，这将极大地影响地铁隧道的正常运营。

区域地面沉降主要造成区域性地面高程损失、防洪能力下降等。根据 2011 年宁波市地质环境公报，宁波市地面沉降现状为：至 2011 年底，市区地面沉降漏斗被控制在北至庄桥、南抵姜山、东接梅墟、西达古林范围内，面积 346 km²。地面沉降监测中心累计沉降量 540.1 mm，年沉降速率从 1985 年的 35.3 mm/a，下降到 2011 年的 4.8 mm/a，地面沉降发展趋势得到有效控制。

滨海城市地面沉降造成的整体环境变化莫过于海水面相对上升，由于地面不断下降，江潮水位相对上升，致使市区防潮汛能力和排水效能逐年下降，同时对地面建筑物，尤其是采用浅基础建筑物的稳定性和深基坑的抗浮能力产生了一定的影响。

根据 2011 年宁波市地质环境公报地面沉降等值线图，KC301 标段南部商务区站—鄞县大道站区间地面沉降在 0～50 mm 范围线内。

根据宁波市总体规划，2008 年底，市区现有地下水开采井已全部关闭，地下水开采引发区域地面沉降速率将递减，宁波市区域地面沉降对本工程总体影响不大。

（2）浅层天然气

根据宁波市 1∶5 万《工程地质图及说明书》及场地附近工程地质勘察报告，市区地下有害气体主要是浅层天然气，生气层为淤泥、淤泥质土，贮气层为③层粉质黏土，呈蜂窝状，分布不连续，本区间在初勘 Q4CJ3 号静探孔施工时发现有地下沼气溢出，历时约半小时，并伴有水夹泥砂涌入开挖的探坑内，在详勘施工时均未发现浅层天然气的明显存在，局部地段还有可能有蜂窝状天然气分布，所以仍要重视，在施工过程中需加强监测。

（3）其他

拟建场地位于宁波平原区，根据以往勘察经验，场地内其他不良地质作用主要为：明（暗）浜塘及河岸失稳等。

明（暗）浜塘：随着宁波城市化过程不断深入，除现有河浜外，不少明浜已陆续填埋变为暗浜。本次勘探方法采用查阅 70 年代 1∶1 万古地形图，并结合钻探成果及现场调查综合分析，首南中路北侧有三桥河分布，首南中路与天童南路交叉口及广博大厦附近有两处暗浜分布。

河岸：本工程场地 YCK8＋478—YCK8＋520 有三桥河分布，河流宽 28～35 m。根据本次调查，河流两岸主要为浆砌片石岸坡，局部为泥质岸坡，河水位一般低于地面 0.5～1.5 m，河流水深 2.5～3.0 m。河床底部土质为含腐殖质较高的淤泥或淤泥质黏土，厚度一般为 0.5～1.0 m，土质稀软，工程性质极差。目前两侧河岸现状稳定性较好，应注意后期施工对河流岸坡稳定性的不利影响。

10.7.6 岩土工程分析与评价

10.7.6.1 物理力学指标、原位测试指标、热物理指标参数统计分析

根据室内试验成果、原位测试成果（包括标贯、动探、静力触探、十字板、扁铲侧胀、地温、电阻率以及波速测试成果）以及物理力学指标和对盾构施工范围内的各地层热物理参数进行分层统计分析，提供施工图设计所需参数。

10.7.6.2　场地稳定性和建筑适宜性

拟建场地位于宁波平原中部，地形平坦开阔，场区内及其附近目前不存在对工程安全有影响的岩溶、滑坡、泥石流、崩塌、地下洞穴、地面塌陷和地裂缝等不良地质作用。本工程的主要不良工程地质问题为场区软土层较厚且变化大和区域地面沉降等问题。尤其是软土地基的强度低、稳定性差和不均匀沉降及变形大等问题，但这些问题可以通过软基处理或桩基加以解决。

从现有地质资料分析，尚未发现有较大的区域性断裂从本场地通过，因此，场地本身不具备发生中、强破坏性地震的构造条件。由此可见，场地属基本稳定场地，较适宜建筑。

10.7.6.3　工程地质评价

场地地处宁波冲湖积平原，地貌类型单一，第四纪地层发育，厚度较大，且层位较稳定，从中更新世至全新世地层发育齐全。主要成因类型有河流相、河湖相及海相等，从老到新是由一套陆相堆积—海陆交替堆积—海相堆积地层组成。

综合场区本次勘察成果，地表下勘探深度范围内，由浅至深各地基土可归纳为"硬壳→极软→较硬→较软→硬→坚硬"的六元结构特征，现分述如下：

①"硬壳"——系指表层①$_2$层灰黄色黏土层，土质尚好，但层厚较薄，仅可作为低层轻型附属建筑物的天然地基持力层。

②"极软"——系指①$_3$及②、③$_2$、④层组合而成的海相沉积的高压缩性土，天然强度低，沉降变形大，是浅基础地基主要压缩层，为场区内浅部软土层。

③"较硬"——系指⑤$_1$、⑤$_2$、⑤$_3$、⑤$_5$、⑤$_6$层陆相沉积的中等压缩性土，物理力学性质尚好，埋藏适中，分布较稳定，顶板标高和层厚变化较大，是宁波地区多层住宅和基坑支护等建筑物良好的中长桩桩基持力层。

④"较软"——系指⑤$_4$、⑥$_2$、⑥$_3$层海相沉积的中等偏高压缩性土，土层物理力学性质较差，是⑤层桩基基础的主要压缩层，为区内深部软弱土层。

⑤"硬"——系指深部⑧、⑨、⑩层组成的陆相沉积的中等或中等偏低压缩性土，顶板埋藏较深，均有一定层厚，土层物理力学性质好，强度高，是一般高层和荷载要求较高建筑物良好的桩基持力层。

⑥"坚硬"——系指深部⑫层组成的基岩，顶板埋藏较深，土层物理力学性质好，强度高，是一般荷载要求较高建筑物良好的桩基持力层。

根据本次勘察时所取得的高压固结试验成果及宁波地区的勘察经验分析，本区浅部软土（①$_2$、①$_3$、②、③、④层）在目前自然状态下已完成固结，属于正常固结土，⑤$_4$、⑥$_2$、⑥$_3$层为正常固结土，⑤$_1$、⑤$_2$、⑤$_3$、⑤$_5$、⑤$_6$及⑦层属于轻度超固结土，⑧、⑨、⑩层均属于超固结土。

10.7.6.4　隧道围岩分级及岩土施工工程分级

本盾构区间施工及相邻车站端头井深基坑开挖及围护深度范围内地层主要为①$_1$层杂

填土、①₂层黏土、①₃层淤泥质黏土、②₁层黏土、②₂ₐ层淤泥、②₂ᵦ层淤泥质黏土、③₂层粉质黏土、④₁层淤泥质粉质黏土、④₂层黏土、⑤₁层粉质黏土、⑤₂层粉质黏土、⑤₃层黏质粉土、⑤₄层粉质黏土，上部以流塑状的淤泥质土为主，下部为软土及可塑状硬土层。根据《宁波市轨道交通岩土工程勘察技术细则》（2013甬SS-02），对盾构区间的隧道围岩分级与岩土施工工程分级详见表10.42，本地下盾构区间隧道围岩分级为Ⅵ级。

表 10.42　地基土隧道围岩分级和岩土施工工程分级一览表

层号	土层名称	围岩级别	岩土施工工程分级	
			等级	分类
①₁	杂填土	Ⅵ	Ⅱ	普通土
①₂	黏土	Ⅵ	Ⅱ	普通土
①₃	淤泥质黏土	Ⅵ	Ⅰ	松土
②₁	黏土	Ⅵ	Ⅰ	松土
②₂ₐ	淤泥	Ⅵ	Ⅰ	松土
②₂ᵦ	淤泥质黏土	Ⅵ	Ⅰ	松土
③₂	粉质黏土	Ⅵ	Ⅰ	松土
④₁	淤泥质粉质黏土	Ⅵ	Ⅰ	松土
④₂	黏土	Ⅵ	Ⅰ	松土
⑤₁	粉质黏土	Ⅵ	Ⅱ	普通土
⑤₂	粉质黏土	Ⅵ	Ⅱ	普通土
⑤₃	黏质粉土	Ⅵ	Ⅱ	普通土
⑤₄	粉质黏土	Ⅵ	Ⅱ	普通土
⑤₅	黏质粉土	Ⅵ	Ⅱ	普通土
⑤₅ₐ	粉砂	Ⅵ	Ⅰ	松土
⑤₆	砾砂	Ⅵ	Ⅰ	松土
⑥₂	粉质黏土	Ⅵ	Ⅰ	松土
⑥₃	粉质黏土	Ⅵ	Ⅱ	普通土
⑦₁	粉质黏土	Ⅵ	Ⅱ	普通土
⑧₁	粉砂	Ⅵ	Ⅰ	松土
⑧₃	砾砂	Ⅵ	Ⅰ	松土

10.7.6.5　天然地基分析与评价

1. 天然地基分析与持力层的选择

勘察表明，场地23.5～36.4 m均为全新世①₃层淤泥质黏土、②₂ₐ层淤泥、②₂ᵦ层淤泥质黏土、④₁层淤泥质粉质黏土，以及②₁、③₂、④₂层软黏性土，物理力学性质差，具有高含水率，孔隙比大，强度低，渗透性弱，流变性和触变性等特点。本盾构区间主要位于②₂ₐ层淤泥、②₂ᵦ层淤泥质黏土、③₂层粉质黏土及④₁层淤泥质粉质黏土中，物理力学性质差，作为天然地基时，建议采用注浆法，进行洞内处理。

2. 天然地基设计参数

根据地基土的岩性特征、埋藏条件及物理力学性质指标和原位测试成果等，按照浙江省《建筑地基基础设计规范》（DB 33/1001）和国标《建筑地基基础设计规范》（GB 50007）查表及采用原位测试成果计算，并结合本地区的建筑经验，确定各土层的地基土承载力特征值，见表 10.43。

表 10.43　地基土参数及承载力特征值一览表

| 层号 | 岩性名称 | 固结快剪 标准值 | | 压缩试验 平均值 | | 标贯（动探）实测击数 $N/N_{63.5}$ | 地基承载力特征值 f_{ak}/kPa |
		内摩擦角 φ_c/(°)	黏聚力 c_c/kPa	$\alpha_{0.1\sim0.2}$/MPa^{-1}	$E_{s0.1\sim0.2}$/MPa		
①₂	黏土	12.4	26.9	0.65	3.50		70
①₃	淤泥质黏土	7.8	15.3	0.94	2.41	1.3	50
②₁	黏土	11.7	16.1	0.69	3.00	1.0	60
②₂ₐ	淤泥	6.8	14.0	1.21	2.03	1.3	40
②₂ᵦ	淤泥质黏土	9.0	14.8	0.92	2.34	1.8	50
③₂	粉质黏土	11.5	20.1	0.45	4.28	5.5	75
④₁	淤泥质粉质黏土	10.3	19.7	0.76	2.87	3.7	55
④₂	黏土	11.4	22.9	0.83	2.70	5.1	70
⑤₁	粉质黏土	16.1	38.7	0.28	6.31	21.1	190
⑤₂	粉质黏土	13.8	29.7	0.35	5.24	21.3	160
⑤₃	黏质粉土	27.8	9.1	0.22	8.00		180
⑤₄	粉质黏土	13.8	26.8	0.35	5.80		130
⑤₅	黏质粉土	25.0	19.0	0.27	7.25	23.3	190
⑤₅ₐ	粉砂	(30.0)	(11.0)			20.6	210
⑤₆	砾砂	(33.0°)	(8.0)		($E_0=38$)	(12.2)	250
⑥₂	粉质黏土	14.0	27.8	0.38	4.86	12.4	140
⑥₃	粉质黏土	16.1	29.5	0.28	6.26	13.4	160
⑦₁	粉质黏土	17.0	39.5	0.22	7.76		210
⑧₁	粉砂	(30.0)	(10.0)		($E_0=25$)	25.6	240

续表

| 层号 | 岩性名称 | 固结快剪 标准值 | | 压缩试验 平均值 | | 标贯(动探)实测击数 $N/N_{63.5}$ | 地基承载力特征值 f_{ak} /kPa |
		内摩擦角 φ_c /(°)	黏聚力 c_c /kPa	$\alpha_{0.1-0.2}$ /MPa^{-1}	$E_{s0.1-0.2}$ /MPa		
⑧₃	砾 砂	（35.0）	（8.0）		（$E_0 = 43$）	（29.9）	280
⑨₁	粉质黏土	16.2	35.7	0.26	7.07	23.6	220
⑨₁ₐ	粉 砂	28.9	12.7	0.20	8.50	28.4	250
⑨₂	砾砂、圆砾	（35.0）	（8.0）		（$E_0 = 50$）	（33.6）	320
⑩₁	粉质黏土	17.1	42.4	0.23	7.04		240
⑫₁	全风化粉砂岩						220
⑫₂	强风化粉砂岩						350
⑫₃	中等风化粉砂岩						1000

注：表中剪切指标 φ、c 值为峰值抗剪强度标准值，砂土剪切指标按经验值提供，压缩试验指标为平均值或经验值，标注（）按经验值提供。

3. 地基处理方案的分析与评价

本盾构区间隧道底位于②₂ᵦ层灰色淤泥质黏土、③₂层灰色粉质黏土及④₁层淤泥质粉质黏土层中，因土层具有含水率高、孔隙比大、渗透性差、压缩性高、强度低、触变性及蠕变性强等工程力学性质特点，在动荷载作用下可能发生较大沉降，影响后期的运营。为减少该段地层对隧道结构的不利作用，除在隧道管片的设计上采用柔性接头，增加隧道在纵向上的变形能力外，需对隧道底板软弱土层进行加固处理，处理方案宜采用注浆法，进行洞内处理。对隧道采取跟踪注浆的方式，通过注浆对隧道沉降进行控制和调整，在管片底部预留注浆孔，预埋钢管，利用球阀钢管进行注浆。

10.7.6.6　隧道工程分析与评价

KC301标段南部商务区站—鄞县大道站区间为双线，拟采用盾构法施工工艺，采用预制管片拼装。两线中心间距 12～17 m，隧道底板埋深 15.7～22.6 m。线路及线路两侧分布有建筑物，地下管线分布复杂，侧穿桩基等地下障碍物及现有建（构）筑物，周围环境较复杂，地下水水位高，对施工影响较大。因此，本工程安全等级为一级。

1. 盾构法隧道涉及土层及隧道底板土层均匀性的分析

根据本区间沿线工程地质条件及设计隧道结构线的埋深分布情况，南部商务区站—鄞县大道站区间隧道所穿越的土层主要为②₂ₐ层灰色淤泥、②₂ᵦ层灰色淤泥质黏土、③₂层灰色粉质黏土及④₁层淤泥质粉质黏土，均为软土，盾构推进较容易，其特点如下：

① ②$_{2a}$层灰色淤泥、②$_{2b}$层灰色淤泥质黏土、③$_2$层灰色粉质黏土及④$_1$层淤泥质粉质黏土层含水率高，孔隙比大，渗透性差，呈流塑状，且具有压缩性高、强度低等工程力学性质特点。在外力作用下易扰动且强度降低，盾构掘进中不仅保持土压平衡极为困难，而且往往会出现前期沉降及盾构通过后沉降长期不收敛，施工时应尽量减少对该土层的扰动。

② 为控制隧道纵向不均匀沉降的影响，应注意盾构工作井、地铁车站、隧道区间连接处及隧道底部土层及土性特征突变处差异沉降。

区间隧道底部主要位于②$_{2a}$层淤泥、②$_{2b}$层淤泥质黏土、③$_2$层软黏性土及④$_1$层淤泥质粉质黏土中，由于位于不同的土层中，基底土层不均匀，各土层黏粒含量详见表 10.44。

表 10.44　隧道穿越涉及土层颗粒分析试验成果一览表

岩土编号	岩土名称	颗粒组成百分数/%								有效粒径 d_{10} /mm	中间粒径 d_{30} /mm	平均粒径 d_{50} /mm	界限粒径 d_{60} /mm	界限粒径 d_{70} /mm	不均匀系数 C_u
		> 2.0 mm	0.5 ~ 2.0 mm	0.25 ~ 0.5 mm	0.1 ~ 0.25 mm	0.075 ~ 0.1 mm	0.01 ~ 0.075 mm	0.005 ~ 0.01 mm	< 0.005 mm						
②$_1$	黏土						34	16	50		0.010	0.009	0.014		
②$_{2a}$	淤泥						45	14	41		0.008	0.013	0.021		
②$_{2b}$	淤泥质黏土					1	47	14	38	0.006	0.013	0.018	0.026		
③$_2$	粉质黏土				1	4	68	11	16	0.012	0.024	0.032	0.039		11.40
④$_1$	淤泥质粉质黏土						55	12	33	0.006	0.015	0.024	0.033		
④$_2$	黏土						41	18	41	0.005	0.010	0.016	0.021		

2. 盾构法隧道设计岩土参数

根据本次详细勘察取得的各种岩土测试成果，水文地质试验成果，参照国家标准《城市轨道交通岩土工程勘察规范》（GB 50307），结合宁波地区施工经验，提供盾构隧道施工时涉及的地层岩土参数，见表 10.45。

3. 盾构法隧道施工方案分析

（1）盾构法隧道施工方案分析

隧道区间地下水埋藏浅，盾构隧道在软土层掘进过程中，土体自稳能力较差，当土体因隧道掘进施工引起内部应力重分布时，发生的土体变形反应较为迅速。

根据区间隧道的横断面尺寸、埋深及掘进施工过程中的土体性质，结合场地水文地质条件和施工环境，拟建区间隧道宜选择密封型盾构进行施工。针对密封型盾构以及本次采用单圆盾构的设计特点、不同的盾构施工工艺的特点分析以及宁波地区 1、2 号线施工经验，本地下区间隧道宜采用土压平衡式施工方式。盾构施工参数如推速、推力、同步注浆、正面土压等，与地表沉降密切相关。因而，盾构施工前必须根据地质条件和设计要素等情况，选取合理的参数指导施工，使盾构在施工过程中达到最优控制掘进状态。

表10.45　盾构法隧道设计参数建议表

层号	岩土名称	天然含水量 w/%	天然重度 γ/(kN/m³)	孔隙比 e_0	压缩系数 $a_{0.1-0.2}$/MPa⁻¹	压缩模量 $E_{s0.1-0.2}$/MPa	静止侧压系数 K_0	泊松比 μ	基床系数垂直 K_v/(MPa/m)	基床系数水平 K_h/(MPa/m)	渗透系数垂直 $k_v\times10^{-7}$/(cm/s)	渗透系数水平 $k_h\times10^{-7}$/(cm/s)	固结系数垂直 $C_{v0.1-0.2}\times10^{-3}$/(cm/s)	固结系数水平 $C_{h0.1-0.2}\times10^{-3}$/(cm/s)	次固结系数垂直 $C_{v0.1-0.2}\times10^{-3}$	次固结系数水平 $C_{h0.1-0.2}\times10^{-3}$	回弹模量 E_r/MPa	压缩指数 C_c	直剪固快 φ_q/(°)	直剪固快 c_q/kPa	三轴快剪 φ_q/(°)	三轴快剪 c_q/kPa	三轴固快总应力 φ_{cu}/(°)	三轴固快总应力 c_{cu}/kPa	三轴固快有效应力 φ'/(°)	三轴固快有效应力 c'/kPa	十字板剪切原状土 C_u/kPa	十字板剪切灵敏度 S_t	无侧限抗压原状土 q_u/kPa	无侧限抗压灵敏度 S_t	比例系数 m/(MN/m⁴)建议值
①₁	杂填土	39.2	18.2	1.110	0.65	3.50	0.55	0.33	10.1	10.5	2.40	3.98	1.80	2.12	8.46	9.39	13.5	0.364	12.4	26.9	0.1	30.0	17.7	25.0	25.0	15.0	49.5	3.06	59.7	2.1	2.5
①₂	黏土	48.7	17.5	1.325	0.94	2.41	0.65	0.42	4.8	5.0	2.05	3.13	0.64	0.77	9.48	9.71	10.2	0.466	7.8	15.3	0.1	14.0	18.8	8.5	25.0	5.1	19.0	3.18	17.1	2.1	1.5
①₃	淤泥质黏土	40.2	18.1	1.118	0.69	3.00	0.60	0.39	5.5	6.0	0.91	1.47	0.62	0.71	6.85	8.96	12.0	0.372	11.7	16.1	0.1	20.0	14.5	16.4	23.4	10.2	27.1	3.15	31.5	1.5	2.0
②₁	黏土	53.2	16.9	1.532	1.21	2.03	0.70	0.43	4.5	4.8	2.07	3.06	0.42	0.61	11.4	11.74	9.2	0.506	6.8	14.0	0.0	12.2	13.0	7.8	22.1	4.3	15.0	3.37	19.6	2.6	1.0
②₂ₐ	淤泥	43.8	17.7	1.237	0.92	2.34	0.65	0.42	5.5	5.6	2.54	3.50	0.65	0.86	8.64	9.39	11.6	0.387	9.0	14.8	0.1	15.9	13.8	8.4	27.8	5.2	17.0	3.08	21.3	2.4	1.5
②₂ᵦ	淤泥质黏土	31.4	18.7	0.912	0.45	4.28	0.50	0.37	9.2	9.5	4.44	8.37	3.16	4.50	4.87	5.44	17.7	0.257	11.5	20.1	0.3	23.5	18.2	10.2	29.5	5.5	32.7	3.22	36.8	2.0	2.2
③₂ₐ	粉质黏土	42.3	17.8	1.193	0.76	2.87	0.55	0.40	7.4	7.5	2.58	4.00	1.32	1.31	7.24	7.97	13.8	0.375	10.3	19.7	0.2	20.5	15.8	8.8	26.6	5.2	30.8	2.91	29.2	2.8	2.0
④₁	淤泥质粉质黏土	45.1	17.4	1.303	0.83	2.70	0.52	0.39	9.7	9.9	1.75	2.98	1.51	1.90	7.35	10.49	14.2	0.437	11.4	22.9	0.3	28.5	13.0	16.5	22.7	10.0	29.0	3.01	41.9	2.6	2.2
④₂	黏土	27.7	19.6	0.794	0.28	6.31	0.42	0.30	20.5	25.0	2.71	4.62	5.71	7.41	3.36	3.15	18.0	0.259	16.1	38.7	1.0	50.0	18.7	25.3	25.6	21.7			66.5	1.4	5.0
⑤₁ₐ	粉质黏土	32.2	19.3	0.893	0.35	5.24	0.45	0.28	23.3	22.5	5.77	9.76	5.86	7.16	2.94	3.21	20.0	0.304	13.8	29.7	0.5	31.5	19.0	25.0	21.2	18.5					5.0
⑤₁ᵦ	粉质黏土	30.9	19.2	0.844	0.22	8.00	0.45	0.31	23.9	22.0	1.41	3.46	8.86	8.73	4.45	3.61	36.9	0.191	27.8	9.1	0.5	40.0									5.5
⑤₄	粉质黏土	34.1	19.0	0.934	0.35	5.80	0.50	0.32	16.3	14.1	1.87	3.72	4.01	5.33	5.20	4.95	22.7	0.284	13.8	26.8	0.4	25.0	16.0	22.0	22.5	18.0					4.0
⑤₅	粉质黏土	29.9	19.0	0.852	0.27	7.25	0.35	0.24	23.2	20.3	3.31	5.74	8.10	7.70	3.07	3.40	33.7	0.206	25.0	19.0	0.8	45.0									5.5
⑤₅ₐ	粉质黏土	22.0	19.8	0.643	0.18	8.79					$1.73\times10^{-2}\sim4.26\times10^{-3}$								30.0	11.0											6.5
⑤₆	黏砂	21.0	21.0																33.0	8.0											7.0
⑥₁	粉质黏土	33.0	19.0	0.909	0.38	4.86	0.50	0.33	11.2	13.2	2.50	4.01	4.65	5.40	3.57	4.13	22.3	0.317	14.0	27.8	0.5	34.5	14.7	18.8	25.3	9.1			66.3	2.0	4.5
⑥₃	粉质黏土	28.1	19.5	0.793	0.28	6.26	0.45	0.32	14.0	14.5	3.98	4.25	6.52	6.24	3.07	3.57	28.3	0.214	16.1	29.5	1.0	40.0	18.8	26.5	31.3	7.5			100.1	2.9	5.0
⑦₁	粉质黏土	25.5	19.8	0.722	0.22	7.76													17.0	39.5											6.0
⑧₁	粉砂	23.3	18.5	0.809															30.0	10.0											
⑧₃	粉砂	21.0	21.0								$1.81\times10^{-2}\sim2.07\times10^{-2}$								35.0	8.0											

注：a．比例系数 m 数值 m 提供为建议值，供参考，设计时可根据经验选用；
b．固快和三轴试验指标建议提供标准值（峰值强度），设计时可根据经验适当折减。

（2）盾构进出洞

洞口段：盾构区间端头隧道底板埋深一般在 15.7～22.6 m，均位于淤泥质土中，盾构始发及终到时，需要凿除盾构井围护结构，从而使开挖面处于暴露状态。软弱地层中盾构施工，盾构始发和到达井的端头加固是工程成败的关键，为了保证盾构始发、终到的安全，需要对盾构井端头进行软基加固处理。建议采用深层搅拌桩与压密劈裂注浆相结合的办法对隧道周边，进洞端、出洞端进行地基加固，加固范围、深度和强度等应通过各类稳定性验算后综合确定。

出洞：盾构出洞时应防止盾构旋转、上飘。盾构出洞时，正面加固土体强度较高，由于盾构与地层间无摩擦力，盾构易旋转，应加强对盾构姿态的测量，如发现盾构有较大的转角，可以采用大刀盘正反转的措施进行调整。盾构刚出洞推进速度宜慢，大刀盘切削土体中可加水降低盾构正面压力，防止盾构上飘，加强后盾支撑观测。

4. 联络通道及泵站施工方案分析

（1）联络通道及泵站施工方案分析

本区间于 YCK8＋280.000 处设置联络通道及泵站，该联络通道施工涉及地层为②$_{2b}$层灰色淤泥质黏土、③$_2$层灰色粉质黏土、④$_1$层灰色淤泥质粉质黏土及④$_2$层灰色黏土，联络通道所处地层地质条件较差，为保证联络通道、泵房及施工的安全，减少对区间隧道的影响，联络通道通常采用冷冻法或地面深层搅拌桩加固＋矿山法开挖施工。

① 冷冻法施工：根据 1、2 号线施工经验，本区间联络通道采用冷冻法施工是适宜的，但应注意冷冻效果好坏直接关系到工程成败，由于旁通道施工期间盾构隧道结构、旁通道初期支护和二次衬砌结构受力体系不断发生变化（冻胀、开挖、支护及冻融），而冻融体与管片、联络通道与盾构隧道之间均为刚性接头，极易造成结合面开裂引起涌水、涌土、涌砂，造成地面建筑物及管线损坏，严重者可能造成盾构隧道被淹，酿成大的安全事故。因此，联络通道采用冷冻法施工时须严格执行相关技术要求，并且加强监测工作做好信息化施工。

由于在冻结法施工过程中冻土的力学性质发生了剧烈的变化，这种变化对施工安全、周围环境、主体隧道等都将产生一定的影响，若旁通道施工不当，可能造成极大的工程事故和危害。因此，冻结法施工过程中需注意：

a. 在旁通道冻结施工中，土体的冻胀是不可避免的，在冻胀过程中必然产生一定的冻胀力，可能会对隧道及周围环境产生影响，造成隧道一侧接缝张开，管片明显的变形与错位。

b. 土体开挖过程中冻结帷幕设计临界面导致旁通道内易产生管涌、流砂。

c. 在强制解冻的情况下，新混凝土结构后的土体已恢复为低强度、饱和状态，割断冻结管时泥水易从环形间隙中渗漏，严重时可能引发管片变形，导致地表变形过大、建筑物发生倒塌、地下管线变形甚至断裂。

因此，冻结法施工时应采取必要措施（如钻孔充填、取芯、预留孔套管拔除法、设置卸压孔或通过在隧道内设预应力支架、注浆等措施）来控制冻胀量和冻胀压力，确保冻结施工安全；同时要综合管片结霜及监测温度等多种因素对开挖条件进行判断，保证开挖构筑安全，并及时进行支护，减小冻土蠕变变形。

土体冷冻法施工所需的岩土参数将另行专门编制冷冻法专项勘察报告。

② 采用地面深层搅拌桩加固 + 矿山法开挖施工：由于本联络通道施工涉及地层为性质较差的②2b层灰色淤泥质黏土、③2层灰色粉质黏土、④1层灰色淤泥质粉质黏土及④2层灰色黏土，故采用地面深层搅拌桩加固土体也是适宜的，与冷冻法相比，采用三轴搅拌桩联合井点降水施工保证土体的稳定性，不但能使土体得到永久性的加固，且节省资金，在时间方面也不会影响盾构隧道的施工，在隧道内以暗挖方式为主体，以新奥法施工理论为指导，应用短段掘衬技术，按工程结构特点分区分层分工序施工建造联络通道。

采用地面深层搅拌桩加固主要看路面情况是否具备进行加固的条件，本区间 YCK8 + 280.000 处设置联络通道及泵站位于南北向的天童南路主干道上，道路西为鄞州公园，东侧 25 m 范围内为绿化带和人行道，无重要建筑物，但地面填土厚度大，为 2.1 ~ 2.3 m，施工时需挖除，且在主干道上施工交通导改较困难，是否采用上述方法，设计时应充分考虑路面是否具备施工条件。

（2）抗渗稳定性分析

本区间里程 YCK8 + 280.000 处设置联络通道及泵站，泵站底板埋深约 23.5 m，下方存在⑤5a层、⑧层两个承压含水层，如联络通道采用冻结法施工，由于对泵底的软土进行冻结处理后，基底土层处理强度可满足抗突涌的要求；如采用地面深层搅拌桩加固 + 矿山法开挖施工，建议采用洞内掌子面注浆防突涌和止水的方法。具体抗突涌方法设计施工前应编制专项方案。

5. 盾构法施工的地面沉降和防治分析

实践表明，盾构施工多少都会引起地面沉降，即使采用目前先进的盾构技术，要完全消除地面沉降也是不大可能的，地面沉降量达到某种程度就会危及周围的地下管线和建筑物。因此，清楚地掌握沿线地下管线和建筑物的构造、形式等已有建（构）筑物的性质的同时，应对地面沉降量和影响范围进行预测，并采取相应的预防措施。重点是在施工中通过现场反馈资料，及时修正防治对策和措施，对相同工程条件下的地面沉降量进行估算、评价。

（1）地面沉降的预测分析

引起地面沉降的基本原因，是盾构掘进时所引起的土层损失和隧道周围地层受到扰动或剪切破坏的再固结，前者大部分在施工期间表现出来，而后者的变形延续时间较长。

① 引起土层损失的主要因素分析。

a. 开挖面土体移动。当盾构掘进时，若开挖面受到的支护力小于地层的原始应力，则开挖面土体向盾构内移动，引起土层损失和地面沉降。反之，当支护力大于原始应力时，则开挖面土体向上向前移动，引起负土层损失和地面隆起。

b. 当盾构在暂停推进或由于千斤顶可能漏油回缩引起盾构后退时，会使开挖面坍塌，引起土层损失。

c. 盾尾后面的建筑间隙未能及时、有效地进行充填，从而使周围土体挤入建筑间隙，引起土层损失。对于本区间场地，由于盾构推进土层均为饱和软弱黏性土，土体自稳能力差，往往是引起土层损失的主要因素。

d. 盾构在曲线推进和修正蛇行时的超挖和扰动所引起的土层损失。

e. 在土压力作用下，隧道变形或沉降也会引起地层损失。

f. 施工中因操作失误，而引起开挖面坍塌或者前方地质条件骤变，而使开挖面土体急剧流动或崩塌所造成不正常的地层损失等等。

隧道周围土层受到盾构掘进的扰动后，便在隧道周围形成超孔隙水压力区，随着盾构离开，土体表面应力释放，超孔隙水压力逐渐消失，引起土层固结变形及次固结变形，从而带来地面沉降。

② 盾构施工地面沉降的阶段。

施工阶段的地面沉降大致发生在 5 个阶段，盾构到达前、盾构到达时、盾构通过后、管片脱出盾尾及长期变形。关于各个阶段地面沉降的预测，目前工程界未有统一的有效计算公式，一般可结合前一施工阶段的地面沉降实测资料进行反馈推求。

（2）地面沉降的防治措施

a. 根据地铁施工经验，可采用同步注浆和二次注浆的方法进行加固处理，可有效控制过大的地面沉降，尤其是同步注浆是控制地面沉降的关键工序，必要时还可通过在管片上的注浆孔进行二次加固注浆。

b. 为控制隧道纵向不均匀沉降的影响，应注意盾构工作井、地铁车站、隧道区间的连接。工程经验表明，区间隧道两端与车站相连处，由于二者结构、施工方法、施工时间的不同，必将产生一定的差异沉降，故设计中在隧道与车站接头处处理成刚接，在土层特征发生突变处宜设缝。

c. 严格控制盾构施工中的偏差量，盾构施工偏差大，不但影响地下铁路线路、限界等使用要求，还会过多扰动地层而导致地面沉降量的增加。

d. 为满足开挖面稳定要求，防止渗水引起流砂、流土并引起地面沉降过大，盾构选型和工法宜考虑各类土层的特性、地下水的影响，并参照相关规范和结合同类工程经验确定。同时，施工时应根据不同的地层分布情况注意及时调整盾构施工参数（如盾构工作姿态、顶力、注浆量等）。

e. 隧道施工时应作好土体变形、地下水位、地面沉降监测及地面建筑物、构筑物、地下管线的变形监测工作，辅以适当措施保证地面沉降控制在规定的范围内，确保道路、管线和建筑物的安全。

6. 盾构穿越建筑物和河流时的保护

盾构法施工因其在控制地表沉降的方面具有独特的优势，故而在地铁需要穿越铁路、重要管线、道路、桥梁、文物、河流等风险源地段时常采用。但盾构法施工无一例外地都将产生或多或少的地面沉降，在不同程度上影响隧道沿线地面建筑物和地下管线的安全，应予以适当的保护。具体应根据盾构施工影响范围、程度、建（构）筑物的位置、性质及沉降变形的控制要求等综合确定。其中，盾构施工的影响范围，一方面可根据土层损失、隧道埋深、隧道尺寸及盾构类型和地层情况进行估算和预防；另一方面，也可用地面建筑物基底压力扩散确定对隧道的影响范围并事先采用措施预防。

（1）盾构穿越建筑物的保护

本区间主要沿天童南路地下穿越，上部无明显建筑物，但穿越三桥河时区间外边缘距离吉祥桥桩基仅 1.20 m，在盾构施工过程中，应严格控制盾构的掘进参数，加强建（构）筑物及地表的监控量测和巡视管理，监控量测数据和巡视信息及时反馈，以指导施工，一旦发现建（构）筑物异常应立即研究采取相应的应急措施。

（2）盾构穿越河流的保护

线路下穿的天童路与首南中路交叉口以北的 YCK8＋478～520 三桥河河底最深标高 −1.03 m，盾构顶板以上上覆土层厚度约 10.0 m，盾构需注意地表水与地下水的水力联系，盾构顶板至河道底部土层为①$_3$ 层淤泥质黏土、②$_1$ 层黏土、②$_{2a}$ 层淤泥、②$_{2b}$ 层淤泥质黏土，虽然土层的渗透性差，起一定的隔水作用，但土层性质差，受扰动强度变低，同步注浆时禁止采用过大的注浆压力，以免击穿软土和注坏盾尾的密封装置，引起河水灌留。同时隧道施工引起的地面沉降或隆起易导致河岸、湖岸失稳，应选择合理的盾构推进速度，并采取相关措施加以预防，密切监测，根据监测结果调整盾构施工有关参数。

7．盾构穿越暗浜的防治措施

根据本次采用查阅 70 年代 1∶1 000 古地形图结合钻探成果综合分析，在天童南路与首南中路交叉口及广博大厦附近划分出了两处暗浜，具体位置详见勘探点平面布置图（图 10.13），根据钻探揭露暗浜深度为 3.9～4.6 m，回填土土质松散，地下水富积，易坍塌，地层沉降反应到地表的速度快，盾构顶板至暗浜底部土层为②$_1$ 层黏土、②$_{2a}$ 层淤泥、②$_{2b}$ 层淤泥质黏土及③$_2$ 层粉质黏土，土层性质差，受扰动强度变低，同步注浆时禁止采用过大的注浆压力，以免击穿软土和注坏盾尾的密封装置，引起地下水突水。同时应选择合理的盾构推进速度，并采取相关措施加以预防，密切监测，根据监测结果调整盾构施工有关参数。

8．隧道在长期运营中的沉降分析和控制

在长期营运中隧道的纵向不均匀沉降主要有以下六个因素：

隧道下卧土层固结特性不同；隧道临近建筑施工活动的影响；隧道上方增加地面荷载；隧道所处的地层的水位变化；区间隧道下卧土层水土流失造成破坏性的纵向变形；隧道与工作井、车站连接处差异沉降。

由于本区间隧道处于饱和软弱的土层中，在隧道的长期营运中一般都会持续增大纵向沉降，长期下去必然会对隧道的结构安全，接头防水造成威胁，而且过大的不均匀沉降也会影响轨道的平整度，因此设计时应重视隧道的纵向沉降在长期营运中的发展情况，并从设计、施工、工程防治、周围环境的影响等综合方面予以控制。

10.7.7　盾构隧道施工与周边环境的相互影响

地铁工程具有难度大、工期长、费用高以及对周围环境的影响大等问题，其中的环境保护问题已经成为重中之重。同时，保护邻近建筑（或管道）的安全并保证其正常使用具有重大的经济效益和社会效益。

10.7.7.1　周边环境对盾构隧道施工的影响

南部商务区站—鄞县大道站区间两侧位于交通繁忙的天童南路，道路车流量大，管线分布复杂，周边环境对盾构隧道施工影响较大。盾构施工时应对其进行有效保护，可采用施工措施和工程措施相结合的方法进行保护，以施工措施为主，如隔断、土体加固、优化施工参数等，使其不影响周围建筑物和管线的正常使用和安全。

（1）地下障碍物对盾构施工的影响

南部商务区站—鄞县大道站区间地处鄞州中心区，地下障碍物较多，其中对盾构施工影响较大的地下障碍物为地下桩基和局部分布的暗浜回填物等。根据设计总平面图及其内文字说明，南部商务区站—鄞县大道站区间沿线地下障碍物主要风险源为 YCK8 + 100 桥和吉祥桥。

主要地下障碍物：

本盾构区间下穿 YCK8 + 100 桥，该桥采用 200 mm × 200 mm 的预制方桩，桩长约 6.0 m，桩底标高 – 9.5 m，而本区间隧道顶部埋深 9.6 ~ 18.2 m，底板埋深 15.7 ~ 22.6 m，该桥对盾构施工影响不大。

本盾构区间侧穿吉祥桥，该桥桥台采用 ϕ800 mm 钻孔灌注桩基础，桩长约 35.5 m、38.5 m，桩底标高约 – 33.1 m、– 35.1 m；桥墩采用 ϕ800 mm 钻孔灌注桩基础，桩长约 39.5 m，桩底标高约 – 37.1 m，台后采用 ϕ500 粉喷桩进行加固，桩长约 10.5 m，桩底标高 – 9.5 m，桩基距区间外边缘仅 1.2 m，设计和施工时应引起注意。

另外南部商务区站—鄞县大道站区间位于天童南路上，沿线地下管线密布，纵横交错，地下管线分布复杂，如饮水、电信及天然气、污水、雨水管等，埋深一般在地面下 2 m 左右，施工前应予以迁移或有效保护。

（2）后续建筑物对邻近既有隧道的影响

地铁的修建通常将导致周边土地的升值，从而引发大规模的开发和建设，如本区间先期建好，两侧后续建筑物施工的桩基和基坑工程对既有地铁会带来不利影响。

① 后建基坑工程对邻近既有隧道的影响。

a. 邻近隧道的后建基坑工程施工对隧道产生的影响是明显的。基坑开挖卸载后，墙后土体将产生新的位移场，隧道对土体的抵抗将使土体作用在隧道垂直方向的力增大，且增大幅度大于水平方向，从而导致隧道承受的偏差应力进一步增大，使得隧道的横向变形增大。

b. 基坑周边地层由于土压力释放程度，隧道外壁侧向土压力由静止土压力进入主动土压力状态，基床系数减小，将导致隧道结构弯矩增大。

c. 由于基坑降水导致地下水位下降，直接导致隧道结构弯矩和轴力增大。

d. 基坑围护结构施工对土体的扰动同样会对隧道产生较为显著的影响。

因此，应加强基坑支护结构刚度，优化基坑施工方案，减小基坑侧向位移和侧向土压力释放程度；同时，确保钻孔灌注桩排桩相互搭接质量或地下连续墙接头质量，严防水土流失，确保隧道周边土层的密实性。

② 后建桩基施工对邻近既有隧道的影响。

各类打入桩桩基施工时会产生挤土效应，使桩周土体产生较大的应力增量和位移，并将作用在邻近隧道上，因此，作为承重体系的桩基施工对邻近隧道将产生影响，往往会引起邻近隧道沉降变形及衬砌内力变化。

10.7.7.2　盾构施工对周边建筑物的影响及防治

1. 盾构施工对既有建筑物的影响

盾构施工将会引起一定范围内地层的变形，位于变形影响范围内的建筑物由于地基土体的变形而导致其外力条件和支承状态发生变化，而外力条件的变化又将使已有建筑物发生沉降、倾斜、裂缝等现象。

（1）盾构施工对浅基础建筑物的影响

① 地表垂直变形对建筑物的影响。

建筑物一般对地面均匀沉降（或隆起）并不敏感，造成建筑物破坏的原因主要是不均匀沉降。地表沉降常导致结构构件受剪扭而破坏，框架结构一般对沉降差比较敏感，地表倾斜则对底面积小、高度大的建（构）筑物影响较大。

② 地表水平变形对建筑物的影响。

地表的水平变形指地表的拉伸和压缩。地表的水平变形对建筑物的破坏作用很大，建筑物抵抗拉伸的能力远远小于抵抗压缩的能力，在较小的地表拉伸下就能使其产生裂缝，尤其是砌体房屋。一般在门窗洞口的薄弱部位最易产生裂缝，砖砌体的结合缝亦易被拉开。

地表压缩变形对建筑物的破坏主要是使门窗洞口挤成菱形，纵墙或围墙产生褶曲或屋顶鼓起。

在盾构施工中，地表隆起或沉降是动态发展的过程，因此，对建筑物的影响也是一个动态发展的过程。一般情况下，建筑物首先受地表隆起的影响（正曲率），然后受下沉的影响（负曲率），且下降的幅度越来越大。

（2）盾构施工对深基础建筑物的影响

深基础的建筑物不仅受到基础底部土层变形的影响，还受到基础四周地层变形的影响，其受到的影响主要有下列三方面：

① 桩周土沉降引起的负摩阻力导致桩的附加沉降。

② 土体侧向变形引起的桩的侧向变形。

③ 当桩底在隧道上方时，桩底土的沉降和土性变化引起桩端承载力部分或全部丧失从而引起桩的沉降。

2. 盾构穿越既有建（构）筑物时的控制

如经过预测，建筑物受到的影响比较严重，则要采取相应的处理措施，以保证建筑物的正常使用或安全。处理措施一般可分为施工保护措施和工程措施。

（1）施工措施

施工保护措施，指通过对施工参数的优化来减少对建筑物的不利影响。盾构隧道沿线附近的建筑物保护，应首先把重点放在施工保护措施上。在施工前，首先根据经验选取施工参数，然后通过对地面变形和对建筑物影响的预测，优化选取和本工程相适宜的施工参数；施工时，通过信息化施工，进一步优化施工参数，精心控制地层变形，使其不至于影响周围建筑物的正常使用或安全。

另外，还要尽量保证盾构掘进中的轴线和设计轴线一致，以减小盾构纠偏量，从而减小因盾构纠偏对周围土层的剪切挤压扰动，同时有利于控制盾尾和管片后背间的间隙和地层损失。盾构停止推进时，会因正面土压力的作用而后退，从而增大周围地层的变形，因此，施工中宜保持施工的连续性，当必须停止推进时，务必作好防止后退的措施，正面及盾尾要严密封闭，以减少停机期间对周围环境的影响。

（2）工程措施

工程措施主要指通过诸如隔断、土体加固、托换等工程方法来保护周围建筑物。对地面变形比较敏感且影响后果比较严重的建筑物，仅通过盾构各施工参数的优化可能不能满足安全控制要求，故还需要采取有效的工程保护措施。

10.7.8 结论与建议

1. 结 论

① 本次勘察严格按照现行有关规范及委托要求执行，达到了预期目的，本文可作为宁波市轨道交通 3 号线一期工程勘察 KC301 标段南部商务区站—鄞县大道站区间施工图设计阶段的工程地质依据。

② 本次勘探查明了拟建场地勘探深度以浅的地基土的构成、分布特征、物理力学性质等，将地基土划分为 11 个工程地质层，28 个工程地质亚层。

③ 南部商务区站—鄞县大道站区间建筑场地设防水准 50 年超越概率 10% 的地震动峰值加速度为 0.05 g，抗震设防烈度为 6 度，最终以地震主管部门审查通过的地震安评报告为准。设计地震分组为第一组，属建筑抗震一般地段，工程抗震设防分类为重点设防类（乙类）。

④ 按《建筑抗震设计规范》（GB 50011—2010）判定：南部商务区站—鄞县大道站区

间建筑场地类别为Ⅲ类；按《铁路工程抗震设计规范》（GB 50111）判定：南部商务区站—鄞县大道站区间建筑场地类别为Ⅳ类。建议本地下区间按地铁行业规范将本工程建筑场地类别判定为Ⅳ类，设计可根据所采用规范选择合适的场地类别。

⑤ 场地在 7 度地震条件下可不考虑砂土地震液化和软土震陷的影响。

⑥ 南部商务区站—鄞县大道站区间沿线桩基基础较多，同时天童南路上沿线地下管线密布，纵横交错，地下管线分布复杂，对地铁施工影响大，施工前应予以迁移或有效保护。

⑦ 勘探期间测得潜水位埋深 0.9～2.4 m。水位受季节及气候条件等影响，但动态变化不大，潜水位变幅一般在 1.0 m 左右。对工程影响较大的主要承压水含水层有⑤$_3$、⑤$_5$层黏质粉土、⑤$_{5a}$层粉砂、⑤$_6$层砾砂、⑧$_1$层粉砂及⑧$_3$层砾砂，⑤$_3$、⑤$_5$层黏质粉土承压水水位标高 0.59 m，⑤$_{5a}$层粉砂承压水水位标高 0.70 m，⑤$_6$层砾砂承压水水位标高 −0.30 m，⑧$_1$层粉砂和⑧$_3$层砾砂承压水水位标高 −2.03 m。

⑧ 在Ⅱ类环境类型影响下：场地地表水对混凝土结构均具微腐蚀性；对钢筋混凝土结构中的钢筋具微腐蚀性；浅部的孔隙潜水对混凝土结构具弱腐蚀性，在长期浸水条件下对钢筋混凝土结构中的钢筋具微腐蚀性，在干湿交替条件下对钢筋混凝土结构中的钢筋具弱腐蚀性；⑤$_3$、⑤$_5$层粉土承压水在长期浸水条件下对混凝土结构均具微腐蚀性，对钢筋混凝土结构中的钢筋均具微腐蚀性；⑤$_{5a}$、⑤$_6$层孔隙承压水在长期浸水条件下对混凝土结构具微腐蚀性，对钢筋混凝土结构中的钢筋具微腐蚀性；⑧层孔隙承压水对混凝土结构具弱腐蚀性；对钢筋混凝土结构中的钢筋在长期浸水条件下具微腐蚀性。

场地地下水位埋深浅，地基土基本位于地下水位以下或地下水位的变动范围及毛细水影响带，地基土对建筑材料的腐蚀性，与地基土所处位置的地下水的腐蚀性相近。

⑨ 场地本身不具备发生中、强破坏性地震的构造条件，属于较稳定地块。场地地形平坦开阔，河岸稳定性较好，无滑坡、崩坍等地质灾害分布，区域地面沉降影响不大，场地基本稳定，较适宜本工程建筑。

2. 建 议

① 根据场地工程地质条件及工程特点，南部商务区站—鄞县大道站地下区间隧道建议选择密封型盾构进行施工，盾构采用土压平衡式盾构施工方式。

② 盾构隧道设计时应注意淤泥类土及软黏土的流变和触变性。对盾构进出洞段进行软基加固处理，处理措施可采用水泥搅拌桩或高压旋喷桩，加固范围、深度和强度等应通过各类稳定性验算后综合确定。

③ 本区间盾构隧道隧底位于软土层，为减少该段地层对隧道结构的不利作用，除在隧道管片的设计上采用柔性接头，增加隧道在纵向上的抗变形能力外，还应考虑采用对隧道底板软弱土层进行加固处理，处理方案可采用注浆法，进行洞内处理。

④ 本次勘察在天童南路与首南中路交叉口需穿越一处暗浜，首南中路以北需穿越三桥河，盾构顶板至暗浜或河流底部土层主要为②$_1$层黏土、②$_{2a}$层淤泥、②$_{2b}$层淤泥质黏土及③$_2$层粉质黏土，土层性质差，受扰动强度变低，同步注浆时禁止采用过大的注浆压力，

以免击穿软土和注坏盾尾的密封装置，引起地下水突水。同时应选择合理的盾构推进速度，并采取相关措施加以预防，密切监测，根据监测结果调整盾构施工有关参数。

⑤ 盾构施工会引起地面沉降，应对地面沉降量和影响范围进行预测。盾构施工前必须根据地质条件和设计要素等情况，选取合理的参数指导施工，使盾构在施工过程中达到最优控制掘进状态。同时在施工中通过现场反馈资料，及时修正防治对策和措施。

⑥ 地下隧道盾构施工前应清除或避开盾构施工范围内所有地下障碍物。地下障碍物主要有地下桩基、桥基以及对盾构施工安全影响大的地下管线，由于地下障碍分布复杂，设计、施工时应充分重视，施工前应予以迁移或进行有效保护。

⑦ 本区间联络通道适宜采用冷冻法或地面深层搅拌桩加固＋矿山法开挖施工。冷冻法施工所需的岩土参数将另行专门编制冷冻法专项勘察报告。地面深层搅拌桩加固与冷冻法相比，节省资金，在时间方面也不会影响盾构隧道的施工。本区间 YCK8＋280.000 处设置联络通道及泵站位于南北向的天童南路主干道上，施工交通导改较困难，是否采用上述方法，设计时应充分考虑路面是否具备进行加固的条件。

⑧ 本区间里程 YCK8＋280.000 处设置联络通道及泵站，泵站底板埋深约 23.5 m，下方存在⑤$_{5a}$层、⑧层两个承压含水层，如联络通道采用冻结法施工，由于对泵底的软土进行冻结处理后，基底土层处理强度可满足抗突涌的要求；如采用地面深层搅拌桩加固＋矿山法开挖施工，建议采用洞内掌子面注浆防突涌和止水的方法。具体抗突涌方法设计施工前应编制专项方案。

⑨ 根据有关规范，土的水平比例系数 m 应根据单桩水平静载荷试验确定，本文中提供的参数仅供参考，设计可根据场地工程地质条件和经验取值。

⑩ 建议当地政府和建设单位尽早出台《地铁保护条例》，明确地铁保护边界，规范地铁周边一定范围内土地的后续开发建设以确保地铁安全。

⑪ 本区间在天童南路和首南中路交汇口查明有暗浜，平面位置见勘探点平面布置图（图 10.13），根据 Q4XZ6 和 Q4XZ8 孔揭露，填土为①$_1$层杂填土，厚度 3.6～4.6 m，根据查阅资料，填土回填年代为 20 世纪 90 年代末修建天童南路所回填，回填历史超过 10 年。

参考文献

[1] 中华人民共和国住房和城乡建设部，中华人民共和国国家质量监督检验检疫总局. GB 50307—2012 城市轨道交通岩土工程勘察规范[S]. 北京：中国计划出版社，2012.

[2] 中华人民共和国建设部，中华人民共和国国家质量监督检验检疫总局. GB 50021— 2001 岩土工程勘察规范（2009 年版）[S]. 北京：中国建筑工业出版社，2009.

[3] 中华人民共和国建设部. GB/T50123—1999 土工试验方法标准[S]. 北京：中国计划出版社，1999.

[4] 上海市建设和交通委员会. DG/TJ 08-902—2006 旁通道冻结法技术规范[S]. 上海：上海市建筑建材业市场管理总站，2006.

[5] 浙江省工程勘察院. 宁波市轨道交通 3 号线 KC301 标段初步勘察阶段岩土工程勘察报告[R]. 2013.

[6] 浙江省工程勘察院. 宁波市轨道交通 3 号线一期工程勘察 KC301 标段鄞县大道站岩土工程勘察报告[R]. 2013.

[7] 浙江省工程勘察院. 宁波市轨道交通 3 号线一期工程勘察 KC301 标段南部商务区站—鄞县大道站区间岩土工程勘察报告[R]. 2013.

[8] 浙江省工程勘察院. 宁波市轨道交通 2 号线 KC211 标段浅层天然气专项勘察报告[R]. 2011.

[9] 浙江省工程勘察院. 宁波市轨道交通 2 号线 KC211 标段冻结法专项勘察报告[R]. 2011.

[10] 中华人民共和国住房和城乡建设部. 城市轨道交通工程周边环境调查指南[Z]. 北京：2012.

[11] 浙江省工程勘察院. 宁波市轨道交通 1 号线一期工程沿线建（构）筑物调查报告[R]. 2008.

[12] 上海岩土工程勘察设计研究院有限公司. 宁波市轨道交通 1 号线二期工程设计 1205、1206、1207 标段（K32＋120—终点）建（构）筑物调查、地下障碍物详查成果报告[R]. 2011.

[13] 中国土木学会，同济大学. 地铁及地下工程建设风险管理指南[S]. 北京：中国建筑工业出版社，2007.

[14] 中国土木学会，同济大学，中华人民共和国国家质量监督检验检疫总局. GB 50652—2011

城市轨道交通地下工程建设风险管理规范[S]. 北京：中国建筑工业出版社，2011.

[15] 罗富荣. 北京地铁建设安全风险技术管理体系的研究[J]. 现代城市轨道交通，2008，（6）：28-30.

[16] 刘树亚，陈湘生. 对城市轨道交通工程勘察工作的思考[J]. 都市快轨交通，2010，23（1）：85-88.

[17] 李荣强，黄富平. 深圳轨道交通建设中的若干岩土工程问题[J]. 地质灾害与环境保护，2009，20（1）：35-42.

[18] 彭友君. 地铁工程勘察现状与技术研究课题[J]. 岩土工程技术，2007，21（4）：179-183.

[19] 浙江省质量技术监督局，浙江省住房与城乡建设厅. DB 33/1065—2009 工程建设岩土工程勘察规范[S]. 杭州：浙江工商大学出版社，2010.

[20] 中华人民共和国住房和城乡建设部. JGJ 83—2011，J11 86—2011 软土地区岩土工程勘察规程[S]. 北京：中国建筑工业出版社，2011.

[21] 宁波市住房和城乡建设委员会，宁波市城市管理局. 2013 甬 SS-02 宁波市轨道交通岩土工程勘察技术细则[S]. 杭州：浙江工商大学出版社，2013.

[22] 煤炭专用设备标准化技术委员会. MT/T593 人工冻土物理力学性质试验[S]. 北京：中国标准出版社，1999.

[23] 浙江省工程勘察院. 宁波市轨道交通 2 号线 KC211 标段浅层天然气专项勘察报告[R]. 2011.

[24] 北京交通大学. 地铁工程勘察设计质量安全管理与技术[M]. 北京：中国建筑工业出版社，2012.

[25] 工程地质手册编委会. 工程地质手册[M]. 4 版. 北京：中国建筑工业出版社，2007.

[26] 中华人民共和国地质矿产部. DZ/T 0064.1～0064.80-93 地下水质检测方法[S]. 北京：地质出版社，1993.

[27] 徐正宣，李建强. K_{30} 试验在深证地铁岩土工程勘察中的应用[J]. 铁道工程学报，2007，（12）：90-94.

[28] 刘艳华. 基床系数的室内外测试方法分析与研究[J]. 岩土工程技术，2004，18（5）：244-247.

[29] 李树林. 城市地铁岩土工程勘察应注意的问题[J]. 铁道勘察，2005，（5）：35-38.

[30] 唐世栋，林华国. 用扁铲侧胀试验求解侧向基床反力系数[J]. 岩土工程学报，2003，25（6）：692-696.